le grand guide des
PRÉNOMS

Florence LE BRAS

le grand guide des PRÉNOMS

MARABOUT
Référence

sommaire

Introduction

Notre prénom est l'un des premiers mots que nous entendons à l'aube de notre vie. On peut imaginer que l'une des premières syllabes articulées par nos lointains ancêtres fut destinée à appeler leurs compagnons, leurs compagnes, leurs enfants. C'est peut-être par quelques ébauches de prénoms que le langage humain est apparu.

Le prénom est la première marque d'une identité qui nous individualise dans la fratrie et dans la famille. Son choix a été, pendant des siècles, une simple formalité : la gamme était fort limitée, et le poids de la tradition très présent. Aujourd'hui, le choix n'a pour limite que l'imagination des parents.

Les modes se succèdent, à un rythme variant entre trois et cinq ans. Ce fut, par exemple, le cas de Vanessa et d'Ophélie. La vogue de certains prénoms, comme Nicolas, dure parfois plus de vingt ans…

Au XXIe siècle, les courants d'inspiration sont très diversifiés. Si, depuis les années 1980, la mode US a largement influencé le choix des parents, *via* le cinéma et les séries télévisées, les prénoms latins, italiens, espagnols sont apparus plus récemment, ainsi que les prénoms des héros de la mythologie, et ceux des personnages de légende ou de la littérature.

Comment choisir le bon prénom ?

Le choix d'un prénom pour votre enfant est un acte personnel, acte d'amour, puisque c'est un don que vous lui faites, et acte de raison, car il engage votre responsabilité envers lui. Comment choisir le bon prénom ? Il me paraît bien présomptueux de vous proposer une recette !

Le maître mot est, à mes yeux, l'harmonie : harmonie entre les préférences des deux parents, bien sûr, mais aussi harmonie avec le cadre de vie et les origines, et harmonie phonétique entre le prénom et le patronyme.
Ce jeune couple qui hésitait entre Paul et Paolo a choisi ce dernier prénom, moins traditionnel que le premier, parce qu'il convenait mieux à leur style de vie moderne. Ces jeunes gens d'origine portugaise ont renoncé à prénommer leur fille Ingrid malgré leur attirance pour ce prénom, bien trop typé nordique ! Ces parents bretons voulaient affirmer leurs origines en attribuant à leurs enfants des prénoms de la tradition celte : Malo, Aenor et Nolwenn.
Certains noms de famille particulièrement longs ou complexes réclament un prénom court ou simple, d'autres patronymes très courants gagnent à être personnalisés par un prénom original.

Les types de prénoms

Originalité, tradition, exotisme... on a pris l'habitude, dans le domaine des prénoms comme dans d'autres, d'effectuer une classification.

Les prénoms intemporels

Ne connaissant pas de mode, ils ne se démodent pas : Antoine et Nicolas, Anne et Sophie en sont les champions.

Les prénoms traditionnels

Ils ont été portés par un aïeul plus ou moins lointain : la coutume est courante aux États-Unis où l'on rencontre plusieurs générations qui portent le même prénom, assorti de senior ou junior...

Les prénoms à la mode

Chaque décennie a la sienne : dans les années 1920, Roger, Marcel, Denise, Yvonne... Dans les années 1950, Martine et Annick, Michel et Jean-Louis... Dans les années 1970, Sandrine et Christelle, Stéphane et Sébastien. Dans les années 1980, Kévin et Jordan ou Thomas et Mathieu, Audrey et Camille, selon le milieu social. Dans les années 1990, Charlotte et Mathilde, Louis et Martin. En 2000, Lucas et Hugo, Chloé et Léa.
Depuis 2010, ce sont, chez les garçons, Nathan, Jules, Gabriel, Louis, Arthur, Raphaël, Ethan qui sont en tête, accompagnés par Lucas, Enzo, Mathis qui ont la vie dure. Chez les filles, Emma, Jade, Zoé sont au top, suivies de Chloé, Léa, Manon, Inès, Maëlys, Louise et Lilou.

Les prénoms étrangers

La consonance anglo-saxonne séduit toujours, avec Brittany ou Steve, mais ce sont les prénoms italiens qui ont le vent en poupe : Enzo, Matteo, Clara, Ornella...

Les prénoms originaux

La volonté de choisir un prénom rare, voire méconnu, est bien déterminée : Swanahilde, Trifina, Jagu, Clovis, Erispoé, Liébaut…

Les variantes de prénoms classiques

L'attachement aux prénoms traditionnels n'a pas disparu, mais on s'attache aux variantes et aux diminutifs. Ainsi Élie se décline en Élian, Élias, Eliès, accompagné par l'américain Eliott. Hélène devient Éléa, Éline, Lana, Léna, Léni, suivies par l'espagnole Elena et la hongroise Ilona. Maël devient Timaël, Maëlle au féminin se transforme en Maëlane ou Maëline.

Les diminutifs

Les prénoms courts sont en vogue. On utilise aussi de plus en plus souvent des diminutifs : Cassie, Lalie, Lélia, Lily, Lou, Milla, Millie, Tullia… pour les filles, Louan, Naël, Mahé, Tim, Tom, Tiago, Théo, pour les garçons.

L'origine des prénoms

La grande majorité des prénoms a une signification ; leurs origines sont diverses :

- latines : Lucas, Maxime, Adrien, Victoire, Solène, Laetitia…
- hébraïques : Benjamin, David, Samuel, Abigail, Léa, Sarah…
- araméens : Marthe, Barnabé, Gaspard, Thomas…
- germaniques : Charles, Louis, Robin, Mathilde, Solveig…
- celtes : Arthur, Malo, Nolwenn…
- slaves : Boris, Vladimir, Ludmilla, Véra…
- mythologiques : Ariane, Apolline, Diane…
- patronymiques : Vianney, Mazarine…
- littéraires : Lorelei, Wendy…

L'indulgence de la législation

L'administration a longtemps été pointilleuse, et l'attribution d'un prénom hors du commun donnait lieu à des procédures décourageantes. Ce n'est plus le cas. Jusqu'à la promulgation de la loi du 8 janvier 1993, le choix des prénoms n'était pas libre. Le code civil était très strict et formel à cet égard : « Les noms en usage dans les différents calendriers, et ceux des personnages connus dans l'histoire ancienne pourront seuls être reçus, comme prénoms, sur les registres de l'état civil destinés à constater la naissance des enfants ; et il est interdit aux officiers publics d'en admettre aucun autre dans leurs actes. »

Ces dispositions, qui dataient de la loi du 11 germinal an XI, avaient été prises pour éviter l'attribution de prénoms fantaisistes, parfois ridicules. L'imagination des parents était déjà fertile à cette époque, puisque des enfants furent déclarés sous les gracieux prénoms de Betterave et de Tricolore !

La coutume et la jurisprudence ont peu à peu assoupli ces règles en acceptant :

- les prénoms des calendriers français ou étrangers ;
- les noms de personnages connus de l'histoire ancienne ;
- les prénoms consacrés par l'usage et relevant d'une tradition étrangère ou française, nationale ou locale ;
- les prénoms conformes à une tradition familiale.

Ainsi, des prénoms coraniques, et d'autres prénoms à consonance étrangère, comme Dimitri ou Sheila, par exemple, ont été acceptés, ainsi que des orthographes moins classiques que celles couramment adoptées, comme Christèle pour Christelle. Encore fallait-il justifier son choix : une origine russe ou anglaise, même lointaine, par exemple. Mais devant l'afflux de protestations et de réclamations qui submergeait la Chancellerie, la loi fut aménagée.

Depuis la loi du 8 janvier 1993, les parents peuvent choisir librement le prénom de leur enfant. Voilà pour le principe. Mais, en réalité, cette liberté n'est pas absolue, le droit se conservant la faculté de protéger les enfants de fantaisies parentales qui pourraient leur nuire.

La législation a donné deux limites à la liberté de choix des prénoms :

- L'intérêt de l'enfant : les prénoms ayant une consonance ridicule, péjorative ou grossière, et ceux faisant référence à un personnage historique déconsidéré sont en majorité rejetés.
- La protection des droits des tiers : la jurisprudence a toujours protégé les patronymes, et il est rarement admis de prénommer un enfant d'un nom de famille, aussi harmonieux soit-il.

Dans la pratique, l'officier d'état civil qui reçoit la déclaration d'un prénom qu'il estime inacceptable doit en aviser immédiatement le procureur de la République qui lui-même en saisit, s'il le juge nécessaire, le juge aux affaires familiales. Celuici décide en dernier lieu, et ordonne éventuellement la suppression du prénom refusé ; il demande aux parents de choisir un autre prénom plus conforme aux exigences de la loi. S'ils refusent, c'est lui qui attribue à l'enfant son prénom définitif. La mention de la décision est alors portée en marge des actes de l'état civil de l'enfant.

Cet ouvrage vous propose une gamme très vaste de prénoms : intemporels, grands classiques, démodés qui reviendront demain au goût du jour, médiévaux disparus malgré une belle sonorité, « branchés » dans l'air du temps, compositions originales… pour vous accompagner dans l'un des actes d'amour les plus merveilleux de votre aventure de parents.

Les origines des prénoms

Certains prénoms de consonance très différente ont la même signification selon les étymologies ; parfois, ces différences existent alors qu'ils ont la même origine. En voici quelques exemples :

- Aurore : Aurore pour les Latins, Dawn pour les Anglais, Anatole pour les Grecs.
- Blonde : Flavie, Fulvie pour les Latins, Fiona pour les Celtes.
- Blanc, blanche : Alban, Albane, Albin, Albine pour l'étymologie latine *albus*. Canut, Knut pour les Scandinaves. Gwenn, Alwena, Guenièvre et Jennifer pour les formes celtes. Laban pour la forme hébraïque. Zahra pour la langue arabe.
- Clair : Clair et Claire, Clarisse, Clarence, Clara, Chiara pour les Latins.
- Colombe : Colman, Colomban, Colombe et Colombine pour les Celtes. Yona pour la forme hébraïque. Koulm pour la forme arabe.
- Dieu : Théodore et Théodora, Théophile, Théotime, Théoxane, Dionne, Dorella, Dorine, Dorothée, Dorian et Doriane selon l'étymologie grecque.
- Glorieux combattant : Clovis, Ludovic, Louis et Louise, Lou, Aloys, Héloïse selon l'étymologie germanique.
- Étoile : Esther, Estelle, Sterenn.
- Laurier : Laura, Laure, Laurène, Laurent, Laurence, Laurie, Laurine.
- Lumière : Luc, Luce et Lucette, Lucas, Lucie et Lucile pour l'étymologie latine. Noor, Nour, Noura pour les Arabes.
- Maure : Amaury, Maurice, Maurane, Maureen selon l'étymologie latine.
- Noble : Adèle, Adélaïde, Adeline, Aldo, Alda, Alice, Aline, Alix, Alisson d'après l'origine germanique.
- Victoire : Victor, Victoria et Victoire pour les Latins. Nicolas, Colin, Colette, Coline, Nicole selon l'étymologie grecque.

Prénoms de
garçons

A

AARON

Ce prénom biblique est plus courant aux États-Unis qu'en France.

- **Origine hébraïque,** signifie « celui qui vient après ».
- Chiffre 4 – couleur bleue.
- Fête le 22 juin.
- Saint Aaron est un ermite. Il fonde un monastère en Bretagne, à la fin du Ve s.
- Caractère : **virilité, autorité, sensibilité, ambition, fierté.**
- Arabe : *Haroun.*

ABBAS

Ce prénom est celui de l'oncle de Mahomet, et d'un shah de Perse qui établit sa capitale à Ispahan, au VIe s.

- **Origine arabe,** signifie « l'élevé ».
- Chiffre 7 – couleur jaune.
- Caractère : **étude, réflexion, spiritualité, rigueur.**

ABDIAS

- **Origine hébraïque,** signifie « serviteur ».
- Chiffre 9 – couleur verte.
- Fête le 12 mai.
- Abdias fut prophète en Israël au Ve s. avant J.-C.
- Caractère : **persévérance, volonté, travail, générosité.**
- Variante : *Obadiah.*

ABEAU

Cette forme médiévale d'Abel n'est plus usitée depuis plusieurs siècles.

- **Origine hébraïque,** signifie « ce qui passe ».
- Chiffre 3 – couleur verte.
- Fête le 5 août.
- Saint Abel est évêque de Reims au VIIIe s.
- Caractère : **émotivité, intuition, fidélité, rigueur.**

ABEL

Ce prénom biblique n'est pas plus courant que Caïn, contrairement à Adam et Ève.

- **Origine hébraïque,** signifie « ce qui passe ».
- Chiffre 2 – couleur jaune.
- Fête le 5 août.
- Saint Abel est évêque de Reims au VIIIe s.
- Caractère : **dynamisme, adaptabilité, diplomatie, intuition.**
- Breton : *Avel, Avelig.* Portugais : *Abelho.*

ABÉLARD

Ce prénom, autre forme médiévale d'Abel, est rendu célèbre par le récit des amours du moine Abélard et de son élève Héloïse au Moyen Âge.

- **Origine hébraïque,** signifie « ce qui passe ».
- Chiffre 7 – couleur rouge.
- Fête le 5 août.
- Saint Abel est évêque de Reims au VIIIe s.
- Caractère : **intelligence, affectivité, sens de l'observation.**
- Espagnol : *Abelardo.* Italien : *Averardo.*

ABELIN

Forme médiévale d'Abel, il est rarissime.

- **Origine hébraïque,** signifie « ce qui passe ».
- Chiffre 7 – couleur orange.
- Fête le 5 août.
- Saint Abel est évêque de Reims au VIIIe s.
- Caractère : **activité, secret, réalisme, vitalité.**
- Variantes : *Avelain, Avelin.*

ABRAHAM

Ce prénom de patriarche est plus courant aux États-Unis qu'en Europe.

- **Origine hébraïque,** signifie « père des nations ».
- Chiffre 8 – couleur verte.
- Fête le 20 février.
- Caractère : **courage, énergie, efficacité, impatience.**
- Autre orthographe : *Abram.*
- Diminutifs : *Abbie, Abby.*
- Arabe : *Brahim, Ibrahim.* Espagnol : *Abraham.* Italien : *Abramo.* Portugais : *Abrâo.* Russe : *Avraam, Avraami.*

ABSALOM

Ce prénom biblique est celui d'un fils du roi David qui se révolte contre son père ; vaincu au combat, il s'enfuit, mais sa longue chevelure se prend dans les branches d'un arbre, et il est tué.

- **Origine hébraïque,** signifie « mon père est paix ».
- Chiffre 9 – couleur verte.
- Fête le 21 mars.
- Caractère : **sensibilité, émotivité, fermeté, autorité.**

ACACE

Ce prénom rarissime est le surnom du dieu Hermès.

- **Origine grecque,** signifie « innocent ».
- Chiffre 4 – couleur verte.
- Fête le 10 mars.
- Saint Acace, légionnaire romain du IVe s., est jeté nu dans une rivière gelée avec trente-neuf compagnons qui refusent comme lui de renier leur foi.

Le talon d'Achille

C'est une expression synonyme d'un état de faiblesse ou de fragilité. Savez-vous pourquoi ? Ce héros de la mythologie grecque était réputé invincible, car sa mère l'avait trempé tout entier, à sa naissance, dans le fleuve Styx, censé protéger des blessures. Mais elle le tenait par le talon. Cette partie de son corps qui n'avait pas été immergée, d'après la légende, lui fut fatale puisqu'elle fut touchée par une flèche ennemie empoisonnée.

- Caractère : **travail, sens des responsabilités, patience, sérieux.**
- Espagnol : *Acacio.*

ACHILLE

- **Origine grecque,** d'Achileos, prénom d'un demi-dieu de la mythologie grecque, fils de la nymphe Thétis et de Pélée, roi des Myrmidons.
- Chiffre 5 – couleur rouge.
- Fête le 15 mai.
- Saint Achille est évêque de Larissa, en Grèce, au IVe s.
- Caractère : **curiosité, passion, responsabilité, ambition.**
- Diminutifs : *Chilou*, *Chiloun.*
- Anglo-saxon et germanique : *Achilles.* Espagnol : *Aquiles.* Grec : *Akilee.* Italien : *Achilleo.*

ADALBERT

On rencontre rarement cette forme originelle d'Albert.

- **Origine germanique,** signifie « noble et illustre ».
- Chiffre 9 – couleur bleue.
- Fête le 15 novembre.
- Saint Albert le Grand, né en Allemagne au XIIe s., devient dominicain à Padoue, puis enseigne la théologie à Paris ; il rédige trente-huit traités de physique, de biologie, de géographie, d'astronomie, de minéralogie et de botanique, conseille le pape, devient évêque de Ratisbonne et meurt à Cologne. Il est docteur de l'Église.
- Caractère : **prudence, réserve, travail, persévérance.**
- Espagnol et italien : *Adalberto.*

ADALGIS

- **Origine germanique,** signifie « noble et sage ».
- Prince lombard, fils du roi Didier, Adalgis est dépossédé par Charlemagne (VIIIe s.).
- Chiffre 8 – couleur verte.
- Caractère : **sens de la justice,**

harmonie, rigueur, travail.
- Autre orthographe : *Adalgise.*

ADALRIC

Forme dérivée d'Alaric, qui n'est guère plus courant.

- **Origine germanique,** signifie « tout-puissant ».
- Chiffre 3 – couleur verte.
- Fête le 29 septembre.
- Saint Alaric, riche Suisse du Xe s., quitte une vie fastueuse pour se retirer chez les bénédictins, et achève sa vie en ermite.
- Caractère : **sensibilité, combativité, autorité, réserve.**
- Variantes : *Adelric, Aldric, Alric, Auric.*

ADAM

Ce prénom, longtemps resté dans l'ombre en France, est devenu l'un des favoris des années 2010; il est le prénom international par excellence.

- **Origine hébraïque,** signifie « fait de terre ».
- Chiffre 1 – couleur rouge.
- Fête le 24 décembre.
- Caractère : **énergie, ambition, audace, autorité.**
- Espagnol : *Adan.* Italien : *Adamo.* Portugais : *Adâo.*

ADELIND

Ce prénom est le masculin d'Adelinde.

- **Origine germanique,** signifie « noble et doux ».
- Chiffre 4 – couleur rouge.
- Fête le 4 février.
- Saint Adelind est prêtre en Belgique au VIIe s.
- Caractère : **rigueur, concience, travail, sens des responsabilités.**

ADELPHE

Ce prénom a une sonorité plus douce qu'Adolphe.

- **Origine grecque,** signifie « frère ».
- Chiffre 6 – couleur rouge.
- Fête le 11 septembre.
- Saint Adelphe est abbé d'un monastère à Remiremont, dans les Vosges, au VIIe s.
- Caractère : **générosité, harmonie, altruisme, perfectionnisme.**

ADENET

Ce prénom est une forme dérivée d'Adam qui est courante au Moyen Âge. Il a été porté par un célèbre trouvère du XIIIe s., auteur de Berthe au grand pied, *un éloge de la reine Bertrade, mère de Charlemagne.*

- **Origine hébraïque,** signifie « fait de terre ».
- Chiffre 4 – couleur bleue.

- Fête le 24 décembre.
- Caractère : **esprit logique, volonté, intelligence, mémoire.**
- Variantes : *Adanet*, *Adenot*, *Adnet*, *Adnot*.

ADHÉMAR

Prénom médiéval rare, traditionnel dans certaines familles.

- **Origine germanique,** signifie « noble maison ».
- Chiffre 5 – couleur rouge.
- Fête le 24 mars.
- Saint Adhémar est moine bénédictin en Italie au XIe s.
- Caractère : **curiosité, intuition, opportunisme, habileté.**
- Autre orthographe : *Adémar*.
- Variantes : *Aldemar*, *Azémar*.
- Italien : *Ademaro*, *Valdo*.

ADISSON

Ce prénom, mixte aux États-Unis, apparaît dans l'Hexagone depuis l'année 2000.

- **Origine américaine,** signifie « fils d'Adam ».
- Chiffre 9 – couleur bleue.
- Caractère : **idéologie, altruisme, volonté, persévérance.**

ADJUTOR

Ce prénom rare est dans la même ligne que Victor.

- **Origine latine,** signifie « celui qui secourt ».
- Chiffre : 8 – couleur verte.
- Fête le 30 avril.
- Saint Adjutor, rescapé de la première croisade, devint bénédictin à son retour et vécut en ermite au XIIe s.
- Caractère : **ambition, efficacité, réalisme, générosité.**
- Variantes : *Adjuteur*, *Ayoutre*.

ADOLPHE

Ce prénom, courant au début du XXe s., est devenu tabou depuis la Seconde Guerre mondiale.

- **Origine germanique,** signifie « noble loup ».
- Chiffre 7 – couleur verte.
- Fête le 14 février.
- Saint Adolphe, évêque en Westphalie au XIIIe s., secourt les pauvres et soigne les lépreux.
- Caractère : **esprit d'analyse, étude, réserve, ambition.**
- Espagnol, italien, portugais : *Adolfo*, *Adulfo*. Germanique : *Adolf*, *Adulf*, *Dolfus*. Provençal : *Adoufe*.

ADONIS

Dans la mythologie, Adonis est un dieu phénicien célèbre pour sa grande beauté ; blessé par un sanglier dans la forêt, il est changé en anémone par Aphrodite pour ne pas être achevé par l'animal.

- Chiffre 6 – couleur rouge.
- Caractère : **sensibilité, épicurisme, charisme, curiosité.**

ADRIEN

Ce prénom d'empereur romain a connu un grand succès dans les années 1980.

- **Origine latine,** signifie « originaire d'Adria », ville de Vénétie qui a donné son nom à l'Adriatique.
- Chiffre 6 – couleur bleue.
- Fête le 8 septembre.
- Saint Adrien, gardien de prison au IVe s., se fait baptiser par les chrétiens qu'il surveille. Il les suit dans le martyre.
- Caractère : **équilibre, diplomatie, courage, générosité.**
- Autre orthographe : *Hadrien.*
- Italien : *Adriano.* Provençal : *Adrian.*

AGAPÉ

Ce prénom typiquement grec est rare.

- **Origine grecque,** signifie « amour ».
- Chiffre 3 – couleur orange.
- Fête le 20 septembre.
- Saint Agapé est condamné au supplice par l'empereur Dioclétien, comme chrétien, à Rome (IIe s.).
- Caractère : **vivacité, charisme, curiosité, opportunisme.**
- Autre orthographe : *Agapet.*
- Variante : *Agapit.*
- Espagnol : *Agapito.*

AGATHON

Ce prénom, masculin d'Agathe, est surtout usité dans les familles roumaines.

- **Origine grecque,** signifie « bon ».
- Chiffre 3 – couleur violette.
- Fête le 10 janvier.
- Saint Agathon, sicilien, est pape au VIIe s.
- Caractère : **sensibilité, charisme, prudence, travail.**
- Arabe : *Hassan.* Grec : *Agapes, Agapios.*

AGÉNOR

Ce prénom mythologique est celui d'un fils de Poséidon, dieu de la Mer.

- **Origine grecque,** signifie « vaillant ».
- Chiffre 6 – couleur rouge.
- Fête le 10 mars.
- Saint Valens, patron d'Agénor, était un soldat romain chrétien du IVe s. ; il fut condamné à mort pour avoir refusé d'abjurer.
- Caractère : **confiance en soi, sens des responsabilités, énergie, ambition.**

AGNAN

Ce prénom est la version masculine d'Agnès.

- **Origine grecque,** signifie « chaste ».
- Chiffre 1 – couleur verte.
- Fête le 21 janvier.
- Sainte Agnès, chrétienne romaine du IVe s., est courtisée par le fils du préfet qui lui donne le choix entre l'épouser, se consacrer au culte de la déesse Vesta, ou être livrée à la prostitution. Agnès repousse l'impie, et refuse d'adorer un dieu païen. Elle est donc conduite au lupanar. Mais tous ceux qui l'approchent sont foudroyés. Agnès est accusée de sorcellerie et brûlée vive.
- Caractère : **sensibilité, charisme, éloquence, sens artistique.**

AGRIPPA

Ce prénom, apparu dans l'Antiquité, revient timidement à la mode au XVIIe s. avant de disparaître presque complètement.

- **Origine latine**, signifie « issu des Agrippa », illustre famille romaine du Ier s. avant J.-C.
- Chiffre 5 – couleur bleue.
- Fête le 8 août.
- Saint Agrippin est évêque d'Autun au VIe s.
- Caractère : **curiosité, vivacité, éloquence, diplomatie.**
- Variante : *Agrippin.*

AHMED

Ce prénom est l'un des dérivés de Mohammed.

- **Origine arabe,** signifie « le loué ».
- Chiffre 4 – couleur orange.
- Caractère : **sensibilité, prudence, rigueur, perfectionnisme.**
- Variantes : *Ahmad, Ahmet.*

AIDAN

- **Origine celtique,** signifie « petite flamme ».
- Chiffre 2 – couleur jaune.
- Fête le 31 août.
- Saint Aidan est le fondateur d'un monastère au Xe s. en Angleterre.
- Caractère : **charme, autorité, affectivité, sens des responsabilités.**
- Variantes : *Aogan, Egan.*

AILBE

Ce prénom, dérivé d'Alban, est très rare.

- **Origine latine,** signifie « blanc ».
- Chiffre 2 – couleur blanche.
- Fête le 12 septembre.
- Saint Ailbe est un évêque irlandais du VIe s., réputé pour sa bonté et sa charité.
- Caractère : **sociabilité, autorité, sensibilité, ambition.**

AIMÉ

Prénom rare, malgré quelques personnalités contemporaines.

- **Origine latine,** signifie « aimé ».
- Chiffre 1 – couleur verte.
- Fête le 13 septembre.
- Saint Aimé, moine du VIIe s., fonde un monastère à Remiremont dans les Vosges.
- Caractère : **sérieux, calme, efficacité, exigence.**
- Variante : *Aimable.*
- Arabe : *Azziz.* Espagnol : *Amado.* Italien : *Amato.* Provençal : *Amat.*

AITOR

Certains prénoms basques ont franchi les frontières de leur région. Aitor est de ceux-là.

- **Origine basque,** signifie « bon père ».
- Chiffre 9 – couleur rouge.
- Caractère: **sociabilité, affectivité, sens des responsabilités, idéalisme.**

ALAIN

Grand classique des années 1950, ce prénom a cédé la place à sa forme celte.

- **Origine latine,** signifie « issu des Alani », nom d'une tribu des bords de la mer Noire qui envahit la Gaule en 406 et qui, passée en Espagne, fut vaincue par les Wisigoths.
- Chiffre 1 – couleur orange.
- Fête le 9 septembre.
- Saint Alain de La Roche, dominicain breton du XVe s., prône pendant tout son sacerdoce le culte de la Vierge Marie en Europe.
- Caractère : **passion, orgueil, sensibilité, courage.**
- Diminutif : *Al.*
- Anglo-saxon : *Alan, Allan, Allen.* Celte : *Alan.* Espagnol : *Alano.* Italien : *Alano.*

ALAN

Forme celte d'Alain, ce prénom à consonance anglo-saxonne est très en vogue aujourd'hui.

- **Origine latine,** signifie « issu des Alani », nom d'une tribu des bords de la mer Noire qui envahit la Gaule en 406 et qui, passée en Espagne, est vaincue par les Wisigoths.
- Chiffre 1 – couleur orange.
- Fête le 9 septembre.
- Saint Alain de La Roche, dominicain breton du XVe s., prône pendant tout son sacerdoce le culte de la Vierge Marie en Europe.
- Caractère : **passion, efficacité, volonté, rigueur.**
- Autre orthographe : *Allan.*
- Breton : *Alanic.*

ALARIC

- **Origine germanique,** signifie « tout-puissant ».
- Chiffre 9 – couleur rouge.
- Fête le 29 septembre.
- Saint Alaric, riche Suisse du Xe s., quitte une vie fastueuse pour se retirer chez les bénédictins, et achève sa vie en ermite.
- Caractère : **solidité, charme, rigueur, ambition.**
- Variante : *Alric.*
- Anglo-saxon : *Allary*. Breton : *Allor*, *Allore*. Espagnol : *Alarico.* Germanique : *Alarik*, *Alrik.* Italien : *Alarico.*

ALBAN

Ce prénom, qui dénote le raffinement, a été en vogue dans les années 1990.

- **Origine latine,** signifie « blanc ».
- Chiffre 3 – couleur blanche.
- Fête le 22 juin.
- Saint Alban, païen de Verulanum, en Angleterre, au IIIe s., recueille un prêtre traqué. Il se convertit, prend son habit, et subit le martyre à sa place.
- Caractère : **élégance, éloquence, sensibilité, diplomatie.**
- Italien : *Albano*. Provençal : *Auban.*

ALBÉRIC

- **Origine germanique,** signifie « très illustre et puissant ».
- Chiffre 5 – couleur rouge.
- Fête le 26 janvier.
- Saint Albéric est l'un des fondateurs de l'ordre cistercien, au XIIe s., en Bourgogne.
- Caractère : **rigueur, sérieux, activité, autorité.**
- Espagnol : *Alberigo*, *Alvaro.* Germanique : *Alberich*, *Elberich.* Italien : *Alberico.*

ALBERT

Prénom de roi dans l'histoire, Albert connaît un franc succès au début du XXe s.

- **Origine germanique,** signifie « noble et illustre ».
- Chiffre 4 – couleur bleue.
- Fête le 15 novembre.
- Saint Albert le Grand, né en Allemagne au XIIe s., devient dominicain à Padoue, puis enseigne la théologie à Paris. Il rédige trente-huit traités de physique, de biologie, de géographie, d'astronomie, de minéralogie et de botanique, conseille le pape, devient évêque de Ratisbonne et meurt à Cologne. Il est docteur de l'Église.
- Caractère : **prudence, réserve, travail, persévérance.**
- Variante : *Aldebert.*
- Alsacien : *Albrecht*. Anglo-saxon : *Albert*, *Bert*, *Bertie*. Espagnol, italien, portugais : *Alberto.* Germanique : *Albrecht*. Normand : *Aubert*, *Aubertin*, *Oberon.*

ALBIN

Dérivé d'Alban, ce prénom a une connotation plus précieuse.

- **Origine latine,** signifie « blanc ».
- Chiffre 2 – couleur orange.
- Fête le 1er mars.
- Saint Albin est abbé de Guérance, en Bretagne, au VIe s., et combat les mœurs incestueuses des seigneurs.
- Caractère : **intuition, affectivité, adaptabilité, sociabilité.**
- Autre orthographe : *Albain.*
- Italien : *Albino.*

ALCESTE

Ce prénom mythologique grec a été repris par Molière pour nommer le principal personnage du Misanthrope.
À l'origine, ce prénom est féminin ; Alceste accepte de mourir à la place de son mari, et elle est sauvée des Enfers par le dieu Héraclès. Cette légende a inspiré une tragédie à Euripide.

- **Origine grecque,** signifie « force active ».
- Chiffre 2 – couleur rouge.
- Caractère : **sensibilité, diplomatie, adaptabilité, harmonie.**
- Espagnol : *Alcestes.*

ALCIDE

Ce prénom est une forme moderne d'Alcibiade.

- **Origine grecque,** du nom d'un général grec du Ve s. av. J.-C.
- Chiffre 7 – couleur verte.
- Fête le 2 juin.
- Saint Alcibiade fut martyrisé avec sainte Blandine à Lyon au IIe s.
- Caractère : **indépendance, idéalisme, gentillesse, réserve.**
- Espagnol : *Alcides.*

ALDEBERT

Forme primitive d'Albert.

- **Origine germanique,** signifie « noble et illustre ».
- Chiffre 4 – couleur bleue.
- Fête le 15 novembre.
- Saint Albert le Grand, né en Allemagne au XIIe s., devient dominicain à Padoue, puis enseigne la théologie à Paris. Il rédige trente-huit traités de physique, de biologie, de géographie, d'astronomie, de minéralogie et de botanique, conseille le pape, devient évêque de Ratisbonne et meurt à Cologne. Il est docteur de l'Église.
- Caractère : **prudence, réserve, travail, persévérance.**
- Variante : *Adalbert.*

ALDO

Ce prénom est une forme latine d'Aude, répandue en Italie.

- **Origine germanique,** signifie « ancien ».
- Chiffre 6 – couleur bleue.
- Fête le 26 avril.
- Sainte Alda est sa patronne. Jeune Toscane du XIVe s., elle se voue au service des malades de l'hôpital de Sienne à la mort de son mari.
- Caractère : **calme, prudence, curiosité, opportunisme.**
- Anglo-saxon : *Aldous.*

ALDRIC

Ce prénom strict est peu usité malgré sa belle sonorité.

- **Origine germanique**, signifie « noble roi ».
- Chiffre 3 – couleur orange.
- Fête le 7 janvier.
- Saint Aldric, évêque du Mans au IXe s., fit don de sa fortune aux indigents de son diocèse.
- Caractère : **activité, émotivité, intuition, charisme.**
- Variantes : *Aldred, Adalric.*

ALDWIN

Ce prénom, dérivé de Baudouin, se rencontre surtout dans les pays germaniques.

- **Origine germanique**, signifie « ami audacieux ».
- Chiffre 9 – couleur rouge.
- Fête le 17 octobre.
- Saint Baudouin est un disciple de saint Bernard. Il fonde un monastère en Belgique au XIIe s.
- Caractère : **volonté, altruisme, goût du pouvoir et de l'aventure.**
- Variante : *Audouin.*
- Anglo-saxon : *Alvin, Alwin, Alwynn, Elwin, Elwynn*. Espagnol et italien : *Alvino*. Germanique : *Adalwin, Adelwin.*

ALEAUME

- **Origine germanique**, signifie « casque ».
- Chiffre 4 – couleur bleue.
- Fête le 30 janvier.
- Saint Aleaume, militaire du XIe s., prend l'habit en Espagne où il fonde une abbaye.
- Caractère : **détermination, opiniâtreté, rigueur, courage.**

ALEX

Diminutif d'Alexandre ou d'Alexis, il devient un prénom à part entière dans les années 1990.

- **Origine grecque**, signifie « l'homme qui repousse ».
- Chiffre 6 – couleur bleue.
- Fête le 3 mai.
- Saint Alexandre est son patron.

- Caractère : **charisme, intelligence, énergie, diplomatie.**

ALEXANDRE

Prénom de rois, d'empereurs, de papes et de plus de quarante saints, Alexandre est une valeur sûre. Illustré par Alexandre le Grand, conquérant par excellence, il est synonyme de puissance et de gloire.

- **Origine grecque**, signifie « l'homme qui repousse ».
- Chiffre 3 – couleur bleue.
- Fête le 3 mai.
- Saint Alexandre, pape au début du IIe s., subit le martyre sur ordre de l'empereur Trajan.
- Caractère : **séduction, éloquence, épicurisme, force.**
- Diminutifs : *Alex*, *Sacha*.
- Anglo-saxon : *Alec*, *Alexander*, *Allistair*, *Sander*. Germanique : *Alexander*. Italien : *Alessandro*, *Alessandrino*, *Sandro*. Roumain : *Alexandru*. Russe : *Aleksandr*, *Aliocha*, *Sacha*.

ALEXIS

Ce prénom, qui a la même étymologie qu'Alexandre, devient un grand classique dès les années 1990.

- **Origine grecque**, signifie « l'homme qui repousse ».
- Chiffre 7 – couleur bleue.
- Fête le 17 février.
- Saint Alexis Falconieri, riche marchand florentin du XIIIe s., fonde l'ordre des Servites de Marie, consacré au travail manuel et à la prière.
- Caractère : **indépendance, affectivité, ambition, volonté.**
- Espagnol : *Alejo*. Italien : *Alessio*. Provençal : *Alessi*. Russe : *Aleksii*.

ALFRED

Prénom vedette du XIXe s., Alfred est bien discret aujourd'hui.

- **Origine germanique**, signifie « grande paix ».
- Chiffre 5 – couleur rouge.
- Fête le 15 novembre.
- Saint Alfred, moine en Allemagne au IXe s., est un excellent pacifiste et médiateur.
- Caractère : **volonté, exigence, autorité, rigueur.**
- Variantes : *Aufray*, *Aufroy*.
- Anglo-saxon : *Alf*, *Alfie*, *Alfy*, *Avery*. Italien : *Alfredo*. Provençal : *Alfret*.

ALI

Ali est le cousin de Mahomet et également son gendre: il épouse sa fille Fatima au VIIe s. Il assure la lignée du clan hachémite et devient le 4e calife. Il est assassiné à la suite de troubles qui entraîneront la scission de l'islam.

- Chiffre 4 – couleur rouge.

- **Origine arabe**, signifie « supérieur ».
- Caractère : **travail, stabilité, rigueur, autorité.**

ALLISTAIR

Ce prénom est une forme gaélique d'Alexandre.

- **Origine grecque**, signifie « l'homme qui repousse ».
- Chiffre 2 – couleur bleue.
- Fête le 3 mai.
- Saint Alexandre, pape au début du IIe s., subit le martyre sur ordre de l'empereur Trajan.
- Caractère : **autorité, volonté, activité, énergie.**
- Variante : *Allastair*.

ALLOWIN

La vogue de Halloween, son homologue anglo-saxon, ces dernières années n'a pas permis à ce prénom de se faire une place à l'état civil. Il reste rare.

- **Origine germanique**, signifie « tout » et « ami ».
- Chiffre 5 – couleur verte.
- Fête le 1er octobre.
- Saint Allowin, riche seigneur en Flandre du VIIe s., se convertit au christianisme à la mort de sa femme et évangélise le Hainaut.
- Caractère : **discrétion, solidité, diplomatie, sociabilité.**

ALOYS

Forme médiévale de Louis, ce prénom est en vogue dans les milieux traditionnels.

- **Origine germanique**, signifie « glorieux vainqueur ».
- Chiffre 9 – couleur orange.
- Fête le 25 août.
- Saint Louis est le patron d'Aloys.
- Caractère : **sociabilité, charisme, sensibilité, affectivité.**
- Autre orthographe : *Aloïs*.
- Espagnol : *Aloisio*. Germanique : *Aloysius*.

ALPHÉE

Ce prénom mythologique reste rare.

- **Origine grecque,** signifie « bouvier ».
- Chiffre 3 – couleur bleue.
- Fête le 17 novembre.
- Saint Alphée, chrétien de Palestine du IVe s., subit le martyre sur ordre de l'empereur Dioclétien.
- Caractère : **calme, sociabilité, réserve, fidélité.**

ALPHÈGE

- **Origine grecque**, signifie « lumineux ».
- Chiffre 9 – couleur jaune.
- Fête le 19 avril.
- Saint Alphège est évêque en Angleterre au Xe s. Il est pris en

otage et assassiné par des païens danois.

- Caractère : **altruisme, sens des responsabilités, persévérance, autorité.**
- Variante : *Elphège.*

ALPHONSE

Tout comme Alfred, Alphonse régnait au XIXe s. ; il a, pour l'instant, disparu de l'état civil.

- **Origine germanique**, signifie « très vif ».
- Chiffre 9 – couleur violette.
- Fête le 1er août.
- Saint Alphonse-Marie de Liguori, Napolitain du XVIIIe s., devient docteur en droit à seize ans. Ordonné prêtre, il évangélise les campagnes et entreprend des études de théologie. Il fonde la congrégation du Très-Saint-Rédempteur et rédige un *Traité de théologie morale.* Il est nommé docteur de l'Église.
- Caractère : **charisme, persuasion, charme, éloquence.**
- Espagnol : *Alonzo.* Italien : *Alfonso.* Provençal : *Anfos, Anfous.*

ALVAR

Ce prénom est surtout connu dans les pays scandinaves.

- **Origine germanique**, signifie « noble chef ».
- Chiffre 9 – couleur verte.
- Fête le 19 février.
- Saint Alvaro fonde un monastère en Andalousie au XVe s.
- Caractère : **calme, affectivité, sensibilité, équilibre.**
- Espagnol et portugais : *Alvaro.*

ALWIN

Ce prénom se développe aux États-Unis.

- **Origine germanique**, signifie « ami des elfes ».
- Chiffre 4 – couleur verte.
- Fête le 1er novembre.
- Saint Alwin est un évangélisateur de la Belgique au VIIIe s.
- Caractère : **réalisme, travail, rigueur, persévérance.**
- Variantes : *Allowin, Alvin.*

AMALRIC

Ce prénom est une forme dérivée d'Aldric.

- **Origine germanique,** signifie « noble roi ».
- Chiffre 3 – couleur orange.
- Fête le 7 janvier.
- Saint Aldric, évêque du Mans au IXe s., qui fit don de sa fortune aux indigents de son diocèse, est son patron.
- Caractère : **activité, combativité, impatience, intuition.**
- Italien : *Amalrico.*

AMANCE

Ce prénom rarissime est très ancien.

- **Origine latine,** signifie « qui aime ».
- Chiffre 1 – couleur verte.
- Fête le 4 novembre.
- Saint Amance est évêque de Rodez au Ve s.
- Caractère : **énergie, vivacité, éloquence, exigence.**
- Autre orthographe : *Amans.*

AMAND

Rare au masculin, ses féminins Amanda, et surtout Amandine, sont plus fréquents.

- **Origine latine,** signifie « amoureux ».
- Chiffre 6 – couleur orange.
- Fête le 6 février.
- Saint Amand, moine du VIIe s., consacre cinquante années de sa vie à prêcher dans les campagnes et à fonder des monastères avant de devenir évêque de Maastricht. Il meurt dans une ville du Hainaut qui désormais porte le nom Saint-Amand-les-Eaux.
- Caractère : **calme, travail, amitié, affectivité.**
- Provençal : *Amanet.*

AMAURY

Ce prénom est une forme moderne de Maur. Grand classique depuis les années 1980, il reste favori dans les milieux traditionnels.

- **Origine latine,** signifie « d'origine maure ».
- Chiffre 7 – couleur jaune.
- Fête le 15 janvier.
- Saint Maur est l'adjoint de saint Benoît, à Rome au VIe s., et fondateur d'une congrégation, les mauristes.
- Caractère : **curiosité, impatience, affectivité, réserve.**
- Autres orthographes : *Amauri, Amory.*
- Variantes : *Aimeri, Aimery, Amauric, Améric, Amery.*
- Espagnol : *Aimerigo, Amalrigo, Amerigo.*

AMBROISE

La vogue des prénoms Renaissance nous ramène ce beau prénom distingué.

- **Origine grecque,** signifie « immortel ».
- Chiffre 1 – couleur violette.
- Fête le 7 décembre.
- Saint Ambroise, avocat puis gouverneur à Milan au IVe s., devient théologien, lutte contre le paganisme et rédige plusieurs manuels pour l'éducation chrétienne des fidèles. Il est docteur de l'Église.
- Caractère : **autorité, indépendance, travail, énergie.**

- Variantes : *Ambroisie, Ambroisin.*
- Anglo-saxon : *Ambrose.* Germanique : *Ambros, Ambrosius.* Italien : *Ambrogio.* Russe : *Amvrosii.*

AMÉDÉE

Prénom traditionnel de la dynastie de Piémont et Savoie, Amédée n'a jamais été courant dans le public. Sa forme latine Amadeus fut le second prénom de Mozart.

- **Origine latine,** signifie « aimé de Dieu ».
- Chiffre 6 – couleur jaune.
- Fête le 30 mars.
- Saint Amédée, duc de Piémont et Savoie, est l'époux de Yolande de France, sœur de Louis XI. Il secourt les miséreux et construit monastères et hôpitaux... Atteint d'épilepsie, il doit abandonner le pouvoir à sa femme.
- Caractère : **sensibilité, ambition, calme, activité.**
- Variante : *Amadour.*
- Espagnol : *Amadeo, Amadeu, Amadis.* Germanique : *Amadeus.* Italien : *Amadeo, Amedeo.*

AMIEL

Ce prénom est une forme provençale d'Émile.

- **Origine latine,** signifie « émule ».
- Chiffre 8 – couleur bleue.
- Fête le 22 mai.
- Saint Émile subit le martyre à Carthage, au IIIe s.
- Caractère : **sensibilité, passion, exigence.**

AMOS

Ce prénom biblique est celui de l'un des douze « petits prophètes »; il est très répandu aux États-Unis, mais rarissime en Europe.

- **Origine hébraïque,** signifie « chargé ».
- Chiffre 3 – couleur verte.
- Fête le 31 mars.
- Caractère : **sociabilité, fantaisie, curiosité, indépendance.**

ANAËL

- **Origine hébraïque,** signifie « gracieux ».
- Chiffre 8 – couleur bleue.
- Fête le 26 juillet.
- Sainte Anne est sa patronne.
- Caractère : **affectivité, sens des responsabilités, sensibilité, idéalisme.**
- Diminutif : *Naël.*

ANASTASE

Ce prénom n'a jamais connu de réel succès.

- **Origine grecque,** signifie « résurrection ».

- Chiffre 8 – couleur verte.
- Fête le 22 janvier.
- Saint Anastase, militaire en Perse au VIIe s., devient moine pour évangéliser ses compatriotes qui occupent la Palestine. Il meurt en martyr.
- Caractère : **courage, persévérance, loyauté, ambition.**
- Grec : *Anastasios*. Italien : *Anastasio*. Russe : *Anastasii*.

ANATOLE

Ce prénom est surtout prisé des familles slaves.

- **Origine grecque,** signifie « aurore ».
- Chiffre 5 – couleur jaune.
- Fête le 3 juillet.
- Saint Anatole, évêque de Césarée au IIIe s. et féru de mathématiques, rédige plusieurs traités scientifiques et théologiques. Il fut admiré pour sa grande bonté.
- Caractère : **indépendance, adaptabilité, curiosité, rigueur.**
- Russe : *Anatolii*, *Astola*, *Tola*.

ANCELIN

Ce prénom est une forme dérivée d'Anselme.

- **Origine germanique,** signifie « protégé du dieu Ans ».
- Chiffre 4 – couleur bleue.
- Fête le 21 avril.
- Saint Anselme, italien, est ordonné prêtre en France au XIIe s., puis nommé archevêque de Canterbury pour son charisme et sa bonté. Il est proclamé docteur de l'Église.
- Caractère : **volonté, passion, intelligence, exigence.**

ANDRÉ

Ce prénom est un classique des années 1920 ; c'est maintenant sa forme italienne qui a les faveurs des parents, tant pour les garçons que pour les filles.

- **Origine grecque,** signifie « homme ».
- Chiffre 6 – couleur rouge.
- Fête le 30 novembre.
- Saint André, frère de saint Pierre, pêcheur comme lui sur le lac de Tibériade, devient disciple de Jésus. Après la Pentecôte, il évangélise l'Asie Mineure et la Grèce. Il est arrêté à Patras, et meurt sur une croix en forme de X.
- Caractère : **charme, diplomatie, sens des responsabilités.**
- Anglo-saxon : *Anders*, *Andy*, *Andrew*. Arabe : *Lounès*. Breton : *Andrev*. Germanique : *Andreas*. Grec : *Andros*. Hongrois : *Andor*. Italien : *Andrea*. Normand : *Andrieu*. Occitan : *Andéol*. Provençal : *Andiu*, *Andreu*. Russe : *Andréï*. Tchèque : *Andrej*.

ANDRÉA

Cette forme italienne d'André, masculine à l'origine, est devenue mixte et connaît un réel succès depuis les années 1990.

- **Origine grecque,** signifie « homme ».
- Chiffre 7 – couleur verte.
- Fête le 30 novembre.
- Saint André, frère de saint Pierre, apôtre de Jésus, est son patron.
- Caractère : **harmonie, équilibre, sens de la justice, rigueur.**

ANDY

Ce diminutif anglo-américain d'André plaît beaucoup en France depuis l'année 2000.

- **Origine grecque,** signifie « homme ».
- Chiffre 8 – couleur verte.
- Fête le 30 novembre.
- Saint André, pêcheur du lac de Tibériade du Ier s., est un apôtre de saint Jean-Baptiste.
- Caractère: **sens des responsabilités, conformisme, équilibre, affectivité.**

ANGE

Ce prénom est surtout répandu en Corse et dans le Sud. Sa forme anglo-saxonne Angel a quelques adeptes.

- **Origine grecque,** signifie « messager ».
- Chiffre 9 – couleur bleue.
- Fête le 5 mai.
- Saint Ange, Palestinien originaire de Jérusalem, étudie la théologie à Rome au XIIIe s. Il est assassiné en Sicile dans une église près d'Agrigente, en 1220, par un prince dont il avait converti la fille.
- Caractère : **amabilité, charme, sociabilité, curiosité.**
- Variantes : *Angel*, *Angelin*.
- Diminutifs : *Angelino*, *Lino*.
- Anglo-saxon : *Angel*, *Angie*, *Angy*. Breton : *Ael*, *Aelig*. Grec : *Angelon*. Italien et portugais : *Angelo*.

ANGELO

Cette forme italienne d'Ange est l'un des favoris de ce début de XXIe s., dans le sillage de Matteo et Enzo.

- **Origine grecque,** signifie « messager ».
- Chiffre 9 – couleur bleue.
- Fête le 5 mai.
- Saint Ange, théologien romain, convertit la fille d'un prince sicilien incestueux ; furieux, celui-ci l'assassine dans l'église où il est en train de prier, en 1220.
- Caractère : **finesse, subtilité, sens artistique, diplomatie.**
- Diminutif : *Angelino*.
- Grec : *Angelos*.

ANGILRAN

Forme dérivée d'Enguerrand.

- **Origine germanique,** signifie « ange » et « corbeau ».
- Chiffre 4 – couleur bleue.
- Fête le 28 octobre.
- Saint Engerand, moine cultivé du VIIIe s., est sacré évêque de Metz; il devient chapelain et proche conseiller de Charlemagne.
- Caractère : **réserve, sensibilité, maîtrise, prudence.**

ANICET

Ce prénom n'a jamais eu grand succès.

- **Origine grecque,** signifie « invincible ».
- Chiffre 7 – couleur jaune.
- Fête le 17 avril.
- Saint Anicet, syrien, est pape au IIe s.
- Caractère : **indépendance, passion, aventure, sociabilité.**

ANSELME

Bien que rarissime, ce prénom a de nombreuses formes dérivées, toutes aussi peu fréquentes que lui.

- **Origine germanique,** signifie « protégé du dieu Ans ».
- Chiffre 6 – couleur bleue.
- Fête le 21 avril.
- Saint Anselme, italien, est ordonné prêtre en France au XIIe s., puis nommé archevêque de Canterbury pour son charisme et sa bonté. Il est proclamé docteur de l'Église.
- Caractère : **calme, sérieux, sens des responsabilités, réserve.**
- Variantes : *Ancelin, Anthelme, Aycelin.*
- Italien et portugais : *Anselmo.*

ANSFRID

Ce prénom a toujours été rare.

- **Origine germanique,** signifie « la paix du dieu Ans ».
- Chiffre 8 – couleur verte.
- Fête le 11 mai.
- Saint Ansfrid est évêque d'Utrecht au XIe s.
- Normand : *Anfray.*

ANTHONY

Ce prénom, forme anglo-saxonne d'Antoine, a connu un grand succès dans les années 1970.

- **Origine latine,** signifie « inestimable ».
- Chiffre 7 – couleur rouge.
- Fête le 17 janvier.
- Saint Antoine est son patron.
- Caractère : **calme, sensibilité, réserve, stabilité.**
- Autre orthographe : *Antony.*
- Diminutif : *Tony.*

ANTOINE

Ce prénom est l'un des grands classiques indémodables du XXe s.

- **Origine latine,** signifie « inestimable ».
- Chiffre 6 – couleur jaune.
- Fête le 17 janvier ou le 13 juin.
- Deux illustres saints patronnent ce prénom.
- Saint Antoine le Grand, né en haute Égypte au IIIe s., vend les biens de l'héritage de ses parents pour les distribuer aux pauvres et passe trente années de sa vie en ermite dans le désert avant de fonder un monastère, puis de soutenir les chrétiens persécutés à Alexandrie. Il vit plus de cent ans.
- Saint Antoine de Padoue, né au Portugal au XIIe s., devient franciscain et prêche au Maroc ; sa santé fragile le contraint à gagner Padoue où il enseigne la théologie. Il meurt à trente-six ans. Il est proclamé docteur de l'Église.
- Caractère : **solidité, équilibre, curiosité, charme.**
- Diminutifs : *Titouan*, *Toinet*.
- Variantes : *Antonien*, *Antonin*, *Antoinon*.
- Anglo-saxon : *Anthony*. Espagnol et portugais : *Antonio*, *Tonio*. Germanique : *Anton*. Italien : *Antonello*, *Antonino*, *Antonio*. Provençal : *Antounet*. Russe : *Anton*.

ANTONIN

Ce prénom dérivé d'Antoine, qui date de l'Antiquité, revient au goût du jour.

- **Origine latine,** signifie « inestimable ».
- Chiffre 6 – couleur jaune.
- Fête le 5 mai.
- Saint Antonin, dominicain italien, est archevêque de Florence au XVe s. ; il passe commande à Fra Angelico de fresques et peintures pour le couvent Saint-Marc.
- Caractère : **sociabilité, sérieux, calme, sens des responsabilités.**
- Italien : *Antonino*.

APOLLINAIRE

Ce prénom ne rencontre pas le même succès que son féminin Apolline.

- **Origine grecque,** signifie « relatif à Apollon ».
- Chiffre 4 – couleur bleue.
- Fête le 23 juillet.
- Saint Apollinaire, compagnon de saint Pierre, est le premier évêque de Ravenne. Il meurt en martyr en l'an 200.
- Caractère : **franchise, autorité, sens de l'organisation, sociabilité.**
- Portugais : *Apolinario*. Russe : *Apolloni*.

AQUILA

Ce prénom est dans la même lignée qu'Agrippa.

- **Origine latine,** signifie « aigle ».
- Chiffre 7 – couleur bleue.

- Fête le 8 juillet.
- Saint Aquila, tisserand à Corinthe au Ier s., est un disciple de saint Paul.
- Caractère : **discrétion, intuition, opiniâtreté, réserve.**
- Variante : *Aquilin.*

ARCHIBALD

Ce prénom typiquement anglo-saxon trouve ses adeptes en Angleterre et en Écosse. Il est très rare en France.

- **Origine germanique,** signifie « très audacieux ».
- Chiffre 4 – couleur jaune.
- Fête le 30 avril.
- Saint Archibald est évêque de Londres au VIIe s. Sa vie est un modèle de piété et de charité.
- Caractère : **calme, affectivité, diplomatie, sociabilité.**
- Variante : *Archambaud.*
- Diminutif : *Archie.*
- Espagnol : *Archibaldo.* Germanique : *Erkenbald.* Italien : *Arcibaldo.*

ARGAN

Forme bretonne de Barthélemy, ce prénom est peu courant malgré une belle sonorité.

- **Origine araméenne,** signifie « fils de Tolomé ».
- Chiffre 5 – couleur bleue.
- Fête le 24 août.
- Saint Barthélemy, apôtre du Christ, part après la Pentecôte évangéliser la Phrygie et l'Arménie, où il meurt.
- Caractère : **dynamisme, éloquence, passion, finesse.**

ARIEL

Ce prénom est peu courant.

- **Origine hébraïque,** signifie « vaillant ».
- Chiffre 9 – couleur verte.
- Fête le 29 septembre.
- Saint Gabriel est le patron d'Ariel ; il dirige le monastère Saint-Étienne en Cappadoce, au Ve s.
- Caractère : **solidité, charisme, travail, exigence.**

ARISTIDE

Ce prénom connaît son heure de gloire à la fin du XIXe s. ; il est passé de mode pour l'instant.

- **Origine grecque,** signifie « le meilleur fils ».
- Chiffre 4 – couleur jaune.
- Fête le 31 août.
- Saint Aristide, professeur de philosophie à Athènes au IIe s., se fait baptiser et rédige une apologie, destinée à instruire des bienfaits du christianisme l'empereur Hadrien, qui persécute les chrétiens à Rome.
- Caractère : **prudence, réserve, discipline, travail.**

- Espagnol : *Aristidès*. Italien : *Aristeo*.

ARMAND

Ce prénom de charme de la fin du XIXe s. n'est pas encore revenu à la mode.

- **Origine germanique,** signifie « homme fort ».
- Chiffre 6 – couleur jaune.
- Fête le 23 décembre.
- Saint Armand, prêtre bavarois du XIIe s., devient évêque de Brixen, en Vénétie.
- Caractère : **calme, sérieux, stabilité, sens des responsabilités.**
- Variante : *Armandin*.
- Germanique : *Hermann*. Italien et portugais : *Armando*.

ARMEL

Typiquement breton, ce joli prénom est plus fréquent dans sa forme féminine.

- **Origine celtique,** signifie « prince » et « ours ».
- Chiffre 4 – couleur orange.
- Fête le 16 août.
- Saint Armel, ermite au pays de Galles au VIe s., fonde deux monastères en Armorique.
- Caractère : **réserve, travail, opiniâtreté, stabilité.**
- Variante : *Armaël*.
- Breton : *Arzhel*.

ARNAUD

Ce prénom médiéval est l'un des indémodables du XXe s.

- **Origine germanique,** signifie « aigle qui gouverne ».
- Chiffre 5 – couleur bleue.
- Fête le 10 février.
- Saint Arnaud, originaire de Padoue au XIIIe s., entre très jeune chez les bénédictins. Il est élu abbé du monastère Sainte-Justine, mais, capturé par le seigneur de la région, il meurt après huit années de réclusion.
- Caractère : **dynamisme, curiosité, vivacité, gentillesse.**
- Autres orthographes : *Arnauld*, *Arnault*.
- Variantes : *Arnold*, *Arnould*, *Arnoult*.
- Anglo-saxon : *Arnall*, *Arnard*. Breton : *Arneg*. Espagnol : *Arnaldo*. Italien et portugais : *Arnaldo*, *Arnolfo*. Scandinave : *Arend*, *Arnd*.

ARNOLD

Ce prénom est la forme primitive d'Arnaud.

- **Origine germanique,** signifie « aigle qui gouverne ».
- Chiffre 1 – couleur bleue.
- Fête le 15 août.
- Saint Arnold, abbé en Flandre au XIe s., est réputé pour ses talents de pacifiste. Il est élu évêque de Soissons, mais, envoyé en mission

en Flandre, il y est retenu par le comte qui édifie un monastère pour lui.
- Caractère : **dynamisme, curiosité, vivacité, gentillesse.**
- Italien : *Arnoldo.*

ARSÈNE

Le « gentleman cambrioleur » Arsène Lupin, s'il a illustré ce prénom, ne l'a pas mis à la mode ; il est toujours très rare.

- **Origine grecque,** signifie « viril ».
- Chiffre 8 – couleur jaune.
- Fête le 19 juillet.
- Saint Arsène, secrétaire du pape au IVe s., devient le précepteur des enfants de l'empereur d'Orient, Théodose. Bien qu'apprécié et comblé d'honneurs, il se retire dans le désert en Égypte, et meurt deux ans plus tard.
- Caractère : **élégance, charme, autorité, travail.**
- Russe : *Arsenii.*

ARTHAUD

On rencontre plus souvent ce prénom comme patronyme.

- **Origine germanique,** signifie « celui qui gouverne » et « fort ».
- Chiffre 1 – couleur verte.
- Fête le 7 octobre.
- Saint Arthaud, page à la cour d'Amédée III de Savoie, au XIIe s., devient chartreux, et fonde un prieuré sur le Vieux-Colombier, où il meurt à l'âge de cent cinq ans.
- Caractère : **énergie, ambition, volonté, exigence.**
- Germanique : *Artwald.*

ARTHUR

Arthur est un prénom médiéval par excellence. Valeureux et royal, il entre dans la légende avec les chevaliers de la Table ronde. Il est à l'honneur depuis 1980.

- **Origine celtique,** signifie « ours ».
- Chiffre 5 – couleur violette.
- Fête le 15 novembre.
- Saint Arthur, moine à l'abbaye de Glastonbury, dans le Somerset, au XVIe s., soupçonné par Henri VIII de refuser la séparation entre l'Église d'Angleterre et Rome, est exécuté.
- Caractère : **indépendance, volonté, énergie, charme.**
- Variantes : *Arthus*, *Artus*, *Thurel.*
- Diminutifs : *Art*, *Artie*, *Arty.*
- Breton : *Arzhul.* Italien : *Arturo.*

ASHLEY

Ce prénom celte, inconnu en France jusqu'aux années 1990, commence à être attribué aussi bien aux filles qu'aux garçons.

- **Origine celtique,** signifie « bois de frêne ».

- Chiffre 7 – couleur verte.
- Fête le 4 mai.
- En l'absence d'un saint Ashley, saint Sylvain, « homme de la forêt », évêque de Gaza en Palestine au IVe s., peut être, par association d'idées, le patron d'Ashley.
- Caractère : **stabilité, charme, prudence, opportunisme.**

ATHANASE

Ce prénom est plus courant en Grèce qu'en France où il n'a jamais été en vogue. Athos, prénom d'un des Trois Mousquetaires, est probablement une forme dérivée d'Athanase.

- **Origine grecque,** signifie « immortel ».
- Chiffre 6 – couleur violette.
- Fête le 2 mai.
- Saint Athanase, patriarche d'Alexandrie, en Égypte, au IVe s., lutta toute sa vie contre l'arianisme, malgré de longues périodes d'exil qu'il mit à profit pour rédiger des ouvrages théologiques. Il est docteur de l'Église.
- Caractère : **stabilité, ambition, fidélité, énergie.**
- Grec : *Athanasios*. Italien : *Atanasio*.

AUBERT

Ce prénom est la forme la plus ancienne d'Albert.

- **Origine germanique,** signifie « très illustre ».
- Chiffre 1 – couleur violette.
- Fête le 13 décembre.
- Saint Aubert, ermite généreux qui fabrique du pain pour le donner aux pauvres, est tellement aimé qu'il est élu évêque de Cambrai au VIIe s.
- Caractère : **volonté, activité, indépendance, ambition.**
- Variantes : *Aubéri, Aubry, Ober, Oberon.*

AUBIN

Cette forme dérivée d'Albin, d'une sonorité plus virile, commence à apparaître.

- **Origine latine,** signifie « blanc ».
- Chiffre 2 – couleur orange.
- Fête le 1er mars.
- Saint Aubin, qui fut évêque d'Angers au VIe s., est renommé pour sa piété et sa générosité.
- Caractère : **exigence, fidélité, travail, volonté.**

AUBRY

Ce prénom est une forme dérivée d'Albéric, que l'on rencontre souvent comme patronyme.

- **Origine germanique,** signifie « très illustre et puissant ».
- Chiffre 4 – couleur rouge.
- Fête le 26 janvier.
- Saint Albéric est l'un des

Les écuries d'Augias

Dans la mythologie grecque, Augias est l'un des Argonautes partis à la recherche de la Toison d'or. Il possède d'immenses écuries, que le demi-dieu Héraclès nettoie en y faisant passer le fleuve Alphée.

fondateurs de l'ordre cistercien, au XIIe s., en Bourgogne.
- Caractère : **rigueur, sérieux, activité, autorité.**
- Normand : *Aubriet, Aubriot.*

AUDRIC

Forme masculine d'Audrey.

- **Origine germanique,** signifie « noble gloire ».
- Chiffre 7 – couleur rouge.
- Fête le 23 juin.
- Sainte Ethelred est sa patronne. Anglaise du VIIe s., elle fait vœu de chasteté, mais elle est mariée de force par son père à un homme âgé qui meurt rapidement ; elle est aussitôt remariée à un homme de son âge. Elle s'enfuit du domicile conjugal et se réfugie au monastère d'Ély dont elle devient abbesse.
- Caractère : **calme, charme, détermination, étude.**
- Variantes : *Audry, Autric, Autry.*

AUGIAS

Prénom issu de la mythologie grecque.

- Chiffre 4 – couleur verte.
- Fête le 10 mars.
- Saint Augias, légionnaire chrétien du IVe s., est jeté dans une rivière glacée avec trente-neuf compagnons pour avoir refusé de renier sa foi.
- Caractère : **travail, sens pratique, persévérance, courage.**

AUGUSTE

Ce prénom de l'Antiquité, synonyme de majesté, était en vogue au XIXe s. Il réapparaît timidement.

- **Origine latine,** signifie « vénérable ».
- Chiffre 4 – couleur verte.
- Fête le 29 février.
- Saint Auguste, prêtre normand, est missionnaire en Chine au XIXe s. où il fonde une colonie chrétienne ; il y meurt en martyr.
- Caractère : **travail, énergie, sociabilité, ambition.**
- Variantes : *Augustin, Gustave.*
- Anglo-saxon : *August, Austin.* Italien : *Agosto, Augusto.* Occitan : *Angoustan, Aoust.* Portugais : *Augusto.*

AUGUSTIN

Bien moins en vogue qu'Auguste au XIXe s., Augustin, son dérivé, est plus apprécié que lui aujourd'hui.

- **Origine latine,** signifie « vénérable ».
- Chiffre 4 – couleur verte.
- Fête le 28 août.
- Saint Augustin, né en Tunisie au IVe s., fait de brillantes études de philosophie. Il se convertit au catholicisme et prend l'habit. Nommé évêque d'Hippone pour son grand talent d'orateur, il lutte, en Afrique du Nord, contre les hérétiques, et rédige deux ouvrages majeurs, les *Confessions*, et *La Cité de Dieu*. Il est nommé docteur de l'Église.
- Caractère : **sérieux, prudence, fidélité, opiniâtreté.**
- Anglo-saxon : *Austen, Austin.* Espagnol : *Agustin.* Italien : *Agostino, Tino.*

AURÈLE

Ce prénom de l'Antiquité n'a jamais remporté le succès de son dérivé Aurélien.

- **Origine latine,** signifie « en or ».
- Chiffre 8 – couleur verte.
- Fête le 20 juillet.
- Saint Aurèle, évêque de Carthage au Ve s., en Tunisie, est chef de l'Église d'Afrique ; il correspond souvent avec saint Augustin, évêque d'Hippone, et, comme lui, combat l'arianisme.
- Caractère : **dynamisme, sens pratique, diplomatie, susceptibilité.**
- Autre orthographe : *Aurel.*
- Variante : *Aurélien.*
- Anglo-saxon : *Orell.* Italien : *Aurelio.*

AURÉLIEN

Cette forme dérivée d'Aurèle est au top des prénoms dans les années 1980.

- **Origine latine,** signifie « en or ».
- Chiffre 4 – couleur orange.
- Fête le 16 juin.
- Saint Aurélien, évêque d'Arles au VIe s., fonde, avec l'aide du roi Childebert Ier, deux monastères, l'un pour les hommes, l'autre pour les femmes. Et, fait rare pour l'époque, il impose aux religieux l'apprentissage de la lecture.
- Caractère : **calme, émotivité, exigence, prudence.**
- Italien et portugais : *Aureliano.* Occitan : *Aurelian.*

AUXANE

Ce prénom est très rare, malgré sa belle sonorité.

- **Origine grecque,** signifie « hospitalier ».
- Chiffre 3 – couleur rouge.
- Fête le 3 septembre.
- Saint Euxane est évêque de Milan au VIe s.

- Caractère : **confiance en soi, habileté, sociabilité, goût de l'aventure.**
- Variante : *Euxane.*

AWEN

Ce prénom est la forme bretonne de Venance.

- **Origine latine,** signifie « celui qui vient ».
- Chiffre 7 – couleur bleue.
- Fête le 14 décembre.
- Saint Venance, troubadour en Italie au VIe s., est ordonné prêtre à Poitiers et consacre ses talents d'écriture à la rédaction de vies de saints.
- Caractère : **intuition, réserve, intelligence, détermination.**

AXEL

Ce prénom nordique est une forme dérivée de l'hébraïque Absalom. Il est en vogue depuis les années 1980.

- **Origine hébraïque,** signifie « père de la paix ».
- Chiffre 6 – couleur jaune.
- Fête le 21 mars.
- Saint Axel, né au Danemark au XIIe s., fait ses études à Paris puis devient premier conseiller du roi Valdemar Ier, et archevêque de Lund.
- Caractère : **courage, harmonie, sensibilité, diplomatie .**
- Italien : *Assalonne.*

AYMAR

Ce prénom a toujours été discret.

- **Origine germanique,** signifie « illustre maison ».
- Chiffre 4 – couleur rouge.
- Fête le 29 mai.
- Saint Aymar, prêtre du XIIIe s., entreprend avec ses frères une mission contre les hérétiques ; il est massacré par les albigeois.
- Caractère : **activité, adaptabilité, courage, exigence.**
- Autres orthographes : *Aimar, Eymard.*

AYMERIC

Ce prénom médiéval connaît un grand succès dans les années 1980.

- **Origine germanique,** signifie « la maison du roi ».
- Chiffre 2 – couleur bleue.
- Fête le 4 novembre.
- Saint Aymeric, fils de saint Étienne, fondateur du royaume de Hongrie, au XIe s., se consacra à la visite des monastères.
- Caractère : **réserve, élitisme, affectivité, persévérance.**
- Autres orthographes : *Aimeric, Émeric.*
- Anglo-saxon : *Emery.* Italien : *Amerigo.*

AZZIZ

- **Origine arabe,** signifie « aimé ».
- Chiffre 7 – couleur rouge.
- Caractère : **harmonie, équilibre, sens de la justice, rigueur.**

B

BACHIR

Ce prénom est l'un des noms qui désignent le Prophète.

- **Origine arabe,** signifie « celui qui annonce de bonnes nouvelles ».
- Chiffre 5 – couleur orange.
- Caractère : **indépendance, adaptabilité, curiosité, aventure.**

BALDÉRIC

Ce prénom germanique est peu courant.

- **Origine germanique,** signifie « hardi et puissant ».
- Chiffre 4 – couleur orange.
- Fête le 24 avril.
- Saint Baldéric, prince d'Austrasie, quitte sa vie fastueuse pour se retirer dans un monatère à Verdun, au VIIe s.
- Caractère : **émotivité, calme, responsabilité, sens pratique.**
- Variantes : *Baldric, Baudry.*

BALTHAZAR

Les Rois mages font ici une entrée remarquée dans l'état civil.

- **Origine akkadienne,** signifie « Dieu protège le roi ».
- Chiffre 8 – couleur rouge.
- Fête le 6 janvier.
- Saint Balthazar, homme de couleur, est, selon la tradition, l'un des trois Rois mages venus adorer Jésus dans la crèche. Il offre à l'Enfant la myrrhe, résine odorante d'un arbre d'Arabie.
- Caractère : **sensibilité, adaptabilité, rigueur, opportunisme.**
- Anglo-saxon : *Balthasar.* Espagnol : *Baltasar.* Italien : *Baldassare.* Provençal : *Bautezar.*

BAPTISTE

« Le baptiste », c'est ainsi que l'on surnommait Jean, qui annonçait la venue du Christ sur la rive du Jourdain. Ce surnom est devenu prénom. Il est courant sous sa forme composée dès le XVIIe s. Aujourd'hui, on le préfère dans sa simplicité.

- **Origine grecque,** signifie « celui qui baptise ».
- Chiffre 2 – couleur jaune.
- Fête le 29 août.
- Saint Jean le Baptiste, fils

d'Élisabeth et de Zacharie, est appelé par Dieu alors qu'il médite dans le désert. Il s'établit sur les rives du Jourdain, exhorte à la justice, à la charité, et baptise en immergeant dans l'eau du fleuve ceux qu'il convertit. Mais Hérode, tétrarque tout-puissant de Galilée, ne supporte pas qu'il lui fasse la morale et le fait décapiter à la demande de Salomé.
- Caractère : **altruisme, calme, diplomatie, persuasion.**
- Variante : *Baptistin.*
- Espagnol : *Bautista.* Italien : *Battista.* Provençal : *Baptistet, Batistoun, Titoun.*

BARCLAY

- **Origine anglaise,** signifie « vallée de bouleaux ».
- Chiffre 8 – couleur verte.
- Caractère : **harmonie, équilibre, droiture, sens de la justice.**

BARNABÉ

- **Origine araméenne,** signifie « fils de Nabû ».
- Chiffre 7 – couleur verte.
- Fête le 11 juin.
- Saint Barnabé, chypriote, vend ses terres à l'appel du Christ et en distribue le revenu aux pauvres ; apôtre de Jésus, il accompagne saint Paul en Asie Mineure, puis revient à Chypre où il meurt lapidé par les juifs.
- Caractère : **sensibilité, réserve, affectivité, discrétion.**
- Anglo-saxon : *Barnabas, Barn, Barney.* Espagnol : *Bernabe.*

BARTHÉLEMY

Ce prénom fait immanquablement penser au massacre des protestants, en 1572.

- **Origine araméenne,** signifie « fils de Tolomé ».
- Chiffre 1 – couleur bleue.
- Fête le 24 août.
- Saint Barthélemy est apôtre du Christ au Ier s. ; après la Pentecôte, il part évangéliser la Phrygie et l'Arménie, où il meurt écorché vif.
- Caractère : **ambition, travail, éloquence, charisme.**
- Anglo-saxon : *Bart, Bartholomew.* Breton : *Argan, Argantaël.* Espagnol : *Bartolome.* Germanique : *Bartholomaus.* Italien : *Bartolo, Bartolomeo.* Provençal : *Bartoumieu, Bertoumieu.*

BASILE

Répandu dans les pays slaves, Basile apparaît timidement depuis 2000.

- **Origine grecque,** signifie « roi ».
- Chiffre 3 – couleur jaune.
- Fête le 2 janvier.
- Saint Basile, après de brillantes études, enseigne la rhétorique à

Césarée, au IVe s. Sacré diacre, puis prêtre, il parcourt l'Asie Mineure pour y créer des monastères. Élu évêque, il fonde des hôpitaux, et persuade l'empereur Valence de renoncer à persécuter les chrétiens. Il est proclamé docteur de l'Église pour ses qualités d'orateur.
- Caractère : **sociabilité, sens des responsabilités, épicurisme, harmonie.**
- Anglo-saxon : *Basil*. Espagnol : *Basilio*. Germanique : *Basilius*. Normand : *Bazire*. Provençal : *Basillou*. Russe : *Vassili*.

BASTIEN

Ce diminutif de Sébastien est en vogue depuis les années 1990.

- **Origine grecque,** signifie « couronné ».
- Chiffre 7 – couleur verte.
- Fête le 20 janvier.
- Saint Sébastien, chrétien, capitaine de la garde prétorienne au IIIe s., est dénoncé ; il est livré aux archers débutants de Dioclétien qui le laissent pour mort ; soigné par une sainte femme, il va reprocher à l'empereur sa cruauté ; il est assommé.
- Caractère : **sensibilité, exigence, volonté, travail.**
- Breton et occitan : *Bastian*. Italien : *Bastiano*.

BAUDILE

Ce prénom à la douce consonance est rare.

- **Origine germanique,** signifie « audacieux combat ».
- Chiffre 9 – couleur rouge.
- Fête le 20 mai.
- Saint Baudile subit le martyre près de Narbonne, au IIIe s., pour avoir refusé de renier sa foi.
- Caractère : **modération, diplomatie, émotivité, réserve.**
- Variantes : *Baudilon*, *Baudis*.
- Espagnol : *Baldirio*.

BAUDOUIN

Ce prénom est un classique, discret mais toujours présent.

- **Origine germanique,** signifie « audacieux ami ».
- Chiffre 7 – couleur bleue.
- Fête le 17 octobre.
- Saint Baudouin, archidiacre à Laon, au VIIe s., est assassiné par le maire du palais de Neustrie, qui le soupçonne d'avoir des sympathies avec l'ennemi.
- Caractère : **sens des responsabilités, exigence, générosité, prudence.**
- Autres orthographes : *Baudoin*, *Beaudoin*, *Beaudouin*.
- Variantes : *Aldwin*, *Audouin*.
- Espagnol : *Balduino*.

BEN

Ce prénom ressemble à un diminutif de Benjamin, mais il est un prénom à part entière. Dans la Bible, il est porté par le fils de Léa et de Jacob qui occupe la fonction de portier du Temple.

- **Origine hébraïque,** signifie « le fils ».
- Chiffre 3, couleur rouge.
- Caractère : **sensibilité, intuition, diplomatie, harmonie.**
- Anglo-saxon : *Benjamin, Benny.* Espagnol, germanique : *Benjamin.* Italien : *Beniamino.*

BENJAMIN

Dans la Bible, ce prénom est celui du dernier des douze fils de Jacob et Rachel ; c'est un grand classique depuis les années 1980.

- **Origine hébraïque,** signifie « fils de bon augure ».
- Chiffre 5 – couleur verte.
- Fête le 31 mars.
- Saint Benjamin, diacre en Perse au Ve s., provoque de très nombreuses conversions chez les adorateurs du feu ; le roi le condamne à deux ans de prison, pensant que cette peine le dissuadera de poursuivre son œuvre de prédicateur. Mais à sa libération, Benjamin part à travers le pays pour enseigner l'Évangile. À nouveau arrêté, il est condamné au supplice du pal.
- Caractère : **passion, ambition, vitalité, affectivité.**

BENOÎT

Ce prénom fait partie des classiques, jamais très en vogue, mais jamais démodé.

- **Origine latine,** signifie « béni ».
- Chiffre 2 – couleur orange.
- Fête le 11 juillet.
- Saint Benoît de Nursie se retire dans la montage, en Italie, au Ve s., pour prier. Il est nommé à la direction d'un monastère pour imposer la rigueur aux moines qui ont des mœurs très libres. Il fonde douze monastères, dont celui du Monte Cassino, et instaure la règle bénédictine fondée sur la prière, le travail manuel et la lecture, et adoptée par la majorité des monastères européens.
- Caractère : **sensibilité, générosité, calme, efficacité.**
- Arabe : *Moubarak.* Breton : *Benead, Bénédig, Bennideg, Bennigan.* Germanique : *Benedikt.* Italiens : *Benito, Benedetto.* Provençal : *Bénédit, Bénezet.*

BÉRANGER

Ce prénom médiéval est plus répandu sous sa forme féminine.

- **Origine germanique,** signifie « ours » et « lance ».

- Chiffre 7 – couleur violette.
- Fête le 26 mai.
- Saint Béranger est moine bénédictin près de Carcassonne au XIe s.
- Caractère : **émotivité, curiosité, dynamisme, imagination.**
- Autre orthographe : *Bérenger*.
- Espagnol : *Berenguer*. Italien : *Bellingero*.

BÉRARD

Ce prénom est beaucoup plus rare que Bernard, qui a la même étymologie.

- **Origine germanique,** signifie « ours fort ».
- Chiffre 7 – couleur jaune.
- Fête le 3 novembre.
- Saint Bérard, évêque de Marsi, en Italie, au XIIe s., secourt les pauvres et les malades de son diocèse.
- Caractère : **perfectionnisme, exigence, réflexion, sensibilité.**
- Espagnol : *Berardo*.

BERCKELEY

Ce prénom mixte, variante de Barclay, est en vogue aux États-Unis, dans la tendance des prénoms à consonance géographique.

- **Origine anglaise,** signifie « vallée de bouleaux ».
- Chiffre 5 – couleur verte.
- Caractère : **sensibilité, adaptabilité, goût de l'aventure, indépendance.**

BERNARD

Voici l'un des grands classiques du début du XXe s.

- **Origine germanique,** signifie « ours fort ».
- Chiffre 8 – couleur violette.
- Fête le 20 août.
- Saint Bernard, né près de Dijon au XIe s., se retire au monastère de Cîteaux avec trente personnes de son entourage. Trois ans plus tard, il fonde un monastère en Champagne et intervient souvent pour arbitrer les conflits des grands de son époque. Il participe à la lutte contre l'hérésie albigeoise, et prêche la croisade qui rallie Aliénor d'Aquitaine, Louis de France et Conrad d'Allemagne. Il est docteur de l'Église.
- Caractère : **réalisme, volonté, fidélité, sens des responsabilités.**
- Variante : *Bernardin*.
- Alsacien : *Bernward*. Anglo-saxon : *Barnard*, *Bernie*, *Berny*. Breton : *Bernez*. Espagnol et italien : *Bernardo*. Germanique : *Bernhardt*. Provençal : *Bernat*. Scandinave : *Björn*.

BERNARDIN

Ce prénom est une forme dérivée de Bernard.

- **Origine germanique,** signifie « ours fort ».

- Chiffre 4 – couleur jaune.
- Fête le 28 septembre.
- Saint Bernardin de Sienne, orphelin très jeune, reçoit de sa tante qui le recueille une éducation religieuse stricte et entreprend de brillantes études, interrompues par une épidémie de peste. Il soigne les malades, prend l'habit chez les franciscains, et parcourt l'Italie à pied pour prêcher. Il fuit les honneurs et refuse plusieurs évêchés. Il meurt à soixante-quatre ans, épuisé par ses périples.
- Caractère : **réflexion, prévoyance, rigueur, réserve.**

BERTHOLD

Ce prénom est rare.

- **Origine germanique,** signifie « gloire illustre ».
- Chiffre 6 – couleur jaune.
- Fête le 29 mars.
- Saint Berthold est un bénédictin qui vécut au XVIIIe s.
- Caractère : **réserve, étude, réflexion, conciliation.**

BERTIL

Ce prénom, assez répandu en Suède, apparaît timidement en France. Mixte, il s'écrit indifféremment Bertil ou Bertille.

- **Origine germanique,** signifie « illustre et habile ».
- Chiffre 3 – couleur verte.
- Fête le 6 novembre.
- Sainte Bertille est abbesse en Île-de-France au VIIIe s.
- Caractère : **sociabilité, diplomatie, habileté, coopération.**

BERTRAND

Ce prénom chevaleresque, illustré par Du Guesclin, connaît ses heures de gloire au milieu du XXe s.

- **Origine germanique,** signifie « illustre corbeau ».
- Chiffre 1 – couleur orange.
- Fête le 6 septembre.
- Saint Bertrand des Garrigues, périgourdin disciple de saint Dominique au XIIIe s., consacra son immense fortune à la création de monastères à Paris, à Montpellier et en Avignon.
- Caractère : **calme, stabilité, sociabilité, détermination.**
- Anglo-saxon : *Ebertram*, *Bertram*. Germanique : *Bertram*. Italien : *Bertrando*. Provençal : *Bertranet*.

BÉRYL

Ce prénom traditionnellement féminin devient mixte.

- **Origine latine,** signifie « béryl », nom d'une famille de pierres précieuses, de différentes couleurs (vertes, ce sont des émeraudes ; bleues, ce sont des

aigues-marines ; jaunes, ce sont des héliodores ; roses, ce sont des morganites).
- Chiffre 8 – couleur jaune.
- Fête le 29 juin.
- Saint Pierre, apôtre du Christ, est le patron de Béryl.
- Caractère : **réalisme, fidélité, volonté, sens des responsabilités.**

BIENVENU

Ce prénom est peu courant.

- **Origine latine,** signifie « bienvenu ».
- Chiffre 2 – couleur orange.
- Fête le 22 mars.
- Saint Bienvenu, prêtre à Ancône, puis évêque d'Osimo en Italie au XIIIe s., parvient à juguler la révolte qui gronde dans son évêché.
- Caractère : **réserve, exigence, sérieux, persévérance.**
- Espagnol : *Bienvenido*. Italien : *Benvenuto*.

BILAL

Ce prénom est celui d'un esclave noir dont la voix était si puissante et si belle qu'il devint le premier muezzin de la mosquée du Prophète.

- **Origine arabe,** signifie « don ».
- Chiffre 9 – couleur rouge.
- Caractère : **altruisme, discrétion, travail, rêverie.**

BILI

Ce prénom n'est pas un diminutif, mais un vieux prénom breton.

- **Origine celtique,** signifie « brillant ».
- Chiffre 5 – couleur jaune.
- Fête le 23 juin.
- Saint Bili fut évêque d'Alet au IXe s., et rédacteur d'une *Vie de saint Malo*.
- Caractère : **équilibre, générosité, rigueur, fidélité.**

BIXENTE

Ce prénom est la forme basque de Vincent.

- **Origine latine,** signifie « celui qui vainc ».
- Chiffre 6 – couleur rouge.
- Fête le 22 janvier.
- Saint Vincent de Paul, ordonné prêtre au XVIe s., entreprend après ses études une vie de voyages et d'aventures. Envoyé par le pape auprès du roi Henri IV, il devient l'aumônier de la reine Margot, puis curé de Clichy. Il quitte la cour pour se consacrer aux pauvres et fonde la première confrérie de la Charité. Puis il crée la Congrégation des Prêtres de la Mission, les « lazaristes », vouée à l'apostolat rural. Il fonde enfin, avec Louise de Marillac, la communauté religieuse des Filles de la Charité.

- Caractère : **indépendance, exigence, volonté, opportunisme.**

BLAISE

Bien qu'il soit illustré par un homme de génie, Blaise Pascal, ce prénom est resté discret.

- **Origine latine,** signifie « bègue ».
- Chiffre 3 – couleur jaune.
- Fête le 3 février.
- Saint Blaise est évêque de Sébaste, en Arménie, au IVe s. Il vit dans une grotte en compagnie d'animaux, soigne les malades dans les campagnes, prêche le jeûne et la prière. La légende lui prête aussi quelques miracles. Il est arrêté par le gouverneur romain et décapité pour avoir refusé de renier sa foi.
- Caractère : **sensibilité, sens des responsabilités, étude, sociabilité.**
- Anglo-saxon : *Blaze*. Breton : *Bleiz*. Espagnol : *Blas*. Germanique : *Blasius*. Italien : *Biagio, Biasio*. Occitan : *Blaisian*. Provençal : *Blasioun*.

BODMAËL

Ce prénom est une forme dérivée de Beuzeg, vieux prénom breton.

- **Origine celtique,** signifie « victoire du prince ».
- Chiffre 7 – couleur verte.
- Fête le 18 novembre.
- Saint Budoc, patron de Bodmaël, né dans un bateau au VIe s., est recueilli en Irlande par des moines qui, à l'âge adulte, l'élisent abbé de leur monastère. Mais il se rend en Bretagne où il devient évêque de Dol.
- Caractère : **étude, réflexion, sagesse, rigueur.**
- Variantes : *Bodvaël, Bodzaël.*

BOÈCE

Ce prénom évoque le poète latin qui a traduit dans sa langue de nombreux philosophes grecs.

- **Origine latine,** signifie « de Boétie ».
- Chiffre 4 – couleur verte.
- Fête le 23 octobre.
- Saint Boèce, poète et philosophe du Ve s., appartient à une illustre famille romaine. L'empereur des Ostrogoths, Théodoric, le nomme consul, mais il le soupçonne de trahison et le fait arrêter et mettre à mort.
- Caractère : **stabilité, travail, rigueur, réflexion.**
- Espagnol : *Boecio.*

BOGOMIL

Ce prénom n'a pas encore atteint la popularité de Dimitri.

- **Origine slave,** signifie « ami de Dieu ».

- Chiffre 1 – couleur rouge.
- Fête le 10 juin.
- Saint Bogomil est évêque en Pologne au XIIe s.
- Caractère : **autorité, droiture, travail, rigueur.**

BONAVENTURE

Ce prénom est rare, tout comme Bienvenu, malgré une étymologie positive. Il a donné naissance à deux patronymes italiens : Venturo, Ventura.

- **Origine latine,** signifie « bonne nouvelle ».
- Chiffre 2 – couleur jaune.
- Fête le 15 juillet.
- Saint Bonaventure (XIIIe s.) entre chez les franciscains, étudie la théologie à Paris, puis est nommé évêque d'Albano, en Italie, et participe au concile de Lyon.
- Caractère : **émotivité, prudence, activité, curiosité.**
- Espagnol : *Buenaventura.* Italien : *Bonaventura.*

BONIFACE

Ce prénom est surtout connu pour avoir été porté par neuf papes.

- **Origine latine,** signifie « bonne destinée ».
- Chiffre 1 – couleur bleue.
- Fête le 5 juin.
- Saint Boniface, moine en Angleterre au VIIIe s., fonde des monastères et multiplie les conversions en Allemagne. Archevêque de Mayence, il couronne Pépin le Bref, qui le charge de réformer l'Église franque. Il est massacré par des infidèles lors d'une mission d'évangélisation.
- Caractère : **énergie, autorité, travail, curiosité.**
- Espagnol et italien : *Bonifacio.* Germanique : *Bonifacius.* Provençal : *Bounifaci.*

BORIS

Ce prénom n'a pas encore, en Europe, le succès de Dimitri.

- **Origine slave,** signifie « combattant ».
- Chiffre 9 – couleur violette.
- Fête le 24 juillet.
- Saint Boris (XIe s.), fils du grand-prince Vladimir de Kiev, parcourt la Russie avec son frère Gleb pour évangéliser la population. À leur retour, tous deux sont assassinés par leur frère lors du partage de la succession de leur père.
- Caractère : **sociabilité, tolérance, harmonie, affectivité.**
- Variante : *Borislav.*

BRADLEY

Ce prénom, issu du vieil anglais, est plus courant aux États-Unis sous son diminutif Brad.

- **Origine anglaise,** signifie « vaste prairie ».
- Chiffre 4 – couleur verte.
- Caractère : **calme, sérieux, persévérance, discipline.**
- Diminutif : *Brad.*
- Variante : *Bradly.*

BRAHIM

Ce prénom est le diminutif d'Ibrahim, forme arabe d'Abraham.

- **Origine hébraïque,** signifie « père des nations ».
- Chiffre 6 – couleur orange.
- Caractère : **affectivité, sens des responsabilités, harmonie, générosité.**

BRAN

- **Origine celtique,** signifie « corbeau ».
- Chiffre 8 – couleur verte.
- Fête le 18 mai.
- Saint Bran fut évêque en Irlande au Ve s.
- Caractère : **réalisme, volonté, fidélité, sens des responsabilités.**
- Variante : *Brewen.*

BRANDON

Ce prénom est une forme dérivée de Brendan, qui connaît quelques années de succès à la fin du XXe s.

- **Origine celtique,** signifie « corbeau ».
- Chiffre 5 – couleur bleue.
- Fête le 16 mai.
- Saint Brendan, né en Irlande au Ve s., voyage pendant cinq ans, d'Islande en Amérique, en passant par les Açores et les Canaries. Après avoir fondé un monastère à Saint-Servan, en Bretagne, il rentre enfin chez lui.
- Caractère : **opiniâtreté, esprit d'aventure, curiosité, activité.**
- Italien : *Brando.*

BRENDAN

Ce prénom américain d'origine irlandaise s'implante en Europe depuis les années 1990.

- **Origine celtique,** signifie « corbeau ».
- Chiffre 4 – couleur bleue.
- Fête le 16 mai.
- Saint Brendan, né en Irlande au Ve s., voyage pendant cinq ans, d'Islande en Amérique, en passant par les Açores et les Canaries. Après avoir fondé un monastère à Saint-Servan, en Bretagne, il rentre enfin chez lui.
- Caractère : **originalité, curiosité, détermination, adaptabilité.**

BRETT

Ce prénom anglo-saxon, diminutif de Brittany, est en vogue en Australie.

- **Origine celtique,** signifie « qui vient de (Grande)-Bretagne ».
- Chiffre 2 – couleur verte.
- Caractère : **émotivité, diplomatie, adaptabilité, sociabilité.**
- Variante : *Britt.*

BRÉVALAER

Il est une forme dérivée de Brendan.

- **Origine celtique,** signifie « corbeau ».
- Chiffre 7 – couleur bleue.
- Fête le 1er juin.
- Saint Brévalaer est évêque de Dol-de-Bretagne au Ve s.
- Caractère : **calme, harmonie, réserve, conscience professionnelle.**
- Autres orthographes : *Brévalaire, Bréwalaer.*
- Variantes : *Brewalan, Brewalenn.*

BREWEN

Il est une forme dérivée de Bran, forme bretonne de Brévin.

- **Origine celtique,** signifie « corbeau ».
- Chiffre 4 – couleur orange.
- Fête le 27 juillet.
- Saint Brévin fut abbé d'une église en Bretagne au Ve s.
- Caractère : **sérieux, patience, réserve, détermination.**
- Variante : *Brewan.*

BRIAC

Ce prénom typiquement breton est plus connu sous sa forme anglo-saxonne, Bryan.

- **Origine celtique,** signifie « important prince ».
- Chiffre 6 – couleur verte.
- Fête le 17 décembre.
- Saint Briag, irlandais, étudie au pays de Galles, au VIIe s., puis s'installe avec saint Tudwall en Armorique où il fonde plusieurs monastères.
- Caractère : **élégance, indépendance, charme, sens des responsabilités.**
- Variantes : *Briag, Brieg.*
- Anglo-saxon : *Brian.*

BRICE

Ce prénom élégant est peu courant.

- **Origine celtique,** signifie « bigarré ».
- Chiffre 1 – couleur rouge.
- Fête le 13 novembre.
- Saint Brice, orphelin recueilli par saint Martin à Tours au IVe s., est placé dans un monastère où il se montre rebelle ; clerc, puis évêque à la mort de son protecteur, il mène une vie dissolue. Après sept ans de pénitence à Rome, il revient assagi et achève son sacerdoce en prières, aumônes et actions de grâces.
- Caractère : **dynamisme, activité, habileté, indépendance.**
- Breton : *Brizh.*

BRIEUC

Rendu familier par la ville de Saint-Brieuc, ce prénom revient en vogue depuis les années 1990. Il est une forme dérivée de Brieg.

- **Origine celtique,** signifie « important prince ».
- Chiffre 4 – couleur violette.
- Fête le 18 décembre.
- Saint Brieg, l'un des sept saints fondateurs de la Bretagne, est son patron. D'origine galloise, il débarque en Armorique et fonde un monastère à Tréguier, puis à l'emplacement de l'actuelle ville de Saint-Brieuc.
- Caractère : **affectivité, générosité, fidélité, perfectionnisme.**
- Variantes : *Brieg, Briog.*

BRIVAËL

Ce prénom est une forme dérivée de Briag.

- **Origine celtique,** signifie « important prince ».
- Chiffre 6 – couleur verte.
- Fête le 17 décembre.
- Saint Briag, irlandais, étudie au pays de Galles, au VIIe s., puis s'installe avec saint Tudwall en Armorique où il fonde plusieurs monastères.
- Caractère : **sens des responsabilités, générosité, calme, harmonie.**

BRUCE

Ce prénom était à l'origine un patronyme normand, porté par l'un des compagnons de Guillaume le Conquérant ; il fut adopté comme prénom par les Écossais dès le XIVe s. Il est toujours en vogue chez eux.

- **Origine normande,** signifie « épais buisson ».
- Chiffre 4 – couleur rouge.
- Caractère : **réflexion, passion, réserve, activité.**

BRUNO

Malgré sa consonance latine, ce prénom a une origine germanique.

- **Origine germanique,** signifie « bouclier ».
- Chiffre 7 – couleur bleue.
- Fête le 6 octobre.
- Saint Bruno est ordonné prêtre à Cologne au XIe s. Il enseigne la théologie, puis part pour Grenoble. Devenu ermite dans le massif de la Chartreuse, il construit une église et des cellules pour ceux qui, sur son exemple, deviendront des « chartreux ».
- Caractère : **secret, réflexion, étude, gentillesse.**

BRYAN

Ce prénom est la forme anglo-saxonne de Briac.

- **Origine celtique,** signifie

« important prince ».
- Fête le 18 décembre.
- Chiffre 6 – couleur bleue.
- Saint Briag, irlandais, étudie au pays de Galles, au VIIe s., puis s'installe avec saint Tudwall en Armorique où il fonde plusieurs monastères.
- Caractère : **individualisme, intuition, sens du devoir, fiabilité.**
- Autre orthographe : *Brian.*
- Italien : *Briano.*

C

CADWAL

- **Origine celtique,** signifie « combat » et « valeur ».
- Chiffre 8 – couleur bleue.
- Fête le 12 novembre.
- Saint Cadwal, farouche guerrier et roi du pays de Galles au VIIe s., se lasse un jour des combats ; il abdique, puis, entré en religion, il construit des églises, des monastères et des hôpitaux, et prêche l'Évangile dans les campagnes. Il meurt de la peste en soignant les malades.
- Caractère : **réserve, calme, activité, réflexion.**
- Variantes : *Cadwallader, Cadwallen, Cadwallon.*

CALEB

Ce prénom biblique désigne l'un des envoyés de Moïse parti apprécier les chances d'investir la terre de Canaan, qui deviendra la Terre promise.

- **Origine hébraïque,** signifie « comme le cœur ».
- Chiffre 5 – couleur rouge.
- Caractère : **curiosité, autorité, sociabilité, goût du pouvoir.**

CALLISTE

Ce prénom mixte longtemps méconnu apparaît discrètement à l'état civil.

- **Origine grecque,** signifie « le plus beau ».
- Chiffre 9 – couleur rouge.
- Fête le 14 octobre.
- Saint Calliste, esclave à Rome au IIIe s., est affranchi par son maître, qui lui confie l'administration de ses biens. Piètre gestionnaire, il est condamné à travailler dans les mines. À sa libération, il revient à Rome, étudie la théologie et secourt les miséreux. Il est nommé diacre, puis élu pape à la mort de Zéphirin ; son indulgence et son extrême bonté sont reconnues de tous.
- Caractère : **intuition, émotivité, idéalisme, rêverie.**
- Variante : *Calixte.*
- Espagnol : *Calixto.*

CALVIN

Ce prénom est actuellement surtout en vogue aux États-Unis. La renommée de Calvin Klein nous habitue à sa consonance.

- **Origine latine,** signifie « chauve ».
- Chiffre 7 – couleur jaune.
- Caractère : **réserve, sensibilité, esthétisme, perfectionnisme.**

CAMERON

Ce prénom est l'un des plus attribués en Écosse.

- **Origine gaélique,** signifie « rivière ».
- Chiffre 6 – couleur bleue.
- Caractère : **affectivité, harmonie, sens des responsabilités, réflexion.**

CAMILLE

Ce prénom mixte est connu dès l'Antiquité. Il nomme les garçons et les filles qui, à Rome, assistent les prêtres dans les cérémonies de sacrifice aux dieux païens. Il est aujourd'hui presque exclusivement féminin.

- **Origine latine,** signifie « qui fait partie de la famille Camillus ».
- Chiffre 1 – couleur jaune.
- Fête le 14 juillet.
- Saint Camille de Leilis, Romain du XVIe s., part combattre les Turcs aux côtés de son père après une jeunesse dissipée ; il revient blessé, guérit, retourne guerroyer. À son retour, il s'adonne au jeu et, totalement démuni, entre comme homme de peine chez les capucins ; repenti, il devient novice, mais les frères refusent qu'il prononce ses vœux perpétuels. Il s'engage alors comme infirmier dans un hôpital. La négligence du personnel le révolte : il fonde l'Institut des clercs réguliers ministres des infirmes, érigé en ordre religieux.
- Caractère : **énergie, sociabilité, travail, indépendance.**
- Espagnol : *Camilo.* Germanique : *Kamill.* Italien : *Camillo.* Provençal : *Camilho.*

CANUT

Ce prénom est la forme francisée de Knut.

- **Origine scandinave,** signifie « blanc ».
- Fête le 19 janvier.
- Saint Knut, roi de Danemark au XIe s., favorise l'implantation de l'Église dans son pays. Il est assassiné par des païens.
- Variantes : *Knud, Knut.*

CARADEC

- **Origine celtique,** signifie « ami ».
- Chiffre 8 – couleur bleue.
- Fête le 17 mai.
- Saint Karadeg, disciple de saint

Patrick, évangélise la Bretagne à la fin du Ve s.

- Caractère : **communication, sensibilité, charme, éloquence.**
- Autre orthographe : *Karadec.*
- Variantes : *Caradoc, Karadeg.*

CAREL

Forme originelle de Charles, ce prénom est courant dans les pays de l'Est.

- **Origine germanique,** signifie « viril ».
- Chiffre 3 – couleur rouge.
- Fête le 4 novembre.
- Saint Charles Borromée tient du prodige : docteur en droit à 16 ans, cardinal à 22, administrateur du diocèse de Milan à 23… Il profite largement de tous les avantages de sa situation, puis renonce aux biens terrestres lorsqu'il est sacré archevêque de Milan, se dévoue aux humbles et aux malades, participe au concile de Trente et instaure une nouvelle discipline ecclésiastique. Il meurt à Milan en 1584.
- Caractère : **sociabilité, charisme, optimisme, sens artistique.**
- Autre orthographe : *Karel.*
- Variantes : *Carol, Karol.*

CARLOMAN

Ce prénom fut porté par plusieurs rois francs.

- **Origine germanique,** signifie « homme fort ».
- Chiffre 5 – couleur bleue.
- Fête le 17 août.
- Saint Carloman, fils de Charles Martel, reçut en héritage l'Austrasie qu'il administra pendant six ans avant de se retirer dans un monastère.
- Caractère : **indépendance, goût de l'aventure, adaptabilité, charisme.**

CASIMIR

Ce prénom rare en France est encore très marqué par la marionnette des émissions télévisées pour enfants des années 1980.

- **Origine slave,** signifie « assemblée » et « paix ».
- Chiffre 9 – couleur bleue.
- Fête le 4 mars.
- Saint Casimir, prince héritier de Pologne du XVe s., dédaigne les richesses et les honneurs. Il refuse le trône de Hongrie, et la gentille fiancée qu'on lui désigne pour se consacrer à la prière.
- Caractère : **esprit d'entreprise, énergie, ambition, sensibilité.**
- Anglo-saxon : *Casper, Jasper.* Espagnol et italien : *Casimiro.* Germanique : *Kasimir, Kasper.*

CASPER

Ce prénom est une forme anglo-saxonne de Gaspard.

- **Origine sanskrite,** signifie

« celui qui vient voir ».
- Chiffre 8 – couleur rouge.
- Fête le 6 janvier.
- Gaspard, selon la tradition chrétienne, est l'un des trois Rois mages venus d'Orient pour adorer l'Enfant Jésus quelques jours après sa naissance.
- Caractère : **ambition, harmonie, sens de la justice, réflexion.**
- Variantes : *Caspar*, *Jasper*.

CASSIEN

- **Origine latine,** signifie « de la famille Cassius », patriciens romains du Ier s.
- Chiffre 7 – couleur orange.
- Fête le 5 août.
- Saint Cassien, maître d'école sous l'empereur Dèce, fut mis à mort à coup de stylets par les élèves qu'il tentait d'évangéliser.
- Caractère : **réflexion, étude, discrétion, persévérance.**
- Italien : *Cassio*. Portugais : *Cassiano*. Russe : *Kassian*.

CÉDRIC

Ce prénom est un favori des années 1980.

- **Origine celtique,** signifie « chaise du roi ».
- Chiffre 6 – couleur bleue.
- Fête le 7 janvier.
- Saint Cédric, moine en Angleterre au VIIe s., part évangéliser les Saxons. Nommé évêque, il fonde plusieurs monastères et soigne les malades lors de l'épidémie de peste qui ravage le pays. Il en meurt quelques années plus tard.
- Caractère : **exigence, charme, raffinement, indépendance.**

CÉLESTE

Ce prénom mixte commence à apparaître à l'état civil.

- **Origine latine,** signifie « céleste ».
- Chiffre 6 – couleur jaune.
- Fête le 14 octobre.
- Saint Céleste est évêque de Metz au IVe s. ; sa vie fut un modèle de piété et de bonté.
- Caractère : **douceur, sens des responsabilités, harmonie, discrétion.**
- Variante : *Célestin*.

CÉLESTIN

- **Origine latine,** signifie « céleste ».
- Chiffre 6 – couleur jaune.
- Fête le 6 avril.
- Saint Célestin, pape au Ve s., combat énergiquement le paganisme et réorganise l'Église.
- Caractère : **sens des responsabilités, fidélité, écoute, goût du pouvoir.**
- Espagnol et italien : *Celestino*.

CÉLIAN

Ce prénom est une variante de Célin, forme masculine de Céline, qui est méconnue jusqu'en 2000. Elle apparaît discrètement à l'état civil.

- **Origine latine,** signifie « qui se tait ».
- Chiffre 8 – couleur verte.
- Fête le 7 octobre.
- Saint Celin, éduqué par des missionnaires irlandais, évangélise l'Angleterre au VIIe s.
- Caractère : **sociabilité, charisme, ambition, curiosité.**
- Variante : *Célin.*

CÉSAIRE

Cette forme provençale de César apparaît timidement à l'état civil. On la rencontre souvent comme patronyme.

- **Origine latine,** signifie « couper ».
- Chiffre 2 – couleur jaune.
- Fête le 27 août.
- Saint Césaire, originaire d'une riche famille du sud de la France au Ve s., devient évêque d'Arles, puis primat des Gaules ; il lutte contre l'hérésie et fonde plusieurs monastères.
- Caractère : **ambition, sérieux, détermination, travail.**
- Variante : *Césari.*

CÉSAR

Ce prénom a tout le charme du Midi. Son origine est… médicale ; ainsi fut nommé, dans l'Antiquité, un enfant né par cette intervention appelée aujourd'hui « césarienne ».

- **Origine latine,** signifie « couper ».
- Chiffre 1 – couleur verte.
- Fête le 27 août.
- Saint Césaire, originaire d'une riche famille du sud de la France au Ve s., devient évêque d'Arles, puis primat des Gaules ; disciple de saint Augustin, il parcourt les routes pour lutter contre l'hérésie et fonde plusieurs monastères.
- Caractère : **calme, autorité, travail, ambition.**
- Autre orthographe : *Caesar.*
- Variante : *Césarin.* Anglo-saxon : *Caesar.* Italien : *Cesare.* Portugais : *Cesario.*

CHAMGAR

Ce prénom biblique évoque l'un des « petits juges » d'Israël. La légende lui prête un fait d'armes peu commun : il aurait éliminé six cents Philistins avec un aiguillon à bœuf. Cet exploit lui vaut d'être cité dans le cantique de Déborah comme un sauveur d'Israël.

- **Origine hébraïque,** signifie « épée ».
- Chiffre 6 – couleur rouge.
- Caractère : **affectivité, harmonie, sens des responsabilités, justice.**

CHARLES

Ce prénom connaît bien des heures de gloire, depuis le Moyen Âge. De grands hommes l'ont illustré dans des domaines très divers : Charlemagne, Charles de Gaulle, Charlie Chaplin… Il connaît sa dernière vague de succès entre 1990 et 2010.

- **Origine germanique,** signifie « viril ».
- Chiffre 3 – couleur rouge.
- Fête le 4 novembre.
- Saint Charles Borromée est docteur en droit à seize ans, cardinal à vingt-deux, administrateur du diocèse de Milan à vingt-trois, et sacré archevêque de Milan quelques années plus tard ; il renonce alors aux biens matériels, se dévoue au service des humbles et des malades, participe au concile de Trente et met en place une nouvelle règle de discipline ecclésiastique. Il meurt à Milan en 1584.
- Caractère : **indépendance, sens des responsabilités, passion, autorité.**
- Diminutifs : *Charlie*, *Charlot*.
- Breton : *Charlez*. Espagnol : *Carlos*. Germanique : *Carl*, *Karl*. Italien : *Carlo*, *Lino*. Provençal : *Charloun*.

CHILDEBERT

Au Moyen Âge, Childebert est le prénom de plusieurs rois francs.

- **Origine germanique, signifie** « illustre combat ».
- Chiffre 3 – couleur verte.
- Caractère : **sociabilité, sens artistique, harmonie, charisme.**

CHILDÉRIC

Ce prénom a été porté par plusieurs rois francs, au Ve et au VIIe s.

- **Origine germanique,** signifie « combat » et « roi ».
- Chiffre 8 – couleur rouge.
- Caractère : **dynamisme, opportunisme, charme, sens pratique.**

CHRISTIAN

Ce prénom est l'un des grands classiques du milieu du XXe s.

- **Origine grecque,** signifie « messie ».
- Chiffre 2 – couleur verte.
- Fête le 12 novembre.
- Saint Christian est cuisinier dans un monastère en Pologne au XIe s. ; il est massacré une nuit, avec quatre compagnons.
- Caractère : **activité, indépendance, confiance en soi, prudence.**
- Variante : *Chrétien*.
- Anglo-saxon : *Chris*, *Kirsten*. Espagnol : *Cristian*, *Cristiano*. Germanique : *Christian*, *Karsten*, *Kirsten*. Italien : *Cristiano*.

CHRISTOPHE

Il prend le relais de Christian au hit-parade, dans les années 1970.

- **Origine grecque,** signifie « qui porte le Christ ».
- Chiffre 4 – couleur bleue.
- Fête le 25 juillet.
- Saint Christophe (IIIe s.) est un géant qui a pour surnom « le Maudit », en Asie Mineure. Chassé par ses employeurs, il devient, sur le conseil d'un vieil ermite, passeur de rivières. Un jour, il prend sur ses épaules un jeune enfant dont le poids manque de le faire trébucher. Il s'en étonne, regarde le visage de son passager et reconnaît l'Enfant Jésus. Après cette apparition, il se fait baptiser, et continue son office… tout en essayant de convertir tous ceux qu'il convoie. Il y réussit si bien qu'il est arrêté et condamné à mort.
- Caractère : **calme, intuition, émotivité, humour.**
- Anglo-saxon : *Christopher*. Espagnol : *Cristobal*. Germanique : *Christof*, *Stoffel*, *Toffel*. Grec : *Kristoforo*. Italien : *Cristoforo*. Russe : *Khristophor*.

CIAN

Ce prénom est très en vogue en Irlande.

- **Origine celtique,** signifie « ancien ».
- Chiffre 9 – couleur bleue.
- Caractère : **idéalisme, altruisme, persévérance, passion.**
- Variantes : *Kane, Kean*.

CIARAN

Ce prénom est l'un des favoris des familles irlandaises.

- **Origine irlandaise,** signifie « aux cheveux noirs ».
- Chiffre 1 – couleur verte.
- Caractère : **indépendance, ambition, énergie, volonté.**

CILLIAN

- **Origine celtique,** signifie « église ».
- Chiffre 6 – couleur bleue.
- Fête le 13 novembre.
- Saint Cillian, moine de Bavière du VIIe s., est assassiné par la compagne du roi à qui il reprochait son inconduite.
- Caractère : **discrétion, réserve, sens des responsabilités, sens de la famille.**
- Variante : *Killian*.

CLARENCE

Forme anglo-saxonne de Clair, ce prénom mixte s'affirme en France.

- **Origine latine,** signifie « clair ».
- Chiffre 7 – couleur bleue.
- Fête le 26 avril.

- Saint Clarence est évêque de Vienne au VIIe s. et se distingue par une vie d'une extrême piété.
- Caractère : **sociabilité, réserve, goût de l'aventure, vivacité.**

CLAUDE

Ce prénom vient de l'Antiquité. Les Claudius représentaient une illustre famille romaine qui donna un empereur au Ier s., époux de Messaline et d'Agrippine, et un autre au IIIe s.

- **Origine latine,** signifie « issu de la famille Claudius ».
- Chiffre 1 – couleur orange.
- Fête le 15 février.
- Saint Claude La Colombière, natif du Dauphiné, théologien et précepteur des enfants de Colbert, au XVIIe s., est appelé par le roi d'Angleterre, mais, atteint de tuberculose, il revient en France pour mourir.
- Caractère : **générosité, sociabilité, élégance, vivacité.**
- Breton : *Claudic*, *Klaoda*. Espagnol et italien : *Claudio*. Germanique : *Claudius*. Russe : *Klavdii*.

CLÉANTE

Ce prénom est porté par plusieurs personnages du théâtre de Molière, représentant l'homme sage, sincère, ardent, l'amoureux type dans Tartuffe, L'Avare, Le Malade imaginaire.

- **Origine française,** issu du théâtre de Molière.
- Chiffre 6 – couleur bleue.
- Caractère : **sensibilité, générosité, sens des responsabilités, exigence.**

CLÉMENT

Ce prénom a été porté par quatorze papes. Après avoir été méconnu pendant plusieurs siècles, il est en vogue depuis 1980.

- **Origine latine,** signifie « indulgent ».
- Chiffre 7 – couleur rouge.
- Fête le 23 novembre.
- Saint Clément (fin du Ier s.), est un homme instruit et cultivé converti par saint Pierre. Il prêche la bonne parole avec tant de succès que l'empereur Trajan l'envoie aux travaux forcés en Crimée : il convertit les prisonniers, les gardes, et on accourt même de tout le pays… pour acheter les pierres qu'il casse ! Trajan ordonne qu'il soit jeté dans la mer Noire, lesté d'une ancre de fonte.
- Caractère : **tendresse, émotivité, autorité, stabilité.**
- Anglo-saxon : *Clemens*. Espagnol et italien : *Clemente*. Germanique : *Klemens*. Russe : *Kliment*.

CLÉRY

Ce prénom à la consonance anglo-saxonne apparaît timidement.

Luipram, Fulrad, Lantfried et compagnie...

Si Clovis et Clotaire sont récemment réapparus à l'état civil, ce n'est pas le cas de la grande majorité des prénoms mérovingiens. Hincmar, Théodulf, Gozlin, Alcuin, Dregon, Childebrand et Ragnefred ne sont jamais sortis de l'anonymat. Quant à Childéric, Odilon et Pépin, ils font figure d'originaux, alors qu'au VIe s. ils étaient des plus courants.

- **Origine grecque,** signifie « clerc ».
- Chiffre 9 – couleur blanche.
- Fête le 14 janvier.
- Saint Cler est diacre en Afrique du Nord au VIe s. ; il meurt en martyr.
- Caractère : **sociabilité, écoute, générosité, émotivité.**

CLODOMIR

Ce prénom est celui du fils aîné de Clovis et Clothilde.

- **Origine germanique,** signifie « grande gloire ».
- Chiffre 8 – couleur verte.
- Fête le 25 août.
- Saint Louis, roi de France, est son patron.
- Caractère : **activité, courage, volonté, sens des responsabilités.**
- Espagnol : *Clodomiro.*

CLOTAIRE

Prénom royal, Clotaire est rarissime aujourd'hui.

- **Origine germanique,** signifie « grande gloire ».
- Chiffre 2 – couleur bleue.
- Fête le 7 avril.
- Saint Clotaire est le discret abbé d'une abbaye, en Champagne, au VIIIe s.
- Caractère : **affectivité, fidélité, intuition, réflexion.**
- Autre orthographe : *Clothaire.*

CLOVIS

Ce prénom évoque le célèbre roi des Francs au Ve s., grand conquérant païen qui épouse Clothilde la chrétienne, accepte le baptême et réunit le concile d'Orléans pour établir l'organisation administrative de l'Église franque.
Sur le plan étymologique, il est une forme franque de Louis.

- **Origine germanique,** signifie « glorieux vainqueur ».
- Chiffre 8 – couleur verte.
- Fête le 25 août.
- Saint Louis est son patron.
- Caractère : **énergie, autorité, détermination, réserve.**

CLYDE

La vogue de ce prénom est récente, mais il n'est pas nouveau : le malfaiteur Clyde Barrow en a fait un véritable mythe dans les années 1930 aux États-Unis.

- **Origine écossaise,** du nom de la rivière Clyde qui arrose Glasgow.
- Chiffre 4 – couleur verte.
- Caractère : **travail, énergie, créativité, autorité.**

COEMGEN

Ce prénom est la forme primitive de Kévin, beaucoup plus fréquent.

- **Origine celtique,** signifie « enraciné ».
- Chiffre 8 – couleur verte.
- Fête le 3 juin.
- Saint Coemgen, ermite en Irlande au VIe s., consacre ses journées à la prière, debout, les bras en croix. La légende raconte que les oiseaux viennent nicher dans ses manches… Il fonde un monastère dont il prend la direction à la demande des pèlerins.
- Caractère : **réserve, curiosité, étude, travail.**
- Variantes : *Gauvain, Kévin.*

COLIN

Il est l'un des dérivés de Nicolas.

- **Origine grecque,** signifie « victoire du peuple ».
- Chiffre 8 – couleur jaune.
- Fête le 6 décembre.
- Saint Nicolas, évêque de Myra en Anatolie au IIIe s., lutte contre le paganisme malgré les persécutions de l'empereur Dioclétien.
- Caractère : **persévérance, énergie, sociabilité, autorité.**

COLMAN

Ce prénom est la forme primitive de Colomban et de Colombe.

- **Origine celtique,** signifie « colombe ».
- Chiffre 4 – couleur rouge.
- Fête le 24 novembre.
- Saint Colman, barde païen en Irlande au VIe s., rencontre saint Brendan, qui le convertit et le baptise. Il devient évêque et consacre sa vie à l'évangélisation des campagnes.
- Caractère : **courtoisie, exigence, imagination, justice.**
- Variante : *Coloman.*
- Breton : *Koulman.*

COLOMBAN

- **Origine celtique,** signifie « colombe ».
- Chiffre 2 – couleur bleue.
- Fête le 23 novembre.
- Saint Colomban, noble irlandais du VIe s., est ordonné prêtre à la fin de ses études et parcourt les

routes pour prêcher et construire des monastères. Il s'embarque pour l'Écosse et se consacre à son évangélisation. Sa santé déclinant, il retourne dans son Irlande natale pour participer à des synodes et transcrire des livres.

- Caractère : **prudence, réserve, réflexion, persévérance.**
- Espagnol : *Colomo*. Italien : *Colombano*. Portugais : *Columbano*.
- Variantes : *Couleth, Koulizh*.

CÔME

On ne le sépare guère de son jumeau Damien, médecin comme lui.

- **Origine grecque,** signifie « ordre ».
- Chiffre 9 – couleur rouge.
- Fête le 25 septembre.
- Saint Côme et saint Damien sont tous deux chrétiens et médecins en Arabie au IIIe s. Ils soignent gratuitement les blessés et les malades, réconfortent les désespérés, enseignent l'Évangile et convertissent grand nombre de patients. Lorsque les persécutions sont ordonnées, ils sont les premiers désignés pour le martyre.
- Caractère : **émotivité, altruisme, diplomatie, sérieux.**
- Espagnol : *Cosme*. Germanique : *Kosmas*. Italien : *Cosimo*. Russe : *Kosma*.

CONNOR

Ce prénom mixte est très en vogue en Irlande.

- **Origine irlandaise,** signifie « grand désir ».
- Chiffre 2 – couleur rouge.
- Caractère : **diplomatie, adaptabilité, émotivité, charisme.**

CONRAD

Ce prénom est illustré par plusieurs rois d'Italie et de Germanie aux XIe et XIIe s.

- **Origine germanique,** signifie « brave » et « conseil ».
- Chiffre 1 – couleur verte.
- Fête le 26 novembre.
- Saint Conrad, évêque de Constance au Xe s., fait plusieurs pèlerinages à Jérusalem.
- Caractère : **dynamisme, originalité, travail, réflexion.**
- Variante : *Conradin*.
- Alsacien : *Kurt*. Espagnol : *Conrado*. Germanique : *Konrad*. Italien : *Corrado*. Néerlandais: *Koen*.

CONSTANT

Après avoir été assez fréquent à Rome et à Byzance dans les premiers siècles, ce prénom disparaît jusqu'au XIXe s., où on le rencontre à nouveau. Constantin est plus fréquent aujourd'hui.

- **Origine latine,** signifie « persévérance ».
- Chiffre 7 – couleur rouge.
- Fête le 23 septembre.
- Saint Constant, sacristain en Italie au Ve s. accomplit des miracles avec humilité.
- Caractère : **émotivité, sensibilité, sérieux, réflexion.**
- Variante : *Constantin.*

CONSTANTIN

- **Origine latine,** signifie « persévérance ».
- Chiffre 3 – couleur rouge.
- Fête le 21 mai.
- Saint Constantin Ier le Grand, empereur de Rome au IVe s., est païen, mais tolérant. Il garantit la liberté de culte aux chrétiens, fonde Constantinople et se fait baptiser quelques mois avant sa mort.
- Caractère : **opportunisme, adaptabilité, sociabilité, prudence.**
- Espagnol : *Constancio.* Germanique : *Konstanze, Konstantin.* Grec : *Konstantin, Kosta.* Italien : *Costanzo.* Russe : *Konstantin.*

CORENTIN

La fin du XXe s. voit le succès de Corentin dans le sillage de Malo et d'Arthur.

- **Origine celtique,** signifie « ami ».
- Chiffre 8 – couleur bleue.
- Fête le 12 décembre.
- Saint Corentin, ermite de Bretagne à la fin du Ve s., fonde un monastère en Cornouaille, puis est nommé évêque de Quimper.
- Caractère : **énergie, activité, tendresse, exigence.**
- Breton : *Kaourentin.*

CORNEILLE

- **Origine latine,** signifie « corneille ».
- Chiffre 3 – couleur verte.
- Fête le 16 septembre.
- Saint Corneille, pape du IIIe s., est exilé par l'empereur Gallus.
- Caractère : **dynamisme, charme, vivacité, volonté.**
- Anglo-saxon : *Cornelius.* Espagnol et italien : *Cornelio.* Russe : *Kornilii.*

COULETH

- **Origine celtique,** signifie « colombe ».
- Chiffre 3 – couleur verte.
- Fête le 10 décembre.
- Saint Couleth est évêque de Kildarre en Irlande, au VIe s.
- Caractère : **communication, créativité, énergie, éloquence.**
- Variantes : *Conleth, Coulith, Konlez.*

Les sept saints fondateurs de la Bretagne

Ils sont venus s'établir en Armorique au VIe s., quittant l'Irlande ou le pays de Galles, et y ont bâti des églises et des monastères : Brieuc, Corentin, Malo, Patern, Pol, Samson et Tugdual. De nombreuses paroisses portent encore leurs noms aujourd'hui.

CRAIG

Surnom à l'origine, Craig est devenu un prénom à part entière voici une cinquantaine d'années dans les pays de langue anglaise.

- **Origine gaélique,** signifie « rocher ».
- Chiffre 2 – couleur violette.
- Caractère : **diplomatie, émotivité, sociabilité, éloquence.**

CRÉPIN

- **Origine latine,** signifie « crépu ».
- Chiffre 2 – couleur bleue.
- Fête le 25 octobre.
- Saint Crépin, Romain du IIIe s., s'établit à Soissons avec son frère Crépinien. Ils sont cordonniers et prêchent l'Évangile à tous leurs clients qu'ils parviennent à convertir grâce à leur éloquence. L'empereur Maximien, de passage en Gaule, l'apprend et les fait décapiter.
- Caractère : **sociabilité, charme, rêverie, charisme.**
- Variantes : *Crépinien, Crespin.*
- Espagnol : *Crispin.*

CYPRIEN

Longtemps méconnu, Cyprien connaît un succès discret mais constant depuis 1990.

- **Origine latine,** signifie « originaire de Chypre ».
- Chiffre 9 – couleur rouge.
- Fête le 16 septembre.
- Saint Cyprien, orateur et professeur de réthorique à Carthage au IIIe s., mène une brillante vie publique. Il se convertit au christianisme à quarante ans, étudie les Saintes Écritures, et se fait ordonner prêtre ; peu après, il est nommé évêque de Carthage et aussitôt persécuté sur ordre de Dèce. Il est exilé, ses biens sont confisqués. Il revient à Carthage pour soutenir les chrétiens et soigner les victimes de l'épidémie de peste qui sévit alors. Il est arrêté et décapité.
- Caractère : **sensibilité, créativité, communication, fantaisie.**
- Anglo-saxon : *Cyprian.* Espagnol : *Cipriano.* Occitan : *Cyprian.*

CYR

Ce prénom est à l'origine de plusieurs dérivés : Cyrus, évocateur du roi de Perse au VIe s. av. J.-C., et Cyril, qui connaît un grand succès dans les années 1980.

- **Origine grecque,** signifie « maître ».
- Chiffre 1 – couleur rouge.
- Fête le 16 juin.
- Saint Cyr est un enfant de trois ans quand il est arrêté avec sa mère, sainte Juliette, en Asie Mineure, au début du IVe s. Pendant le procès, il vient narguer le juge et lui annonce qu'il est chrétien lui aussi. Le magistrat attrape l'enfant, et lui fracasse la tête contre un pilier.
- Caractère : **activité, franchise, indépendance, réserve.**
- Variantes : *Cyran*, *Cyril*, *Cyriaque*, *Cyrus*, *Siran*.
- Anglo-saxon : *Cyrus*. Espagnol et italien : *Ciro*. Grec : *Kyriak*, *Kyres*, *Kyros*.

CYRAN

- **Origine grecque,** signifie « maître ».
- Chiffre 7 – couleur rouge.
- Fête le 16 juin.
- Saint Cyr, enfant emprisonné avec sa mère en Asie Mineure au IVe s., proclame sa foi ; il est mis à mort.
- Caractère : **activité, travail, ambition, franchise.**
- Variante : *Cyrano*.

CYRIL

Ce prénom évoque l'alphabet glacolithique, dit alphabet cyrillique.

- **Origine grecque,** signifie « maître ».
- Chiffre 3 – couleur rouge.
- Fête le 12 février.
- Saint Cyril, compagnon d'études du prince Michel à Constantinople au IXe s., ordonné diacre, enseigne la philosophie avant de rejoindre son frère Méthode, moine sur le mont Olympe. Devenu empereur, Michel l'envoie en mission avec son frère en Moravie, et lui demande de transcrire en slavon les Saintes Écritures. Cyril crée l'alphabet « cyrillique », inspiré des caractères grecs, encore en usage aujourd'hui dans les pays slaves.
- Caractère : **curiosité, patience, étude, fidélité.**
- Autre orthographe : *Cyrille*.
- Espagnol : *Cirilo*. Germanique : *Cyrillus*. Grec : *Kyrillos*. Italien : *Cirillo*. Russe : *Kyrill*

D

DALMACE

- **Origine latine,** signifie « originaire de Dalmatie ».
- Chiffre 3 – couleur bleue.

- Fête le 13 novembre.
- D'après la légende, saint Dalmace, évêque de Rodez au VIe s., délivre les possédés du démon et obtient la libération des prisonniers par ses simples prières.
- Caractère : **sensibilité, réserve, prudence, fidélité.**
- Variante : *Damase.*
- Espagnol : *Dalmacio.*

DAMASE

Cette forme simplifiée de Dalmace est peu répandue.

- **Origine latine,** signifie « originaire de Dalmatie ».
- Chiffre 7 – couleur bleue.
- Fête le 11 décembre.
- Saint Damase, romain et espagnol par son père, est ordonné diacre très jeune, au IVe s., et devient pape à soixante ans. Il combat les hérétiques, charge saint Jérôme de traduire la Bible en latin, assainit et décore les catacombes, et protège les reliques des martyrs.
- Caractère : **réflexion, sérieux, intuition, affectivité.**
- Variante : *Damas.*
- Espagnol : *Damaso.*

DAMIEN

- **Origine grecque,** du nom de Damia, déesse romaine de la Fertilité et des Moissons.
- Chiffre 1 – couleur rouge.
- Fête le 25 septembre.
- Saint Damien, frère jumeau de Côme, est médecin comme lui, en Arabie, au IIIe s. Il soigne les corps et les âmes, et prêche l'Évangile malgré les menaces de persécution. Il est arrêté, condamné au supplice et décapité avec son frère.
- Caractère : **sérieux, stabilité, travail, réflexion.**
- Anglo-saxon, espagnol, germanique : *Damian.* Italien : *Damiano.*

DAN

Ce n'est pas un diminutif de Daniel, mais le prénom, dans la Bible, du cinquième des douze fils de Jacob et ancêtre de l'une des tribus d'Israël.

- **Origine hébraïque,** signifie « il fait justice ».
- Chiffre 1 – couleur verte.
- Caractère : **générosité, fierté, traditionalisme, ambition.**

DANIEL

Ce prénom connaît son apogée au milieu du XXe s.

- **Origine hébraïque,** signifie « Dieu est juge ».
- Chiffre 9 – couleur jaune.
- Fête le 11 décembre.
- Saint Daniel entre au couvent à Constantinople au Ve s., à l'âge de

12 ans. Fasciné par saint Siméon, le Stylite, par la foule qui l'écoute, sollicite des audiences, demande prières et bénédictions, Daniel passe les trente-trois dernières années de sa vie sur cette même colonne, au bord du Bosphore, prêchant l'amour du prochain, recevant même des empereurs sur son étroite plate-forme.

- Caractère : **communication, intelligence, séduction, exigence.**
- Diminutif : *Dany*.
- Anglo-saxon : *Danny*. Breton : *Deniel*, *Deniol*. Hongrois : *Danos*. Italien : *Daniele*, *Danilo*. Provençal : *Danié*, *Daniset*. Slave : *Danilo*.

DANTE

Diminutif du latin Durante, ce prénom est lancé à la Renaissance par l'écrivain italien Dante Alighieri, auteur de La Divine Comédie, *poème qui fait de lui un des personnages les plus illustres de l'histoire de l'Italie.*

- **Origine latine,** signifie « qui dure ».
- Chiffre 8 – couleur verte.
- Caractère : **autorité, réalisme, énergie, franchise.**

DARIUS

Roi de Perse au Ve s. av. J.-C., Darius Ier reconstitue l'empire de Cyrus et fonde la ville de Persépolis.

- **Origine grecque,** signifie « riche ».
- Chiffre 9 – couleur rouge.
- Caractère : **sensibilité, stabilité, imagination, altruisme.**
- Espagnol et italien : *Dario*. Grec : *Darios*.

DAVID

Ce prénom majestueux évoque les exploits du roi David. Tout jeune, il vainc le géant Goliath en l'assommant avec sa fronde. Sacré roi de Juda et d'Israël en 1010 av. J.-C., il succède à Saül le mélancolique dont, d'après la légende, il apaisait la dépression en jouant de la harpe… Grand adorateur de Yahvé, il compose les plus belles prières de la Bible. Il fait de Jérusalem sa capitale, et remporte de nombreuses victoires sur les envahisseurs.

- **Origine hébraïque,** signifie « bien-aimé de Dieu ».
- Chiffre 4 – couleur bleue.
- Fête le 29 décembre.
- Saint David, moine au pays de Galles, au VIe s., voyage à travers le pays, créant abbayes et monastères.
- Caractère : **détermination, indépendance, charisme, sociabilité.**
- Anglo-saxon : *Dave*, *David*, *Davy*. Arabe : *Daoud*. Breton : *Dewi*, *Divi*. Espagnol : *David*. Italien : *Davide*. Provençal : *Davi*, *Davioun*.

Les tribus d'Israël

Jacob eut quatre compagnes qui lui donnèrent douze fils, fondateurs des douze tribus d'Israël : Ruben, Siméon, Lévi, Juda, Issacar, Zabulon, Dan, Nephtali, Gad, Aser, Joseph et Benjamin.

DELPHIN

C'est surtout par sa forme féminine, Delphine, que ce prénom s'est fait connaître.

- **Origine latine,** signifie « dauphin ».
- Chiffre 5 – couleur verte.
- Fête le 24 décembre.
- Saint Delphin, évêque de Bordeaux à la fin du IVe s., combat les hérétiques et participe aux conciles de Saragosse et de Bordeaux.
- Caractère : **travail, méthode, curiosité, adaptabilité.**
- Variante : *Dauphin.*
- Espagnol : *Delfin.* Italien : *Delfino.*

DENIS

Ce prénom est un grand classique intemporel.

- **Origine grecque,** du nom Dionysos, dieu de la Vigne et du Vin.
- Chiffre 6 – couleur orange.
- Fête le 9 octobre.
- Saint Denis, prêtre puis évêque en Italie au IIIe s., part évangéliser la Gaule païenne. Ses sermons font merveille et les conversions se multiplient. Il devient le premier évêque de Paris. L'empereur Domitien le fait arrêter et décapiter.
- Caractère : **autorité, réserve, activité, indépendance.**
- Autre orthographe : *Denys.*
- Anglo-saxon : *Dennis, Sidney.* Breton : *Denez.* Espagnol : *Denis, Dioniso.* Hongrois : *Denes.* Italien : *Denis, Dionisio.*

DENOUAL

- **Origine celtique,** signifie « monde de valeur ».
- Chiffre 9 – couleur bleue.
- Fête le 24 décembre.
- Saint Denoual, un prêtre gallois, vient en Armorique au Ve s.
- Caractère : **altruisme, rêverie, réserve, persévérance.**
- Variante : *Denoal.*

DÉODAT

Ce prénom est la forme primitive de Dieudonné.

- **Origine latine,** signifie « Dieu donne ».
- Chiffre 4 – couleur verte.
- Fête le 19 juin.
- Saint Déodat, évêque de Nevers au VIIe s., quitte son évêché pour vivre dans une grotte dans les

Vosges ; les pèlerins affluent et, à leur demande, il fonde un monastère dans ce lieu qui aujourd'hui se nomme Saint-Dié.
- Caractère : **autorité, travail, détermination, sociabilité.**
- Variantes : *Adéodat*, *Déodate*, *Dié*, *Dieudonné.*
- Italien : *Deodato.*

DEREK

Ce prénom est une forme slave de Théodoric.

- **Origine germanique,** signifie « peuple roi ».
- Chiffre 7 – couleur bleue.
- Fête le 1er juillet.
- Saint Thierry, fils d'un brigand du VIe s. en Champagne, racheta les fautes de son père par la prière dans le monastère qu'il fonda sur le conseil de saint Remi.
- Caractère : **charme, harmonie, sens pratique, activité.**

DERRIEN

- **Origine celtique,** signifie « chêne ».
- Chiffre 2 – couleur verte.
- Fête le 8 février.
- Saint Derrien, moine breton, fit un pèlerinage en Terre sainte au VIe s.
- Caractère : **sociabilité, diplomatie, émotivité, curiosité.**

DÉSIRÉ

Ce prénom peu courant fut rendu célèbre par la pièce de Sacha Guitry, Désiré.

- **Origine latine,** signifie « désiré ».
- Chiffre 6 – couleur violette.
- Fête le 8 mai.
- Saint Désiré, évêque de Bourges et gardien du sceau royal sous Clotaire et Childebert au VIe s., joua à la demande des souverains, un rôle de diplomate et de médiateur dans les négociations délicates.
- Caractère : **charme, sens des responsabilités, curiosité, adaptabilité.**
- Espagnol et italien : *Desiderio.* Germanique : *Desider.* Provençal : *Désirat.*

DEWI

Ce prénom est considéré comme une forme galloise de David.

- Chiffre 5 – couleur rouge.
- Fête le 1er mars.
- Saint Dewi, fils de sainte Nonn, fonde au VIe s. plusieurs monastères en Bretagne et au pays de Galles dont il est le patron.
- Caractère : **adaptabilité, indépendance, goût de l'aventure, sensibilité.**

DIDIER

- **Origine latine,** signifie « qui désire ».
- Chiffre 4 – couleur jaune.
- Fête le 23 mai.
- Saint Didier, évêque de Vienne au VIe s., reproche à la reine Brunehaut ses mœurs légères et son manque de scrupules. Elle le fait exiler, puis le rappelle, mais Didier renouvelle ses remontrances. Il est enlevé pendant qu'il célèbre la messe, roué de coups et assassiné.
- Caractère : **prudence, réserve, stabilité, réflexion.**
- Alsacien : *Dieter*. Breton : *Dider*.

DIEGO

Forme espagnole de Jacques, ce prénom suit la vogue des prénoms des pays latins.

- **Origine hébraïque,** signifie « Dieu a soutenu ».
- Chiffre 4 – couleur rouge.
- Fête le 25 juillet.
- Saint Jacques le Majeur, frère de saint Jean l'Évangéliste, pêcheur galiléen du Ier s. et témoin des miracles de Jésus, est décapité en Espagne où il prêche, dans un village qui prit le nom de Saint-Jacques-de-Compostelle.
- Caractère : **émotivité, intuition, indépendance, humour.**

DIÉRICK

Forme dérivée de Théodoric.

- **Origine germanique,** signifie « peuple » et « roi ».
- Chiffre 1 – couleur violette.
- Fête le 9 juillet.
- Saint Théodoric est le patron de Diérick. Franciscain, il est pendu par des calvinistes aux Pays-Bas au XVIe s.
- Caractère : **énergie, efficacité, sens de l'organisation, autorité.**
- Anglo-saxon : *Dirk*. Germanique : *Diderick*, *Diederik*, *Derek*, *Derk*.

DIEUDONNÉ

- **Origine latine,** signifie « Dieu donne ».
- Chiffre 6 – couleur verte.
- Fête le 19 juin.
- Saint Déodat, évêque de Nevers au VIIe s., quitte son évêché pour vivre dans une grotte dans les Vosges ; les pèlerins affluent, et, à leur demande, il fonde un monastère dans ce lieu qui aujourd'hui se nomme Saint-Dié.
- Caractère : **autorité, générosité, volonté, ambition.**
- Italien : *Donatello*, *Donato*.

DIMITRI

Il est la forme slave d'un prénom latin, Démétrie, totalement tombé en désuétude.

- **Origine latine,** du nom Demeter, déesse romaine de la Terre et des Moissons.
- Chiffre 1 – couleur verte.
- Fête le 26 octobre.
- Saint Dimitri, prêtre yougoslave venu s'établir en Gaule, devient le premier évêque de Gap au Ve s.
- Caractère : **sensibilité, raffinement, générosité, exigence.**

DINAN

- **Origine celtique,** signifie « homme ».
- Chiffre 6 – couleur bleue.
- Fête le 21 février.
- Saint Dinan, ancien chef de pirates vikings, au IXe s., se repent de ses méfaits et fonde un monastère en Armorique, à l'emplacement actuel de la ville de Dinan.
- Caractère : **sensibilité, sens des responsablilités, harmonie, prudence.**

DIRK

Ce prénom est une forme anglo-saxonne de Théodoric.

- **Origine germanique,** signifie « peuple roi ».
- Chiffre 6 – couleur bleue.
- Fête le 1er juillet.
- Saint Thierry est son patron ; fils d'un brigand du VIe s. en Champagne, il rachète les fautes de son père par la prière dans le monastère qu'il fonde sur le conseil de saint Remi.
- Caractère : **sensibilité, travail, sérieux, prudence.**

DJAMEL

Ce prénom est l'un des plus populaires de l'islam.

- **Origine arabe,** signifie « le beau ».
- Chiffre 9 – couleur verte.
- Caractère : **générosité, charisme, rêverie, sociabilité.**
- Égyptien : *Gamal.*

DOETVAL

- **Origine celtique,** signifie « sage valeur ».
- Chiffre 7 – couleur bleue.
- Fête le 22 janvier.
- Saint Doetval est l'un des vingt-deux enfants du roi de Domnonée, en Armorique, au VIe s.
- Caractère : **étude, réflexion, réserve, rêverie.**

DOGMAËL

- **Origine celtique,** signifie « bon prince ».
- Chiffre 3 – couleur verte.
- Fête le 14 juin.
- Saint Dogmaël, évêque au pays de

Galles au VIe s., mène une vie de prière et de méditation.
- Caractère : **curiosité, souplesse, réflexion, indépendance.**

DOMINIQUE

Il est rare qu'un prénom soit mixte à parité ; c'est le cas de Dominique qui, dans les années 1950, nommait aussi bien les garçons que les filles.

- **Origine latine,** signifie « maître ».
- Chiffre 8 – couleur jaune.
- Fête le 8 août.
- Saint Dominique de Guzman, prêtre espagnol envoyé en France par le pape au XIIIe s. pour combattre l'hérésie des cathares, prêche la pauvreté et le jeûne, et fonde l'ordre dominicain, dont il rédige la règle de vie.
- Caractère : c**harme, efficacité, détermination, indépendance.**
- Breton : *Domineuc.* Espagnol : *Domingo.* Germanique : *Dominikus.* Hongrois : *Demko.* Italien : *Domenico.* Provençal : *Doumenique.*

DOMITIEN

Domitien, frère de Titus, est empereur de Rome au Ier s. Absolutiste, il instaure un régime de terreur, persécute les chrétiens et même le sénat.

- **Origine latine,** signifie « maison ».
- Chiffre 8 – couleur violette.
- Fête le 10 mars.
- Saint Domitien, soldat romain chrétien du IVe s., est jeté dans un lac glacé pour avoir refusé de renier sa foi.
- Caractère : **droiture, travail, charme, fiabilité.**
- Espagnol : *Domiciano.*

DONALD

Prénom écossais par excellence, Donald est courant jusqu'en 1950, mais son succès décline à l'apparition du héros des dessins animés de Walt Disney.

- **Origine gaélique,** signifie « peuple puissant ».
- Chiffre 5 – couleur jaune.
- Fête le 15 juillet.
- Saint Donald, fils du roi d'Écosse au VIIIe s., brillant théologien et prédicateur renommé, évangélise une grande partie de l'Écosse.
- Caractère : **intuition, prudence, curiosité, opportunisme.**
- Diminutifs : *Donny, Donell.*
- Italien : *Donaldo.*

DONAN

- **Origine celtique,** signifie « élevé ».
- Chiffre 3 – couleur bleue.
- Fête le 15 avril.
- Saint Donan est un disciple de saint Brieuc au VIe s.

- Caractère : **sens artistique, charisme, harmonie, réserve.**

DONATIEN

Comme Côme et Damien, Donatien est inséparable de son frère Rogatien.

- **Origine latine,** signifie « donation ».
- Chiffre 1 – couleur jaune.
- Fête le 24 mai.
- Saint Donatien, tout jeune chrétien, vit à Nantes au IIIe s. avec son petit frère Rogatien. Il est arrêté avec lui par les troupes de l'empereur Maximien, qui leur ordonne de se prosterner devant les dieux païens. Ils refusent et sont pour cela emprisonnés et décapités.
- Caractère : **calme, énergie, étude, curiosité.**
- Breton : *Donasian*. Occitan : *Donatian*.

DONOVAN

Ce prénom est lancé par un chanteur anglais dans les années 1960.

- **Origine gaélique,** signifie « sombre ».
- Chiffre 4 – couleur verte.
- Caractère : **rigueur, travail, méthode, stabilité.**

DORIAN

Il est une forme moderne de Théodore, illustrée par Le Portrait de Dorian Gray*, d'Oscar Wilde, en 1891.*

- **Origine grecque,** signifie « don de Dieu ».
- Chiffre 4 – couleur verte.
- Fête le 9 novembre.
- Saint Théodore, abbé d'un monastère en Asie Mineure au IXe s., est exilé par l'empereur Nicéphore à qui il reproche sa conduite ; l'empereur Michel, son successeur, le rappelle, mais Théodore est emprisonné pour avoir lutté contre le paganisme et meurt des suites de sa captivité.
- Caractère : **sensibilité, étude, réflexion, prudence.**
- Italien : *Doriano*.

DOSITHÉE

Prénom masculin malgré une sonorité féminine, Dosithée est rare.

- **Origine grecque,** signifie « don à Dieu ».
- Chiffre 4 – couleur orange.
- Fête le 23 février.
- Saint Dosithée est touché par la grâce au cours d'un voyage à Bethléem et demande le baptême ; de retour chez lui, il entre dans un monastère. Il meurt après cinq années de prières et de méditation.
- Caractère : **réflexion, rigueur, loyauté, franchise.**

DOUGLAS

Écossais comme Donald, Douglas était à l'origine un prénom féminin qui s'est masculinisé au XIXe s. Très courant dans les années 1950, il s'est raréfié.

- **Origine gaélique,** signifie « eau noire ».
- Chiffre 7 – couleur rouge.
- Caractère : **réserve, harmonie, raffinement, exigence.**

DUANE

Ce prénom s'est révélé aux États-Unis dans les années 1940.

- **Origine celtique,** signifie « à la peau brune ».
- Chiffre 3 – couleur verte.
- Caractère : **communication, générosité, sens artistique, harmonie.**

DUNSTAN

- **Origine celtique,** signifie « bon et ardent ».
- Chiffre 3 – couleur jaune.
- Fête le 19 mai.
- Saint Dunstan est évêque de Canterbury au Xe s. et développe la règle de saint Benoît dans les monastères anglais.
- Caractère : **charme, communication, sens pratique, éloquence.**
- Variante : *Duncan.*

DYLAN

Bob Dylan n'est sans doute pas étranger au succès de ce prénom. Mais avant lui Dylan Marlais Thomas, poète anglais des années 1950, est un héros et un modèle d'anticonformisme pour la jeunesse anglo-saxonne. Dans la mythologie galloise, Dylan est un demi-dieu, fils de la Mer.

- **Origine galloise,** signifie « mer ».
- Chiffre 2 – couleur verte.
- Caractère : **travail, discipline, persévérance, fiabilité.**

E

ÉBERHARD

- **Origine germanique,** signifie « dur sanglier ».
- Chiffre 4 – couleur verte.
- Fête le 16 décembre.
- Saint Éberhard (IXe s.), mari de Gisèle, la petite-fille de Charlemagne, mène une vie exemplaire de bonté et de charité.
- Caractère : **volonté, sérieux, ambition, sens des responsabilités.**
- Variante : *Evrard.*
- Espagnol et italien : *Eberardo.*

ÉDEN

Apparu à la fin du XXe s. aux États-Unis, Éden fait une percée en France dans les années 2000, plus féminin que masculin.

- **Origine hébraïque,** signifie « paradis ».
- Chiffre 1, couleur rouge.
- Caractère : **énergie, activité, fierté, persévérance.**

EDERN

Ce prénom, dans la mythologie galloise, nomme un soupirant de la reine Guenièvre. Il a été popularisé par l'écrivain Jean-Edern Hallier.

- **Origine galloise,** signifie « très grand ».
- Chiffre 1 – couleur verte.
- Fête le 26 août.
- Saint Edern, moine irlandais du IXe s., installe son ermitage en Bretagne, où la légende lui prête de nombreux miracles.
- Caractère : **autorité, tendresse, orgueil, exigence.**
- Diminutif : *Edernig.*

EDGAR

- **Origine germanique,** signifie « richesse » et « lance ».
- Chiffre 8 – couleur jaune.
- Fête le 8 juillet.
- Saint Edgar, dit le Pacifique, roi des Anglo-Saxons à la fin du Xe s., protège l'Église, promulgue des lois bannissant le paganisme, renforce le pouvoir de la monarchie, et rétablit la paix entre les Danois et les Saxons.
- Caractère : **combativité, prudence, détermination, énergie.**

EDME

Cette forme simplifiée d'Edmond a été illustrée par le maréchal de Mac-Mahon.

- **Origine germanique,** signifie « richesse » et « protection ».
- Chiffre 9 – couleur violette.
- Fête le 20 novembre.
- Saint Edmond, roi des Saxons à 14 ans, est capturé par les Vikings et décapité (IXe s.).
- Caractère : **énergie, tendresse, autorité, sensibilité.**
- Italien : *Edmo.*

EDMOND

- **Origine germanique,** signifie « richesse » et « protection ».
- Chiffre 1 – couleur violette.
- Fête le 20 novembre.
- Saint Edmond, roi des Saxons à 14 ans, est capturé par les Vikings et décapité (IXe s.).
- Caractère : **combativité, activité, indépendance, sociabilité.**
- Anglo-saxon et germanique :

Edmund. Espagnol : *Edmundo.* Irlandais : *Eamon.* Italien : *Edmondo.*

ÉDOUARD

Parmi les huit monarques prénommés Édouard qui règnent sur l'Angleterre, Édouard III, petit-fils de Philippe le Bel, revendique le trône de France et déclenche la guerre de Cent Ans.

- **Origine germanique,** signifie « gardien de richesse ».
- Chiffre 5 – couleur rouge.
- Fête le 5 janvier.
- Saint Édouard le Confesseur, roi d'Angleterre au XIe s., se consacre au bien-être de ses sujets, soulage la misère, évite les combats, s'attirant l'affection de son peuple et le respect de ses ennemis.
- Caractère : **curiosité, ambition, sens des responsabilités, autorité.**
- Anglo-saxon : *Eddie, Eddy, Edward, Ted, Teddy.* Espagnol : *Eduardo.* Germanique : *Eduard.* Italien : *Edoardo.* Normand : *Audouard.* Portugais : *Duarte.* Provençal : *Audouard.*

EDWIN

- **Origine germanique,** signifie « ami de la richesse ».
- Chiffre 1 – couleur verte.
- Fête le 12 octobre.
- Saint Edwin, roi de Northumbrie, en Angleterre, converti par sa femme Ethelburge, favorise la création d'abbayes et de monastères, et encourage l'évangélisation de ses sujets (VIIe s.).
- Caractère : **activité, rapidité, goût de l'aventure, indépendance.**
- Variante : *Erwin.*

EFFLAM

- **Origine celtique,** signifie « rayonnant ».
- Chiffre 7 – couleur bleue.
- Fête le 12 octobre.
- Saint Efflam, prince d'Irlande du Ve s., est fiancé dès l'enfance à Enora, princesse galloise, mais il a fait vœu de chasteté et persuade sa femme de se consacrer elle aussi à Dieu.
- Caractère : **sérieux, discrétion, activité, sens des responsabilités.**

ÉGIDE

Forme médiévale de Gilles.

- **Origine grecque,** signifie « protection ».
- Chiffre 3 – couleur rouge.
- Fête le 1er septembre.
- Saint Égide, moine franciscain en Italie au XIe s., est l'un des premiers disciples de saint François d'Assise.

- Caractère : **communication, diplomatie, exigence, discrétion.**
- Autre orthographe : *Aegide.*
- Espagnol : *Egidio.*

EHOARN

- **Origine celtique,** signifie « en fer ».
- Chiffre 7 – couleur bleue.
- Fête le 11 février.
- Saint Ehoarn, moine du XIe s., réputé pour sa bonté, est assassiné par des voleurs dans l'abbaye où il vit près de Vannes.
- Caractère : **réflexion, étude, intuition, curiosité.**
- Variante : *Ehouarn.*

ÉLÉAZAR

Il est, dans la Bible, le chef de la tribu des Lévites.

- **Origine hébraïque,** signifie « Dieu a secouru ».
- Chiffre 5 – couleur bleue.
- Fête le 1er août.
- Éléazar, docteur de la loi en Israël au IIe s. av. J.-C., est martyrisé à l'âge de quatre-vingt-dix ans pour avoir refusé d'enfreindre la loi juive.
- Caractère : **charme, passion, dynamisme, imagination.**
- Variantes : *Eliécer*, *Elzéar*, *Lazare.*
- Anglo-saxon : *Eleazer*. Portugais : *Elzeario.*

ÉLIAN

Il est le masculin d'Éliane et l'une des variantes d'Élie, en vogue depuis 2000.

- **Origine hébraïque,** signifie « mon maître est Dieu ».
- Chiffre 5 – couleur rouge.
- Fête le 20 juillet.
- Le prophète Élie est son patron.
- Caractère : **autonomie, curiosité, vivacité, optimisme.**
- Variante : *Élien.*

ÉLIAZ

Il est la forme bretonne d'Élie, rencontrée souvent comme patronyme.

- **Origine hébraïque,** signifie « mon maître est Dieu ».
- Chiffre 8 – couleur orange.
- Fête le 20 juillet.
- Élie, prophète au royaume d'Israël au IXe s. av. J.-C., participe aux affaires publiques et lutte contre les cultes idolâtriques.
- Caractère : **sérieux, sens des responsabilités, efficacité, ambition.**

ÉLIE

Grand classique de la tradition juive, ce prénom est à l'origine de formes dérivées modernes qui sont aujourd'hui en vogue.

- **Origine hébraïque,** signifie « mon maître est Dieu ».
- Chiffre 4 – couleur orange.

- Fête le 20 juillet.
- Élie, prophète au royaume d'Israël au IXe s. av. J.-C., participe aux affaires publiques et lutte contre les cultes idolâtriques.
- Caractère : **sociabilité, ambition, éloquence, épicurisme.**
- Variantes : *Élian*, *Élias*, *Élien*, *Élier*, *Élijah*, *Lélian*.
- Anglo-saxon : *Eliott*. Arabe : *Eliès, Elyès, Iliès, Ilyès*. Breton : *Eliaz, Eliez*. Espagnol : *Elias*. Italien : *Elia*. Provençal : *Elioun*. Russe : *Ilya*.

ÉLIER

Forme moderne d'Élie.

- **Origine hébraïque,** signifie « mon maître est Dieu ».
- Chiffre 4 – couleur jaune.
- Fête le 20 juillet.
- Élie, prophète au royaume d'Israël au IXe s. av. J.-C., participe aux affaires publiques et lutte contre les cultes idolâtriques.
- Caractère : **réflexion, passion, persévérance, indépendance.**

ÉLIJAH

Cette forme originelle du prénom Élie est favorite dans les pays de langue anglaise et son succès en France depuis 2000 est croissant.

- **Origine hébraïque,** signifie « mon maître est Dieu ».
- Chiffre 9 – couleur verte.
- Fête le 20 juillet.
- Élie est prophète au IXe s. avant J.-C. au royaume d'Israël.
- Caractère : **calme, idéalisme, charme, charisme.**
- Variantes : *Élia, Élie.*

ÉLIOTT

Cette forme anglo-saxonne d'Élie s'implante en France depuis la fin du XXe s.

- **Origine hébraïque,** signifie « mon maître est Dieu ».
- Chiffre 9 – couleur rouge.
- Fête le 20 juillet.
- Élie, prophète au royaume d'Israël au IXe s. av. J.-C., participe aux affaires publiques et lutte contre les cultes idolâtriques.
- Caractère : **communication, éloquence, élégance, sensibilité.**

ÉLISÉE

- **Origine hébraïque,** signifie « Dieu est le sauveur ».
- Chiffre 1 – couleur verte.
- Fête le 14 juin.
- Élisée, disciple d'Élie, devient prophète comme lui et poursuit sa mission.
- Caractère : **calme, sens des responsabilités, détermination, ambition.**
- Espagnol : *Eliseo*. Portugais : *Elyseu*. Russe : *Eliseï*.

ÉLOI

Ce prénom médiéval, inséparable du « bon roi Dagobert », réapparaît depuis la fin du XXe s.

- **Origine latine,** signifie « élu ».
- Chiffre 5 – couleur jaune.
- Fête le 1er décembre.
- Saint Éloi, forgeron dans le Limousin au VIe s., devient orfèvre pour Clotaire II, qui le nomme « maître de la monnaie ». Il se lie d'amitié avec Dagobert, son fils, dont il devient le trésorier et le conseiller. À la mort de Dagobert, Éloi est ordonné prêtre et fonde des monastères, ouvre des hôpitaux. Sacré évêque de Noyon, il entreprend l'évangélisation des Flamands et des Frisons.
- Caractère : **vivacité, ambition, sens de l'observation, détermination.**
- Espagnol : *Eloy*.

ÉLOÏC

Ce prénom est une forme composée de deux formes dérivées de Louis, Éloïse et Loïc.

- **Origine germanique,** signifie « glorieux vainqueur ».
- Chiffre 8 – couleur jaune.
- Fête le 25 août.
- Saint Louis, roi de France, est son patron.
- Caractère : **sens de la justice, harmonie, ambition, charisme.**

ÉLOUAN

- **Origine celtique,** signifie « belle lumière ».
- Chiffre 5 – couleur rouge.
- Fête le 28 août.
- Saint Élouan, moine irlandais, s'installe en Bretagne au VIe s. pour évangéliser la région.
- Caractère : **curiosité, optimisme, adaptabilité, indépendance.**
- Diminutifs : *Loan, Louan.*
- Variantes : *Eloan, Elvan, Elven.*

ELZÉAR

Ce prénom est une forme dérivée d'Éléazar.

- **Origine hébraïque,** signifie « Dieu a secouru ».
- Chiffre 4 – couleur rouge.
- Fête le 27 septembre.
- Saint Elzéar, noble provençal du XIVe s., épouse à treize ans Delphine, une jeune fille qui a fait vœu de chasteté ; Elzéar respecte ce serment et se consacre à la prière et aux œuvres charitables. Il devient le conseiller du roi de Naples et le tuteur de son fils.
- Caractère : **charme, énergie, harmonie, réflexion.**
- Provençal : *Auzias.*

ÉMILE

- **Origine latine,** signifie « émule ».
- Chiffre 8 – couleur bleue.

- Fête le 22 mai.
- Saint Émile, arrêté et condamné à mort à Carthage au IIIe s. avec son ami Caste, renie tout d'abord sa foi par crainte du supplice, puis se reprend et meurt sur le bûcher.
- Caractère : **sensibilité, passion, enthousiasme, exigence.**
- Variantes : *Émilien*, *Milan*.
- Espagnol : *Emilio*. Germanique : *Emil*. Provençal : *Amiel*.

ÉMILIEN

Dérivé d'Émile, Émilien était rare au XIXe s., quand Émile était un favori. Aujourd'hui, il est en bonne place parmi les prénoms « rétro ».

- **Origine latine,** signifie « émule ».
- Chiffre 4 – couleur verte.
- Fête le 18 juillet.
- Saint Émilien, soldat romain du IVe s. se fait baptiser, et fête l'événement en renversant les statues des dieux païens. Il est condamné au bûcher.
- Caractère : **charme, discrétion, volonté, énergie.**
- Variantes : *Émile*, *Émilian*, *Émilion*.

EMMANUEL

Ce prénom biblique est le surnom donné au Messie.

- **Origine hébraïque,** signifie « Dieu est avec nous ».
- Chiffre 3 – couleur orange.
- Fête le 10 juillet.
- Saint Emmanuel, missionnaire franciscain, est martyrisé à Damas, en Syrie, au XIXe s.
- Caractère : **dynamisme, curiosité, indépendance, aisance.**
- Variante : *Manuel*.
- Espagnol : *Emanuel*, *Manolo*. Italien : *Emanuele*.

EMMERAN

- **Origine germanique,** signifie « maison » et « corbeau ».
- Chiffre 6 – couleur violette.
- Fête le 22 septembre.
- Saint Emmeran, missionnaire en Bavière au VIIe s., meurt en martyr à Rome.
- Caractère : **sérieux, sens des responsabilités, générosité, affectivité.**

ÉNÉE

*Énée est le héros de l'*Enéide*, poème de Virgile écrit en 29-19 av. J.-C., qui raconte l'établissement des Troyens en Italie et annonce la fondation de Rome. Fils de Vénus, il combat les Grecs pendant la guerre de Troie, s'enfuit en Italie et épouse Lavinia, fille du roi Latinus. Son fils Ascagne est l'ancêtre de Romulus, fondateur de Rome.*

- **Origine grecque,** du nom Aeneas.

- Chiffre 2 – couleur verte.
- Caractère : **réserve, indépendance, réflexion, affectivité.**

ENÉOUR

- **Origine celtique,** signifie « homme ».
- Chiffre 6 – couleur verte.
- Fête le 4 mai.
- Saint Enéour traverse la Manche de Grande-Bretagne au Finistère dans une auge de pierre au VIᵉ s.
- Caractère : **fidélité, affectivité, sens des responsabilités, harmonie.**

ENGUERRAND

Ce prénom médiéval est une forme dérivée d'Angilran, que l'on peut traduire littéralement par « ange » et « corbeau ».

- **Origine germanique.**
- Chiffre 8 – couleur bleue.
- Fête le 28 octobre.
- Saint Engerand, moine cultivé, évêque de Metz au VIIIᵉ s., devient chapelain puis proche conseiller de Charlemagne.
- Caractère : **réserve, sensibilité, maîtrise, rigueur.**
- Variantes : *Angilran, Engerand.*

ENOGAT

- **Origine celtique,** signifie « honneur au combat ».
- Chiffre 8 – couleur jaune.
- Fête le 13 anvier.
- Saint Enogat est évêque d'Alet au VIIᵉ s.
- Caractère : **volonté, sens de la justice, équilibre, travail.**

ENZO

Deux étymologies possibles pour Enzo: diminutif de Lorenzo, forme italienne de Laurent, ou forme italienne de Heinz, Henri en allemand.

- **Origine germanique,** signifie « maison du roi ».
- Chiffre 6 – couleur jaune.
- Fête le 13 juillet avec Henri ou le 10 août avec Laurent.
- Saint Henri, roi de Bavière au XIᵉ s., bâtit des cathédrales, fonde des monastères et des hôpitaux, et mène une vie exemplaire de bonté et de piété.
- Caractère : **indépendance, activité, communication, rigueur.**

EOZEN

Ce prénom est une variante d'Yves.

- **Origine celtique,** signifie « if ».
- Chiffre 2 – couleur orange.
- Fête le 19 mai.

- Saint Yves Hilory, né près de Tréguier au XIIIe s., étudie le droit et devient l'avocat des pauvres en Bretagne ; sa piété, sa générosité, ses talents de négociateur ont fait de lui l'un des saints les plus importants.
- Caractère : **sensibilité, charisme, diplomatie, adaptabilité.**

ÉPHRAÏM

Il est, dans la Bible, le deuxième fils de Joseph, et le fondateur d'une tribu israélite établie en Palestine centrale.

- **Origine hébraïque,** signifie « fertile ».
- Chiffre 7 – couleur jaune.
- Caractère : affectivité, réserve, exigence, indépendance.
- Espagnol : *Efrain*. Russe : *Ephremii*.

ÉPIPHANE

Ce prénom fait référence à la fête de l'Épiphanie, qui célèbre le jour de la visite des Rois mages à l'Enfant Jésus.

- **Origine grecque,** signifie « apparition ».
- Chiffre 2 – couleur verte.
- Fête le 21 janvier.
- Saint Épiphane, évêque de Pavie, en Italie au Ve s., exerce une grande influence sur la vie politique de son pays.
- Caractère : **diplomatie, tact, adaptabilité, sociabilité.**
- Espagnol : *Epifanio.*

ÉRIC

Ce prénom typiquement suédois est un grand classique des années 1960 en Europe.

- **Origine germanique,** signifie « honneur » et « roi ».
- Chiffre 8 – couleur rouge.
- Fête le 18 mai.
- Saint Éric, roi de Suède au XIIe s., favorise l'extension du christianisme dans son pays, construit des églises et lutte contre les Finnois, peuple païen et barbare qu'il tente d'évangéliser. Il est poignardé pendant la messe par un prince danois.
- Caractère : **détermination, vivacité, dynamisme, esprit d'entreprise.**
- Autre orthographe : *Erik.*
- Espagnol : *Erico.*

ERISPOÉ

Erispoé, roi de Bretagne au IXe s., fait reconnaître son titre par le roi de France Charles le Chauve.

- **Origine celtique,** signification inconnue.
- Chiffre 6 – couleur orange.
- Caractère : **affectivité, sens des responsabilités, fidélité, autorité.**

ERNEST

- **Origine germanique,** signifie « sérieux ».
- Chiffre 9 – couleur jaune.
- Fête le 7 novembre.
- Saint Ernest, abbé d'un monastère près de Constance au début du XIIe s., accompagne l'empereur Conrad III à la croisade et y meurt.
- Caractère : **énergie, autorité, passion, exigence.**
- Espagnol : *Ernesto*. Germanique : *Ernst*.

ERWANN

Ce prénom en vogue est la forme bretonne d'Yves.

- **Origine celtique,** signifie « if ».
- Chiffre 3 – couleur verte.
- Fête le 19 mai.
- Saint Yves Hilory, avocat des pauvres en Bretagne au XIIIe s., arbitre les conflits et fait l'aumône. Ordonné prêtre, il fonde un hôpital et soigne lui-même les malades.
- Caractère : **indépendance, affectivité, exigence, communication.**

ESTEBAN

Il est la forme espagnole d'Étienne et de Stéphane, prénoms qui ont tous deux la même étymologie.

- **Origine grecque,** signifie « couronné ».
- Chiffre 3 – couleur rouge.
- Fête le 26 décembre.
- Saint Étienne est le premier martyr chrétien, à Jérusalem, au Ier s., lapidé pour avoir prêché l'Évangile.
- Caractère : **communication, opportunisme, charisme, générosité.**

ETHAN

Ce prénom amorce une belle progression aux États-Unis dans les années 1990 avant de devenir courant dans l'Hexagone à partir de 2000.

- **Origine hébraïque,** signifie « constant ».
- Chiffre 3 – couleur verte.
- Caractère : **vivacité, esprit pratique, adaptabilité, charisme.**

ÉTIENNE

En vogue dès le Moyen Âge, ce prénom est porté par un pape et des monarques de pays bien différents : Angleterre, Pologne, Serbie. Étienne Marcel, prévôt des marchands, opposant du Dauphin, futur Charles V, et maître de Paris illustre plus violemment ce prénom.

- **Origine grecque,** signifie « couronné ».
- Chiffre 9 – couleur verte.
- Fête le 26 décembre.
- Saint Étienne, Grec et chrétien à

Jérusalem au Ier s., est consacré diacre par les Apôtres. Ses sermons remportent un franc succès, et les rhéteurs de la synagogue le condamnent à mourir lapidé.
- Caractère : **sociabilité, tolérance, vivacité, harmonie.**
- Variantes : *Estèphe, Stéphane.*
- Anglo-saxon : *Stephen, Steve, Steven*. Breton : *Estin*. Espagnol : *Esteban, Estefan*. Italien : *Stefano*. Portugais : *Estévao.*

EUDES

Ce prénom médiéval est porté par un roi de France, au IXe s. Il est de ces prénoms emblématiques des familles aristocratiques.

- **Origine germanique,** signifie « richesse ».
- Chiffre 9 – couleur orange.
- Fête le 19 novembre.
- Saint Eudes est, au VIIIe s., le premier abbé d'un monastère dans le Velay où il mène une vie pieuse et discrète.
- Caractère : **altruisme, affectivité, harmonie, fantaisie.**

EUDOXE

Ce prénom rare est illustré par un astronome et mathématicien grec au Ve s. av. J.-C.

- **Origine grecque,** signifie « bonne doctrine ».
- Chiffre 2 – couleur verte.
- Fête le 1er mars.
- Sainte Eudoxie, prostituée repentie à Balbek au IIe s., se convertit ; elle est dénoncée aux autorités par un souteneur, et décapitée.
- Caractère : **volonté, indépendance, affectivité, autorité.**
- Espagnol : *Eudoxe*. Italien : *Eudossio.*

EUGÈNE

Ce prénom connaît son apogée au XIXe s.

- **Origine grecque,** signifie « bien né ».
- Chiffre 3 – couleur bleue.
- Fête le 13 juillet.
- Saint Eugène, évêque de Carthage au IIIe s., lutte contre les Vandales, mais il passe treize ans en exil et meurt loin de son évêché.
- Caractère : **intelligence, vivacité, éloquence, fantaisie.**
- Anglo-saxon: *Gene*. Espagnol et italien : *Eugenio*. Grec : *Eugenios*. Russe : *Evghenii.*

EUSÈBE

- **Origine grecque,** signifie « pieux ».
- Chiffre 3 – couleur verte.
- Fête le 17 août.

- Saint Eusèbe est, au IVe s., le 31e pape.
- Anglo-saxon et germanique : *Eusebius*. Espagnol et italien : *Eusebio*. Russe : *Evsebii*.

EUSTACHE

- **Origine grecque,** signifie « bon épi ».
- Chiffre 1 – couleur violette.
- Fête le 20 septembre.
- Saint Eustache, général dans l'armée romaine au IIe s., se convertit avec sa femme et ses fils. Au cours d'une cérémonie célébrant l'une de ses victoires, il refuse d'adorer les dieux païens. Il est condamné au supplice.
- Caractère : **dynamime, vivacité, indépendance, passion.**
- Anglo-saxon : *Eustace, Stacey*. Espagnol : *Eustacio*. Grec : *Eustacios*. Italien : *Eustazio*. Russe : *Evstaphii*.

EVAIN

Ce prénom est une variante moderne d'Yves.

- **Origine celtique,** signifie « if ».
- Chiffre 6 – couleur orange.
- Fête le 19 mai.
- Saint Yves Hilory, né près de Tréguier au XIIIe s., étudie le droit et devient l'avocat des pauvres en Bretagne ; sa piété, sa générosité, ses talents de négociateur ont fait de lui l'un des saints les plus importants.

EVAN

Ce prénom, forme galloise de Jean, est l'un des favoris de ce début de XXIe s.

- **Origine hébraïque,** signifie « Dieu a fait grâce ».
- Chiffre 6 – couleur bleue.
- Fête le 24 juin.
- Saint Jean apôtre est son patron.
- Caractère : **sociabilité, fidélité, harmonie, sens des responsabilités.**

ÉVARISTE

Le mathématicien du XIXe s. Évariste Gallois fait connaître ce prénom.

- **Origine latine,** signifie « qui se propage ».
- Chiffre 9 – couleur jaune.
- Fête le 26 octobre.
- Saint Évariste, pape du Ier s., est victime des persécutions de l'empereur Trajan.
- Caractère : **sensibilité, diplomatie, intuition, habileté.**
- Espagnol : *Evaristo*.

EVEN

Ce prénom est courant en Armorique du IXe au XIe s.

- **Origine celtique,** signifie « bien né ».
- Chiffre 1 – couleur bleue.
- Fête le 17 avril.
- Saint Even est archevêque de Dol au XIe s.
- Caractère : **étude, curiosité, réflexion, rigueur.**
- Variantes : *Ewan, Ewen.*

ÉVRARD

Cette forme diminutive d'Eberhard est courante au Moyen Âge.

- **Origine germanique,** signifie « dur sanglier ».
- Chiffre 5 – couleur violette.
- Fête le 14 août.
- Saint Éberhard (IXe s.), mari de Gisèle, la petite-fille de Charlemagne, mène une vie exemplaire de bonté et de charité.
- Caractère : **ambition, activité, opiniâtreté, autorité.**
- Anglo-saxon : *Everard.* Espagnol : *Everardo.*

EWAN

Forme bretonne d'Yves.

- **Origine celtique,** signifie « if ».
- Chiffre 7 – couleur orange.
- Fête le 19 mai.
- Saint Yves Hilory, né près de Tréguier au XIIIe s., étudie le droit et devient l'avocat des pauvres en Bretagne ; sa piété, sa générosité, ses talents de négociateur ont fait de lui l'un des saints les plus importants.
- Caractère : **réflexion, étude, réserve, spiritualité.**

ÉZÉCHIEL

Troisième des grands prophètes hébreux, avec Isaïe et Jérémie, il rédige le Livre d'Ézéchiel, relatant ses visions de Dieu.

- **Origine hébraïque,** signifie « Dieu rendra fort ».
- Chiffre 1 – couleur bleue.
- Caractère : **exigence, autorité, volonté.**
- Anglo-saxon : *Ezekiel.* Espagnol : *Ezequiel.*

EZRA

Dans la Bible, ce descendant d'Éléazar joue un grand rôle dans la communauté juive en imposant la lecture publique de la Torah.

- **Origine hébraïque,** signifie « Dieu est secours ».
- Chiffre 4 – couleur rouge.
- Caractère : **détermination, travail, patience, persévérance.**

F

FABIEN

- **Origine latine,** signifie « issu des Fabius », illustre famille romaine du Ier s.
- Chiffre 1 – couleur jaune.
- Fête le 20 janvier.
- Saint Fabien, pape au IIIe s., gère les affaires de l'Église avec sagesse et subit le martyre sur ordre de l'empereur Dèce.
- Caractère : **réserve, stabilité, opiniâtreté, exigence.**
- Espagnol : *Fabio*, *Fabiolo*. Germanique : *Fabianus*. Hongrois : *Fabo*. Italien : *Fabiano*, *Fabio*. Occitan : *Fabian*.

FABRICE

- **Origine latine,** signifie « savant ».
- Chiffre 8 – couleur rouge.
- Fête le 22 août.
- Saint Fabrice, chrétien de Tolède au IIIe s., meurt en martyr lors des premières persécutions.
- Caractère : **courage, ambition, diplomatie, énergie.**
- Espagnol : *Fabricio*. Germanique : *Fabricius*. Italien : *Fabrizio*. Occitan : *Fabrician*.

FANTIN

Il est bien moins répandu que son féminin Fantine.

- **Origine latine,** signifie « enfant ».
- Chiffre 1 – couleur verte.
- Fête le 30 août.
- Saint Fantin, abbé en Calabre au Xe s., est renommé pour sa piété et sa bonté.
- Caractère : **sensibilité, autorité, générosité, volonté.**

FARGEAU

Il est une forme dérivée de Ferjeux.

- **Origine latine,** signifie « blé » et « à jeun ».
- Chiffre 5 – couleur jaune.
- Fête le 16 juin.
- Saint Ferjeux, diacre à Lyon au IIe s., suscite tant de conversions que le préfet le fait décapiter.
- Caractère : **réserve, prudence, étude, rigueur.**

FAUST

Ce prénom est celui du héros d'un drame de Goethe, dont le thème a été repris par Berlioz et Gounod dans leurs opéras.

- **Origine latine,** signifie « fortuné ».
- Chiffre 4 – couleur rouge.
- Fête le 19 novembre.
- Saint Faust, diacre à Alexandrie

La légende de Faust

Faust, médecin et astrologue allemand du XVIe s., a bel et bien existé ; il aurait étudié les sciences magiques à Cracovie et on lui prête de nombreux miracles ; ses prétendues qualités de thaumaturge attiraient une foule sur son passage lorsqu'il voyageait et la légende s'empara de lui, dans un pays et à une époque où la magie avait beaucoup d'adeptes : il aurait vendu son âme au démon Méphistophélès en échange du savoir et des biens terrestres.

en Égypte au IIIe s., est exilé par l'empereur Valérien, puis décapité sur ordre de l'empereur Dioclétien.
- Caractère : **réflexion, sens des responsabilités, perfectionnisme, altruisme.**
- Variante : *Faustin.*
- Espagnol et italien : *Fausto, Faustino.* Germanique : *Faustus.*

FAYCAL

Ce prénom a été porté par plusieurs rois d'Irak et d'Arabie saoudite.

- **Origine arabe,** signifie « l'arbitre ».
- Chiffre 4 – couleur rouge.
- Caractère : **travail, rigueur, stabilité, sens de l'organisation.**

FÉLICIEN

Cette forme dérivée de Félix revient au goût du jour.

- **Origine latine,** signifie « heureux ».
- Chiffre 9 – couleur orange.
- Fête le 9 juin.
- Saint Félicien refuse de renier sa foi : il est martyrisé avec deux de ses amis en Italie, au IIIe s.
- Caractère : **énergie, exigence, autorité, affectivité.**
- Occitan : *Félician.*

FÉLIX

- **Origine latine,** signifie « heureux ».
- Chiffre 2 – couleur orange.
- Fête le 12 janvier.
- Saint Félix, prêtre en Campanie au IIIe s., est arrêté et condamné au martyre, mais il survit. Il refuse l'évêché qu'on lui propose et termine ses jours dans la prière et la contemplation.
- Caractère : **intuition, charme, sens artistique, épicurisme.**
- Breton : *Féliz.* Espagnol : *Felix, Felicidad.* Italien : *Felice, Feliciano.*

FÉODOR

Il est la forme slave de Théodore.

- **Origine grecque,** signifie « don de Dieu ».
- Chiffre 9 – couleur rouge.
- Fête le 11 novembre.
- Saint Théodore, abbé d'un monastère en Asie Mineure au IXe s., est exilé puis emprisonné pour s'être opposé aux iconoclastes.
- Caractère : **autorité, activité, indépendance, altruisme.**
- Variantes : *Fédor*, *Fjodor*.

FERDINAND

- **Origine germanique,** signifie « qui ose la paix ».
- Chiffre 3 – couleur jaune.
- Fête le 30 mai.
- Saint Ferdinand, roi de Castille au XIIIe s., réunit les provinces de Castille et de Léon, refoule les Maures, fonde l'université de Salamanque, impose le castillan comme langue nationale et donne à son peuple de nombreux exemples de vertu.
- Caractère : **intelligence, éloquence, vivacité, sensibilité.**
- Espagnol et italien : *Ferdinando*. Germanique : *Ferdl*.

FERGAL

- **Origine celtique,** signifie « sage et brave ».
- Chiffre 4 – couleur bleue.
- Fête le 27 novembre.
- Saint Fergal, abbé en Irlande au VIIIe s., évangélise pendant plus de quarante ans les païens francs et germaniques.
- Caractère : **discrétion, émotivité, équilibre, harmonie.**

FERJEUX

- **Origine latine,** signifie « blé » et « à jeun ».
- Chiffre 8 – couleur jaune.
- Fête le 16 juin.
- Saint Ferjeux, diacre à Lyon au IIe s., suscite tant de conversions que le préfet le fait décapiter.
- Caractère : **discrétion, prudence, travail, rigueur.**

FERNAND

Forme dérivée de Ferdinand, il est l'un des prénoms phares du début du XXe s.

- **Origine germanique,** signifie « qui ose la paix ».
- Chiffre 8 – couleur jaune.
- Fête le 30 mai.
- Saint Ferdinand, roi de Castille au XIIIe s., réunit les provinces de Castille et de Léon, refoule les Maures, fonde l'université de Salamanque, impose le castillan comme langue nationale et donne à son peuple de nombreux exemples de vertu.

- Caractère : **sensibilité, énergie, détermination, sens des responsabilités.**
- Espagnol : *Fernan*, *Fernando*, *Hernandes*, *Hernandez*. Italien : *Fernando*.

FERRÉOL

- **Origine latine,** signifie « de la vigne ».
- Chiffre 7 – couleur verte.
- Fête le 18 septembre.
- Saint Ferréol, tribun militaire du IIIe s., est décapité pour avoir refusé d'exécuter des chrétiens à Rome.
- Caractère : **émotivité, prudence, réflexion, étude.**

FIACRE

- **Origine celtique,** signifie « corbeau ».
- Chiffre 6 – couleur verte.
- Fête le 30 août.
- Saint Fiacre, moine irlandais du VIIe s., construit près de Meaux un hospice pour les voyageurs de passage, qui s'y pressent ; il y recueille aussi tous les pauvres de la région. Sa bonté, sa générosité comme ses talents d'horticulteur font sa renommée.
- Caractère : **équilibre, calme, sagesse, tact.**
- Breton : *Fiakr*, *Fieg*.

FIDÈLE

- **Origine latine,** signifie « fidèle ».
- Chiffre 5 – couleur rouge.
- Fête le 24 avril.
- Saint Fidèle, avocat à Colmar au XVIe s., entre dans les ordres chez les capucins et tente de ramener les protestants vers l'Église catholique ; il est assassiné par ceux qu'il veut évangéliser.
- Caractère : **réserve, fdélité, activité, adaptabilité.**
- Espagnol : *Fidel*. Italien : *Fidele*, *Fidelio*.

FINNIAN

- **Origine celtique,** signifie « élévation ».
- Chiffre 4 – couleur orange.
- Fête le 12 décembre.
- Saint Finnian, évêque en Irlande au VIe s., crée des hospices, bâtit des églises et des monastères.
- Caractère : **travail, rigueur, sens de l'organisation, stabilité.**

FIRMIN

- **Origine latine,** signifie « solide ».
- Chiffre 6 – couleur verte.
- Fête le 25 septembre.
- Saint Firmin est évêque d'Amiens au IIIe s. Il prêche, convertit et baptise de nombreux fidèles. Son aura inquiète le préfet qui le fait décapiter.

- Caractère : **sensibilité, perfectionnisme, exigence, détermination.**
- Espagnol : *Fermin*. Germanique : *Firminus*. Italien : *Firmino*.

FLAVIEN

Les Flaviens sont une illustre famille romaine dont sont issus plusieurs empereurs : Vespasien, Titus et Domitien, qui règnent sur Rome entre 69 et 96.

- **Origine latine,** signifie « blond ».
- Chiffre 6 – couleur jaune.
- Fête le 24 février.
- Saint Flavien, diacre à Carthage au IIIe s., est arrêté, emprisonné et décapité.
- Caractère : **calme, diplomatie, générosité, courage.**
- Espagnol et italien : *Flavio*. Germanique : *Flavius*. Occitan : *Flavian*.

FLORENT

- **Origine latine,** signifie « florissant ».
- Chiffre 9 – couleur orange.
- Fête le 4 juillet.
- Saint Florent est, au Ve s., le premier évêque de Cahors. Il évangélise le Quercy.
- Caractère : **réserve, prudence, sensibilité, intuition.**
- Variantes : *Florès*, *Florestan*, *Florien*.
- Espagnol : *Florencio*, *Florente*. Germanique : *Florentius*. Italien : *Fiorenzo*, *Fiorello*, *Florenzo*.

FLORENTIN

- **Origine latine,** signifie « jardin de fleurs ».
- Chiffre 5 – couleur verte.
- Fête le 24 octobre.
- Saint Florentin est, au Ve s., le premier abbé d'un monastère en Arles et se fait remarquer pour sa bonté et sa clémence.
- Caractère : **séduction, éloquence, dynamisme, passion.**

FLORIAN

- **Origine latine,** signifie « fleuri ».
- Chiffre 3 – couleur orange.
- Fête le 4 mai.
- Saint Florian, soldat romain du IIIe s., se fait baptiser. Il visite les prisonniers, les réconforte, et prêche l'Évangile. Il est arrêté par ses supérieurs et jeté dans la rivière Enns avec une pierre au cou.
- Caractère : **vivacité, adaptabilité, sociabilité, indépendance.**

FLORIMOND

- **Origine latine,** signifie « fleur du monde ».

- Chiffre 7 – couleur violette.
- Fête le 4 novembre.
- Saint Flour, disciple de Jésus, part, après la Pentecôte, évangéliser la Gaule. Il établit un monastère là où les Romains avaient bâti un temple païen, au lieu nommé aujourd'hui Saint-Flour.
- Caractère : **calme, curiosité, intelligence, exigence.**

FLORIS

- **Origine latine,** signifie « fleur ».
- Chiffre 7 – couleur bleue.
- Fête le 4 novembre.
- Saint Flour, disciple de Jésus, part, après la Pentecôte, évangéliser la Gaule. Il établit un monastère là où les Romains avaient bâti un temple païen, au lieu nommé aujourd'hui Saint-Flour.
- Caractère : **perfectionnisme, sens artistique, exigence, rigueur.**

FORANNAN

- **Origine celtique,** signifie « fort ».
- Chiffre 2 – couleur verte.
- Fête le 30 avril.
- Saint Forannan, jeune noble irlandais du Xe s., est nommé évêque dans son pays, mais il se retire dans un monastère en Belgique ; il en est nommé abbé et en réforme le règlement.

De Floris à Yanis...

La syllabe -is est apparue dans les années 1990, ajoutée aux prénoms masculins ; Floris pour Florent, Loris pour Laurent, Joris pour Georges, Mathis pour Mathieu, Yanis pour Yann.

- Caractère : **intuition, sensibilité, diplomatie, sens du devoir.**
- Variante : *Foreannan.*

FORTUNAT

- **Origine latine,** signifie « chance ».
- Chiffre 6 – couleur rouge.
- Fête le 23 avril.
- Saint Fortunat, diacre en Gaule au IIIe s., est arrêté et martyrisé avec saint Félix.
- Caractère : **élégance, diplomatie, activité, perfectionnisme.**
- Variante : *Fortuné.*
- Espagnol : *Fortunato.*

FOUAD

Ce prénom très fréquent est cité dans le Coran.

- **Origine arabe,** signifie « l'homme de cœur ».
- Chiffre 2 – couleur orange.

- Caractère : **adaptabilité, diplomatie, émotivité, sociabilité.**

FOUCAULT

Il est la forme médiévale de Foulques.

- **Origine germanique,** signifie « peuple ».
- Chiffre 9 – couleur verte.
- Fête le 10 juin.
- Saint Foulques est son patron.
- Caractère : **sérieux, sens des responsabilités, intuition, diplomatie.**

FOULQUES

- **Origine germanique,** signifie « peuple ».
- Chiffre 8 – couleur orange.
- Fête le 10 juin.
- Saint Foulques, évêque de Reims au IXe s., joue un rôle administratif et politique important dans sa ville, et soutient le roi Charles le Simple.
- Caractère : **énergie, courage, franchise, loyauté.**
- Variante : *Foucault.*

FRAGAN

- **Origine celtique,** signification inconnue.
- Chiffre 2 – couleur rouge.
- Fête le 3 octobre.
- Saint Fragan, Gallois du IVe s., est l'un des premiers évangélisateurs de la Bretagne. Il est le mari de sainte Gwenn.
- Caractère : **émotivité, adaptabilité, réserve, dualité.**

FRANCIS

- **Origine latine,** signifie « Franc ».
- Chiffre 7 – couleur bleue.
- Fête le 4 octobre ou le 24 janvier.
- Saint François est son patron.
- Caractère : **charme, élégance, sensibilité, exigence.**
- Germanique : *Franciscus.*

FRANCK

Il est la forme germanique de François.

- **Origine latine,** signifie « Franc ».
- Chiffre 8 – couleur bleue.
- Fête le 4 octobre ou le 24 janvier.
- Saint François est son patron.
- Caractère : **courage, activité, réserve, enthousiasme.**
- Espagnol et italien : *Franco.*

FRANÇOIS

De François Villon à François Mitterrand, ce prénom a traversé les siècles sans jamais perdre sa force ni son charme.

- **Origine latine,** signifie « Franc ».
- Chiffre 4 – couleur bleue.
- Fête le 4 octobre ou le 24 janvier.

- Saint François d'Assise, Italien du XIIe s., rompt avec sa famille pour mener une vie de prédication et de pauvreté. Il parcourt l'Espagne pour convertir les Maures et l'Égypte afin de soutenir les croisés, et fonde l'ordre des Frères mineurs, ou franciscains.
- Saint François de Sales, évêque de Genève au XVIIe s., fonde à Annecy la congrégation des Filles de la Visitation. Il est l'auteur de deux ouvrages, les *Controverses* et la *Défense de l'étendard de la Sainte-Croix*, qui lui valent d'être proclamé docteur de l'Église.
- Caractère : **prudence, exigence, réserve, volonté.**
- Variantes : *Francis*, *Franck*.
- Alsacien : *Frantz*. Breton : *Fanch*, *Fransez*. Espagnol : *Cisco*, *Francisco*, *Paco*, *Pancho*. Germanique : *Franz*. Italien : *Francesco*, *Cesco*. Occitan : *Francès*. Provençal : *Francet*, *Fransoun*.

FRANÇOIS-XAVIER

- **Origine latine et basque,** signifie « franc » et « maison neuve ».
- Chiffre 2 – couleur bleue.
- Fête le 3 décembre.
- Saint François-Xavier, au XVIe s., est l'un des premiers membres de la Compagnie de Jésus ; à la demande du roi du Portugal, il part évangéliser l'Inde portugaise, puis le Japon.
- Caractère : **exigence, sociabilité, prudence.**

FRÉDÉRIC

- **Origine germanique,** signifie « paix » et « roi ».
- Chiffre 5 – couleur jaune.
- Fête le 18 juillet.
- Saint Frédéric, évêque d'Utrecht aux Pays-Bas au IXe s., est assassiné sur ordre de l'impératrice Judith à qui il reproche son inconduite.
- Caractère : **courage, détermination, esprit d'entreprise, ambition.**
- Alsacien : *Fredrich*, *Fritz*. Anglo-saxon : *Frederick*, *Fred*, *Freddie*, *Freddy*. Espagnol et italien : *Federico*. Germanique : *Frido*, *Friedrich*, *Frederik*, *Fritz*. Provençal : *Frédéri*.

FULBERT

- **Origine germanique,** signifie « abondance » et « illustre ».
- Chiffre 3 – couleur jaune.
- Fête le 10 avril.
- Saint Fulbert, évêque de Chartres au Xe s., fait de sa ville un centre religieux et intellectuel.
- Caractère : **discrétion, charme, adaptabilité, vivacité.**

FULGENCE

- **Origine latine,** signifie « étincelant ».
- Chiffre 2 – couleur orange.
- Fête le 1er janvier.
- Saint Fulgence, receveur des impôts en Grèce au Ve s., vend tous ses biens pour entrer dans les ordres.
- Caractère : **franchise, autorité, volonté, travail.**
- Espagnol : *Fulgencio.*

G

GABIN

- **Origine latine,** signifie « de Gabies », ville du Latium, en Italie centrale.
- Chiffre 6 – couleur jaune.
- Fête le 19 février.
- Saint Gabin, sénateur à Rome au IIIe s., se fait baptiser avec sa fille malgré les persécutions. Ils sont arrêtés, la jeune fille subit le martyre et Gabin se laisse mourir de faim dans sa cellule.
- Caractère : **séduction, sens des responsabilités, exigence, affectivité.**
- Espagnol : *Gabino.*

GABRIEL

L'archange Gabriel, messager du Ciel, annonça à Zacharie et Élisabeth la naissance de leur fils Jean le Baptiste, et à Marie qu'elle avait été choisie par Dieu pour être la mère de son Fils. Ce prénom est un grand favori depuis les années 1990.

- **Origine hébraïque,** signifie « force de Dieu ».
- Chiffre 9 – couleur bleue.
- Fête le 29 septembre.
- Saint Gabriel, né en Cappadoce au Ve s., consacre toute sa vie au monastère de Jérusalem.
- Caractère : **sociabilité, tolérance, adaptabilité, diplomatie.**
- Anglo-saxon : *Gabry, Gaby.* Arabe : *Djibrill.* Breton : *Gabig.* Espagnol : *Gabrielo.* Hongrois : *Gabor.* Italien : *Gabriele.* Russe : *Gavril.*

GAD

Dans la Bible, Gad est le septième fils de Jacob, né de Zilpa, servante de Léa son épouse. Il est le fondateur de l'une des tribus d'Israël.

- **Origine hébraïque,** signifie « bonheur ».
- Chiffre 3 – couleur jaune.
- Caractère : **activité, détermination, sociabilité, réserve.**

GAËL

- **Origine celtique,** du nom du peuple gaélique, Celtes qui s'établissent en Irlande au Ve s.
- Chiffre 7 – couleur jaune.
- Fête le 17 décembre.
- Saint Gaël, abbé de Guingamp, puis évêque de Saint-Malo au XIIe s., fonde de nombreux monastères.
- Caractère : **indépendance, ambition, exigence, affectivité.**

GAÉTAN

- **Origine latine,** signifie « habitant de Gaète », ville du Latium, en Italie centrale.
- Chiffre 3 – couleur orange.
- Fête le 7 août.
- Saint Gaétan de Thiène fonde au XVe s., avec le futur pape Paul IV, la congrégation des Théatins, vouée aux pauvres et aux malades.
- Caractère : **réserve, prudence, indépendance, calme.**
- Espagnol : *Caetano*. Germanique : *Kajetan*. Italien : *Gaetano*.

GALERAN

Ce prénom est la forme française de Walram.

- **Origine germanique,** signifie « corbeau étranger ».
- Chiffre 4 – couleur bleue.
- Fête le 26 février.
- Saint Galeran, serrurier à Lyon au VIIe s., est un modèle de piété et se retire au monastère pour y achever ses jours.
- Caractère : **prudence, réserve, travail, étude.**

GALL

- **Origine celtique,** signifie « bravoure ».
- Chiffre 5 – couleur verte.
- Fête le 16 octobre.
- Saint Gall (VIe s.), compagnon de saint Colomban, évêque des Arvernes est l'éducateur de son neveu saint Grégoire de Tours. Il fonde une abbaye en Suisse, à l'endroit qui porte désormais son nom.
- Caractère : **émotivité, discrétion, enthousiasme, adaptabilité.**
- Variantes : *Galig*, *Gallien*.

GARNIER

Ce prénom est une des formes françaises de Werner.

- **Origine germanique,** signifie « armée qui protège ».
- Chiffre 9 – couleur jaune.
- Fête le 26 avril.
- Saint Werner, jeune Allemand du XIIIe s., maltraité par le compagnon de sa mère, quitte le domicile parental, trouve du travail et consacre ses loisirs à la prière. Il est assassiné un jour en rentrant de la messe.

- Caractère : **étude, altruisme, dépassement, réflexion.**
- Variantes : *Varnier*, *Vernier*.
- Espagnol : *Guarnerio*. Germanique : *Werner*. Italien : *Guarniero*.

- Caractère : **curiosité, vivacité, éloquence, tact.**
- Anglo-saxon : *Caspar*, *Casper*, *Jasper*. Espagnol : *Gaspar*. Germanique : *Kaspar*. Italien : *Gaspare*.

GARY

Diminutif de Garret, forme médiévale de Gérard, ce prénom connaît son apogée aux États-Unis dans les années 1960.

- **Origine germanique,** signifie « forte lance ».
- Chiffre 6 – couleur bleue.
- Fête le 3 octobre.
- Saint Gérard, né à Namur au Xe s., prend l'habit puis fonde un monastère sur les terres de sa famille.
- Caractère : **charme, sociabilité, exigence, sensibilité.**

GASTON

Prénom médiéval, Gaston connaît son apogée au début du XXe s.

- **Origine germanique,** signifie « hôte ».
- Chiffre 4 – couleur verte.
- Fête le 6 février.
- Saint Gaston est le catéchiste de Clovis, au VIe s. Il est nommé évêque d'Arras à la demande du roi.
- Caractère : **calme, réflexion, patience, exigence.**
- Flamand : *Vaast*, *Waast*. Italien : *Gastone*. Provençal : *Gastoun*.

GASPARD

Son succès accompagne celui de Balthazar et de Melchior.

- **Origine sanskrite,** signifie « celui qui vient voir ».
- Chiffre 3 – couleur rouge.
- Fête le 6 janvier.
- Gaspard, selon la tradition chrétienne, est l'un des trois Rois mages venus d'Orient pour adorer l'Enfant Jésus quelques jours après sa naissance.

GAUCHER

Ce prénom, forme dérivée de Walter, est courant au Moyen Âge.

- **Origine germanique,** signifie « qui gouverne l'armée ».
- Chiffre 9 – couleur verte.
- Fête le 9 avril.
- Saint Gaucher, ermite dans le Limousin au XIIe s., fonde une abbaye où il se retira.
- Caractère : **réflexion, réserve, prudence, rigueur.**

GAUDENCE

- **Origine latine,** signifie « qui se réjouit ».
- Chiffre 8 – couleur jaune.
- Fête le 25 octobre.
- Saint Gaudence est évêque de Brescia, en Italie, au IVe s.
- Caractère : **ambition, sens de la justice, équilibre, stabilité.**

GAUDÉRIC

- **Origine germanique,** signifie « puissance qui gouverne ».
- Chiffre 5 – couleur rouge.
- Fête le 16 avril.
- Saint Gaudéric, agriculteur en Languedoc au IXe s., est renommé pour sa piété, et on lui prête le pouvoir d'agir sur la météorologie.
- Caractère : **indépendance, adaptabilité, goût de l'aventure, curiosité.**
- Diminutif : *Gaudry*.

GAUTIER

Ce prénom médiéval connaît une période faste dans les années 1990.

- **Origine germanique,** signifie « qui gouverne l'armée ».
- Chiffre 9 – couleur orange.
- Fête le 9 avril.
- Saint Gautier, abbé de saint Martin de Pontoise au XIe s., préfère vivre en ermite loin de son monastère plutôt que d'en assurer la direction, mais le pape le sermonne et il revient accomplir son devoir jusqu'à sa mort.
- Caractère : **énergie, fidélité, indépendance, tradition.**
- Autres orthographes : *Gaultier*, *Gaulthier*, *Gauthier*.
- Variantes : *Galdric*, *Galthier*.
- Anglo-saxon : *Walt*, *Walter*. Espagnol : *Gualterio*. Italien : *Guatiero*.

GAUVAIN

Il est une forme dérivée de Coemgen.

- **Origine celtique,** signifie « enraciné ».
- Chiffre 3 – couleur orange.
- Fête le 3 juin.
- Saint Coemgen, ermite en Irlande au VIe s., fonde un monastère où il organise la vie monacale avec sagesse.
- Caractère : **dynamisme, indépendance, élégance, vivacité.**
- Autre orthographe : *Gauvin*.
- Anglo-saxon : *Galwin*, *Gavin*, *Gawain*, *Gawen*, *Gawin*.

GÉDÉON

Fils de paysan dans la Bible, Gédéon est désigné par Dieu pour libérer Israël d'une tribu de nomades pilleurs. D'après la légende, il aurait eu soixante-dix enfants.

- **Origine hébraïque,** signifie « saison de chance ».

- Chiffre 5 – couleur violette.
- Caractère : **étude, sociabilité, activité, réserve.**
- Anglo-saxon : *Gideon*. Forme hébraïque : *Guidon*. Italien : *Gideone*.

GENARO

Ce prénom n'a pas d'équivalent français. Il est assez fréquent en Italie où il nomme surtout les enfants nés en janvier.

- **Origine latine,** signifie « janvier ».
- Chiffre 6 – couleur blanche.
- Caractère : **sens des responsabilités, fidélité, harmonie, stabilité.**

GEOFFREY

Il est une forme dérivée de Godefroy.

- **Origine germanique,** signifie « paix de Dieu ».
- Chiffre 6 – couleur jaune.
- Fête le 15 janvier.
- Saint Godefroy rejoint saint Bernard à l'abbaye de Clairvaux avec plusieurs de ses amis, au XIIe s., et devient prieur du monastère.
- Caractère : **élégance, indépendance, fierté, charisme.**
- Autres orthographes : *Jauffrey*, *Joffret*.
- Anglo-saxon : *Jeffrey*.

GEOFFROY

Comme Geoffrey, il est une autre forme dérivée de Godefroy.

- **Origine germanique,** signifie « paix de Dieu ».
- Chiffre 7 – couleur jaune.
- Fête le 15 janvier.
- Saint Godefroy rejoint saint Bernard à l'abbaye de Clairvaux avec plusieurs de ses amis, au XIIe s., et devient prieur du monastère.
- Caractère : **sensibilité, harmonie, dévouement, diplomatie.**
- Autre orthographe : *Geoffroi*.
- Germanique : *Gottfried*.

GEORGES

Grand classique des années 1930, Georges a presque totalement disparu aujourd'hui. Sa forme néerlandaise Joris, en revanche, apparaît dans les années 2000.

- **Origine grecque,** signifie « celui qui travaille la terre ».
- Chiffre 4 – couleur jaune.
- Fête le 23 avril.
- Saint Georges, chevalier romain originaire de Cappadoce, est arrêté et décapité par les soldats de l'empereur. La légende raconte qu'au cours d'un voyage en Libye il terrassa un dragon qui menaçait une ville.
- Caractère : **vivacité, humour, optimisme, curiosité.**
- Anglo-saxon : *George*, *Jordan*.

Espagnol : *Jorge*. Germanique : *Jörg*, *Jorgel*, *Jörn*, *Jûrg*, *Jurgen*, *Jurke*. Hongrois : *György*. Italien : *Giorgio*. Néerlandais : *Joris*. Russes : *Iouri*, *Youri*. Slave : *Jiri*.

GÉRALD

- **Origine germanique,** signifie « lance qui gouverne ».
- Chiffre 2 – couleur bleue.
- Fête le 5 décembre.
- Saint Gérald, moine dans le Quercy au XIe s., excellent choriste à la voix magnifique, devient archevêque de Tolède, où il fait construire églises, hôpitaux et monastères.
- Caractère : **volonté, courage, perfectionnisme, autorité.**
- Variantes : *Géraud*, *Guiraud*.
- Anglo-saxon : *Gerold*, *Gerry*. Italien : *Geraldo*, *Giraldo*. Néerlandais : *Gerrelt*, *Gerwald*.

GÉRARD

Prénom très en vogue dans les années 1950, il est supplanté par Géraud, puis devient rarissime.

- **Origine germanique,** signifie « dure lance ».
- Chiffre 2 – couleur bleue.
- Fête le 3 octobre.
- Saint Gérard, né à Namur au Xe s., prend l'habit puis fonde un monastère sur les terres de sa famille.
- Caractère : **réalisme, sens des responsabilités, rigueur, autorité.**
- Variantes : *Girard*, *Guérard*.
- Anglo-saxon : *Gerald*. Espagnol : *Gerardo*, *Girardo*. Germanique : *Gerhard*, *Gerhart*. Italien : *Gherardo*.

GÉRAUD

Il est une forme dérivée de Gérald.

- **Origine germanique,** signifie « lance qui gouverne ».
- Chiffre 2 – couleur bleue.
- Fête le 13 octobre.
- Saint Géraud, comte d'Aurillac au IXe s., gère ses terres avec bonté et justice, affranchit les serfs, fait la charité et passe de nombreuses heures chaque jour en prières et en méditation.
- Caractère : **intuition, altruisme, sensibilité, tradition.**
- Variante : *Guérand*.

GÉRIC

- **Origine germanique,** signifie « lance illustre ».
- Chiffre 6 – couleur verte.
- Fête le 11 août.
- Saint Géry, diacre dans les Ardennes au VIe s., puis évêque de Cambrai, ville saccagée par les impies, reconstruit les églises, réconforte les populations et rachète les serfs.

- Caractère : **autorité, énergie, indépendance, vivacité.**
- Variante : *Géry*.

GERMAIN

- **Origine germanique,** signifie « de même sang ».
- Chiffre 4 – couleur jaune.
- Fête le 31 juillet.
- Saint Germain l'Auxerrois, avocat puis gouverneur de sa ville natale, combat les Angles et les Saxons en Angleterre au Ve s. Il prêche en Italie où il meurt d'épuisement.
- Caractère : **prudence, travail, stabilité, rigueur.**
- Anglo-saxon : *Germaine*, *German*. Breton : *Germen*. Espagnol : *German*. Germanique : *Germanus*. Italien : *Germano*.

GERVAIS

- **Origine germanique,** signifie « lance audacieuse ».
- Chiffre 9 – couleur orange.
- Fête le 19 juin.
- Saint Gervais subit le martyre à Rome au IIIe s.
- Caractère : **charme, harmonie, perfectionnisme, exigence.**
- Anglo-saxon : *Gervase*, *Jarvis*. Espagnol : *Gervasio*. Néerlandais : *Gervaas*.

GHISLAIN

Ce prénom a toujours été plus rare que son féminin.

- **Origine germanique,** signifie « doux otage ».
- Chiffre 7 – couleur bleue.
- Fête le 10 octobre.
- Saint Ghislain fonde un monastère, en Belgique, au VIIe s., et en devient le premier abbé.
- Caractère : **élégance, esthétisme, volonté, activité.**
- Autres orthographes : *Ghilain*, *Guilain*, *Guillai*, *Guislain*.

GILBERT

Il a précédé Gérard dans les favoris de l'état civil.

- **Origine germanique,** signifie « illustre otage ».
- Chiffre 1 – couleur orange.
- Fête le 7 juin.
- Saint Gilbert, de retour de la deuxième croisade, au XIIe s., fonde deux monastères, l'un féminin, pour sa femme et sa fille, l'autre masculin, où il se retire.
- Caractère : **dynamisme, adaptabilité, indépendance, goût de l'aventure.**
- Anglo-saxon : *Bert*, *Bertie*, *Burt*. Germanique : *Gilbrecht*, *Gisbert*. Espagnol et italien : *Gilberto*, *Gisberto*. Néerlandais : *Gijsbert*, *Gilsbrecht*.

GILDAS

- **Origine celtique,** signifie « celui qui voit ».
- Chiffre 7 – couleur bleue.
- Fête le 29 janvier.
- Saint Gildas, né en Écosse au VIe s., s'établit dans un ermitage en Bretagne et érige un monastère à la demande des pèlerins. Il en établit les règles, puis retourne à sa solitude.
- Caractère : **charme, élégance, émotivité, perfectionnisme.**
- Bretons : *Gweltaz, Gweltazenn, Gweltazig.*

GILLES

Classique sans être courant, devenu très rare, Gilles n'a jamais connu d'apogée, et n'a jamais été démodé.

- **Origine grecque**, signifie « protection ».
- Chiffre 1 – couleur verte.
- Fête le 1er septembre.
- Saint Gilles, Athénien de naissance, installe son ermitage entre Nîmes et Arles. Des chasseurs qui le blessent par mégarde lui proposent un dédommagement ; il leur demande de construire un monastère dont il devient le premier abbé, accueillant les pèlerins sur le chemin de Compostelle.
- Caractère : **habileté, opportunisme, adaptabilité, indépendance.**
- Variantes : *Égide, Gillian.*
- Anglo-saxon : *Giles*. Espagnol : *Gil*. Flamand : *Gillis*. Germanique : *Egid*. Italien : *Gilio*. Provençal : *Gilet, Giloun.*

GINO

Ce prénom est un diminutif de Luigino, lui-même diminutif de Luigi, forme italienne de Louis.

- **Origine germanique,** signifie « glorieux combattant ».
- Chiffre 9 – couleur verte.
- Fête le 25 août.
- Saint Louis, roi de France au XIIIe s., est son patron.
- Caractère : **communication, tact, sensibilité, adaptabilité.**

GIREC

- **Origine celtique,** signifie « générosité ».
- Chiffre 6 – couleur rouge.
- Fête le 17 février.
- Saint Guirec, valet de saint Tudwal, évangélise la région de Lanmeur, en Bretagne, au VIe s.
- Caractère : **sensibilité, sens des responsabilités, harmonie, charisme.**
- Variantes : *Guirec, Kireg.*

GLENN

- **Origine celtique,** signifie « vallée ».

- Chiffre 7 – couleur verte.
- Fête le 11 septembre.
- Saint Glenn, moine du pays de Galles, vient évangéliser la Bretagne au VIe s.
- Caractère : **réserve, réflexion, harmonie, sens des responsabilités.**
- Variante : *Glénan.*

GODEFROY

- **Origine germanique,** signifie « paix de Dieu ».
- Chiffre 5 – couleur verte.
- Fête le 15 janvier.
- Saint Godefroy rejoint saint Bernard à l'abbaye de Clairvaux avec quelques amis, au XIIe s., et devient prieur du monastère.
- Caractère : **passion, ambition, sens des responsabilités, activité.**
- Autres orthographes : *Godefroi, Godefroid, Godfroi.*
- Variantes : *Geoffrey, Geoffroy.*
- Anglo-saxon : *Godfrey.* Espagnol : *Godofredo.* Germanique : *Gottfried.* Italien : *Goffredo.* Néerlandais : *Godfried.*

GOÉRIC

- **Origine germanique,** signifie « Dieu puissant ».
- Chiffre 3 – couleur jaune.
- Fête le 19 septembre.
- Saint Goéric est évêque de Metz au début du VIIe s.
- Caractère : **activité, optimisme, sociabilité, rêverie.**

GONTRAN

- **Origine germanique,** signifie « guerre » et « corbeau ».
- Chiffre 8 – couleur bleue.
- Fête le 28 mars.
- Saint Gontran, petit-fils de Clovis et de Clotilde, roi de Bourgogne et d'Orléans au VIe s., favorise la diffusion du christianisme dans son royaume.
- Caractère : **courage, ambition, opportunisme, exigence.**

GONVAL

- **Origine celtique.**
- Chiffre 8 – couleur orange.
- Fête le 1er avril.
- Saint Gonval est évêque de Tréguier au VIe s.
- Caractère : **réserve, stabilité, harmonie, sens de la justice.**
- Variantes : *Gonvel, Gunval.*

GONZAGUE

Il fait partie des prénoms traditionnels qui baptisent plusieurs générations d'une même famille.

- **Origine patronymique italienne.**
- Chiffre 6 – couleur violette.
- Fête le 10 janvier.

- Saint Louis de Gonzague, fils du marquis de Castiglione, entre chez les jésuites contre l'avis de sa famille et se dévoue à soigner les malades pendant l'épidémie de peste qui ravage Rome au XVIe s. Il contracte la maladie et en meurt.
- Caractère : **affectivité, calme, travail, conscience professionnelle.**

GORDON

Ce vieux prénom écossais a été en vogue au début du XXe s.

- **Origine écossaise,** signifie « colline près de la prairie ».
- Chiffre 1 – couleur verte.
- Fête le 23 avril.
- Saint Georges est son patron ; chevalier romain de Cappadoce, il est arrêté et décapité par les soldats de l'empereur. La légende raconte qu'au cours d'un voyage en Libye, il terrassa un dragon qui menaçait une ville.
- Caractère : **autorité, énergie, travail, activité.**

GOUESNOU

- **Origine celtique,** signifie « combat ».
- Chiffre 9 – couleur bleue.
- Fête le 25 octobre.
- Saint Gouesnou est évêque de Léon au VIIe s. Il fonde un monastère à l'endroit qui porte son nom dans le Finistère.
- Caractère : **altruisme, réserve, rêverie, étude.**

GOULVEN

- **Origine celtique,** signifie « lumière sacrée ».
- Chiffre 6 – couleur rouge.
- Fête le 1er juillet.
- Saint Goulven, fondateur d'un monastère sur ses terres, en Bretagne, dans le Léon, devient évêque de Rennes au VIe s.
- Caractère : **sociabilité, étude, réserve, sens des responsabilités.**
- Autre orthographe : *Goulwen.*

GRALLON

Ce prénom est celui d'un roi légendaire de Cornouailles, roi d'Is, ville de luxure qu'il précipita dans la mer. D'autres rois de Cornouailles sont moins légendaires.

- **Origine celtique,** signifie « plein de grâce ».
- Chiffre 7 – couleur verte.
- Caractère : **étude, réflexion, sagesse, réserve.**

GRATIEN

- **Origine latine,** signifie « grâce ».
- Chiffre 2 – couleur jaune.

- Fête le 22 décembre.
- Saint Gratien, pêcheur en Italie au XVIe s., vend ses quelques biens, en distribue le produit aux pauvres et prend l'habit chez les augustins pour se consacrer à la prière.
- Caractère : **énergie, volonté, intuition, diplomatie.**

GRÉGOIRE

Sa consonance médiévale en a fait un favori, contemporain de Gautier et prédécesseur d'Arthur.

- **Origine grecque,** signifie « celui qui veille ».
- Chiffre 3 – couleur violette.
- Fête le 3 septembre.
- Saint Grégoire, arrière-petit-fils du pape Félix III, devient préfet à Rome au VIIe s. Lassé des honneurs, il fait construire un monastère sur ses terres et s'y retire. Appelé par le pape Pélage II, il devient diacre, administrateur, puis évêque. Il est élu pape alors qu'une épidémie de peste sévit, que les barbares et des inondations menacent la ville et que partout règnent la corruption et la violence. Il s'efforce de combattre l'esclavage, réforme la liturgie, tente de négocier avec l'Église byzantine, organise l'évangélisation de la Grande-Bretagne. On lui attribue la création du chant grégorien. À sa mort, il est nommé docteur de l'Église.
- Caractère : **rapidité, curiosité, indépendance, sociabilité.**
- Anglo-saxon : *Greg, Gregory.* Espagnol et italien : *Gregorio.* Russe : *Gregor, Gregorii, Grichka, Grigor, Grigorii.*

GRIFFITH

Ce prénom est populaire en Angleterre entre le XVIe et le XVIIIe s.

- **Origine galloise,** signifie « chef fort ».
- Chiffre 2 – couleur verte.
- Caractère : **diplomatie, sociabilité, adaptabilité, rigueur.**

GUÉNAUT

Ce prénom est une forme francisée de Gwenaël.

- **Origine celtique,** signifie « sacré » et « généreux ».
- Chiffre 2 – couleur rouge.
- Fête le 3 novembre.
- Saint Gwenaël, abbé du monastère de Landévennec, en Bretagne, au VIe s., part évangéliser l'Irlande puis revient dans son pays pour y mourir.
- Caractère : **sensibilité, diplomatie, adaptabilité, discrétion.**

GUÉNOLÉ

Il fait partie de la culture celte, et à ce titre connaît un franc succès dans les familles bretonnes.

- **Origine celtique,** signifie « valeureux » et « sacré ».
- Chiffre 6 – couleur blanche.
- Fête le 3 mars.
- Saint Guénolé fonde un monastère à Landévennec, en Bretagne, au Ve s., et le dirige pendant plus de cinquante ans.
- Caractère : **charme, émotivité, vivacité, communication.**
- Autre orthographe : *Gwenolé.*
- Variantes : *Guignolet*, *Guingalois*, *Gwaloe*, *Winwaloé.*

GUÉRIN

- **Origine germanique,** signifie « qui protège ».
- Chiffre 2 – couleur verte.
- Fête le 28 août.
- Saint Guérin, lorrain de naissance, fonde un monastère en Savoie au XIIe s. Il y instaure la règle cistercienne et le gère avec beaucoup de rigueur. Il devient ensuiteévêque de Sion.
- Caractère : **dynamisme, autorité, sociabilité, franchise.**

GUILHEM

Ce prénom est une forme dérivée de Guillaume.

- **Origine germanique,** signifie « volonté » et « protection ».
- Chiffre 3 – couleur verte.
- Fête le 10 janvier.
- Saint Guillaume, archevêque de Bourges au XIIIe s., consacre sa vie au service des pauvres, des malades et des débauchés.
- Caractère : **sociabilité, vivacité, énergie, humour.**
- Autre orthographe : *Guillem.*

GUILLAUME

Classique, sobre, Guillaume fait partie des indémodables.

- **Origine germanique,** signifie « volonté » et « protection ».
- Chiffre 2 – couleur verte.
- Fête le 10 janvier.
- Saint Guillaume, archevêque de Bourges au XIIIe s., consacre sa vie au service des pauvres, des malades et des débauchés.
- Caractère : **altruisme, sensibilité, ambition, intuition.**
- Anglo-saxon : *Bill*, *Billy*, *William*, *Willie*, *Willy*, *Wilson.* Breton : *Gwilherm*, *Gwilhou.* Espagnol : *Guillermo.* Germanique : *Wilhelm.* Italien : *Guglielmo.* Normand : *Guillot*, *Guilmot.* Provençal : *Guihaume*, *Guiheume*, *Guiheumet.*

GUIVÉONE

Ce prénom moderne est très en vogue en Israël.

- **Origine hébraïque,** signifie « petite colline ».
- Chiffre 8 – couleur bleue.
- Caractère : **réserve, stabilité, harmonie, sens de la justice.**

GUNTHER

Ce prénom, courant outre-Rhin, est aussi apprécié en Scandinavie.

- **Origine germanique,** signifie « guerrier ».
- Chiffre 3 – couleur rouge.
- Caractère : **charme, sociabilité, opportunisme, persuasion.**
- Espagnol : *Guntero*. Scandinave : *Gundar*, *Gunder*, *Gunnar*.

GUSTAVE

Assez courant au XIXe s., Gustave a vite été abandonné. Auguste, qui a la même étymologie, revient à la mode aujourd'hui.

- **Origine latine,** signifie « vénérable ».
- Chiffre 5 – couleur violette.
- Fête le 7 octobre.
- Saint Gustave, originaire de Bourges au VIe s., est handicapé. Il mendie dans les rues et consacre ses faibles gains à la construction d'un oratoire pour saint Martin ; il guérit, prend l'habit et dirige un monastère.
- Caractère : **curiosité, dynamisme, indépendance, épicurisme.**
- Anglo-saxon : *Gustavus*. Espagnol et italien : *Gustavo*. Germanique : *Gustav*. Néerlandais : *Gustaaf*. Scandinave : *Goesta*, *Gustaf*.

GUTHLAC

- **Origine celtique,** signifie « bois vaillant ».
- Chiffre 9 – couleur bleue.
- Fête le 11 avril.
- Saint Guthlac, issu d'une famille anglaise princière du VIIe s., est un brigand redoutable. Il s'amende, prend l'habit et termine sa vie dans un ermitage.
- Caractère : **sens des responsabilités, exigence, sensibilité, rigueur.**
- Variante : *Guthval*.

GUY

- **Origine germanique,** signifie « bois ».
- Chiffre 8 – couleur violette.
- Fête le 15 juin.
- Saint Guy, fils d'un sénateur romain du IIIe s., se convertit à l'insu de ses parents. Il soigne le fils de l'empereur Dioclétien, épileptique. Pour le remercier, l'empereur l'invite à partager ses libations et à adorer avec lui les dieux païens. Il refuse : il est livré aux lions de l'arène, qui se couchent à ses pieds ; il est pendu.
- Caractère : **intuition, passion, volonté, ambition.**

Sacrée famille...

D'après la légende bretonne, saint Fragan et sainte Gwenn, couple modèle vivant en Armorique au Ve s., eurent vingt-deux enfants parmi lesquels Doetval, Urielle, Gwenolé, Jagu, Klervi, Onnen, Gwezhenneg, appelé aussi Guéthenoc...

- Anglo-saxon : *Wido*. Breton : *Guyon*, *Gwion*. Espagnol et italien : *Guido*, *Vito*. Germanique : *Wido*. Normand : *Guyot*.

GWENAËL

Il est l'un des prénoms traditionnels de la Bretagne.

- **Origine celtique,** signifie « ange blanc ».
- Chiffre 4 – couleur blanche.
- Fête le 3 novembre.
- Saint Gwenaël, abbé du monastère de Landévennec, en Bretagne, au VIe s., part évangéliser l'Irlande puis revient dans son pays pour y mourir.
- Caractère : **sensibilité, travail, rigueur, persévérance.**
- Variantes : *Guénaut*, *Gwellaouen*, *Gwenal*, *Gwinal*.

GWENDAL

Typiquement breton, ce prénom n'a pas atteint le succès de Malo et Maël.

- **Origine celtique,** signifie « au front pur ».
- Chiffre 3, couleur verte.
- Fête le 18 janvier.
- Saint Gwendal est inscrit au calendrier des saints bretons, mais sa vie est obscure.
- Caractère : **communication, vivacité, épicurisme, adaptabilité.**

GWÉNÉGAN

- **Origine celtique,** signifie « bravoure sacrée ».
- Chiffre 4 – couleur blanche.
- Fête le 21 octobre.
- Saint Gwénégan est évêque de Quimper au Ve s.
- Caractère : **réflexion, énergie, activité, impatience.**
- Variantes : *Conogan*, *Konogan*.

GWENNIN

- **Origine celtique,** signifie « blanc ».
- Chiffre 4 – couleur blanche.
- Fête le 19 août.
- Saint Gwennin est évêque de Vannes au VIe s.
- Caractère : **sociabilité, sens**

artistique, harmonie, charisme.
- Variantes : *Gwenneg*, *Gwennog*.

GWEZHENNEG

- **Origine celtique,** signifie « combat ».
- Chiffre 6 – couleur rouge.
- Fête le 5 novembre.
- Saint Guéthenoc (Ve s.), frère de saint Guénolé, mène une vie pieuse consacrée à la prière.
- Caractère : **sensibilité, sens des responsabilités, harmonie, charisme.**
- Variante : *Guéthenoc*.

H

HAAKON

Ce prénom royal en Norvège a peu d'adeptes dans les pays francophones.

- **Origine scandinave,** signifie « de haute naissance ».
- Chiffre 5 – couleur orange.
- Caractère : **adaptabilité, sensibilité charme, indépendance.**
- Autre orthographe : *Hakon*.

HABIB

- **Origine arabe,** signifie « l'amoureux ».
- Chiffre 4 – couleur rouge.
- Caractère : **travail, rigueur, stabilité, sens de l'organisation.**

HADAD

Ce prénom est porté par un petit-fils d'Abraham.

- **Origine hébraïque,** signifie « aigu ».
- Chiffre 9 – couleur rouge.
- Caractère : **efficacité, réalisme, ambition, sens de l'organisation.**

HAKIM

- **Origine arabe,** signifie « le sage ».
- Chiffre 2 – couleur orange.
- Caractère : **adaptabilité, diplomatie, émotivité, sociabilité.**

HALVARD

- **Origine germanique,** signifie « mystérieux » et « protecteur ».
- Chiffre 3 – couleur orange.
- Fête le 15 mai.
- Saint Halvard, cousin du roi de Suède, connu pour sa bonté et sa piété, est assassiné au début du

XIe s. pour avoir pris la défense d'une femme accusée à tort de vol.
- Caractère : **sens des affaires, efficacité, ambition, autorité.**

HAMISH

Ce prénom est la variante écossaise de James, forme anglaise de Jacques.

- **Origine hébraïque,** signifie « Dieu a soutenu ».
- Chiffre 6 – couleur rouge.
- Fête le 3 mai.
- Saint Jacques le Mineur, frère des apôtres Simon et Jude, devient le chef de la communauté judéo-chrétienne de Jérusalem après la Pentecôte. Il est lapidé et bastonné alors qu'il prêche l'Évangile dans la cour du Temple.
- Caractère : **franchise, volonté, ambition, travail.**

HANS

Il est la forme scandinave de Jean.

- **Origine hébraïque,** signifie « Dieu a fait grâce ».
- Chiffre 6 – couleur jaune.
- Fête le 24 juin.
- De très nombreux saints figurent au calendrier sous ce prénom.
- Saint Jean, disciple du Christ et auteur présumé du quatrième Évangile, de trois épîtres et de l'Apocalypse.
- Saint Jean Chrysostome, évêque de Constantinople au IVe s. et docteur de l'Église.
- Saint Jean le Baptiste, fils d'Élisabeth et de Zacharie, est né en Palestine au début du Ier s. Il est appelé par Dieu pour se retirer dans le désert et s'établit sur la rive du Jourdain pour baptiser tous ceux qu'il convertit.
- Saint Jean Bosco, Piémontais du XIXe s., voue sa vie à l'éducation des enfants pauvres.
- Caractère : **séduction, sens des responsabilités, indépendance, perfectionnisme.**

HAROLD

- **Origine germanique,** signifie « grande gloire ».
- Chiffre 4 – couleur rouge.
- Fête le 1er novembre.
- Saint Harald, roi de Danemark au Xe s., favorise l'évangélisation de son pays ; il est assassiné par des païens.
- Caractère : **calme, sens de l'observation, prudence, patience.**
- Espagnol : *Haroldo*. Italien : *Aroldo*. Scandinave : *Harald*.

HARRISSON

Il est l'une des formes anglo-saxonnes d'Henri, très prisée aux États-Unis.

- **Origine germanique,** signifie « maison » et « roi ».
- Chiffre 3 – couleur violette.

- Fête le 13 juillet.
- Saint Henri II de Germanie, roi du Xe s., soutient l'autorité de l'Église, dote les monastères, bâtit cathédrales et fondations pour s'occuper des pauvres et des malades.
- Caractère : **sérieux, sens de l'observation, prudence, opiniâtreté.**

HARVEY

Il est la forme anglo-saxonne d'Hervé.

- **Origine celtique,** signifie « fort et ardent ».
- Chiffre 9 – couleur rouge.
- Fête le 17 juin.
- Saint Hervé, fils d'un barde breton du VIe s., aveugle de naissance, passe sa vie dans un ermitage et fonde plusieurs monastères.
- Caractère : **réflexion, stabilité, sérieux, calme.**

HASSAN

Ce prénom est porté par l'un des petits-fils du Prophète.

- **Origine arabe,** signifie « vertueux ».
- Chiffre 8 – couleur verte.
- Caractère : **équilibre, ambition, harmonie, sens de la justice.**
- Variantes : *Hacène, Hocine, Hussein.*

HECTOR

Ce prénom est celui d'un héros de L'Iliade*, d'Homère ; Hector, chef de guerre et fils aîné de Priam, roi de Troie, frère de Cassandre et de Pâris, époux d'Andromaque, est tué par Achille.*

- **Origine grecque,** signifie « celui qui détient ».
- Chiffre 6 – couleur jaune.
- Caractère : **volonté, travail, fidélité, sens des responsabilités.**
- Italien : *Ettore.*

HÉLIER

- **Origine celtique,** forme probablement dérivée d'Élie.
- Chiffre 9 – couleur verte.
- Fête le 17 juillet.
- Saint Hélier est ermite à Jersey au VIe s.
- Caractère : **altruisme, rêverie, discrétion, étude.**

HÉLIOS

Dans la mythologie grecque, Hélios, fils du Titan Hypérion et frère de Séléné, la déesse Lune, est le dieu Soleil. Il traverse le ciel sur un char de feu tiré par quatre chevaux.

- **Origine grecque,** signifie « soleil ».
- Chiffre 5 – couleur jaune.
- Caractère : **indépendance, curiosité, épicurisme, adaptabilité.**

HÉLORI

Ce prénom se rencontre surtout en Bretagne où il est donné en l'honneur de saint Yves. L'avenir nous dira s'il suivra la renommée de Vianney ou de Chantal.

- **Origine celtique,** du patronyme de saint Yves Hilory.
- Chiffre 7 – couleur bleue.
- Fête le 19 mai.
- Saint Yves, prêtre, avocat, défenseur des faibles au XIIIe s. en Bretagne, est un modèle de générosité et de piété.
- Caractère : **étude, méditation, charisme, altruisme.**
- Variantes : *Halory*, *Hélouri*.

HENRI

Grand classique par excellence, Henri connaît plusieurs périodes de succès à travers les âges : à la Renaissance et au début du XXe s. notamment. Il réapparaît depuis 1990.

- **Origine germanique,** signifie « maison du roi ».
- Chiffre 9 – couleur violette.
- Fête le 13 juillet.
- Saint Henri II de Germanie, roi du Xe s., soutient l'autorité de l'Église, dote les monastères, bâtit cathédrales et fondations pour s'occuper des pauvres et des malades.
- Caractère : **esprit d'entreprise, réalisme, efficacité, conformisme.**
- Alsacien : *Heinz*, *Hendrick*. Anglo-saxon : *Harrisson*, *Harry*, *Henry*. Espagnol : *Enrique*. Germanique : *Heinke*, *Heinz*, *Hendrik*. Italien : *Enrico*, *Enzo*. Scandinave : *Henrik*.

HERBERT

Il est une forme contractée d'Héribert, prénom mérovingien.

- **Origine germanique,** signifie « armée illustre ».
- Chiffre 4 – couleur verte.
- Fête le 20 mars.
- Saint Herbert est ermite en Angleterre, dans le Cumberland, au VIIe s.
- Caractère : **sociabilité, franchise, réflexion, travail.**
- Variantes : *Aribert*, *Hébert*, *Héribert*.
- Espagnol : *Herberto*. Germanique : *Herbrecht*. Italien : *Erberto*.

HERBLAIN

Ce prénom est une forme dérivée d'Hermeland.

- **Origine germanique,** signifie « terre » et « armée ».
- Chiffre 6 – couleur jaune.
- Fête le 25 mars.
- Saint Hermeland fonde un monastère en Bretagne au VIIe s., puis se retire dans un ermitage pour y terminer sa vie.
- Caractère : **perfectionnisme,**

ambition, franchise, sens des responsabilités.
- Autre orthographe : *Erblain.*
- Variante : *Herblay.*

HERCULE

Ce prénom est celui d'un héros de la mythologie latine identifié à l'Héraclès de la mythologie grecque.

- **Origine grecque,** signifie « à la gloire de Héra, épouse de Zeus ».
- Chiffre 9 – couleur rouge.
- Caractère : **rigueur, ambition, persévérance, autorité.**
- Anglo-saxon et espagnol : *Hercules.* Italien : *Ercole.*

HÉRIBALD

- **Origine germanique,** signifie « armée audacieuse ».
- Chiffre 7 – couleur verte.
- Fête le 25 avril.
- Saint Héribald, évêque d'Auxerre au IXe s., homme cultivé savant, conseiller des souverains, joue un rôle prépondérant dans les affaires du royaune franc.
- Caractère : **étude, réflexion, ambition, intellectualité.**

HERMANN

- **Origine germanique,** signifie « homme d'armée ».
- Chiffre 4 – couleur verte.
- Fête le 25 septembre.
- Saint Hermann, handicapé de naissance, est mathématicien, astronome, poète et historien à Constance, en Allemagne, au XIe s. ; il est l'auteur de cantiques inoubliés à la Vierge Marie : l'*Ave Maria* et le *Salve Regina.*
- Caractère : **calme, sérieux, réalisme, persévérance.**
- Espagnol : *Hermano.* Germanique : *Herrmann.* Italien : *Ermanno.*

HERMELAND

- **Origine germanique,** signifie « terre » et « armée ».
- Chiffre 8 – couleur jaune.

Les travaux d'Hercule

D'après la mythologie, Hercule, pour expier le meurtre de sa femme et de ses enfants, doit exécuter douze travaux imposés par le roi de Tirynthe : étouffer le lion de Némée, tuer l'hydre de Lerne, capturer le sanglier d'Érimanthe, gagner à la course la biche aux pieds d'airain, abattre les oiseaux du lac Stymphale, dompter le taureau de l'île de Crète, tuer Diomède, roi de Thrace, s'emparer de la ceinture d'une Amazone, nettoyer les écuries d'Augias, tuer Géryon, cueillir les pommes d'or du jardin des Hespérides et, enfin, enchaîner Cerbère.

- Fête le 25 mars.
- Saint Hermeland fonde un monastère en Bretagne au VIIe s., puis se retire dans un ermitage pour y terminer sa vie.
- Caractère : **perfectionnisme, ambition, franchise, sens des responsabilités.**

HERN

- **Origine celtique,** signifie « haut sommet ».
- Chiffre 9 – couleur orange.
- Fête le 11 janvier.
- Saint Hernin vient d'Angleterre au VIe s. pour s'établir en Bretagne.
- Caractère : **spiritualité, réserve, étude, générosité.**
- Variantes : *Hernin, Thernen.*

HERVÉ

Il fait partie des classiques bretons.

- **Origine celtique,** signifie « fort et ardent ».
- Chiffre 4 – couleur bleue.
- Fête le 17 juin.
- Saint Hervé, fils d'un barde breton du VIe s., aveugle de naissance, passe sa vie dans un ermitage et fonde plusieurs monastères.
- Caractère : **réserve, loyauté, volonté, ambition.**
- Anglo-saxon : *Harvey.* Breton : *Herveig, Houarn, Houarné, Houarneau, Houarneig, Houarnig, Houarniaule.* Normand : *Hervieu.*

HILAIRE

- **Origine latine,** signifie « gai ».
- Chiffre 8 – couleur verte.
- Fête le 3 novembre.
- Saint Hilaire, diacre en Italie au IIIe s., est arrêté et décapité pour avoir refusé d'adorer les dieux païens.
- Caractère : **ambition, efficacité, persévérance, sensibilité.**
- Breton : *Hiler.*

HIPPOLYTE

Ce prénom est en vogue au XIXe s.

- **Origine grecque,** signifie « qui délie les chevaux ».
- Chiffre 9 – couleur verte.
- Fête le 13 août.
- Saint Hippolyte, prêtre à Rome au IIIe s., est déporté en Sardaigne pour s'être opposé en public au pape.
- Caractère : **sensibilité, étude, réflexion, réserve.**
- Espagnol : *Hipolito.* Italien : *Ippolito.*

HOCHÉA

Il est l'un des douze petits prophètes du royaume d'Israël.

- **Origine hébraïque,** signifie « salut ».
- Chiffre 4 – couleur verte.
- Caractère : **ambition, persévérance, travail, sens de l'organisation.**

HOËL

Ce prénom typiquement breton a été porté par plusieurs générations de rois de Domnonée, au VIe s.

- **Origine celtique,** signifie « bonne vue ».
- Chiffre 4 – couleur verte.
- Fête le 13 juillet.
- Saint Hoël, roi de Domnonée au VIe s., est le père d'une nombreuse famille qu'il éleve pieusement.
- Caractère : **travail, sens des responsabilités, rigueur, organisation.**

HOMÈRE

Ce prénom évoque le poète épique grec, auteur de L'Iliade *et* L'Odyssée*, qui vécut au IXe s. av. J.-C.*

- Chiffre 1 – couleur bleue.
- Caractère : **autorité, ambition, sens des responsabilités, charisme.**
- Espagnol : *Homero*. Italien : *Omero*.

HONORÉ

Il est un des prénoms classiques des XVIIIe et XIXe s.

- **Origine latine,** signifie « honneur ».
- Chiffre 3 – couleur orange.
- Fête le 16 mai.
- Saint Honoré est évêque d'Amiens pendant plus de trente ans au VIe s.
- Caractère : **vivacité, éloquence, enthousiasme, passion.**
- Variantes : *Honorat*, *Honorin*.
- Espagnol : *Honorato*. Italien : *Onorato*. Provençal : *Ounourat*.

HORACE

Ce prénom est porté par un grand poète latin, fils d'esclaves affranchis, né en 65 av. J.-C., dont la devise était « Carpe diem », c'est-à-dire « Profite du jour présent ». Il est, avec Virgile, le plus grand nom de la poésie latine.

- **Origine latine,** du patronyme d'une célèbre famille romaine, les Horacius.
- Chiffre 5 – couleur bleue.
- Caractère : **émotivité, sens artistique, dynamisme, humour.**
- Anglo-saxon : *Horatius*. Espagnol : *Horacio*. Italien : *Orazio*.

HUBERT

Ce classique des années 1930 a presque disparu.

- **Origine germanique,** signifie « grande intelligence ».
- Chiffre 2 – couleur bleue.
- Fête le 3 novembre.
- Saint Hubert, maire du palais des rois d'Austrasie au VIIIe s., passionné de chasse, se convertit après l'apparition d'un cerf qui porte une croix entre ses bois. Il est nommé évêque de Maastricht.

- Caractère : **calme, générosité, franchise, autorité.**

HUGO

Cette forme d'Hugues est l'un des favoris des années 1990-2000.

- **Origine germanique,** signifie « intelligence ».
- Chiffre 6 – couleur violette.
- Fête le 1er avril.
- Saint Hugues, abbé de Cluny au XIe s., se consacre pendant cinquante-deux ans à l'ordre dont il est chargé.
- Caractère : **sensibilité, perfectionnisme, exigence, réserve.**

HUGUES

Ce prénom médiéval est encore apprécié par les familles traditionalistes, tandis que sa forme dérivée Hugo s'est largement démocratisée.

- **Origine germanique,** signifie « intelligence ».
- Chiffre 9 – couleur violette.
- Fête le 1er avril.
- Saint Hugues, abbé de Cluny au XIe s., se consacre entièrement à la renommée de son ordre ; il meurt à quatre-vingts ans après cinquante-deux ans de sacerdoce.
- Caractère : **sensibilité, intuition, diplomatie, exigence.**
- Autre orthographe : *Hughes.*
- Variante : *Hugo.*
- Anglo-saxon : *Hugh.* Italien : *Ugo.* Provençal : *Hugolin.*

HUMBERT

- **Origine germanique,** signifie « illustre géant ».
- Chiffre 6 – couleur verte.
- Fête le 25 mars.
- Saint Humbert, fils du comte de Savoie au XIIe s., se retire à l'abbaye de Hautecombe, mais il est sommé d'assurer la pérénité de la dynastie et se marie sur ordre de son père.
- Caractère : **ambition, courage, travail, exigence.**
- Espagnol : *Humberto.* Italien : *Umberto.*

HUMPHREY

- **Origine germanique,** signifie « paix » et « géant ».
- Chiffre 6 – couleur rouge.
- Fête le 4 mai.
- Saint Humphrey, domestique au pays de Galles au XVIe s., est martyrisé par ses employeurs.
- Caractère : **épicurisme, générosité, charme, affectivité.**

HYACINTHE

En vogue au Moyen Âge, ce prénom est aujourd'hui désuet.

- **Origine grecque,** du nom de la fleur.
- Chiffre 3 – couleur blanche.
- Fête le 17 août.
- Saint Hyacinthe, disciple de saint Dominique, entré dans les ordres à Rome au XIIIe s., s'installe dans sa Pologne natale pour y fonder plusieurs couvents dominicains.
- Caractère : **charme, communication, réalisme, négociation.**
- Anglo-saxon et germanique : *Hyacinthus.*

I

IBRAHIM

Ce prénom est la forme arabe d'Abraham.

- **Origine hébraïque,** signifie « père des nations ».
- Chiffre 6 – couleur rouge.
- Caractère : **charme, harmonie, exigence, indépendance.**

ICHAÏ

Ce prénom est la forme originelle de Jessé.

- **Origine hébraïque,** signifie « cadeau ».
- Chiffre 3 – couleur violette.
- Caractère : **générosité, idéalisme, créativité, sensibilité.**

IGNACE

- **Origine latine,** signifie « feu ».
- Chiffre 3 – couleur jaune.
- Fête le 31 juillet.
- Saint Ignace de Loyola, né au Pays basque espagnol au XVe s., touché par la lecture de la vie du Christ, se destine à une vie de pénitence. Il étudie la physique, la théologie, la grammaire latine, prêche, convertit, enseigne le catéchisme aux enfants. Il fonde en France la Compagnie de Jésus.
- Caractère : **sens des responsabilités, équilibre, charisme, éloquence.**
- Anglo-saxon : *Ignatius, Inigo.* Espagnol : *Ignacio.* Germanique : *Ignaz.* Italien : *Ignazio.*

IGOR

Il fait partie des grands classiques russes.

- **Origine slave,** signifie « gardien de la jeunesse ».
- Chiffre 4 – couleur jaune.
- Fête le 5 juin.
- Saint Igor, grand-duc de Russie au XIIe s., est dépossédé de ses biens par sa famille. Il fonde un monastère près de Novgorod où il

est assassiné pendant les vêpres.
- Caractère : **prudence, étude, réserve, réflexion.**

IKER

- **Origine basque,** signifie « enquête ».
- Chiffre 7 – couleur rouge.
- Caractère : **calme, travail, réflexion, étude.**

ILAN

Ce prénom moderne est très répandu en Israël.

- **Origine hébraïque,** signifie « arbre ».
- Chiffre 9 – couleur verte.
- Caractère : **sensibilité, altruisme, attention, charisme.**

ILTUD

Il est un prénom traditionnel en Bretagne.

- **Origine celtique,** signifie « peuple ».
- Chiffre 3 – couleur orange.
- Fête le 6 novembre.
- Saint Iltud est l'abbé d'une abbaye galloise au Ve s.
- Caractère : **communication, créativité, harmonie, sociabilité.**

ILYÈS

Ce prénom est une forme arabe d'Élie.

- **Origine hébraïque,** signifie « mon maître est Dieu ».
- Chiffre 7 – couleur jaune.
- Caractère : **ambition, persévérance, idéalisme, charisme.**
- Variantes : *Éliès, Iliès.*

INGMAR

- **Origine scandinave,** signifie « fils de Ing » (dieu de la Fertilité et de la Paix).
- Chiffre 8 – couleur verte.
- Caractère : **équilibre, sens des affaires, réalisme, sens de la justice.**

INNOCENT

Ce prénom a été porté par treize papes, mais il n'a jamais été courant.

- **Origine latine,** signifie « inoffensif ».
- Chiffre 4 – couleur orange.
- Fête le 28 décembre.
- Saint Innocent, pape du début du Ve s., meurt assassiné par les Goths lors du sac de Rome.
- Caractère : **intuition, émotivité, humour, sociabilité.**
- Espagnol : *Inocencio.* Germanique : *Inozenz.* Italien : *Innocenzo.*

IRÉNÉE

- **Origine grecque,** signifie « paix ».
- Chiffre 2 – couleur verte.
- Fête le 28 juin.
- Saint Irénée, né en Asie Mineure au début du IIe s., devient évêque de Lyon et rédige plusieurs ouvrages de théologie. Il meurt en martyr ; il est nommé docteur de l'Église.
- Caractère : **activité, diplomatie, adaptabilité, perfectionnisme.**

IRVING

- **Origine écossaise,** signifie « ami de la mer ».
- Chiffre 7 – couleur bleue.
- Caractère : **équilibre, sens de la justice, autorité, étude.**
- Autres orthographes : *Earvin*, *Irvin*.

ISAAC

- **Origine hébraïque,** signifie « Dieu a ri ».
- Chiffre 7 – couleur rouge.
- Caractère : **sérieux, sens des responsabilités, fidélité, perfectionnisme.**
- Autres orthographes : *Isach*, *Isaak*, *Izaak*, *Ishaq*, *Itshaq*, *Itzaq*, *Yitzhak*.
- Anglo-saxon : *Ike*, *Ikey*. Arabe : *Ishak*. Italien : *Isacco*.

ISAÏE

Isaïe est avec Jérémie et Ézéchiel l'un des grands prophètes de la Bible. Il exerce son ministère au royaume de Juda au VIIIe s. av. J.-C.

- **Origine hébraïque,** signifie « Dieu est délivrance ».
- Chiffre 7 – couleur verte.
- Caractère : **indépendance, ambition, opiniatreté, affectivité.**
- Anglo-saxon : *Isaiah*.

ISIDORE

- **Origine grecque,** signifie « don d'Isis ».
- Chiffre 7 – couleur verte.
- Fête le 4 avril.
- Saint Isidore de Séville, né au VIIe s., élevé par son frère saint Léandre, est ce qu'on appellerait un loubard. Il fugue, se révolte puis, sévèrement puni, il s'amende et devient l'un des plus grands savants de son siècle : théologien, historien, philosophe, géographe… Il rédige un *Traité des étymologies* qui sera au Moyen Âge un ouvrage de référence. Évêque de Séville pendant quarante ans, il combat les hérésies, réforme la liturgie, fonde collèges et monastères. Il est docteur de l'Église.
- Caractère : **activité, esprit d'entreprise, ambition, charisme.**
- Espagnol, germanique, italien : *Isidoro*.

La légende d'Isaac

Le patriarche Abraham a quatre-vingt-dix-neuf ans lorsque Dieu lui annonce que son épouse Sarah, âgée de quatre-vingt-dix ans, va mettre au monde un fils. Le couple très croyant ne met pas en doute la parole divine, mais accueille avec surprise le bébé qui est prénommé « Dieu a ri ». Dès sa naissance, Isaac est destiné à assurer la descendance d'Abraham. Dieu connaît l'attachement d'Abraham pour ce fils inespéré. Pour éprouver sa foi, il lui demande de sacrifier l'enfant. Arrivé sur le lieu du sacrifice, alors que le patriarche brandit le couteau, un ange retient son bras et offre un bélier pour le sacrifice.

ISMAËL

Ce prénom biblique est porteur d'une lourde symbolique. Ismaël, fils d'Abraham et d'Agar, servante de Sarah, est l'ancêtre des Ismaélites, c'est-à-dire des Arabes.

- **Origine hébraïque,** signifie « Dieu entendra ».
- Chiffre 5 – couleur bleue.
- Caractère : **passion, ambition, courage, vitalité.**
- Arabe : *Ismaïl.*

ITSVAN

Ce prénom est la forme hongroise de Stéphane.

- **Origine grecque,** signifie « couronné ».
- Chiffre 4 – couleur verte.
- Fête le 14 novembre.
- Saint Stéphane, moine franciscain au XIVe s., subit le martyre à Jérusalem.
- Caractère : **travail, sens de l'organisation, rigueur, autorité.**

IVAN

Ce prénom est la forme slave de Jean.

- **Origine hébraïque,** signifie « Dieu a fait grâce ».
- Chiffre 1 – couleur rouge.
- Fête le 24 juin.
- Les saint Jean sont nombreux : saint Jean, disciple du Christ et auteur présumé du quatrième Évangile ; saint Jean Chrysostome, évêque de Constantinople au IVe s. et docteur de l'Église ; et saint Jean Bosco au XIXe s., prêtre fondateur d'établissements d'enseignement professionnel.
- Caractère : **émotivité, générosité, autorité, exigence.**

IVI

Il a la même étymologie que le prénom Yves.

- **Origine celtique,** signifie « if ».
- Chiffre 4 – couleur rouge.
- Fête le 6 octobre.
- Saint Ivi quitte le pays de Galles pour s'établir en Bretagne et fonde un monastère à Pontivy au VIIe s.
- Caractère : **volonté, travail, exigence, sens des responsabilités.**
- Variante : *Ivin.*

IWAN

Il est lui aussi une variante d'Yves.

- **Origine celtique,** signifie « if ».
- Chiffre 4 – couleur verte.
- Fête le 19 mai.
- Saint Yves Hilory, prêtre et avocat du XIIIe s., est l'un des saints protecteurs de la Bretagne.
- Caractère : **travail, rigueur, sens de l'organisation, stabilité.**
- Variante : *Iwen.*

J

JACOB

Il est la forme originelle de Jacques.

- **Origine hébraïque,** signifie « Dieu a soutenu ».
- Chiffre 4 – couleur rouge.
- Fête le 20 décembre.
- Jacob est, dans la Bible, le fils d'Isaac et de Rebecca, le frère d'Esaü à qui il rachète son droit d'aînesse. Époux de Léa et de Rachel, il aura douze fils, qui deviendront les patriarches des douze tribus d'Israël.
- Caractère : **prudence, sens de l'observation, persévérance, fidélité.**
- Diminutifs : *Cob*, *Cobb*, *Cobbie*, *Kob*, *Kobbie*.
- Variantes : *Jakob*, *Yacob*, *Yakob*, *Yakoub*.
- Espagnol : *Iacobo*, *Jacobo*. Germanique : *Jakob*. Italien : *Jacopo*. Néerlandais : *Jacobus*. Russe : *Iakov*.

JACQUES

Classique universel, Jacques a presque disparu pour l'instant de l'état civil.

- **Origine hébraïque,** signifie « Dieu a soutenu ».

- Chiffre 4 – couleur rouge.
- Fête le 3 mai.
- Saint Jacques le Mineur, frère des apôtres Simon et Jude, devient le chef de la communauté judéo-chrétienne de Jérusalem après la Pentecôte. Il est lapidé et bastonné alors qu'il prêche l'Évangile dans la cour du Temple.
- Caractère : **activité, travail, méthode, sociabilité.**
- Variante : *Jacquemin.*
- Anglo-saxon : *James, Jaimy, Jim, Jimmy*. Breton : *Jagu, Jakez, Jalm*. Écossais : *Hamish.* Espagnol : *Diego, Jaime, Santiago.* Italien : *Giacomo.*

JAFAR

Ce prénom est celui du frère d'Ali, cousin de Mahomet, martyr de l'islam.

- **Origine arabe,** signifie « fleuve ».
- Chiffre 9 – couleur orange.
- Caractère : **rigueur, volonté, autorité, loyauté.**

JAGU

Ce prénom, forme celtique de Jacques, est celui d'un des grands saints de la Bretagne.

- **Origine hébraïque,** signifie « Dieu a soutenu ».
- Chiffre 3 – couleur violette.
- Fête le 8 février.
- Saint Jagu, fils de sainte Gwenn, mène une vie de piété et de charité exemplaire.
- Caractère : **harmonie, communication, créativité, charisme.**

JAMAL

- **Origine arabe,** signifie « beau ».
- Chiffre 1 – couleur orange.
- Caractère : **autorité, ambition, travail, opiniâtreté.**
- Variantes : *Jamel, Jamil.*

JAMIE

Cette forme écossaise de James, forme anglaise de Jacques, connaît une vague de popularité pour les filles comme pour les garçons aux États-Unis dans les années 2000.

- **Origine hébraïque,** signifie « Dieu a soutenu ».
- Chiffre 2 – couleur verte.
- Fête le 23 juillet.
- Saint Jacques est son patron.
- Caractère : **curiosité, opportunisme, sociabilité, besoin de protection.**
- Variante : *Jaimie*

JASON

Ce prénom mythologique est courant aux États-Unis.

- **Origine hébraïque,** signifie « Dieu sauve ».

La légende de Jason

Dans la mythologie grecque, Jason doit conquérir la Toison d'or d'un bélier fabuleux, avec ses compagnons, les Argonautes, pour obtenir le trône de Ialcos. De retour avec son trophée, il épouse Médée, mais les amoureux sont chassés et se réfugient à Corinthe, chez le roi Créon. Après dix années de bonheur, Jason répudie Médée pour épouser la fille de son hôte. Folle de jalousie, Médée tue Jason, sa jeune épouse et le roi !

- Chiffre 5 – couleur rouge.
- Fête le 12 juillet.
- Saint Jason, juif chrétien du IIIe s., offre l'hospitalité aux disciples du Christ, Paul et Silas ; il est dénoncé, arrêté et libéré sur caution.
- Caractère : **intuition, réflexion, goût de l'aventure, intelligence.**
- Italien : *Giasone.*

JASPER

Ce prénom est une forme anglo-saxonne de Gaspard.

- **Origine sanskrite,** signifie « celui qui vient voir ».
- Chiffre 6 – couleur rouge.
- Fête le 6 janvier.
- Gaspard est, selon la tradition chrétienne, l'un des trois Rois mages venus d'Orient pour adorer l'Enfant Jésus quelques jours après sa naissance.
- Caractère : **sensibilité, harmonie, sens des responsabilités, fidélité.**

JAUFRET

Ce prénom est une forme moderne de Godefroy.

- **Origine germanique,** signifie « paix de Dieu ».
- Chiffre 9 – couleur bleue.
- Fête le 15 janvier.
- Saint Godefroy est disciple de saint Bernard à Clairvaux, au XIIe s.
- Caractère : **individualité, ambition, imagination, charisme.**
- Autre orthographe : *Geoffrey.*

JAYDEN

Ce prénom presque inconnu surgit aux États-Unis dans les années 2000 puis arrive en France.

- **Origine hébraïque,** signifie « Dieu sauve ».
- Chiffre 5 – couleur bleue.
- Caractère : **indépendance, sociabilité, épicurisme, activité.**

JEAN

Il est le prénom intemporel par excellence.

- **Origine hébraïque,** signifie « Dieu a fait grâce ».
- Chiffre 3 – couleur jaune.
- Fête le 24 juin.
- De très nombreux saints figurent au calendrier sous ce prénom.
- Saint Jean, disciple du Christ et auteur présumé du quatrième Évangile, de trois épîtres et de l'Apocalypse.
- Saint Jean Chrysostome, évêque de Constantinople au IVe s. et docteur de l'Église.
- Saint Jean le Baptiste, fils d'Élisabeth et de Zacharie, est né en Palestine au début du Ier s. Il est appelé par Dieu pour se retirer dans le désert et s'établit sur la rive du Jourdain pour baptiser tous ceux qu'il convertit.
- Saint Jean Bosco, Piémontais du XIXe s., voue sa vie à l'éducation des enfants pauvres.
- Caractère : **curiosité, communication, exigence, charisme.**
- Anglo-saxon : *Jack, John, Johnny.* Breton : *Yann, Yannick.* Espagnol : *Juan, Juanito.* Germanique : *Johannes, Hannes, Hanke.* Irlandais : *Sean, Shane.* Italien : *Gianni, Giovanni, Ivano.* Provençal : *Janet.* Russe : *Ivan, Vania.* Scandinave : *Hans, Jens.*

JEFFREY

Il est une forme anglo-saxonne de Geoffrey, dérivé de Godefroy.

- **Origine germanique,** signifie « paix de Dieu ».
- Chiffre 3 – couleur jaune.
- Fête le 15 janvier.
- Saint Godefroy rejoint saint Bernard à l'abbaye de Clairvaux au XIIe s., et devient prieur du monastère.
- Caractère : **sensibilité, vivacité, éloquence, adaptabilité.**

JEPHTÉ

Ce prénom est celui d'un grand juge et d'un sauveur d'Israël.

- **Origine hébraïque,** signifie « libéré ».
- Chiffre 9 – couleur bleue.
- Caractère : **ambition, volonté, imagination, altruisme.**

JÉRÉMIE

- **Origine hébraïque,** signifie « Dieu élève ».
- Chiffre 2 – couleur rouge.
- Fête le 1er mai.
- Saint Jérémie, prophète, réfugié en Égypte en 587 av. J.-C. après la destruction de Jérusalem, est accusé de trahison et meurt lapidé.
- Caractère : **activité, adaptabilité, sociabilité, diplomatie.**

- Anglo-saxon : *Jérémiah*, *Jérémy*, *Jerry*. Espagnol : *Jeremias*. Italien : *Geremia*.

JÉRÔME

- **Origine grecque,** signifie « nom sacré ».
- Chiffre 3 – couleur rouge.
- Fête le 30 septembre.
- Saint Jérôme, secrétaire du pape Damase au IVe s., se retire dans le désert pour se consacrer à la traduction en latin de l'Ancien et du Nouveau Testament. Cette œuvre, *La Vulgate*, lui prend vingt-deux ans. Il est nommé docteur de l'Église.
- Caractère : **sociabilité, adaptabilité, fantaisie, curiosité.**
- Anglo-saxon : *Gerrie*, *Gerry*. Espagnol : *Jeronimo*, *Xeromo*. Germanique : *Hieronimus*. Italien : *Gerolamo*, *Geronimo*.

Les prénoms composés

Jean-Baptiste, Jean-Charles, Jean-Claude, Jean-François, Jean-Jacques, Jean-Louis, Jean-Luc, Jean-Marc, Jean-Marie, Jean-Michel, Jean-Paul, Jean-Pierre, Jean-Yves... ces prénoms composés sont au hit-parade de l'état civil dans les années 1950. Ils ont presque complètement disparu. Jean n'est plus guère associé à un autre prénom, ou parfois, rarement, en seconde place comme Pierre-Jean. On rencontre Marc-Antoine, Marc-Alexandre, Charles-Henri ou Charles-Édouard dans les familles traditionnelles.

La variété est de mise. Voici quelques exemples : Calliste-Jules, Charles-Antoine, Charles-Guérin, Charles-Henri, Charles-Louis, Damien-Côme, Élie-Noé, Homère-Éric, Jean-Vianney, Léo-Charles, Léo-Paul, Louis-Félix, Louis-Gabriel, Luc-Olivier, Marc-Alexandre, Marc-Antoine, Marc-Aurèle, Noé-Tim, Paul-Antoine, Paul-Axel, Paul-Édouard, Paul-Éloi, Paul-Émile, Paul-Octave, Pierre-Alexandre, Pierre-Alexis, Pierre-Antoine, Pierre-Marie, Simon-Pierre, Théo-Dorian, Théo-Tim.

Du côté des filles, les Marie-quelque chose ont rivalisé avec les Jean composés à la même époque. Puis Anne-Sophie et Anne-Charlotte sont venues. Aujourd'hui, toutes les originalités sont permises : Ève-Magali, Reine-Mathilde, Claire-Léone, Sophie-Fleur, Anna-Rose, Anne-Emma, Anne-Gaëlle, Anne-Thaïs, Emma-Lise, Emma-Lou, Eva-Marie, Eva-Rose, Laura-Lou, Léni-Rose, Léni-Marie, Lily-Jade, Lily-Jeanne, Lily-Rose, Lola-Marie, Lou-Anne, Marie-Lou, Marie-Lys, Rose-Anne... se conjuguent pour donner à celles qui les portent une originalité de bon aloi.

JESSIE

Ce prénom est la forme américaine de Jessé, prénom biblique. Il apparaît discrètement à l'état civil, aussi bien pour les filles, comme diminutif de Jessica, forme féminine de Jessé, que pour les garçons.

- **Origine hébraïque,** signifie « Dieu existe ».
- Chiffre 4 – couleur rouge.
- Fête le 4 novembre.
- Saint Jessé, évêque en Géorgie au VIe s., est assassiné par les Perses lorsqu'ils envahissent le pays.
- Dans la Bible, Jessé est le père du roi David.
- Caractère : **méthode, ordre, persévérance, travail.**
- Variante : *Jessy.*

JOACHIM

- **Origine hébraïque,** signifie « Yahvé s'est levé ».
- Chiffre 5 – couleur bleue.
- Fête le 26 juillet.
- Saint Joachim est l'époux d'Anne et le père de la Vierge Marie.
- Caractère : **indépendance, curiosité, goût de l'aventure, passion.**
- Espagnol : *Joaquin*. Germanique : *Jochem*. Italien : *Gioacchino*. Scandinave : *Jokum*. Slave : *Joakim.*

JOËL

- **Origine hébraïque,** signifie « Yahvé est Dieu ».
- Chiffre 6 – couleur bleue.
- Fête le 13 juillet.
- Joël est prophète en Israël, au VIe s. av. J.-C. Il est l'auteur du livre qui porte son nom.
- Caractère : **sens des responsabilités, fidélité, loyauté, perfectionnisme.**
- Variantes : *Yaël*, *Yoël.*
- Italien : *Gioele.*

JOÉVIN

- **Origine latine,** de Jovis, nom donné à Jupiter.
- Chiffre 3 – couleur orange.
- Fête le 2 mars.
- Saint Joévin, moine de Bretagne à la fin du VIe s., évangélise la région et devient évêque de Léon.
- Caractère : **créativité, communication, sens des affaires, harmonie.**

JOHAN

Il est la forme originelle de Jean.

- **Origine hébraïque,** signifie « Dieu a fait grâce ».
- Chiffre 3 – couleur jaune.
- Fête le 24 juin.
- Saint Jean est son patron.
- Caractère : **communication, épicurisme, éloquence, charisme.**

JONAS

Ce prénom est celui d'un des petits prophètes du royaume d'Israël.

- **Origine hébraïque,** signifie « colombe ».
- Chiffre 5 – couleur jaune.
- Caractère : **opportunisme, adaptabilité, vivacité, activité.**
- Anglo-saxon : *Jonah*. Italien : *Giona*.

Jonas et la baleine

D'après la Bible, Jonas reçoit de Dieu la mission d'aller rétablir l'ordre religieux en Assyrie. L'aventure ne le tente pas. Aussi décide-t-il de s'embarquer sur un bateau pour échapper à la mission divine. Un violent orage éclate, et l'équipage, surpris, accuse Jonas d'avoir attiré la malédiction de Dieu. Il avoue être juif et fuir les ordres de Dieu. Les hommes du bord, furieux, le jettent à l'eau. Et la tempête s'apaise. Jonas se débat dans les vagues et il est avalé par une baleine. Il reste trois jours dans l'estomac du mammifère qui le recrache sur le rivage... Jonas compose un psaume en action de grâces et accomplit la mission qui lui a été confiée.

JONATHAN

- **Origine hébraïque,** signifie « Yahvé a donné ».
- Chiffre 8 – couleur rouge.
- Fête le 29 décembre.
- Jonathan est le fils de Saül, premier roi des Israélites au XIe s. av. J.-C., et un grand ami de David.
- Caractère : **courage, volonté, curiosité, fidélité.**
- Forme originelle : *Yonathan*.
- Espagnol : *Jonatan*. Italien : *Gionata*.

JORDAN

Ce prénom, en vogue aux États-Unis depuis le XIXe s., puis en France dans les années 1990, a une longue histoire. Ce sont les croisés, au Moyen Âge, qui, de retour de Terre sainte, l'emploient en souvenir du fleuve Jourdain.

- **Origine araméenne,** signifie « qui répand la vie ».
- Chiffre 8 – couleur bleue.
- Fête le 13 février.
- Saint Jourdain, diacre allemand du XIIIe s., fut un successeur de saint Dominique, dont il poursuivit l'œuvre.
- Caractère : **activité, rapidité, ambition, exigence.**
- Variantes : *Jordon*, *Jory*, *Jourdain*.
- Italien : *Giordano*.

JORIS

Il est la forme néerlandaise de Georges.

- **Origine grecque,** signifie « qui travaille la terre ».
- Chiffre 8 – couleur bleue.

- Fête le 23 avril.
- Saint Georges, chevalier romain originaire de Cappadoce, est arrêté et décapité par les soldats de l'empereur au IVe s. La légende raconte qu'au cours d'un voyage en Libye, il avait terrassé un dragon qui menaçait une ville.
- Caractère : **ambition, travail, imagination, courage.**

JOSÉ

Il est la forme hispanique de Joseph.

- **Origine hébraïque,** signifie « Dieu ajoute ».
- Chiffre 4 – couleur rouge.
- Fête le 9 juin.
- Saint José, né en Espagne au XVIe s., part en Amérique du Sud évangéliser des Indiens particulièrement dangereux, mais sa bonté et sa charité lui valent l'estime et l'affection de tous.
- Caractère : **sensibilité, prudence, travail, tradition.**

JOSEPH

C'est au XIXe s. que ce prénom est au faîte de son succès ; il commence à réapparaître.

- **Origine hébraïque,** signifie « Dieu ajoute ».
- Chiffre 1 – couleur rouge.
- Fête le 19 mars.
- Saint Joseph, descendant de David, charpentier en Galilée au Ier s., est l'époux de la Vierge Marie et le père nourricier de Jésus.
- Caractère : **courage, détermination, autorité, ambition.**
- Forme originelle : *Yossef.*
- Anglo-saxon : *Joe, Jody.* Arabe : *Youssef, Youssouf.* Breton : *Job, Jobig, Jos.* Espagnol : *Jose, Joselito, Pepito.* Italien : *Giuseppe, Peppo, Peppone.* Néerlandais : *Joep, Joop, Joos.* Provençal : *Jousé, Jouséto.*

JOSHUA

Ce prénom est la forme anglaise du prénom biblique Josué.

- **Origine hébraïque,** signifie « Dieu sauvera ».
- Chiffre 3 – couleur bleue.
- Josué est, dans la Bible, le successeur de Moïse. Il établit les tribus d'Israël au pays de Canaan.
- Caractère : **calme, prudence, réflexion, réserve.**

JOSIAS

Ce prénom est porté par le seizième roi d'Israël.

- **Origine hébraïque,** signifie « Dieu guérit ».
- Chiffre 1 – couleur jaune.
- Caractère : **énergie, dynamisme, autorité, ambition.**

JOSSELIN

Ce prénom est la forme moderne de Josse.

- **Origine germanique,** du nom de Gauz, divinité.
- Chiffre 4 – couleur bleue.
- Fête le 13 décembre.
- Saint Josse, frère de Judicaël, roi des Bretons au VIIe s., quitte la cour pour vivre dans un ermitage en Picardie.
- Caractère : **calme, intuition, émotivité, sociabilité.**
- Variante : *Josserand.*

JOSUÉ

- **Origine hébraïque,** signifie « Dieu est le salut ».
- Chiffre 7 – couleur rouge.
- Caractère : **sensibilité, originalité, réserve, humour.**
- Anglo-saxon et espagnol : *Joshua.* Italien : *Giosue.*

JUDICAËL

- **Origine celtique,** signifie « seigneur généreux ».
- Chiffre 2 – couleur bleue.
- Fête le 17 décembre.
- Saint Judicaël, né au VIIe s., est l'un des grands saints de Bretagne. Fils aîné du roi de Bretagne, il laisse le trône à son plus jeune frère pour se faire moine. Mais son frère refuse l'héritage. Judicaël assume ses responsabilités, se marie, assure sa descendance, laisse le trône à son fils aîné, puis achève sa vie en prières dans le monastère qu'il a créé.
- Caractère : **générosité, sensibilité, intuition, imagination.**
- Variantes : *Gicquel, Jikaël.*

JULES

Ce prénom est en vogue dans l'Antiquité et au XIXe s. ; il réapparaît timidement, alors que sa forme féminine est appréciée depuis longtemps.

- **Origine latine,** de Iulius, nom d'une illustre famille romaine de l'Antiquité.
- Chiffre 4 – couleur rouge.
- Fête le 12 avril.
- Saint Jules, pape au IVe s., fait établir la primauté de Rome sur les autres Églises.
- Caractère : **ambition, opiniâtreté, travail, autorité.**
- Anglo-saxon et germanique : *Julius.* Espagnol : *Julio.* Italien : *Giuliano, Giulio.*

JULIAN

Forme anglaise et occitane de Julien, ce prénom le remplace peu à peu.

- **Origine latine,** signifie « de la famille Iulius ».
- Chiffre 4, couleur orange.
- Fête le 27 janvier.

- Saint Julien est son patron.
- Caractère : **calme, réserve, fierté, travail.**

JULIEN

Cette variante de Jules connaît un grand succès dans les années 1980.

- **Origine latine,** de Iulius, nom d'une illustre famille romaine de l'Antiquité.
- Chiffre 8 – couleur rouge.
- Fête le 27 janvier.
- Saint Julien, prêtre romain à la fin du Ier s., évangélise la Gaule.
- Caractère : **énergie, courage, franchise, générosité.**
- Anglo-saxon et occitan : *Julian*.

JUSTIN

Ce prénom est une variante de Juste qui n'est plus employé.

- **Origine latine,** signifie « juste ».
- Chiffre 3 – couleur verte.
- Fête le 1er juin.
- Saint Justin, Grec né en Palestine au IIe s., jeune homme brillant et cultivé, étudie la théologie à Rome, se fait baptiser. Il est décapité sur ordre de l'empereur Marc Aurèle pour avoir tenté d'intercéder en faveur des chrétiens emprisonnés.
- Caractère : **sociabilité, optimisme, curiosité, vivacité.**
- Variante : *Justinien*.
- Espagnol : *Justino*. Italien : *Giustino*.

K

KADO

Ce prénom à la sonorité surprenante est l'un des grands traditionnels bretons.

- **Origine celtique,** signifie « combat ».
- Chiffre 4 – couleur jaune.
- Fête le 24 janvier.
- Saint Kado, Gallois du VIe s., est ermite en Bretagne et fonde une abbaye à Lancarvan.
- Caractère : **travail, rigueur, stabilité, persévérance.**

KAËLIG

Ce prénom est le diminutif de Mikaël, forme bretonne de Michel.

- **Origine hébraïque,** signifie « comme Dieu ».
- Chiffre 9 – couleur verte.
- Fête le 29 septembre.
- Saint Michel archange, chef de la milice céleste, conduit les défunts et pèse les âmes le jour du Jugement dernier.
- Variante : *Kelig*.

KAREL

Il est la forme scandinave de Charles.

- **Origine germanique,** signifie « viril ».
- Chiffre 2 – couleur verte.
- Fête le 4 novembre.
- Saint Charles Borromée, archevêque de Milan au XVIe s., consacre sa vie aux malades et aux pauvres.
- Caractère : **intuition, harmonie, calme, travail.**
- Autre orthographe : *Carel.*
- Variante : *Karol.*

KASPER

Il est une forme germanique de Gaspard.

- **Origine sanskrite,** signifie « celui qui vient voir ».
- Chiffre 6 – couleur rouge.
- Fête le 6 janvier.
- Gaspard, selon la tradition chrétienne, est l'un des trois Rois mages venus d'Orient pour adorer l'Enfant Jésus quelques jours après sa naissance.
- Caractère : **intuition, sensibilité, réserve, générosité.**

KEAN

- **Origine anglaise,** signifie « aigu ».
- Chiffre 4 – couleur bleue.
- Caractère : **stabilité, travail, rigueur, sens de l'organisation.**
- Autre orthographe : *Keene.*

KENAN

- **Origine celtique,** signifie « beau ».
- Chiffre 9 – couleur rouge.
- Fête le 24 novembre.
- Saint Kenan est évêque en Irlande au Ve s.
- Caractère : **dynamisme, activité, curiosité, indépendance.**
- Variante : *Kened.*

KENNETH

Ce prénom connaît ses années fastes en Écosse au XIXe s. et aux États-Unis dans les années 1960.

- **Origine gaélique,** signifie « beau ».
- Chiffre 4 – couleur violette.
- Caractère : **étude, réflexion, exigence, sens de l'organisation.**

KENZO

Ce prénom a une double origine, arabe et japonaise. Il est connu en Europe grâce au couturier Kenzo Takada.

- **Origine arabe,** signifie « petit trésor », ou **origine japonaise,** signifie « qui avance ».

- Chiffre 8, couleur orange.
- Caractère : **charisme, sociabilité, imagination, épicurisme.**

KERRIEN

- **Origine celtique,** signifie « morceau de bois ».
- Chiffre 8 – couleur rouge.
- Fête le 5 novembre.
- Saint Kerrien est ermite au Ve s. dans le Finistère.
- Caractère : **sens de la justice, goût du pouvoir, équilibre, travail.**
- Autre orthographe : *Querrien.*

KÉVIN

Ce prénom est l'un des favoris des années 1990. C'est une forme dérivée de Coemgen.

- **Origine celtique,** signifie « de race noble ».
- Chiffre 7 – couleur violette.
- Fête le 3 juin.
- Saint Coemgen, ermite en Irlande au VIe s., fonde un monastère pour les nombreux pèlerins qui viennent le visiter.
- Caractère : **intuition, discrétion, sensibilité, rêverie.**
- Variantes : *Gavin*, *Kelvin*, *Kéven.*

KHALED

Ce prénom est l'un des plus fréquents chez les musulmans. Il a été illustré dans l'histoire de l'islam par un général qui a été le bras droit de Mahomet.

- **Origine arabe,** signifie « impérissable ».
- Chiffre 5 – couleur bleue.
- Caractère : **indépendance, adaptabilité, goût de l'aventure, charisme.**
- Variante : *Khalid.*

KILLIAN

Ce prénom a suivi la vogue des prénoms celtiques des années 1990.

- **Origine celtique,** signifie « assaut du guerrier ».
- Chiffre 2 – couleur verte.
- Fête le 13 novembre.
- Saint Killian, moine irlandais évangélisateur du VIIe s., est assassiné par la concubine du duc de Bavière.
- Caractère : **énergie, passion, autorité, charisme.**

KIM

Ce prénom mixte est apprécié aux États-Unis depuis plusieurs décennies.

- **Origine anglaise,** signifie « celui qui commande ».
- Chiffre 6 – couleur orange.

- Caractère : **affectivité, communication, perfectionnisme, charme.**

KIREG

Il est la forme bretonne de Guirec.

- **Origine celtique,** signifie « générosité ».
- Chiffre 5 – couleur violette.
- Fête le 17 février.
- Saint Kireg, né au pays de Galles au VIe s., s'établit en Bretagne après avoir traversé la Manche dans une auge de pierre et devient disciple de saint Tudwall.
- Caractère : **adaptabilité, activité, goût de l'aventure, indépendance.**
- Variantes : *Guévroc, Guirec, Gwevrog.*

KNUT

Ce prénom, forme danoise de Canut, a été porté par plusieurs rois de Danemark.

- **Origine scandinave,** signifie « blanc ».
- Fête le 19 janvier.
- Saint Knut, roi de Danemark au XIe s., favorise l'implantation de l'Église dans son pays. Il est assassiné par des païens.
- Variante : *Knud.*

KYLE

- **Origine celtique,** signifie « étroit ».
- Chiffre 8 – couleur verte.
- Caractère : **méthode, équilibre, loyauté, rigueur.**

L

LABAN

Ce prénom biblique est en vogue dans les familles américaines puritaines. Laban, dans la Bible, est le père de Léa et de Rachel.

- **Origine hébraïque,** signifie « blanc ».
- Chiffre 3 – couleur blanche.
- Caractère : **optimisme, réflexion, sociabilité, créativité.**

LADISLAS

Il est une forme contractée de Vladislas.

- **Origine slave,** signifie « qui possède la gloire ».
- Chiffre 5 – couleur bleue.
- Fête le 27 juin.
- Saint Ladislas Ier, roi de Hongrie au XIe s., défenseur de son

royaume contre les invasions des Turcs, meurt en organisant la première croisade.

- Caractère : **ambition, diplomatie, opportunisme, communication.**
- Espagnol : *Ladislao*. Hongrois : *Laszlo*. Slave : *Ladislaus*.

LAËL

- **Origine hébraïque,** signifie « qui est à Dieu ».
- Chiffre 3 – couleur bleue.
- Caractère : **vitalité, originalité, fiabilité, communication.**

LAMBERT

Oublié pendant plusieurs siècles après une petite vague de succès au Moyen Âge, Lambert réapparaît timidement dans les années 1980.

- **Origine germanique,** signifie « terre illustre ».
- Chiffre 8 – couleur jaune.
- Fête le 17 septembre.
- Saint Lambert, évêque de Maastricht au VIIe s., est assassiné par le maire du palais, Pépin de Herstal, à qui il reproche son inconduite.
- Caractère : **combativité, ambition, passion, sens des responsabilités.**
- Espagnol et italien : *Lamberto*. Germanique : *Lambrecht*.

LANCELOT

Prénom de légende, Lancelot nomme le héros de plusieurs romans en prose écrits par Chrétien de Troyes, au XIIe s. Il représente le modèle idéal du chevalier breton, vaillant guerrier et amant parfait. Élevé par la fée Viviane, il arrive à la cour du roi Arthur, et tombe éperdument amoureux de la reine Guenièvre ; son amour, coupable et inavouable, sert sa vaillance : en servant fidèlement le roi, il conquiert sa belle par ses exploits. Il termine sa vie en ermite repentant, détaché des biens matériels et des tourments sensuels.

- **Origine celtique,** signifie « celui qui sert ».
- Chiffre 1 – couleur violette.
- Caractère : **énergie, travail, autorité, curiosité.**
- Variante : *Lancelin*.
- Espagnol : *Lanzarote*.

LANDRY

Il est, comme Lambert, un prénom médiéval.

- **Origine germanique,** signifie « terre puissante ».
- Chiffre 9 – couleur verte.
- Fête le 10 juin.
- Saint Landry, évêque de Paris au VIIe s., est le fondateur de l'Hôtel-Dieu, construit pour secourir les malades et les infirmes.
- Caractère : **sensibilité, franchise, ambition, générosité.**

Les prénoms de la littérature

Certains prénoms sont issus de l'imagination d'auteurs inspirés et sont passés à la postérité.
Parmi les héros des légendes bretonnes : Arthur, devenu classique dans les années 1980, accompagné de Lancelot, Perceval et Guenièvre.
Les héroïnes des tragédies grecques, reprises par les classiques du XVIIe s. : Phèdre, Électre... Également au XVIIe s., Valère, Cléante, Célimène, Dorine, initiés par Molière.
Le XIXe apporte Esméralda, Fantine et Cosette.
En Allemagne, Lorelei ; en Angleterre, Alice du pays des merveilles, et plus près de nous Wendy.
Aux États-Unis, Cinderella, forme anglo-saxonne de Cendrillon, est en vogue, et aujourd'hui, l'héroïne d'une saga préhistorique, nommé Ayla par l'auteur, connaît une expansion très remarquée.

LAOUENAN

- **Origine celtique,** signifie « gai ».
- Chiffre 7 – couleur jaune.
- Fête le 23 janvier.
- Saint Laouenan est moine en Bretagne au VIe s.
- Caractère : **réflexion, étude, calme, réserve.**
- Variantes : *Léan*, *Loénan*.

LARRY

Il est la forme diminutive de Lawrence, forme anglo-saxonne de Laurent.

- **Origine latine,** signifie « laurier ».
- Chiffre 2 – couleur verte.
- Fête le 10 août.
- Saint Laurent, diacre à Rome au IIIe s., subit le supplice pour avoir provoqué la colère de l'empereur Valérien.
- Caractère : **adaptabilité, diplomatie, sociabilité, communication.**

LASZLO

Ce prénom est la forme hongroise de Vladislas.

- **Origine slave,** signifie « qui possède la gloire ».
- Chiffre 4 – couleur bleue.
- Fête le 27 juin.
- Saint Ladislas Ier, roi de Hongrie au XIe s., défenseur de son royaume contre les invasions des Turcs, meurt en organisant la première croisade.
- Caractère : **réserve, réflexion, émotivité, persévérance.**

LAURENT

Grand classique, Laurent connaît la gloire à la Renaissance et pendant toute la seconde moitié du XXe *s.*

- **Origine latine,** signifie « laurier ».
- Chiffre 1 – couleur verte.
- Fête le 10 août.
- Saint Laurent, diacre à Rome au IIIe s., subit le supplice pour avoir provoqué la colère de l'empereur Valérien.
- Caractère : **ambition, sens des responsabilités, générosité, raffinement.**
- Alsacien : *Lorenz*. Anglo-saxon : *Larry*, *Lawrence*. Breton : *Laorans*. Espagnol : *Laurencio*. Germanique : *Lorentz*. Hongrois : *Lorinc*. Italien : *Lorenzo*. Néerlandais : *Loris*. Provençal : *Laurens*. Scandinave : *Lars*, *Laurens*, *Laurids*, *Lavrans*.

LAZARE

- **Origine hébraïque,** signifie « Dieu a secouru ».
- Chiffre 9 – couleur rouge.
- Fête le 29 juillet.
- Saint Lazare, frère de Marthe et de Madeleine, est, d'après la Bible, ressuscité par Jésus.
- Caractère : **réserve, réflexion, exigence, travail.**
- Variantes : *Éléazar*, *Éliezer*.
- Anglo-saxon et germanique : *Lazarus*. Espagnol : *Lazaro*. Italien : *Lazzaro*.

LÉANDRE

Ce prénom rare a la même étymologie qu'André.

- **Origine grecque,** signifie « homme ».
- Chiffre 5 – couleur verte.
- Fête le 27 février.
- Saint Léandre, évêque de Séville au VIe s., se dévoue à la conversion des peuples wisigoths et ariens et fait proclamer le catholicisme religion d'État.
- Caractère : **charme, curiosité, vivacité, épicurisme.**
- Anglo-saxon et germanique : *Leander*. Espagnol et italien : *Leandro*.

LENNY

Diminutif anglo-américain de Léonard, il commence à concurrencer Léon et Léo.

- **Origine latine et germanique,** signifie « lion fort ».
- Chiffre 7, couleur jaune.
- Fête le 26 novembre
- Saint Léonard est son patron.

LÉO

Ce diminutif de Léon, devenu un prénom à part entière, est, avec Théo, l'un des favoris des années 1990.

- **Origine latine,** signifie « lion ».
- Chiffre 5 – couleur verte.
- Fête le 10 novembre.

- Saint Léon, pape du Ve s., lutte contre le paganisme, impose Rome comme capitale de la chrétienté, négocie avec Attila, entretient une correspondance suivie avec les intellectuels de son temps, et rédige une centaine de sermons dont les théologiens reconnaissent la grande valeur. Il est nommé docteur de l'Église.
- Caractère : **charme, passion, communication, diplomatie.**

LÉON

Il est un des classiques du XIXe s.

- **Origine latine,** signifie « lion ».
- Chiffre 1 – couleur verte.
- Fête le 10 novembre.
- Saint Léon, secrétaire des papes Célestin Ier et Sixte III, devient pape au Ve s. Il lutte contre le paganisme, impose Rome comme capitale de la chrétienté, négocie avec Attila, entretient une correspondance suivie avec les intellectuels de son temps, et rédige une centaine de sermons dont les théologiens reconnaissent la grande valeur. Il est nommé docteur de l'Église.
- Caractère : **émotivité, intuition, courage, ténacité.**
- Variantes : *Léo*, *Léonce*, *Léontin*, *Léonard*, *Lionel.*
- Russe : *Léonid.*

LÉONARD

- **Origine latine et germanique,** signifie « lion fort ».
- Chiffre 6 – couleur verte.
- Fête le 26 novembre.
- Saint Léonard Casanova, franciscain du XVIIIe s. en Italie, fonde un ermitage, et tente de rétablir l'ordre en Corse ; il meurt d'épuisement à la tâche.
- Caractère : **hyperactivité, goût du pouvoir, ambition, travail.**
- Diminutif : *Lenny.*
- Espagnol et italien : *Leonardo.* Scandinave : *Lennart.*

LÉONCE

- **Origine latine,** signifie « lion ».
- Chiffre 9 – couleur verte.
- Fête le 18 juin.
- Saint Léonce, soldat à Tripoli au IIIe s., tente de convertir son entourage, malgré l'interdiction de l'empereur Dioclétien : il est décapité.
- Caractère : **intuition, réflexion, sensibilité, sens critique.**
- Italien : *Leoncio*, *Leonzio.*

LÉONIDAS

Roi de Sparte au Ve s. av. J.-C., il défend les Thermopyles contre les Perses et y perd la vie avec trois cents Spartiates.

- **Origine grecque,** signifie « vaillant ».

- Chiffre 7 – couleur rouge.
- Caractère : **activité, rigueur, sens de l'organisation, persévérance.**

LÉOPOLD

Il a été l'un des favoris en Belgique.

- **Origine germanique,** signifie « peuple courageux ».
- Chiffre 7 – couleur verte.
- Fête le 15 novembre.
- Saint Léopold, prince souverain d'Autriche au XIIe s., se consacre à la création de monastères et à l'éducation de ses dix-huit enfants.
- Caractère : **vitalité, ambition, travail, autorité.**
- Espagnol et italien : *Leopoldo.*

LÉOVIGILD

- **Origine latine,** signifie « lion vigilant ».
- Chiffre 2 – couleur rouge.
- Fête le 21 août.
- Saint Léovigild, moine à Cordoue au IXe s., est condamné à mort par le gouverneur musulman de la ville qu'il provoquait.
- Caractère : **optimisme, créativité, générosité, communication.**
- Espagnol : *Leovigildo.*

LÉRI

- **Origine celtique,** signifie « grand chef ».
- Chiffre 8 – couleur verte.
- Fête le 30 septembre.
- Saint Léri fonde un monastère en Bretagne au VIIe s.
- Caractère : **sens de la justice, rigueur, goût du pouvoir, sérieux.**
- Autre orthographe : *Lery.*

LÉVI

Dans la Bible, Lévi est un fils de Jacob et de Léa, fondateur de la tribu des Lévites.

- **Origine hébraïque,** signifie « attaché ».
- Chiffre 3 – couleur rouge.
- Caractère : **sociabilité, imagination, épicurisme, communication.**

LIAM

Ce prénom est une forme irlandaise de Guillaume.

- **Origine germanique,** signifie « volonté » et « protection ».
- Chiffre 8 – couleur verte.
- Fête le 10 janvier.
- Saint Guillaume, archevêque de Bourges au XIIIe s., consacre sa vie aux pauvres, malades et débauchés.
- Caractère : **altruisme, sensibilité, ambition, intuition.**

LIÉBAUT

Il est une forme dérivée de Léopold.

- **Origine germanique,** signifie « peuple courageux ».
- Chiffre 7 – couleur orange.
- Fête le 8 août.
- Saint Liébaut, abbé à Orléans au VIIe s., fonde une abbaye à Fleury.
- Caractère : **réflexion, sagesse, éloquence, communication.**
- Variante : *Léobald.*

LILIAN

Ce prénom est le masculin méconnu de Liliane, révélé dès les années 2000.

- **Origine latine,** signifie « lys ».
- Chiffre 3 – couleur verte.
- Fête le 27 juillet.
- Sainte Liliane est sa patronne.
- Caractère : **séduction, fierté, vivacité, adresse**

LINDSAY

Ce prénom mixte en vogue aux États-Unis se féminise rapidement.

- **Origine anglaise,** signifie « île aux tilleuls ».
- Chiffre 3 – couleur verte.
- Caractère : **sensibilité, charme, vivacité, communication.**

LINO

Il est un diminutif d'Angelino, lui-même diminutif d'Angelo. La vogue des prénoms italiens le fait apparaître dès 2005.

- **Origine grecque,** signifie « messager ».
- Chiffre 5 – couleur bleue.
- Fête le 5 mai.
- Saint Ange est son patron.
- Caractère : **volonté, ambition, activité, impatience.**

LIONEL

Il succède à Léon, et connaît une période de succès dans les années 1970.

- **Origine latine,** signifie « lion ».
- Chiffre 4 – couleur jaune.
- Fête le 10 novembre.
- Saint Léon, secrétaire des papes Célestin Ier et Sixte III, devient pape au Ve s. Il lutte contre le paganisme, impose Rome comme capitale de la chrétienté, négocie avec Attila, entretient une correspondance suivie avec les intellectuels de son temps, et rédige une centaine de sermons dont les théologiens reconnaissent la grande valeur. Il est nommé docteur de l'Église.
- Caractère : **sensibilité, réserve, altruisme, exigence.**
- Variante : *Léonel.*

LOAN

Très en vogue depuis 2005, ce prénom a une origine incertaine. Il peut être le masculin de Loanne, dérivé de Louise et d'Anne, ou bien encore un diminutif d'Élouan.

- **Origine germanique,** signifie « glorieux vainqueur », ou origine celtique, signifie « belle lumière ».
- Chiffre 6 – couleur jaune.
- Fête le 25 août ou le 28 août.
- Saint Louis ou saint Élouan sont ses protecteurs.
- Caractère : **curiosité, vivacité, autonomie.**
- Variantes : *Louan*, *Louen*, *Luan*.

LOEVAN

Ce prénom est la forme masculine de Loéva, en vogue en Bretagne. Son succès s'étend peu à peu.

- **Origine celtique,** signifie « poli ».
- Chiffre 6 – couleur rouge.
- Fête le 1er juillet.
- Sainte Loéva, ou Sèva, est la sœur de saint Tugdual et première abbesse d'un monastère fondé par ce dernier, au VIe s., en Bretagne.
- Caractère: **charisme, épicurisme, idéalisme, sensibilité.**

LOGAN

Prénom rare dans les pays celtes, Logan a talonné Killian sans jamais atteindre son succès.

- **Origine celtique,** signifie « petite caverne ».
- Chiffre 4 – couleur verte.
- Caractère : **ordre, persévérance, travail, courage.**

LOÏC

Ce prénom est l'une des formes bretonnes de Louis.

- **Origine germanique,** signifie « glorieux vainqueur ».
- Chiffre 3 – couleur rouge.
- Fête le 25 août.
- Saint Louis, roi de France au XIIIe s., monarque habile et attentif à ses sujets, meurt de la peste lors de la quatrième croisade.
- Caractère : **communication, calme, harmonie, sérieux.**
- Variantes : *Loïg*, *Loïs*, *Loïez*.

LORENZO

Il est la forme italienne de Laurent, qui suit la popularité de Matteo et d'Enzo.

- **Origine latine,** signifie « laurier ».
- Chiffre 6 – couleur verte.
- Fête le 10 août.
- Saint Laurent est son patron.
- Caractère : **perfectionnisme, séduction, charisme, sens artistique.**

LORIS

Ce prénom, forme néerlandaise de Laurent, est en vogue depuis les années 1990.

- **Origine latine,** signifie « laurier ».
- Chiffre 1 – couleur verte.
- Fête le 10 août.
- Saint Laurent, diacre à Rome au IIIe s., subit le supplice pour avoir provoqué la colère de l'empereur Valérien.
- Caractère : **sociabilité, fantaisie, éloquence, imagination.**

LOTHAIRE

Ce prénom est une forme contractée de Clotaire.

- **Origine germanique,** signifie « grande gloire ».
- Chiffre 7 – couleur verte.
- Fête le 7 avril.
- Saint Clotaire est abbé en Champagne au VIIIe s.
- Caractère : **calme, curiosité, travail, ambition.**
- Anglo-saxon : *Luther*. Espagnol et italien : *Lotario*. Germanique : *Lothar*.

LOUAN

Ce diminutif d'Élouan est un favori depuis 2010.

- **Origine celtique,** signifie « lumière ».
- Chiffre 9 – couleur bleue.
- Fête le 28 août.
- Saint Élouan est son patron.
- Caractère : **travail, persévérance, affectivité, réserve.**
- Variantes : *Élouan, Loan.*

LOUIS

Louis a vécu de nombreuses heures de gloire ; dès le Moyen Âge, il est prénom de roi. Les XVIIe et XIXe s. affirment sa puissance. Après une courte disparition, il connaît un nouveau succès depuis les années 1990.

- **Origine germanique,** signifie « glorieux combattant ».
- Chiffre 4 – couleur rouge.
- Fête le 25 août.
- Saint Louis, roi de France au XIIIe s., inaugure une ère de paix et de sécurité intérieure et extérieure pour son royaume. Pieux, juste et magnanime, il est aimé de tous ses sujets. Il meurt de la peste devant Tunis pendant la quatrième croisade.
- Caractère : **détermination, méthode, opiniâtreté, travail.**
- Forme médiévale : *Clovis.*
- Diminutif : *Louison.*
- Variantes : *Aloïs, Ludovic.*
- Alsacien : *Ludwig*. Anglo-saxon : *Lewis*. Breton : *Loïc, Loïez, Loïg*. Espagnol : *Luis*. Germanique : *Ludwig*. Italien : *Luigi, Luigino,*

Gino. Néerlandais : *Lodewijk*, *Loek*. Occitan : *Louiset*.

LOUISON

Fille ou garçon, Louison est un diminutif de Louis et connaît un regain de faveur depuis 2005. Surtout masculin dans les années 1950, il est aujourd'hui féminisé à parité.

- **Origine germanique,** signifie « glorieux vainqueur ».
- Chiffre 6 – couleur jaune.
- Fête le 25 août
- Saint Louis est son patron.
- Caractère : **charme, sens des responsabilités, sociabilité, raffinement.**

LOUP

On le rencontre souvent accompagné de Jean dans les années 1950.

- **Origine latine,** signifie « loup ».
- Chiffre 1 – couleur jaune.
- Fête le 25 octobre.
- Saint Loup, né en Arles au IVe s., devient évêque de Troyes et protége sa ville des persécutions d'Attila.
- Caractère : **ambition, opportunisme, éloquence, idéalisme.**
- Espagnol : *Lope*.

LUBIN

- **Origine germanique,** signifie « amour ».
- Chiffre 4 – couleur jaune.
- Fête le 14 septembre.
- Saint Lubin, moine gallois du VIe s., fonde un monastère en Bretagne.
- Caractère : **sens de l'organisation, stabilité, travail, rigueur.**

LUC

Ce grand classique a toujours été discret à l'état civil. Ses formes dérivées ont plus de succès : Lucien au XIXe s. et Lucas depuis les années 1990.

- **Origine latine,** signifie « lumière ».
- Chiffre 9 – couleur orange.
- Fête le 18 octobre.
- Saint Luc, médecin à Antioche au Ier s., converti par saint Paul, est le rédacteur des Actes des Apôtres et du Troisième Évangile qui porte son nom.
- Caractère : **sociabilité, sensibilité, charme, générosité.**
- Variantes : *Lucas*, *Lucien*, *Lucinien*.
- Anglo-saxon : *Lucke*. Espagnol et italien : *Lucio*. Germanique : *Lukas*. Slave : *Lukja*.

LUCAS

Cette forme dérivée de Luc bat les records de popularité depuis l'an 2000.

- **Origine latine,** signifie « lumière ».
- Chiffre 2 – couleur orange.
- Fête le 18 octobre.
- Saint Lucas, missionnaire dominicain, meurt en martyr au Japon au XVIIe s.
- Caractère : **affectivité, sens de l'organisation, rigueur, réserve.**
- Germanique : *Lukas*. Italien : *Luca*.

LUCIEN

Variante de Luc, en vogue dans les années 1920, Lucien revient depuis 2010.

- **Origine latine,** signifie « lumière ».
- Chiffre 1 – couleur orange.
- Fête le 7 janvier.
- Saint Lucien, prêtre à Antioche au IIIe s., consacre sa vie à la traduction de la Bible de l'hébreu en grec et subit les persécutions de l'empereur Dioclétien.
- Caractère : **sensibilité, volonté, intelligence, ténacité.**
- Espagnol et italien : *Luciano*. Occitan : *Lucian*.

LUDOVIC

Cette variante de Louis est en vogue dans les années 1980.

- **Origine germanique,** signifie « glorieux vainqueur ».
- Chiffre 5 – couleur bleue.
- Fête le 25 août.
- Saint Louis, roi de France au XIIIe s., modèle de bonté, de piété et de génie politique, est son patron.
- Caractère : **indépendance, curiosité, épicurisme, goût de l'aventure.**
- Italien : *Lodovico, Ludovico*. Germanique : *Ludovicus*.

LUNER

- **Origine celtique,** signifie « image ».
- Chiffre 7 – couleur jaune.
- Fête le 2 juillet.
- Saint Luner est évêque en Irlande au VIe s., puis peu après avoir débarqué en Bretagne, il devient évêque de Saint-Malo.
- Caractère : **étude, réflexion, réserve, rigueur.**
- Autre orthographe : *Lunaire*.

LYSANDRE

Ce prénom de l'Antiquité évoque le général spartiate qui a pris Athènes au IVe s. av. J.-C.

- **Origine grecque,** signifie « libérateur ».

- Chiffre 4 – couleur jaune.
- Caractère : **travail, rigueur, sens de l'organisation, stabilité.**
- Anglo-saxon : *Lysander*. Espagnol et italien : *Lisandro*.

M

MADALVÉ

- **Origine germanique,** signifie « ancienne force ».
- Chiffre 4 – couleur violette.
- Fête le 4 octobre.
- Saint Madalvé, évêque de Verdun au VIIIe s., fait plusieurs pèlerinages en Terre sainte pour en rapporter des reliques destinées à la cathédrale de sa ville.
- Caractère : **sens des responsabilités, rigueur, travail, stabilité.**

MADEG

- **Origine celtique,** signifie « bon ».
- Chiffre 3 – couleur jaune.
- Fête le 23 février.
- Saint Madeg fonde une abbaye en Bretagne au VIe s.
- Caractère : **sens artistique, harmonie, éclectisme, communication.**
- Variantes : *Madec*, *Madoc*, *Madog*.

MADEN

Ce prénom breton est mixte.

- **Origine celtique,** signifie « bon ».
- Chiffre 1 – couleur bleue.
- Fête le 19 juin.
- Saint Maden, moine en Armorique et disciple de saint Goulven au VIe s., prêche l'Évangile et secourt les miséreux.
- Caractère : **travail, sens pratique, efficacité, indépendance.**
- Diminutif : *Madenig*.

MAËL

- **Origine celtique,** signifie « prince ».
- Chiffre 4 – couleur bleue.
- Fête le 13 mai.
- Saint Maël, moine chassé du pays de Galles au Ve s., évangélise la lande bretonne.
- Caractère : **indépendance, affectivité, ambition, travail.**

MAËLAN

Ce prénom dérivé de Maël est en pleine ascension.

- **Origine celtique,** signifie « prince ».
- Chiffre 1 – couleur verte.
- Fête le 13 mai.

- Saint Maël est son patron.
- Caractère: **autorité, charisme, travail, ambition.**

MAGLOIRE

Ce prénom est la forme francisée d'un vieux prénom breton, Maglo.

- **Origine celtique,** signifie « prince ».
- Chiffre 9 – couleur verte.
- Fête le 24 octobre.
- Saint Maglo, Gallois du VIe s., est évêque de Dol.
- Caractère : **spiritualité, étude, réflexion, altruisme.**

MAHÉ

Mahé est un diminutif de Mazhé, forme bretonne de Mathieu.

- **Origine hébraïque,** signifie « don de Dieu ».
- Chiffre 9 – couleur bleue.
- Fête le 21 septembre.
- Saint Mathieu est son patron.
- Caractère: **générosité, charisme, passion, enthousiasme.**

MAIXENT

Il est une variante de Maxime.

- **Origine latine,** signifie « le plus grand ».
- Chiffre 5 – couleur violette.
- Fête le 26 juin.
- Saint Maxime, évêque de Riez au Ve s., est son patron ; il entretient une correspondance suivie avec les papes, fait bâtir des monastères, et participe activement au rayonnement de l'Église de Provence.
- Caractère : **courage, passion, adaptabilité, perfectionnisme.**

MALCOLM

Ce prénom est une forme anglo-saxonne de Malo.

- **Origine celtique,** signifie « gage lumineux ».
- Chiffre 6 – couleur rouge.
- Fête le 15 novembre.
- Saint Malo, moine au pays de Galles au VIe s., fonde des monastères en Bretagne, devient évêque d'Aleth et prêche dans les campagnes.
- Caractère : **fidélité, affectivité, sens des responsabilités, harmonie.**

MALLAURY

Ce prénom mixte dérivé de Malo apparaît discrètement à l'état civil. Son orthographe peut varier selon qu'il nomme un garçon (Mallory) ou une fille (Malaurie, Malorie).

- **Origine celtique,** signifie « gage lumineux ».
- Chiffre 4 – couleur verte.

- Fête le 15 novembre.
- Saint Malo, moine au pays de Galles au VIe s., fonde des monastères en Bretagne, devient évêque d'Aleth et prêche dans les campagnes.
- Caractère : **sociabilité, exigence, discrétion, détermination.**

MALO

Ce prénom typiquement breton connaît un discret succès depuis les années 1980.

- **Origine celtique,** signifie « gage lumineux ».
- Chiffre 5 – couleur bleue.
- Fête le 15 novembre.
- Saint Malo, moine au pays de Galles au VIe s., vient s'établir en Bretagne, y fonde des monastères, et devient évêque d'Aleth. Il est l'un des saints fondateurs de la Bretagne. D'après les chroniqueurs, il meurt plus que centenaire.
- Caractère : **sensibilité, étude, réflexion, rigueur.**

MALONE

Ce patronyme répandu dans les pays de culture celte est devenu un prénom. Il s'implante en France depuis 2010.

- **Origine celtique,** signifie « faucon ».
- Chiffre 6 – couleur rouge.
- Caractère : **sensibilité, réflexion, réserve, intuition.**

MANFRED

Ce prénom est employé outre-Manche plus qu'en France.

- **Origine germanique,** signifie « l'homme de la paix ».
- Chiffre 7 – couleur jaune.
- Fête le 15 novembre.
- Saint Alfred, moine en Allemagne au IXe s., excellent pacifiste et médiateur, est le patron de Manfred.
- Caractère : **émotivité, combativité, impulsivité, intuition.**
- Espagnol et italien : *Manfredo.*

MANSOUR

Ce prénom est illustré par un sultan d'Istanbul, fondateur de la dynastie ottomane, au XIVe s.

- **Origine arabe,** signifie « le désiré ».
- Chiffre 2 – couleur rouge.
- Caractère : **adaptabilité, diplomatie, émotivité, sociabilité.**

MANUEL

Ce prénom est une forme diminutive d'Emmanuel, très prisée en Espagne et au Portugal.

- **Origine hébraïque,** signifie « Dieu est avec nous ».
- Chiffre 3 – couleur orange.
- Fête le 10 juillet.

- Saint Emmanuel, missionnaire franciscain, est martyrisé à Damas, en Syrie, au XVIIe s.
- Caractère : **vivacité, optimisme, négociation, curiosité.**
- Espagnol : *Manolito, Manolo.*

MAODAN

- **Origine celtique,** signifie « jeune feu ».
- Chiffre 3 – couleur jaune.
- Fête le 14 septembre.
- Saint Maodan est un ermite du VIe s. vivant en Bretagne.
- Caractère : **créativité, activité, harmonie, charisme.**
- Variante : *Maudan.*

MARC

Grand classique des années 1950, Marc est plus fréquent aujourd'hui sous sa forme italienne Marco.

- **Origine latine,** signifie « marteau ».
- Chiffre 8 – couleur rouge.
- Fête le 25 avril.
- Saint Marc devient apôtre de Jésus ; il est rédacteur du deuxième Évangile, probablement sous la dictée de Pierre. Il fonde la première communauté chrétienne d'Alexandrie mais, peu après son arrivée, il est soupçonné de magie et meurt sur le bûcher.
- Caractère : **travail, rigueur, indépendance, détermination.**
- Anglo-saxon : *Mark*. Espagnol et italien : *Marco*. Germanique : *Marcus*.

MARCEAU

Il est une forme dérivée de Marc.

- **Origine latine,** signifie « marteau ».
- Chiffre 8 – couleur rouge.
- Fête le 25 avril.
- Saint Marc, apôtre de Jésus, est rédacteur du deuxième Évangile, probablement sous la dictée de Pierre. Il part pour Alexandrie où il fonde la première communauté chrétienne, mais, soupçonné de magie, il est condamné à mourir sur le bûcher.
- Caractère : **indépendance, travail, franchise, volonté.**

MARCEL

Très courant au début du XXe s., Marcel disparaît dans les années 1950 au profit de Marc.

- **Origine latine,** signifie « marteau ».
- Chiffre 7 – couleur orange.
- Fête le 16 janvier.
- Saint Marcel est pape au IVe s. alors que la plupart des lieux de culte sont pillés, incendiés sur ordre de l'empereur Maxence qui l'arrête et le condamne à l'exil où il meurt peu après sa déportation.

- Caractère : **diplomatie, communication, sensibilité, charisme.**
- Espagnol : *Marcelo*. Germanique : *Marcellus*. Italien : *Marcello*.

MARCELLIN

- **Origine latine,** signifie « petit marteau ».
- Chiffre 6 – couleur orange.
- Fête le 6 avril.
- Saint Marcellin, disciple de saint Augustin en Tunisie, au IVe s., est assassiné par des adversaires qu'il tentait de réconcilier.
- Caractère : **calme, sensibilité, harmonie, travail.**
- Espagnol : *Marcelino*. Italien : *Marcellino*.

MARCO

Il est la forme italienne de Marc. Ce prénom connaît un grand succès dans les années 1950, puis disparaît peu après. Marco suit de loin Matteo et Enzo depuis 2000.

- **Origine latine,** signifie « marteau ».
- Chiffre 5 – couleur orange.
- Fête le 25 avril.
- Saint Marc est son patron.
- Caractère : **réflexion, passion, curiosité, activité.**

MARIN

En ce début de XXIe s., il suit le succès de Gabin et Robin.

- **Origine latine,** signifie « mer ».
- Chiffre 1 – couleur bleue.
- Fête le 3 mars.
- Saint Marin, soldat romain chrétien en Palestine au IIIe s., espérait une promotion ; il est dénoncé par un concurrent et décapité.
- Caractère : **tendresse, émotivité, générosité, autorité.**
- Espagnol et italien : *Marino*. Germanique : *Marinus*.

MARIUS

Ce prénom est particulièrement populaire en Provence au XIXe et au début du XXe s. Il doit son succès à la victoire du général romain Marius, oncle de Jules César, sur les Wisigoths dans la montagne Sainte-Victoire, près d'Aix-en-Provence.

- **Origine latine,** du nom du général Marius.
- Chiffre 9 – couleur bleue.
- Fête le 19 janvier.
- Saint Marius, chrétien à Rome au IIe s., visite les prisonniers arrêtés pour leur foi, ensevelit les martyrs… Il est lui aussi condamné au supplice.
- Caractère : **sociabilité, activité, fantaisie, goût de l'aventure.**
- Espagnol et italien : *Mario*.

MARSILE

Ce prénom est une forme dérivée de Mars, nom du dieu de la Guerre dans la mythologie romaine.

- Chiffre 5 – couleur verte.
- Fête le 13 avril.
- Saint Mars, ermite du Ve s., construit un monastère en Auvergne pour recevoir les nombreux pèlerins qui le visitent.
- Caractère : **intelligence, sociabilité, travail, rigueur.**
- Variante : *Marsilie.*

MARTIAL

Ce dérivé de Martin est peu courant.

- **Origine latine,** signifie « guerrier ».
- Chiffre 2 – couleur bleue.
- Fête le 30 juin.
- Saint Martial, prêtre à Rome au IXe s., devient évêque de Limoges, prêchant, convertissant, baptisant, s'attirant la haine d'une partie de la population ; il est emprisonné et lapidé, mais il est libéré et continue son sacerdoce.
- Caractère : **sensibilité, intuition, altruisme, idéalisme.**
- Espagnol : *Marcial.* Italien : *Marziale.*

MARTIN

Ce prénom est l'un des favoris des années 1980 à 2000. Il est devenu l'un des grands classiques, en France et en Europe.

- **Origine latine,** signifie « guerrier ».
- Chiffre 3 – couleur jaune.
- Fête le 11 novembre.
- Saint Martin, soldat de l'armée romaine au IVe s., se fait baptiser à Amiens. Il devient évêque de Tours, parcourt les villages pour faire l'aumône, soigner les malades et fonder des monastères.
- Caractère : **communication, diplomatie, enthousiasme, exigence.**
- Breton : *Marzhin.* Espagnol et italien : *Martino.* Hongrois : *Martoni.* Néerlandais : *Maarten.* Scandinave : *Marten.*

MARVIN

- **Origine galloise,** signifie « celui qui aime la mer ».
- Chiffre 5 – couleur bleue.
- Caractère : **adaptabilité, indépendance, sensibilité, goût de l'aventure.**

MATHIEU

Il est l'un des favoris des années 1980.

- **Origine hébraïque,** signifie « don ».
- Chiffre 7 – couleur jaune.
- Fête le 21 septembre.
- Saint Mathieu, employé au bureau de la douane à Capharnaüm,

Saint Mathieu est-il le saint patron des contribuables ?

Saint Mathieu était ce que l'on appellerait maintenant « agent du fisc » avant de devenir apôtre et de suivre Jésus. Saint Yves était avocat et défendait la veuve et l'orphelin en Bretagne, sainte Zita a consacré sa vie à veiller au confort de ses employeurs ; saint Côme et saint Damien étaient médecins ; sainte Blandine était une toute jeune fille lorsqu'elle fut offerte en pâture aux lions de l'arène... Ils sont donc tout naturellement devenus les protecteurs des agents de change et des inspecteurs des impôts, des avocats et des notaires, des employées de maison, des médecins, des jeunes filles...

devient apôtre et évangéliste. Après la Pentecôte, il exerce son apostolat en Palestine, en Égypte puis en Éthiopie, où il serait mort en martyr.
- Caractère : **altruisme, réserve, discrétion, réflexion.**
- Autre orthographe : *Matthieu.*
- Variante : *Mathias.*
- Anglo-saxon : *Matt*, *Matthew.* Breton : *Mathée*, *Mazhev.* Espagnol : *Mateo.* Germanique : *Matthaeus*, *Mattes.* Italien : *Mattéo.* Provençal : *Mathivet*, *Matteo.* Scandinave : *Mats.*

MATHIS

Il est la forme néerlandaise de Mathieu, un concurrent très sérieux de Matteo, l'Italien.

- **Origine hébraïque,** signifie « don ».
- Chiffre 7 – couleur verte.
- Fête le 21 septembre.
- Saint Mathieu est son patron.
- Caractère : **réserve, réflexion, étude, travail.**
- Autres orthographes : *Mathys*, *Matis*, *Matisse.*

MATHURIN

- **Origine latine,** signifie « mûr ».
- Chiffre 7 – couleur jaune.
- Fête le 9 novembre.
- Saint Mathurin est prêtre, puis ermite en Gaule au IIIe s. Il convertit ses parents, part à Rome où il fait quelques miracles et meurt aussitôt.
- Caractère : **réflexion, intuition, réserve, volonté.**
- Breton : *Mathelin.*

MATTEO

Il est italien, ou, orthographié avec un seul « t », espagnol. Tous deux sont issus de Mathieu et dominent le hit parade des prénoms masculins depuis le début des années 2000.

- **Origine hébraïque,** signifie « don ».
- Chiffre 2 – couleur rouge.
- Fête le 21 septembre.
- Saint Mathieu est son patron.
- Caractère : **vivacité, activité, rapidité, ambition.**
- Autres orthographes : *Matéo, Mathéo.*

MATTHIAS

Il est un dérivé de Mathieu.

- **Origine hébraïque,** signifie « don ».
- Chiffre 8 – couleur jaune.
- Fête le 14 mai.
- Saint Matthias, apôtre du Christ qui remplaca Judas Iscariote, partit après la Pentecôte évangéliser la Judée, puis la Macédoine. Il mourut en martyr à son retour à Jérusalem.
- Caractère : **sensibilité, courage, volonté, adresse.**
- Espagnol : *Matias.* Italien : *Mattia.*

MAUDEZ

- **Origine celtique,** signifie « bon ».
- Chiffre 3 – couleur bleue.
- Fête le 18 novembre.
- Saint Maudez, moine anglais, vient s'établir en Bretagne, dans l'île de Bréhat, au Ve s.
- Caractère : **activité, passion, énergie, adresse.**
- Variantes : *Mandé, Maugan, Maulde, Vaodez.*

MAUR

Ce prénom, resté rare à travers les siècles, est à l'origine de prénoms plus répandus : Amaury, Maurice...

- **Origine latine,** signifie « d'origine maure ».
- Chiffre 8 – couleur jaune.
- Fête le 15 janvier.
- Saint Maur est l'adjoint de saint Benoît, à Rome au VIe s., et fondateur de la congrégation des Mauristes.
- Caractère : **curiosité, impatience, affectivité, réserve.**
- Anglo-saxon : *Maurus.* Espagnol et italien : *Mauro.*

MAURICE

Il est l'un des grands classiques du début du XXe s. ; Amaury, sa variante, lui a succédé à l'état civil.

- **Origine latine,** signifie « maure ».
- Chiffre 5 – couleur violette.
- Fête le 22 septembre.
- Saint Maurice, officier romain dans une légion composée de chrétiens au IIIe s., refuse de se prosterner devant les dieux païens ; il est mis à mort avec ses compagnons.

- Caractère : **réserve, étude, prudence, écoute.**
- Anglo-saxon : *Morris*. Breton : *Moravan*. Espagnol : *Mauricio*, *Murillo*. Germanique : *Mauritius*, *Moritz*. Italien : *Maurizio*.

MAXENCE

Ce prénom est déjà fréquent dans la Rome antique. Devenu mixte, il est en vogue depuis les années 1990.

- **Origine latine,** signifie « le plus grand ».
- Chiffre 2 – couleur rouge.
- Fête le 20 novembre.
- Sainte Maxence, disciple de saint Patrick, au IIIe s., en Irlande, s'établit en Île-de-France où elle vit en ermite. Elle est décapitée par les païens de son village qu'elle tente de convertir.
- Caractère : **idéalisme, générosité, altruisme, écoute.**

MAXIME

Un des favoris des années 1980.

- **Origine latine,** signifie « le plus grand ».
- Chiffre 2 – couleur orange.
- Fête le 14 avril.
- Saint Maxime de Chrysopolis, secrétaire particulier de l'empereur de Constantinople au VIe s., se fait le défenseur de l'orthodoxie, prêchant en Afrique du Nord et à Rome. Il meurt en martyr.
- Caractère : **activité, travail, adaptabilité, diplomatie.**
- Anglo-saxon : *Maxim*. Espagnol : *Maximo*. Italien : *Massimo*.

MAXIMILIEN

Il est une forme dérivée de Maxime.

- **Origine latine,** signifie « le plus grand ».
- Chiffre 1 – couleur orange.
- Fête le 12 mars.
- Saint Maximilien, fils d'un militaire romain à Carthage en Tunisie, au IIIe s., est décapité pour avoir été objecteur de conscience.
- Caractère : **exigence, persévérance, rigueur, travail.**
- Anglo-saxon : *Maximilian*. Espagnol : *Maximiliano*. Italien : *Massimiliano*. Occitan : *Maximilian*.

MAYEUL

- **Origine latine,** signifie « mai ».
- Chiffre 5 – couleur bleue.
- Fête le 11 mai.
- Saint Mayeul, chassé de Provence par les Barbares au Xe s., étudie la théologie à Lyon ; il est bientôt nommé abbé de l'abbaye de Cluny, et reconnu pour sa sagesse et la finesse de ses conseils.
- Caractère : **réserve, réflexion, curiosité, opportunisme.**
- Autre orthographe : *Maïeul*.
- Variante : *Mayol*.

MÉDARD

- **Origine germanique,** signifie « gouverneur fort ».
- Chiffre 9 – couleur verte.
- Fête le 8 juin.
- Saint Médard est évêque de Noyon au Ve s.
- Caractère : **affectivité, curiosité, communication, adaptabilité.**
- Espagnol : *Medardo.*

MÉDÉRIC

Il est une forme dérivée de Merri.

- **Origine germanique,** signifie « courage de roi ».
- Chiffre 3 – couleur violette.
- Fête le 29 août.
- Saint Merri, élu abbé de son monastère en Bourgogne au VIIIe s., s'établit à Paris, où il libère les prisonniers, soigne les malades, secourt les pauvres, et prie ou médite l'Évangile.
- Caractère : **communication, diplomatie, exigence, rigueur.**

MÉEN

- **Origine celtique,** signifie « jeune homme ».
- Chiffre 1 – couleur violette.
- Fête le 21 juin.
- Saint Méen, tout juste arrivé du pays de Galles au VIe s., fonde un monastère dans un village devenu Saint-Méen-le-Grand.
- Caractère : **indépendance, autorité, travail, ambition.**
- Variantes : *Méven, Méwen.*

MEHDI

Ce prénom nomme le fondateur de la dynastie des Almohades, au XIIe s.

- **Origine arabe,** signifie « celui qui est conduit ».
- Chiffre 3 – couleur jaune.
- Caractère : **sociabilité, harmonie, communication, sens artistique.**
- Variante : *Mahdi.*

MÉLAINE

- **Origine celtique,** signifie « blond ».
- Chiffre 5 – couleur jaune.
- Fête le 6 novembre.
- Saint Mélaine est évêque de Rennes au VIe s.
- Caractère : **activité, énergie, adaptabilité, charisme.**
- Variantes : *Melan, Melin.*

MELCHIOR

Selon la tradition chrétienne, Melchior est l'un des Rois mages venus d'Orient guidés par une étoile. C'est lui qui offre l'or à l'Enfant Jésus.

- **Origine hébraïque,** signifie « Dieu protège le roi ».

- Chiffre 2 – couleur rouge.
- Fête le 6 janvier, jour de l'Épiphanie.
- Caractère : **sensibilité, générosité, rêverie, disponibilité.**
- Espagnol : *Melchor*. Italien : *Melchiorre*. Portugais : *Melquior*.

MÉLOAR

- **Origine celtique,** signifie « chef ».
- Chiffre 1 – couleur verte.
- Fête le 2 octobre.
- Saint Méloar, prince de Cornouailles du VIe s., est assassiné par son oncle qui veut usurper son trône.
- Caractère : **ambition, autorité, discipline, travail.**

MELVYN

- **Origine celtique**, signifie « prince ».
- Chiffre 1 – couleur rouge.
- Fête le 6 février.
- Saint Mel, disciple de saint Patrick en Irlande au Ve s., prend sa succession à la tête de son évêché.
- Caractère : **énergie, travail, rigueur, stabilité.**
- Autre orthographe : *Melvin*.
- Diminutif : *Mel*.

MENAHEM

Il est le fondateur de la cinquième dynastie en Israël.

- **Origine hébraïque,** signifie « le consolateur ».
- Chiffre 5 – couleur rouge.
- Caractère : **sociabilité, adaptabilité, travail, rigueur.**

MÉRIADEC

- **Origine celtique,** signifie « le front de Marie ».
- Chiffre 4 – couleur verte.
- Fête le 7 juin.
- Saint Mériadeg, moine gallois du VIIe s., se fixe près de Vannes dont il devient évêque.
- Caractère : **persévérance, sens des responsabilités, perfectionnisme, efficacité.**
- Variante : *Mériadeg*.

MERLIN

Merlin l'enchanteur est un des grands personnages de légende du cycle du roi Arthur.

- **Origine celtique,** du nom du héros de la littérature.
- Chiffre 8 – couleur verte.
- Caractère : **sens pratique, équilibre, rigueur, justice.**

MERRI

- **Origine germanique,** signifie « courage de roi ».
- Chiffre 9 – couleur orange.
- Fête le 29 août.
- Saint Merri, aristocrate bourguignon du VIIIe s., élu abbé de son monastère, part pour Paris où il libère les prisonniers, soigne les malades, secourt les pauvres, mendie sa pitance, et prie ou médite l'Évangile.
- Caractère : **réalisme, sociabilité, dynamisme, curiosité.**
- Autre orthographe : *Merry*.

MICHAËL

Forme originelle de Michel, il connaît un succès non démenti depuis des décennies.

- **Origine hébraïque,** signifie « comme Dieu ».
- Chiffre 6 – couleur rouge.
- Fête le 29 septembre.
- Saint Michel archange est le chef de la milice céleste. Il conduit les défunts et pèse les âmes le jour du Jugement dernier.
- Caractère : **calme, harmonie, générosité, habileté.**

MICHEL

Ce prénom est l'un des plus portés de la planète.

- **Origine hébraïque,** signifie « comme Dieu ».
- Chiffre 5 – couleur rouge
- Fête le 29 septembre.
- Saint Michel archange est le chef de la milice céleste. Il accueille l'âme des défunts à leur arrivée aux Cieux.
- Caractère : **intelligence, rapidité, travail, exigence.**
- Anglo-saxon : *Mike, Mickey*. Breton : *Kaëlig, Mikaël*. Espagnol : *Miguel*. Grec : *Mikelos*. Italiens : *Michele, Michelangelo*. Provençal : *Micheu, Miqueu*. Russe : *Micha, Mikhaïl*.

MILAN

Il est une variante du prénom slave Miloslav.

- **Origine slave,** signifie « brillante victoire ».
- Chiffre 4 – couleur verte.
- Caractère : **charisme, détermination, sociabilité, épicurisme.**

MILO

Il est le diminutif du prénom tchèque Miloslav, comme Milan, qu'il concurrence depuis 2005.

- **Origine slave,** signifie « brillante victoire ».
- Chiffre 4 – couleur rouge.
- Caractère : **action, ambition, passion, autorité**.
- Variante : *Milos*

Nos protecteurs

agents de change : Mathieu
agonisants : Jacques
agriculteurs : Isidore
amoureux : Valentin
animaux domestiques : Antoine
apiculteurs : Ambroise
archéologues : Damase
archers : Sébastien
architectes : Benoît, Thomas
armuriers : Barbe, Guillaume
artificiers : Barbe
artilleurs : Barbe
artisans : Luc
artistes : Luc
automobilistes : Christophe
aveugles : Hervé
aviateurs : Michel
avocats : Nicolas, Yves
banquiers : Mathieu
bateliers : Honorine, Martin, Nicolas
bâtiment : Étienne
bergères : Jeanne
bergers : Gilles, Pascal
bibliothécaires : Catherine, Laurent
bijoutiers : Éloi
blanchisseurs : Maurice
bouchers : Adrien, Barbe, Barthélemy, Luc, Nicolas
boulangers : Honoré
bourreaux : Adrien
brasseurs : Amand
buralistes : Claude
cafetiers : Vincent
cardeurs : Blaise
carrossiers : Éloi
causes désespérées : Rita
cavaliers : Georges, Martin
chapeliers : Clément, Philippe
charcutiers : Antoine
charpentiers : Colette, Joseph
charrons : Catherine
chasseurs : Eustache, Hubert
chauffeurs de taxi : Fiacre
chirurgiens : Côme, Damien, Roch
comédiens : Guy
commerçants : François
comptables : Mathieu, Nicolas
confesseurs : Alphonse
confiseurs : Côme, Damien
cordiers : Paul
cordonniers : Crépin
couteliers : Lucie
couturières : Anne
couvreurs : Barbe, Vincent
cuisinières : Marthe
cuisiniers : Laurent
curés de paroisse : Vianney
danseurs : Guy
dentellières : Anne, Luc
dentistes : Apolline
diacres : Étienne
douaniers : Mathieu
droguistes : Côme, Damien
ébénistes : Anne, Joseph
écoliers : Symphorien, Vincent
écologistes : François
économes : Laurent
éditeurs : Anastasie
employés de maison : Zita
enfants : Nicolas
escrimeurs : Michel

étudiantes : Catherine
étudiants : Jérôme
fabricants de boutons : Louis
femmes en couches : Marguerite
fleuristes : Fiacre, Rose
forestiers : Hubert
forgerons : Adrien, Éloi, Gilles
fossoyeurs : Barbe, Joseph
fromagers : Michel
gantiers : Barthélemy
garagistes : Éloi
gardiens de prison : Adrien
gendarmes : Geneviève
gens d'Église : Joseph
gourmands : Micheline
horticulteurs : Adam, Rose
hôteliers : Marthe, Martin
huissiers : Yves
infirmes : Gilles
infirmiers : Camille
ingénieurs : Benoît, Guillaume, Thomas
inspecteurs des impôts : Mathieu
instituteurs : Jérôme, Nicolas
institutrices : Anne, Ursule
jardiniers : Adam, Fiacre
jeunes : Louis de Gonzague
jeunes filles : Blandine
jeunes filles à marier : Catherine
joueurs de cartes : Balthazar
juges : Thomas
libraires : Laurent
lingères : Anne, Marthe, Véronique
lunetiers : Catherine
maçons : Barbe, Étienne, Louis, Pierre, Thomas
magistrats : Yves
malades : Michel
maraîchers : Fiacre
marbriers : Clément
marchands de vins : Amand
marcheurs : Yves
marins : Anne, Clément, Nicolas
mécaniciens : Éloi
médecins : Côme, Damien, Luc, Sébastien
ménagères : Anne, Marthe
mendiants : Gilles, Martin
menuisiers : Joseph
mères allaitant : Gilles
mères de famille : Anne, Monique
meuniers : Anne, Honoré, Martin, Victor
militaires : Georges, Martin, Maurice
mineurs : Barbe
moissonneurs : Antoine
musiciens : Cécile, Grégoire
notaires : Luc, Marc, Yves
nourrices : Agathe, Anne
novices : Gabriel
numismates : Éloi
ophtalmologistes : Odile
opticiens : Odile
orfèvres : Éloi
orphelins : Yves
palefreniers : Marcel
parachutistes : Michel
parfumeurs : Nicolas
pâtissiers : Honoré, Philippe
pauvres : Antoine, Laurent
pêcheurs : André, Pierre
personnes stériles : Rita
pharmaciens : Côme, Damien
philosophes : Catherine, Justin
photographes : Véronique

piétons : Martin
plombiers : Catherine, Éloi
poissonniers : André, Pierre
pompiers : Anne, Barbe, Laurent
prisonniers : Roch
procureurs : Yves
relieurs : Barthélemy
reporters : Marc
rôtisseurs : Laurent
sages-femmes : Camille
scientifiques : Albert
scouts : Georges
sculpteurs : Louis, Marthe
secrétaires : Marc
serruriers : Éloi, Pierre
servantes : Colette
soldats : Louis, Martin, Sébastien
tailleurs de pierre : Ambroise, Blaise, Louis
tanneurs : Barthélemy
tapissiers : Paul
teinturiers : Maurice
théologiens : Alphonse
tisseurs de laine : Blaise
tonneliers : Nicolas
traducteurs : Jérôme
travailleurs sociaux : Louis
vanniers : Antoine, Paul
veuves : Françoise
vignerons : Vincent
viticulteurs : Martin
vitriers : Lucie
voyageurs : Christophe, Joseph, Julien, Nicolas, Raphaël

MOHAMMED

C'est l'orthographe française de Muhammad, l'envoyé de Dieu.

- **Origine arabe,** signifie « digne de louanges ».
- Chiffre 9 – couleur verte.
- Caractère : **générosité, charisme, rêverie, sociabilité.**

MOÏSE

Moïse, prophète né en Égypte, est recueilli par la fille de Pharaon dans un panier d'osier alors qu'il était nouveau-né. Il mène la résistance des Hébreux à l'oppression qu'ils subissent, les fait sortir d'Égypte, fonde les éléments de base de la Torah ; il est le fondateur de la nation d'Israël au XIIIe s. av. J.-C.

- **Origine égyptienne,** signifie « tiré de l'eau ».
- Chiffre 7 – couleur violette.
- Caractère : **réserve, indépendance, sociabilité, curiosité.**
- Anglo-saxon et germanique : *Moses*. Arabe : *Moussa*. Forme hébraïque : *Moshé*. Italien : *Mose*.

MORGAN

Ce prénom mixte est plus souvent féminin. Il évoque une héroïne de la littérature médiévale, fée bienveillante, sœur du roi Arthur des romans des chevaliers de la Table ronde.

- **Orgine celtique,** signifie « enfant de la mer ».
- Fête le 13 juillet.
- Chiffre 1 – couleur bleue.
- Caractère : **volonté, vivacité, goût de l'aventure, originalité.**

MORVAN

- **Origine celtique,** signifie « homme de la mer ».
- Chiffre 2 – couleur bleue.
- Fête le 22 octobre.
- Saint Morvan est évêque de Vannes au VIIe s.
- Caractère : **adaptabilité, émotivité, diplomatie, charisme.**

MUSTAPHA

Ce prénom est l'un des plus courants, en référence au Prophète, qui est l'élu de Dieu.

- **Origine arabe,** signifie « l'élu ».
- Chiffre 9 – couleur orange.
- Caractère : **générosité, charisme, rêverie, sociabilité.**

N

NABIL

- **Origine arabe,** signifie « de bonne naissance ».
- Chiffre 2 – couleur verte.
- Caractère : **diplomatie, émotivité, adaptabilité, charisme.**

NAËL

Ce prénom est le diminutif d'Anaël.

- **Origine hébraïque,** signifie « gracieux ».
- Chiffre 5 – couleur jaune.
- Fête le 26 juillet.
- Sainte Anne est sa patronne.
- Caractère : **rigueur, travail, sens des responsabilités, réflexion.**
- Variante : *Anaël.*

NARCISSE

Personnage de la mythologie grecque, Narcisse est un jeune homme d'une grande beauté. Séduit par sa propre image, qu'il contemple dans l'eau d'une fontaine, il est pris d'une passion telle pour sa propre personne qu'il en meurt.

- **Origine grecque,** signifie « torpeur ».
- Chiffre 8 – couleur verte.
- Fête le 29 octobre.
- Saint Narcisse, évêque de Jérusalem au IIe s., vit et meurt saintement dans son évêché.
- Caractère : **idéalisme, affectivité, sensibilité, indépendance.**
- Anglo-saxon : *Narcissus*. Espagnol et italien : *Narciso*.

NATHAN

Grand personnage biblique, Nathan est le conseiller très écouté de David au Xe s. av. J.-C., qui ne craint pas de réprimander le roi à propos de sa liaison avec Bethsabée. Ce prénom est l'un des favoris depuis 2010.

- **Origine hébraïque,** signifie « Dieu a donné ».
- Chiffre 4 – couleur bleue.
- Fête le 24 août.
- Saint Nathanaël est l'un des apôtres de Jésus. Après la Pentecôte, il part évangéliser l'Arménie, et y meurt en martyr.
- Caractère : **sensibilité, réserve, prudence, affectivité.**

NATHANAËL

Ce prénom biblique est aujourd'hui plus souvent orthographié Nathaniel.

- **Origine hébraïque,** signifie « Dieu a donné ».
- Chiffre 4 – couleur bleue.
- Fête le 24 août
- Saint Nathanaël, apôtre de Jésus, part évangéliser l'Arménie après la Pentecôte et y meurt en martyr.
- Caractère : **énergie, détermination, autorité, ambition.**
- Espagnol : *Nataniel*. Italien : *Nataniele*.

NÉO

- **Origine grecque,** signifie « nouveau ».
- Chiffre 7 – couleur jaune.
- Fête le 2 décembre.
- Saint Néon, son patron, est un martyr romain du IIIe s.
- Caractère : **étude, réflexion, calme, curiosité.**

NESTOR

Ce prénom est porté par un héros de la mythologie grecque qui participe à la guerre de Troie.

- Chiffre 1 – couleur bleue.
- Fête le 26 février.
- Saint Nestor, évêque en Asie Mineure au IIIe s., encourage les chrétiens menacés par les persécutions à se cacher plutôt qu'à renier leur foi. Il est crucifié.
- Caractère : **courage, volonté, sensibilité, indépendance.**
- Espagnol : *Nestorio*. Italien : *Netore*.

NÉVÉNOÉ

- **Origine celtique,** signifie « nouveau ».
- Chiffre 8 – couleur verte.
- Fête le 7 mars.
- Saint Névénoé combat âprement contre le roi de France pour affermir le trône de Bretagne ; il devient roi de Bretagne au IXe s.
- Caractère : **sens de la justice, esprit pratique, équilibre, rigueur.**
- Variante : *Nominoé.*

NICÉPHORE

- **Origine grecque,** signifie « porteur de victoire ».
- Chiffre 3 – couleur orange.
- Fête le 13 mars.
- Saint Nicéphore, patriarche de Constantinople au IXe s., meurt dans un monastère peu de temps après avoir été déposé par le pape parce qu'il s'opposait à ses idées.
- Caractère : **optimisme, vitalité, éloquence, communication.**

NICOLAS

Grand classique, Nicolas s'impose d'abord dans les pays slaves ; il apparaît au XVIIe s. en Europe. C'est l'un des favoris du XXe s.

- **Origine grecque,** signifie « victoire du peuple ».
- Chiffre 1 – couleur rouge.
- Fête le 6 décembre.
- Saint Nicolas, évêque de Myra en Anatolie au IIIe s., résiste aux persécutions de Dioclétien et poursuit son combat contre le paganisme.
- Caractère : **charme, communication, élitisme, travail.**
- Anglo-saxon : *Nicholas, Nick, Nicky.* Breton : *Nicolaz.* Germanique : *Nikolaus, Klaus.* Hongrois : *Niklos.* Italien : *Niccolo.* Portuguais : *Nicolao.* Provençal : *Nicoulo, Nicoulau.* Russe : *Nikita, Nikolaï.*

NIELS

Ce prénom en vogue actuellement est la forme danoise de Niel.

- **Origine irlandaise,** signifie « champion ».
- Chiffre 5 – couleur verte.
- Fête le 5 décembre.
- Saint Niels, géologue au Danemark au XVIIe s., est luthérien. Il se convertit, abandonne ses travaux et devient évêque en Allemagne.
- Caractère : **rapidité, intelligence, travail, exigence.**
- Autres orthographes : *Niel, Nils.*
- Variante : *Nelson.*

NIKITA

Ce prénom est une forme russe de Nicétas, prénom rarissime en France.

Il est aujourd'hui attribué aussi bien aux garçons qu'aux filles.

- **Origine grecque,** signifie « vainqueur ».
- Chiffre 1 – couleur bleue.
- Fête le 24 juin.
- Saint Nicétas est évêque et missionnaire en Serbie au Ve s.
- Caractère : **ordre, travail, exigence, autorité.**

NINIAN

- **Origine celtique,** signifie « sommet ».
- Chiffre 7 – couleur jaune.
- Fête le 16 septembre.
- Saint Ninian, Écossais du Ve s., accoste en Bretagne pour prêcher dans les villages.
- Caractère : **étude, réflexion, spiritualité, réserve.**

NINO

Italien, Nino a des origines controversées. Il peut être le masculin de Nina, dérivé d'Anne ou encore le diminutif de Giannino (littéralement, petit Jean). Il a connu une courte vague de succès dans les années 2000.

- **Origine hébraïque,** signifie « Dieu a fait grâce ».
- Chiffre 7 – couleur verte.
- Fête le 24 juin.
- Saint Jean est son patron.
- Caractère : **indépendance, réserve, idéalisme, exigence.**

NOAH

- **Origine hébraïque,** signifie « qui erre ».
- Chiffre 2 – couleur bleue.
- Caractère : **diplomatie, adaptabilité, sociabilité, goût de l'aventure.**

NOAM

Ce prénom est la forme masculine de Naomi, ou Noémie.

- **Origine hébraïque,** signifie « agréable ».
- Chiffre 7 – couleur jaune.
- Caractère: **sensibilité, réserve, réflexion, travail.**

NOÉ

Personnage biblique, Noé est le héros du déluge. Sur ordre divin, il construit une arche, y place un couple de chaque espèce animale et navigue sur les mers déchaînées pendant des mois. Ce prénom réapparaît après des siècles d'absence.

- **Origine hébraïque,** signifie « qui console ».
- Chiffre 7 – couleur violette.
- Fête le 10 novembre.
- Caractère : **activité, curiosité, imagination, réserve.**

NOËL

- **Origine hébraïque,** signifie « Dieu avec nous ».
- Chiffre 1 – couleur rouge.
- Fête le 25 décembre.
- Saint Noël Chabanel, missionnaire jésuite au Canada au XVIIe s., est assassiné par un Huron.
- Caractère : **indépendance, autorité, sociabilité, persévérance.**
- Breton : *Nedelec*. Provençal : *Nadalet*, *Nadau*.

NOLAN

Un tout nouveau prénom irlandais qui complète la série des Logan, Loan, Killian et Cie.

- **Origine celtique,** signifie « jeune champion ».
- Chiffre 2 – couleur bleue.
- Caractère : **sociabilité, diplomatie, éloquence, charisme.**

NORBERT

- **Origine germanique,** signifie « Nord illustre ».
- Chiffre 5 – couleur rouge.
- Fête le 6 juin.
- Saint Norbert, chapelain du roi de Germanie Henri V au XIe s., est connu pour ses débauches ; miraculeusement sauvé alors qu'il est foudroyé, il s'amende, vend ses biens, prêche, distribue l'aumône et devient évêque de Magdebourg.
- Caractère : **communication, altruisme, idéalisme, rêverie.**
- Espagnol et italien : *Norberto.*

NORMAN

Ce prénom est fréquent dans les pays anglo-saxons.

- **Origine germanique,** signifie « homme du Nord ».
- Chiffre 3 – couleur orange.
- Fête le 6 juin.
- Son patron est Saint Norbert, évêque de Magdebourg au XIe s.
- Caractère : c**harme, curiosité, indépendance, fantaisie.**
- Italien : *Normanno.*

NUMA

- **Origine latine,** signifie « originaire de Numidie ».
- Chiffre 4 – couleur bleue.
- Fête le 9 août.
- Saint Numidic est dénoncé comme chrétien à Carthage en Tunisie au IIIe s. ; arrêté, lapidé puis condamné au bûcher, il est libéré par sa fille. Il entre dans les ordres et devient évêque de Carthage.
- Caractère : **intelligence, vivacité d'esprit, gentillesse, souplesse.**

O-P

OBÉRON

Ce prénom est une variante d'Aubert, forme ancienne d'Albert.

- **Origine germanique,** signifie « très illustre ».
- Chiffre 6 – couleur violette.
- Fête le 13 décembre.
- Saint Aubert, ermite généreux qui fabrique du pain pour le donner aux pauvres, est tellement aimé qu'il est élu évêque de Cambrai au VIIe s.
- Caractère : **volonté, activité, indépendance, ambition.**

OCÉAN

Dans la mythologie grecque, Océan est l'aîné des Titans et le père des Océanides, nymphes de la mer et des eaux.

- **Origine grecque,** signifie « océan ».
- Chiffre 2 – couleur bleue.
- Fête le 2 novembre.
- Saint Océan est un soldat romain en garnison en Asie Mineure au début du IVe s. Chrétien, il refuse de renier sa foi et meurt sur le bûcher.
- Caractère : **adaptabilité, diplomatie, émotivité, souplesse.**

OCTAVE

Ce prénom est illustre dans l'Antiquité et au XIXe s.

- **Origine latine,** signifie « huitième ».
- Chiffre 3 – couleur bleue.
- Fête le 20 novembre.
- Saint Octave, légionnaire dans l'armée romaine dans le Valais au VIe s., refuse d'adorer les dieux païens ; il est mis à mort.
- Caractère : **communication, intuition, psychologie, rapidité.**
- Anglo-saxon et germanique : *Octavius*. Espagnol : *Octavio*. Italien : *Ottavio*. Occitan : *Octavian*. Provençal : *Outavian*.

ODILON

Ce prénom est la forme masculine d'Odette.

- **Origine germanique,** signifie « richesse ».
- Chiffre 6 – couleur jaune.
- Fête le 20 avril.
- Sainte Odile, fille du duc d'Alsace au VIIe s., naît aveugle ; son père veut la tuer mais sa mère la cache dans un couvent ; elle recouvre la vue le jour de son baptême. Apprenant qu'elle est vivante et guérie, son père la fait revenir au

château afin de la marier. Mais Odile s'y oppose, s'enfuit et se réfugie dans une grotte. Sermonné par l'évêque, le duc lui donne son château afin qu'elle l'aménage en monastère et en hospice.
- Caractère : **générosité, force de caractère, efficacité, séduction.**

OGIER

Ce prénom rare est une variante d'Edgar. Il fut illustré par Ogier de Danemark, héros de chansons de geste du Moyen Âge ; La Chanson de Roland, *écrite au XII*e *s., mentionne à plusieurs reprises ce chevalier d'une extraordinaire bravoure dont l'honneur est bafoué, et qui n'aura de cesse de le venger.*

- **Origine germanique,** signifie « riche lance ».
- Chiffre 9 – couleur rouge.
- Fête le 8 juillet.
- Saint Edgar, roi d'Angleterre au Xe s., promulgue des lois pour limiter la violence et les mœurs dissolues dans son royaume.
- Caractère : **sensibilité, harmonie, dévouement, équilibre.**

OLAF

Ce prénom royal est courant dans les pays nordiques.

- **Origine scandinave,** signifie « ancêtre ».
- Chiffre 7 – couleur verte.
- Caractère : **étude, réflexion, spiritualité, réserve.**

OLEG

Prénom russe, il n'a pas atteint la cote de popularité de son compatriote Dimitri.

- **Origine russe,** signifie « heureux ».
- Chiffre 3 – couleur jaune.
- Caractère : **créativité, communication, harmonie, éclectisme.**

OLIVIER

*Ce prénom fut un grand classique du XX*e *s.*

- **Origine latine,** signifie « olive ».
- Chiffre 9 – couleur jaune.
- Fête le 12 juillet.
- Saint Olivier, prêtre irlandais du XVIIe s., passe quinze années à Rome, puis revient chez lui pour être nommé évêque ; calomnié, il est pendu.
- Caractère : **diplomatie, sensibilité, harmonie, altruisme.**
- Anglo-saxon et germanique : *Oliver*. Breton : *Olier*, *Ollier*. Espagnol : *Oliverio*. Italien : *Olivio*, *Livio*. Provençal : *Oulevié*, *Oulivié*.

OMAR

Ce prénom est l'un des plus courants dans les familles musulmanes. Il est celui du deuxième des quatre premiers califes de l'islam, beau-père de Mahomet.

- **Origine arabe,** signifie « prospérité ».
- Chiffre 2 – couleur rouge.
- Caractère : **émotivité, charisme, adaptabilité, diplomatie.**

ONEN

- **Origine celtique,** signifie « fort ».
- Chiffre 3 – couleur jaune.
- Fête le 27 février.
- Saint Onen est moine au Xe s.
- Caractère : **communication, créativité, harmonie, équilibre.**

ONÉSIME

- **Origine grecque,** signifie « utile ».
- Chiffre 8 – couleur verte.
- Fête le 16 février.
- Saint Onésime, esclave en Asie Mineure au Ier s., est pris en flagrant délit de vol et chassé ; il demande conseil à saint Paul qui le convertit ; devant sa repentance, son maître chrétien le reprend.
- Caractère : **ambition, travail, autorité, exigence.**
- Espagnol : *Onesimo.*

ORLANDO

Ce prénom est une forme espagnole de Roland.

- **Origine germanique,** signifie « gloire » et « terre ».
- Chiffre 7 – couleur verte.
- Fête le 15 septembre.
- Saint Roland est ermite en Italie au XIVe s.
- Caractère : **détermination, réflexion, stabilité, séduction.**

OSCAR

Après une brève vague de succès au XIXe s., Oscar est l'un des favoris depuis 2000.

- **Origine germanique,** signifie « lande de Ans », dieu de la mythologie teutonne.
- Chiffre 2 – couleur jaune.
- Fête le 3 février.
- Caractère : **discrétion, travail, opiniâtreté, affectivité.**
- Variantes : *Anschaire, Ansgaine.*

OSSIAN

Ce prénom est très en vogue dans les pays de culture irlandaise.

- **Origine celtique,** signifie « petit faon ».
- Chiffre 5 – couleur jaune.
- Caractère : **indépendance, épicurisme, vivacité, charisme.**
- Variante : *Oisin.*

OSVALD

- **Origine germanique,** signifie « gouverneur de l'Est ».
- Chiffre 2 – couleur jaune.
- Fête le 5 août.
- Saint Osvald, roi en Angleterre au VIIe s., édifie un monastère et fait appel à des moines pour évangéliser son pays.
- Caractère : **sensibilité, dévouement, harmonie, diplomatie.**
- Anglo-saxon : *Oswald.* Espagnol et italien : *Osvaldo.*

OTTON

Ce prénom a de multiples formes dérivées, courantes en Allemagne et dans les pays nordiques.

- **Origine germanique,** signifie « richesse ».
- Chiffre 3 – couleur orange.
- Caractère : **communication, réactivité, sociabilité, éclectisme.**
- Variantes : *Odon, Otto.*
- Italien : *Ottone.*

OVIDE

Ce prénom est celui d'un des plus célèbres poètes latins du Ier s.

- **Origine latine,** signifie « pasteur ».
- Chiffre 1 – couleur orange.
- Caractère : **ambition, autorité, indépendance, travail.**
- Espagnol : *Ovidio.*

OWEN

Ce prénom en vogue est la forme galloise d'Eugène.

- **Origine grecque,** signifie « bien né ».
- Chiffre 3 – couleur orange.
- Fête le 13 juillet.
- Saint Eugène, évêque de Carthage au IIIe s., passe une grande partie de son sacerdoce en exil.
- Caractère : **communication, créativité, harmonie, éclectisme.**

PABLO

Ce prénom, forme espagnole de Paul, remporte, comme Paolo, un succès qui ne cesse de s'affirmer.

- **Origine latine,** signifie « petit ».
- Chiffre 1 – couleur orange.
- Fête le 29 juin.
- Saint Paul, de son prénom Saül, juif et pharisien, est converti par le Christ ; il rédige quatorze épîtres et construit des églises en Asie Mineure, en Macédoine et en Grèce.
- Caractère : **ambition, travail, autorité, charisme.**

PACIFIQUE

Il est le plus discret des prénoms maritimes.

- **Origine latine,** signifie « pacifiste ».
- Chiffre 6 – couleur verte.
- Fête le 18 août.
- Saint Pacifique, adolescent chrétien à Rome au IIe s., est dénoncé par un voisin, et décapité.
- Caractère : **activité, habileté, charme, diplomatie.**

PACO

Il est la forme espagnole de François.

- **Origine latine,** signifie « Franc ».
- Chiffre 8 – couleur bleue.
- Fête le 4 octobre ou le 24 janvier.
- Saint François d'Assise, Italien du XIIe s., rompt avec sa famille pour mener une vie de prédication et de pauvreté. Il parcourt l'Espagne pour convertir les Maures et l'Égypte pour soutenir les croisés, et fonde l'ordre des Frères mineurs, ou franciscains.
- Saint François de Sales, évêque de Genève au XVIIe s., fonde à Annecy la congrégation des Filles de la Visitation. Il est l'auteur de deux ouvrages, les *Controverses* et la *Défense de l'étendard de la Sainte-Croix*, qui lui valent d'être proclamé docteur de l'Église.
- Caractère : **efficacité, volonté, ambition, réflexion.**
- Variante : Paquito.

PAMPHILE

- **Origine grecque,** signifie « grand ami ».
- Chiffre 8 – couleur orange.
- Fête le 16 février.
- Saint Pamphile, né au Liban, étudiant en Égypte, devient prêtre en Palestine au IIIe s. Arrêté par les hommes de l'empereur Maximien hostile aux chrétiens, il est emprisonné pendant plusieurs mois avant de mourir sous la torture.
- Caractère : **stabilité, sens des responsabilités, autorité, affectivité.**
- Espagnol et italien : *Panfilo.*

PAOLO

Il est la forme italienne de Paul, et suit la vogue d'Enzo, de Marco et de Matteo.

- **Origine latine,** signifie « petit ».
- Chiffre 5 – couleur orange.
- Fête le 29 juin.
- Saint Paul, de son prénom Saül, juif et pharisien, est converti par le Christ ; il rédige quatorze épîtres et construit des églises en Asie Mineure, en Macédoine et en Grèce.
- Caractère : **intuition, passion, intelligence, ambition.**

PASCAL

- **Origine hébraïque,** signifie « passage ».
- Chiffre 7 – couleur orange.
- Fête le 17 mai.
- Saint Pascal, berger en Aragon au XVIe s., est accepté au monastère après plusieurs vaines tentatives. Il meurt d'épuisement à la tâche.
- Caractère : **réserve, indépendance, curiosité, traditionalisme.**
- Breton : *Paskal*. Espagnol : *Pascual*. Italien : *Pasquale*. Provençal : *Pascaloun*, *Pascau*.

PATRICE

- **Origine latine,** signifie « patricien ».
- Chiffre 9 – couleur orange.
- Fête le 19 mai.
- Saint Patrice, évêque en Asie Mineure au IVe s., est décapité par les soldats de l'empereur Julien l'Apostat pour avoir refusé d'adorer les dieux païens.
- Caractère : **émotivité, tact, charme, affectivité.**
- Italien : *Patrizio*.

PATRICK

Ce prénom est un des grands classiques du milieu du XXe s.

- **Origine latine,** signifie « patricien ».
- Chiffre 6 – couleur orange.
- Fête le 17 mars.
- Saint Patrick, fils d'un officier de la légion anglo-romaine et d'une esclave gauloise, est enlevé et vendu comme esclave en Irlande au Ve s. Il s'échappe, arrive en Gaule et se met sous la protection de saint Germain. Revenu en Irlande, Patrick devient évêque, évangélise le pays et organise l'Église d'Irlande dont il devient le saint patron.
- Caractère : **calme, raffinement, perfectionnisme, affectivité.**
- Breton : *Padrig*, *Padriga*. Irlandais : *Paddy*, *Padraig*.

PAUL

Ce grand classique du XIXe s. est à l'honneur depuis les années 1990.

- **Origine latine,** signifie « petit ».
- Chiffre 6 – couleur orange.
- Fête le 29 juin.
- Saint Paul, de son prénom Saül, juif et pharisien, est converti par le Christ ; il rédige quatorze épîtres et construit des églises en Asie Mineure, en Macédoine et en Grèce.
- Caractère : **intuition, passion, intelligence, ambition.**
- Autre orthographe : *Pol*.
- Variante : *Paulin*.
- Bretons : *Paol*, *Paolig*. Espagnol : *Pablo*. Germanique : *Paulus*. Italien : *Paolo*. Russe : *Pavan*, *Pavel*.

PÉPIN

Ce prénom du haut Moyen Âge fut illustré par Pépin le Bref, fils de Charles Martel et père de Charlemagne.

- **Origine francisque,** signifie « petit ».
- Chiffre 6 – couleur violette.
- Fête le 21 février.
- Saint Pépin est maire du Palais sous le règne de Dagobert, au VIIe s.
- Caractère : **sensibilité, sens des responsabilités, rigueur, équilibre.**

PERCEVAL

Dans la littérature, Perceval est le héros du roman de Chrétien de Troyes Perceval ou le Conte du Graal. *Ce prénom réapparaît timidement, dans le sillage d'Arthur et des prénoms médiévaux.*

- Chiffre 1 – couleur verte.
- Fête le 29 juin.
- Saint Pierre, apôtre du Christ et premier pape de l'Église, est son patron.
- Caractère : **émotivité, réserve, sérieux, travail.**
- Variante : *Parcifal.*

PÉREG

Il est la forme celtique de Pierre.

- **Origine latine,** signifie « pierre ».
- Chiffre 6 – couleur verte.
- Fête le 4 juin.
- Saint Péreg, moine gallois du VIe s., prêche en Cornouailles.
- Caractère : **réserve, sensibilité, discrétion, rêverie.**

PHILÉAS

- **Origine grecque,** signifie « qui aime ».
- Chiffre 6 – couleur orange.
- Fête le 4 février.
- Saint Philéas, évêque à Alexandrie en Égypte au IVe s., est martyrisé avec les chrétiens de son évêché.
- Caractère : **secret, discrétion, réflexion, sensibilité.**

PHILÉMON

Ce prénom de la mythologie grecque évoque le couple Philémon et Baucis, pauvres paysans phrygiens, symbole de l'amour conjugal que les dieux métamorphosèrent, lorsqu'ils furent âgés, en deux arbres aux branches mêlées.

- **Origine grecque,** signifie « seul ami ».
- Chiffre 2 – couleur jaune.
- Fête le 22 novembre.
- Saint Philémon, homme fortuné et respecté en Asie Mineure, au Ier s., est converti par saint Paul ; devenu évêque de Colosses, il prêche, baptise et meurt en martyr.

- Caractère : **idéalisme, affectivité, sociabilité, rêverie.**

PHILIBERT

- **Origine germanique,** signifie « très illustre ».
- Chiffre 9 – couleur verte.
- Fête le 20 août.
- Saint Philibert, abbé près de Meaux, est si sévère avec ses moines qu'ils le chassent. Il fonde une nouvelle abbaye et connaît le même sort. Il tente une troisième expérience à Noirmoutier où il meurt.
- Caractère : **affectivité, harmonie, générosité, écoute.**

PHILIPPE

Ce prénom est l'un des grands classiques de l'état civil.

- **Origine grecque,** signifie « celui qui aime les chevaux ».
- Chiffre 1 – couleur verte.
- Fête le 3 mai.
- Saint Philippe, habitant de Bethsaïde, sur le lac de Tibériade, en Palestine, au début du Ier s., devient apôtre du Christ. Après la Pentecôte, il part évangéliser la Grèce et il y meurt en martyr.
- Caractère : **dynamisme, activité, ambition, autorité.**
- Anglo-saxon : *Philip*. Espagnol : *Felipe*.

PIERRE

Prénom intemporel, Pierre est une valeur sûre.

- **Origine latine,** signifie « pierre ».
- Chiffre 8 – couleur jaune.
- Fête le 29 juin.
- Saint Pierre, pêcheur du lac de Tibériade, devient le chef des douze apôtres et le premier pape de la chrétienté. Après la Pentecôte, il prêche en Palestine, puis en Grèce et enfin à Rome. Il aurait été crucifié sous Néron.
- Caractère : **passion, activité, secret, énergie.**
- Diminutif : *Pierrot*.
- Anglo-saxon : *Pete*, *Peter*, *Pierce*, *Piers*. Breton : *Per*, *Pereg*, *Pierrick*, *Pierrig*. Espagnol : *Pedro*. Germanique : *Petrus*. Italien : *Pietro*. Occitan : *Pieyre*. Provençal : *Pèire*, *Pèiroun*. Russe : *Piotr*. Scandinave : *Peer*.

PLACIDE

- **Origine latine,** signifie « plaisant ».
- Chiffre 5 – couleur bleue.
- Fête le 5 octobre.
- Saint Placide, fils de sénateur romain élevé par saint Benoît, devient moine très jeune et fonde un monastère en Sicile où il est assassiné par les Sarrasins, au VIe s.
- Caractère : **ambition, activité, franchise, curiosité.**

PROSPER

Ce prénom connaît une vague de succès au XIXe s.

- **Origine latine,** signifie « prospère ».
- Chiffre 8 – couleur verte.
- Fête le 25 juin.
- Saint Prosper, laïc marseillais du IVe s., étudie la théologie et rédigee des essais et des ouvrages sur la vie des saints.
- Caractère : **sérieux, autorité, travail, exigence.**
- Espagnol et italien : *Prospero.*

PRUDENCE

- **Origine latine,** signifie « sagesse ».
- Chiffre 5 – couleur bleue.
- Fête le 1er avril.
- Saint Prudence, évêque en Italie au IIIe s., entreprend d'évangéliser sa région, mais il est décapité pour avoir renversé une statue païenne.
- Caractère : **sensibilité, rapidité, sens des responsabilités, rigueur.**
- Espagnol et italien : *Prudencio.*

Q-R

QUENTIN

Ce prénom est un grand classique depuis 2000.

- **Origine latine,** signifie « cinquième ».
- Chiffre 1 – couleur bleue.
- Fête le 31 octobre.
- Saint Quentin, cinquième enfant d'un sénateur de Rome du IIIe s., devient prêtre et quitte son pays pour évangéliser la Picardie. Il est arrêté sur l'ordre de l'empereur Maximien, emprisonné et décapité à Vermand, ville qui porte aujourd'hui le nom de Saint-Quentin.
- Caractère : **vivacité, curiosité, sensibilité, prudence.**
- Espagnol : *Quintin.* Italien : *Quintinio.*

RACHID

- **Origine arabe,** signifie « le bien dirigé ».
- Chiffre 7 – couleur rouge.
- Caractère : **harmonie, élégance, activité, volonté.**

RAINIER

- **Origine germanique,** signifie « conseil » et « armée ».
- Chiffre 1 – couleur rouge.
- Fête le 17 juin.
- Saint Rainier, troubadour italien du XIIe s., fait un pèlerinage en Terre sainte sur la recommandation d'un moine, puis se retire dans un monastère.
- Caractère : **passion, énergie, douceur, diplomatie.**
- Autre orthographe : *Régnier*.
- Anglo-saxon : *Rayner*. Espagnol : *Rainerio*. Italiens : *Raineri*, *Ranieri*. Germanique : *Rainer*.

RALPH

Ce prénom est une variante de Raoul.

- **Origine germanique,** signifie « conseil » et « loup ».
- Chiffre 1 – couleur orange.
- Fête le 7 juillet.
- Saint Raoul, père de famille nombreuse en Angleterre au XVIe s., est pendu par les hommes de la reine Elizabeth Ire le jour de sa conversion.
- Caractère : **autorité, générosité, volonté, travail.**

RAOUL

Ce prénom est une forme dérivée de Rodolphe, qui était assez courant au début du XXe s.

- **Origine germanique,** signifie « conseil » et « loup ».
- Chiffre 4 – couleur orange.
- Fête le 7 juillet.
- Saint Raoul, père de famille nombreuse en Angleterre au XVIe s., se convertit ; il est pendu le jour même par les hommes de la reine Elizabeth Ire.
- Caractère : **séduction, efficacité, détermination, attention.**
- Espagnol : *Raul*.

RAPHAËL

Ce prénom est, comme Gabriel, l'un des favoris de ce début de siècle.

- **Origine hébraïque,** signifie « Dieu a guéri ».
- Chiffre 7 – couleur jaune.
- Fête le 29 septembre.
- Saint Raphaël est archange, comme Michel et Gabriel. D'après la Bible, messager de Dieu, il accompagne le jeune Tobie dans son voyage et guérit la cécité de son père.
- Caractère : **émotivité, calme, étude, réflexion.**
- Breton : *Raffig*. Espagnol : *Rafael*. Italien : *Raffaelle*, *Raffaello*. Provençal : *Rafeioun*.

RAYMOND

- **Origine germanique,** signifie « conseil » et « monde ».
- Chiffre 8 – couleur bleue.
- Fête le 7 janvier.

- Saint Raymond, d'origine espagnole, est maître des dominicains en Espagne au XIIIe s., puis conseiller du pape. Il rédige plusieurs ouvrages de théologie et fonde l'ordre de Notre-Dame-de-la-Merci, pour le rachat des chrétiens captifs des musulmans.
- Caractère : **courage, volonté, travail, réserve.**
- Variante : *Aymon.*
- Anglo-saxon : *Ray.* Espagnol : *Raimon, Ramon.* Germanique : *Raimund.* Italien : *Raimundo.* Provençal : *Ramoun.*

RÉGINALD

- **Origine germanique,** signifie « conseil du gouverneur ».
- Chiffre 7 – couleur verte.
- Fête le 21 février.
- Saint Réginald, dominicain du XIIIe s., prêche à travers l'Europe.
- Caractère : **générosité, spiritualité, sensibilité, idéalisme.**
- Anglo-saxon : *Reinald, Reinhold.* Espagnol : *Reginaldo.* Italien : *Rainaldo, Rinaldo.*

RÉGIS

- **Origine latine,** signifie « roi ».
- Chiffre 4 – couleur verte.
- Fête le 16 juin.
- Saint Régis, jésuite du XVIIe s., consacrae sa vie à prêcher la bonne parole.
- Caractère : **réserve, stabilité, sensibilité, étude.**
- Anglo-saxon : *Roy.* Espagnol : *Regerio.*

RÉMI

Sobre et classique, ce prénom, en vogue au Moyen Âge, revient discrètement au goût du jour.

- **Origine latine,** signifie « remède ».
- Chiffre 9 – couleur orange.
- Fête le 15 janvier.
- Saint Remi, évêque de Reims au Ve s., homme instruit et habile gestionnaire, est le conseiller de la reine Clotilde ; il baptise Clovis et trois mille hommes de son armée.
- Caractère : **sensibilité, intuition, adaptabilité, indépendance.**
- Autre orthographe : *Rémy.*
- Espagnol : *Remigio.*

RENAUD

Ce prénom médiéval est une variante de Réginald.

- **Origine germanique,** signifie « conseil du gouverneur ».
- Chiffre 9 – couleur bleue.
- Fête le 17 septembre.
- Saint Renaud, moine dans une abbaye de Soissons au XIIe s., termine sa vie en ermite.
- Caractère : **passion, ambition, communication, idéalisme.**
- Anglo-saxon : *Reynold.*

RENÉ

- **Origine latine,** signifie « né à une nouvelle vie ».
- Chiffre 6 – couleur bleue.
- Fête le 19 octobre.
- Saint René, jésuite missionnaire au Canada au XVIIe s., est massacré par les Iroquois.
- Caractère : **calme, sens des responsabilités, perfectionnisme, sociabilité.**
- Italien : *Renato*. Occitan : *Renat*. Provençal : *Reinie*.

RHYS

Ce prénom fait fureur en Écosse depuis 2010.

- **Origine galloise,** signifie « enthousiaste ».
- Chiffre 7 – couleur verte.
- Caractère : **stabilité, calme, discrétion, réflexion.**

RIAGAD

- **Origine celtique,** signifie « combat de roi ».
- Chiffre 4 – couleur verte.
- Fête le 29 juin.
- Saint Riagad, né en Irlande, fonde un monastère en Bretagne au Ve s.
- Caractère : **stabilité, travail, sens de l'organisation, rigueur.**

RICHARD

Ce prénom a été aussi courant en Allemagne, en Angleterre qu'aux État-Unis.

- **Origine germanique,** signifie « roi fort ».
- Chiffre 7 – couleur rouge.
- Fête le 3 avril.
- Saint Richard, intendant de l'archevêque de Canterbury au XIIIe s., devient évêque de Chichester malgré l'opposition du roi Henri III qui le réduit à la misère.
- Caractère : **raffinement, séduction, sensibilité, prudence.**
- Anglo-saxon : *Dick*, *Richie*, *Rick*, *Rickie*. Espagnol : *Ricardo*. Italien : *Riccardo*.

RIGOBERT

Il est une variante de Robert.

- **Origine germanique,** signifie « gloire illustre ».
- Chiffre 4 – couleur rouge.
- Fête le 17 septembre.
- Saint Robert Bellarmin, aristocrate italien professeur de théologie au XVIe s., devient légat du pape Clément VIII, puis cardinal et archevêque. Il est nommé docteur de l'Église.
- Caractère : **stabilité, travail, sens de l'organisation, amabilité.**

RIOWEN

- Origine celtique, signifie « heureux roi ».
- Chiffre 3 – couleur violette.
- Fête le 14 août.
- Saint Riowen est moine à Redon, en Bretagne, au IXe s.
- Caractère : **créativité, harmonie, éclectisme, communication.**

RIWAL

- **Origine celtique,** signifie « valeur de roi ».
- Chiffre 9 – couleur bleue.
- Fête le 15 juillet.
- Saint Riwal, né en Angleterre au Ve s., se bat contre les Danois en Bretagne et fonde des monastères dans le Finistère.
- Caractère : **altruisme, rêverie, étude, méditation.**
- Variantes : *Rivelen*, *Rivoal*, *Riwallon*.

RIWAN

- **Origine celtique,** signifie « roi en marche ».
- Chiffre 2 – couleur orange.
- Fête le 18 février.
- Saint Riwan est un disciple de saint Malo, en Bretagne, au VIe s.
- Caractère : **sensibilité, adaptabilité, calme, sens de la négociation.**
- Diminutifs : *Riwanez*, *Riwanig*.
- Variante : *Rivanone*.

RIWARE

- **Origine celtique,** signifie « jeu de roi ».
- Chiffre 7 – couleur verte.
- Fête le 19 septembre.
- Saint Riware fonde une abbaye dans le Finistère au Ve s.
- Caractère : **équilibre, sens des responsabilités, rigueur, sens de la justice.**
- Variante : *Rivoaré*.

ROBERT

Ce prénom se développe au Moyen Âge et connaît ses heures de gloire au début du XXe s. ; Robin le supplante aujourd'hui.

- **Origine germanique,** signifie « gloire illustre ».
- Chiffre 6 – couleur rouge.
- Fête le 17 septembre.
- Saint Robert Bellarmin, aristocrate italien professeur de théologie au XVIe s., devient légat du pape Clément VIII, puis cardinal et archevêque. Il est nommé docteur de l'Église.
- Caractère : **détermination, travail, sens de l'organisation, amabilité.**
- Anglo-saxon : *Bob*, *Bobby*, *Rob*, *Robbie*, *Robby*. Breton : *Ropars*, *Roparz*, *Roparzh*. Espagnol : *Roberto*. Provençal : *Roubert*.

ROBIN

Cette forme dérivée de Robert est courante au Moyen Âge ; elle est illustrée par le personnage de Robin des Bois, héros de légende anglais, symbolisant la résistance des Saxons aux envahisseurs normands. Robin est en vogue depuis les années 1990.

- **Origine germanique,** signifie « gloire illustre ».
- Chiffre 4 – couleur rouge.
- Fête le 17 septembre.
- Saint Robert est son patron.
- Caractère : **prudence, intuition, stabilité, réflexion.**

ROBINSON

Il est une variante de Robin, prisée dans les pays anglo-saxons.

- **Origine germanique,** signifie « gloire illustre ».
- Chiffre 7 – couleur rouge.
- Fête le 17 septembre.
- Saint Robert Bellarmin est successivement légat du pape, cardinal, archevêque et enfin docteur de l'Église, au XVIe s.
- Caractère : **spiritualité, étude, réflexion, discrétion.**

ROCH

- **Origine germanique,** signifie « gloire ».
- Chiffre 8 – couleur verte.
- Fête le 16 août.
- Saint Roch, né à Montpellier au XIVe s., soigne les malades de la peste avec un immense dévouement. Atteint par la maladie, il se retire dans les bois. Revenu dans sa ville natale amaigri et hirsute, il est jeté en prison pour vagabondage et y meurt.
- Caractère : **courage, combativité, passion, efficacité.**
- Anglo-saxon : *Rocky*. Espagnol : *Roque*. Italien : *Rocco*.

RODÉRIC

Il est la forme originelle de Rodrigue.

- **Origine germanique,** signifie « gloire du roi ».
- Chiffre 9 – couleur rouge.
- Fête le 13 mars.
- Saint Rodrigue, prêtre à Cordoue, en Andalousie, au IXe s., est dénoncé par son frère musulman et meurt en martyr.
- Caractère : **idéalisme, sensibilité, réserve, diplomatie.**
- Anglo-saxon : *Rory*. Scandinave : *Reurik*.

RODOLPHE

Ce prénom est la forme originelle de Raoul. Il connaît un discret succès.

- **Origine germanique,** signifie « gloire » et « loup ».

- Chiffre 6 – couleur rouge.
- Fête le 17 avril.
- Saint Rodolphe est un tout jeune enfant lorsqu'il est arrêté avec ses parents, et massacré avec eux par un groupe de juifs intégristes, en Suisse, au XIIIe s.
- Caractère : **vivacité, réalisme, ambition, volonté.**
- Diminutif: *Rudy.*
- Anglo-saxon : *Rodolf.* Espagnol : *Rodolfo.* Italien : *Rudolfo.* Germanique : *Rudolf, Rudy.* Slave : *Radek.*

RODRIGUE

Ce prénom est surtout connu grâce au personnage du Cid *de Corneille.*

- **Origine germanique,** signifie « gloire du roi ».
- Chiffre 7 – couleur rouge.
- Fête le 13 mars.
- Saint Rodrigue, musulman, se convertit à Cordoue au IXe s. et devient prêtre. Son frère musulman le dénonce et il meurt en martyr.
- Caractère : **sensibilité, intuition, intelligence, étude.**
- Espagnol : *Rodrigo.*

ROGATIEN

- **Origine latine,** signifie « prière ».
- Chiffre 8 – couleur orange.
- Fête le 24 mai.
- Saint Rogatien, fils du comte de Nantes, est martyrisé avec son frère Donatien (IIIe s.).
- Caractère : **courage, énergie, sens pratique, efficacité.**
- Breton : *Rogasian.*

ROGER

Il est un classique du début du XXe s.

- **Origine germanique,** signifie « gloire » et « lance ».
- Chiffre 9 – couleur orange.
- Fête le 30 décembre.
- Saint Roger, évêque en Italie au XIIe s., est un modèle de bonté et de charité.
- Caractère : **sens de l'observation, intuition, émotivité, générosité.**
- Anglo-saxon : *Dodge, Rodger.* Espagnol : *Rogelio.* Germanique : *Rudiger.* Italien : *Ruggiero.*

ROLAND

Ce prénom est illustré par le neveu de Charlemagne, héros de La Chanson de Roland, *écrite au XIe s., par Turold.*

- **Origine germanique,** signifie « gloire » et « terre ».
- Chiffre 1 – couleur verte.
- Fête le 15 septembre.
- Saint Roland est ermite en Italie au XIVe s.
- Caractère : **communication, dynamisme, rapidité, autorité.**
- Espagnol et italien : *Rolando.* Germanique : *Roeland, Roldan.*

ROMAIN

Ce prénom a été l'un des favoris dans les années 1980.

- **Origine latine,** signifie « romain ».
- Chiffre 7 – couleur rouge.
- Fête le 28 février.
- Saint Romain, ermite dans le Jura au Ve s., fonde avec son frère Lupicin plusieurs monastères, parmi lesquels l'abbaye de Condat.
- Caractère : **sensibilité, étude, réflexion, discrétion.**
- Germanique : *Romanus*. Italien : *Romano, Roméo*. Slave : *Romek*.

ROMAN

Cette variante polonaise de Romain est en vogue depuis les années 2000.

- **Origine latine,** signifie « romain ».
- Chiffre 7 – couleur rouge.
- Fête le 28 février.
- Saint Romain est ermite dans le Jura au Ve s. ; il fonde avec son frère Lupicin l'abbaye de Condat, entre autres monastères.
- Caractère : **sensibilité, charme, fidélité, secret.**

ROMARIC

- **Origine germanique,** signifie « puissante gloire ».
- Chiffre 5 – couleur violette.
- Fête le 10 décembre.
- Saint Romaric fonde un monastère dans les Vosges au VIIe s., dans un village qui prend de nom de Romaricimons, francisé en Remiremont.
- Caractère : **audace, goût de l'aventure, intuition, esprit d'analyse.**

ROMÉO

Cette variante italienne de Romain est surtout connue grâce au personnage de Shakespeare, héros de Roméo et Juliette.

- **Origine latine,** signifie « de Rome ».
- Chiffre 2 – couleur jaune.
- Fête le 25 février.
- Saint Roméo, moine à Limoges, meurt de la peste au XIVe s. alors qu'il se rend en pèlerinage à Rome.
- Caractère : **rapidité, réalisme, ambition, exigence.**
- Italien : *Romeo.*

ROMUALD

- **Origine germanique,** signifie « gloire du gouverneur ».
- Chiffre 3 – couleur rouge.
- Fête le 19 juin.
- Saint Romuald passe cinquante ans dans un ermitage dans la montagne toscane au XIe s.
- Caractère : **communication, adresse, diplomatie, exigence.**

RONALD

Il est une variante de Réginald, courante aux États-Unis.

- **Origine germanique,** signifie « conseil du gouverneur ».
- Chiffre 1 – couleur verte.
- Fête le 21 février.
- Saint Réginald, dominicain du XIIIe s., prêche à travers l'Europe.
- Caractère : **ambition, autorité, volonté, travail.**
- Anglo-saxon : *Ronnie*. Espagnol : *Ronaldo*.

RONAN

- **Origine celtique,** signifie « royal ».
- Chiffre 8 – couleur bleue.
- Fête le 1er juin.
- Saint Ronan, Irlandais du VIe s., évangélise le Léon, en Bretagne, et fonde un ermitage près d'un village qui porte aujourd'hui son nom, puis se retire dans un autre village, qui deviendra Locronan.
- Caractère : **idéalisme, charme, sensibilité, indépendance.**
- Variante : *Renan*.

RORY

Ce prénom est un favori en Irlande depuis 2000.

- **Origine irlandaise,** signifie « roux ».
- Chiffre 4 – couleur rouge.
- Caractère : **travail, réflexion, ambition, persévérance.**

RUBEN

Dans la Bible, il est le fils aîné de Léa et Jacob, à l'origine de l'une des douze tribus d'Israël.

- **Origine hébraïque,** signifie « c'est un fils ».
- Chiffre 6 – couleur rouge.
- Caractère : **équilibre, travail, ambition, sens des responsabilités.**
- Anglo-saxon : *Reuben*, *Rouven*, *Ruby*.

RUDY

Ce prénom est un diminutif de Rodolphe.

- **Origine germanique,** signifie « gloire » et « loup ».
- Chiffre 5 – couleur rouge.
- Fête le 17 avril.
- Saint Rodolphe est un tout jeune enfant lorsqu'il est arrêté avec ses parents, et massacré avec eux par un groupe de juifs intégristes, en Suisse, au XIIIe s.
- Caractère : **activité, franchise, adaptabilité, curiosité.**

RUFUS

- **Origine latine,** signifie « roux ».
- Chiffre 4 – couleur rouge.

- Caractère : **réserve, prudence, travail, discipline.**

RYAN

Il est une forme anglo-saxonne de Briac, en faveur dans les années 1990.

- **Origine celtique,** signifie « estime ».
- Chiffre 5 – couleur verte.
- Fête le 17 décembre.
- Saint Briac, né en Irlande au VIIe s., fait ses études au pays de Galles, puis s'installe en Bretagne avec saint Tudwall ; il y fonde plusieurs monastères.
- Caractère : **rigueur, sens des responsabilités, activité, goût de l'aventure.**

S

SABIN

Ce prénom est plus connu sous sa forme féminine Sabine.

- **Origine latine,** signifie « de la famille des Sabinus ».
- Chiffre 9 – couleur verte.
- Fête le 17 janvier.
- Saint Sabin, évêque de Plaisance au Ve s., lutte contre l'hérésie.
- Caractère : **dynamisme, sensibilité, combativité, sens pratique.**
- Espagnol : *Sabino, Sabiniano.*

SACHA

Diminutif russe d'Alexandre, ce prénom devenu mixte est très en vogue.

- **Origine grecque,** signifie « l'homme qui repousse ».
- Chiffre 5 – couleur bleue.
- Fête le 3 mai.
- Saint Alexandre, pape au début du IIe s., subit le martyre sur ordre de l'empereur Trajan.
- Caractère : **sensibilité, volonté, activité, opportunisme.**

SAENS

- **Origine latine,** signifie « de Sidon ».
- Chiffre 4 – couleur verte.
- Fête le 15 novembre.
- Saint Saens, né en Irlande, fonde un monastère en Normandie au VIIe s.
- Caractère : **rigueur, travail, ténacité, courage.**

SAÏD

Ce prénom est très populaire.

- **Origine arabe,** signifie « l'homme heureux ».
- Chiffre 6 – couleur bleue.

- Caractère : **affectivité, sens des responsabilités, sensibilité, harmonie.**

SALOMON

Salomon, fils de David et de Bethsabée, est roi d'Israël de 972 à 932 av. J.-C. Son règne marque l'apogée d'Israël. La tradition le dépeint juste, sage, et même magicien.

- **Origine hébraïque,** signifie « paix ».
- Chiffre 8 – couleur verte.
- Fête le 29 décembre.
- Caractère : **franchise, courage, réalisme, rigueur.**
- Anglo-saxon : *Solomon.* Arabe : *Soliman, Suleiman.* Breton : *Salaün.*

SAMI

Ce prénom est la forme arabe de Samuel.

- **Origine hébraïque,** signifie « son nom est Dieu ».
- Chiffre 6 – couleur rouge.
- Caractère : **puissance, rigueur, autorité, courage.**

SAMSON

Dans la Bible, Samson, juge d'Israël au XIIe s. av. J.-C., est réputé pour sa force surnaturelle, due à sa longue chevelure. Il est séduit et trahi par la belle Dalila qui le rase pendant son sommeil et le livre aux Philistins. Ses cheveux repoussent, il retrouve sa force, et, captif dans un temple, il le renverse sur le peuple. Ce prénom, illustré par un saint celte, est un des classiques bretons.

- **Origine hébraïque,** signifie « soleil ».
- Chiffre 9 – couleur verte.
- Fête le 28 juillet.
- Saint Samson, moine gallois venu en Bretagne au VIe s., fonde un monastère à Dol dont il devient le premier évêque, participe au deuxième concile et assiste le roi Chilpéric. Il est l'un des saints fondateurs de la Bretagne.
- Caractère : **calme, réserve, étude, réflexion.**
- Anglo-saxon : *Sampson.* Breton : *Samzun.* Espagnol : *Sanson.* Italien : *Sansone.* Provençal : *Sansoun.*

SAMUEL

- **Origine hébraïque,** signifie « son nom est Dieu ».
- Chiffre 8 – couleur rouge.
- Fête le 20 août.
- Samuel, juge et prophète, est l'un des guides d'Israël et rédacteur d'un récit historique et de poèmes nommés *Livre de Samuel.*
- Caractère : **passion, autorité, énergie, exigence.**
- Diminutif : *Sam.*

SANTIAGO

Ce prénom a pour origine le cri de guerre des chrétiens « Sancte Iacobe » dans les combats médiévaux en Espagne.

- **Origine espagnole,** signifie « saint Jacques ».
- Chiffre 2 – couleur rouge.
- Fête le 25 juillet.
- Caractère : **activité, curiosité, sociabilité, indépendance.**

SATURNIN

Dans la mythologie romaine, Saturne est un dieu qui, chassé du ciel par Jupiter, se réfugie dans le Latium où il enseigne l'agriculture aux hommes.

- **Origine latine,** du nom du dieu Saturne.
- Chiffre 8 – couleur rouge.
- Fête le 29 novembre.
- Saint Saturnin, appelé aussi Sernin, premier évêque de Toulouse, subit le martyre au IIIe s.
- Caractère : **courage, droiture, franchise, rigueur.**
- Espagnol : *Saturnino.*

SAÜL

Il est, dans la Bible, le premier roi d'Israël, au Ier s. av. J.-C. Saül est aussi le prénom que portait l'apôtre Paul.

- **Origine hébraïque,** signifie « le demandé ».
- Chiffre 8 – couleur jaune.
- Caractère : **indépendance, sens de la justice, franchise, courage.**

SCOTT

- **Origine écossaise,** signifie « écossais ».
- Chiffre 5 – couleur rouge.
- Fête le 8 novembre.
- Saint Jean Duns Scott, théologien écossais du XIVe s., enseigne à Cambridge, à Paris et à Cologne.
- Caractère : **autonomie, indépendance, autorité, affectivité.**

SEAN

Ce prénom est la forme irlandaise de Jean.

- **Origine hébraïque,** signifie « Dieu a fait grâce ».
- Chiffre 3 – couleur jaune.
- Fête le 24 juin.
- Saint Jean est son patron.
- Saint Jean, disciple du Christ et auteur présumé du quatrième Évangile, de trois épîtres et de l'Apocalypse.
- Saint Jean Chrysostome, évêque de Constantinople au IVe s. et docteur de l'Église.
- Saint Jean le Baptiste, fils d'Élisabeth et de Zacharie, est né en Palestine au début du Ier s. Il est appelé par Dieu pour se retirer

dans le désert et s'établit sur la rive du Jourdain pour baptiser tous ceux qu'il convertit.
- Saint Jean Bosco, Piémontais du XIXe s., voue sa vie à l'éducation des enfants pauvres.
- Caractère : **curiosité, charisme, communication, exigence.**

SÉBASTIEN

Il est l'un des favoris entre 1960 et 1980. Bastien a pris le relais au hit-parade, sans atteindre le même succès.

- **Origine grecque,** signifie « honoré ».
- Chiffre 3 – couleur bleue.
- Fête le 20 janvier.
- Saint Sébastien, officier de l'armée romaine au IIIe s., se porte au secours des chrétiens persécutés ; il est dénoncé et livré aux archers débutants qui le laissent pour mort. Recueilli par une sainte femme, il guérit de ses blessures et va reprocher à l'empereur sa cruauté ; il meurt sous les coups de gourdin.
- Caractère : **sensibilité, communication, émotivité, réserve.**
- Variante : *Bastien.*
- Anglo-saxon et espagnol : *Sebastian.* Italien : *Sebastiano.*

SELMAN

Ce prénom est une variante d'Anselme.

- **Origine germanique,** signifie « casque du dieu Ans », divinité teutonne.
- Chiffre 1 – couleur verte.
- Fête le 21 avril.
- Saint Anselme, prêtre à Paris au XIIe s., est nommé archevêque de Canterbury par le pape ; il mène à bien sa mission malgré l'opposition du roi. Il est nommé docteur de l'Église.
- Caractère : **organisation, autorité, énergie, fierté.**

SEPTIME

Ce prénom rarissime est illustré par un empereur romain au début du IIe s.

- **Origine latine,** signifie « septième ».
- Chiffre 6 – couleur verte.
- Fête le 10 octobre.
- Caractère : **curiosité, charisme, vivacité, sociabilité.**
- Espagnol : *Septimio.*

SÉRAPHIN

- **Origine hébraïque,** signifie « séraphin », ange au plus haut degré de la dynastie céleste.
- Chiffre 5 – couleur blanche.
- Fête le 12 octobre.
- Saint Séraphin, capucin italien du

XVIIe s., est illettré et maladroit, mais il est touché par la grâce ; il ne sait pas cultiver, mais fruits et légumes poussent à profusion dans le jardin de l'abbaye ; il ne sait pas lire mais prêche l'Évangile comme un théologien.

- Caractère : **sociabilité, diplomatie, communication, harmonie.**
- Espagnol : *Serapio*. Germanique : *Serafinus*.

SERGE

Grand classique russe, Serge connaît le succès en Europe au milieu du XXe s.

- **Origine latine,** signifie « issu des Sergius », nom d'une célèbre famille romaine du Ier s.
- Chiffre 9 – couleur rouge.
- Fête le 25 septembre.
- Saint Serge de Radonège, ermite en Russie au XIVe s., fonde le monastère de La Trinité. Devenu conseiller des princes, il joue le rôle de médiateur.
- Caractère : **émotivité, autorité, efficacité, calme.**
- Espagnol et italien : *Sergio*. Germanique : *Sergius*. Russe : *Sergueï*.

SERVAN

Ce prénom est plus rare que Servane, sa forme féminine.

Les saints patrons

Allemagne : Michel
Alsace : Odile
Amérique du Sud : Rose
Amiens : Firmin
Angleterre : Georges, Michel
Ardennes : Hubert
Autriche : Joseph, Léopold
Belgique : Joseph
Bohême : Venceslas
Brest : Hervé
Bretagne : Anne, Yves
Bruxelles : Gudule, Michel
Canada : Anne, Joseph
Chypre : Barnabé
Corse : Rita
Danemark : Knut
Écosse : André
Égypte : Marc
Espagne : Jacques
Europe : Benoît, Cyrille
France : Denis, Jeanne
Gibraltar : Bernard
Grèce : André
Irlande : Brigitte, Colomban, Patrick
Italie : François
Lisbonne : Adrien
Madrid : Isidore
Mexique : Joseph
Milan : Ambroise
Moscou : Boris
Nantes : Hervé
Paris : Denis, Geneviève
Pays de Galles : Dewi
Pérou : Joseph
Pologne : Casimir, Christian, Stanislas
Quimper : Hervé
Russie : André, Basile, Joseph, Serge

Sicile : Guy, Rosalie
Suède : Éric
Suisse : Maurice
Turquie : Jean
Venise : Marc
Viêtnam : Joseph

- **Origine latine,** signifie « esclave ».
- Chiffre 7 – couleur orange.
- Fête le 12 mai.
- Saint Servan, venu d'Écosse au VIIIe s., évangélise une partie de la Bretagne ; il laisse son nom à plusieurs villes.
- Caractère : **affectivité, indépendance, réserve, harmonie.**
- Espagnol : *Servando.*

SETH

Ce prénom est celui du troisième fils d'Adam et Ève, né après que Caïn eut tué Abel.

- **Origine hébraïque,** signifie « fondateur ».
- Chiffre 7 – couleur violette.
- Caractère : **autonomie, imagination, affectivité, créativité.**

SÉVERIN

- **Origine latine,** signifie « exigeant ».
- Chiffre 2 – couleur orange.
- Fête le 8 janvier.
- Saint Séverin, missionnaire en Europe centrale au Ve s., fonde plusieurs monastères pour accueillir malades, indigents et pèlerins.
- Caractère : **indépendance, dynamisme, activité, fierté.**
- Variantes : *Séverian, Séverien.*
- Espagnol : *Severino.* Germanique : *Severinus.* Scandinave : *Sören.*

SEYMOUR

Il est une forme dérivée de Maurice.

- **Origine latine,** signifie « maure ».
- Chiffre 4 – couleur violette.
- Fête le 22 septembre.
- Saint Maurice (IIIe s.), officier romain dans une légion composée de chrétiens comme lui, refuse de se prosterner devant les dieux païens ; il est mis à mort avec ses compagnons.
- Caractère : **travail, rigueur, courage, ténacité.**

SEZNI

- **Origine celtique,** signifie « rayon de soleil ».
- Chiffre 1 – couleur bleue.
- Fête le 8 mars.
- Saint Sezni, moine irlandais du VIe s., s'installe dans le Léon pour évangéliser les païens.
- Caractère : **sociabilité,**

diplomatie, discrétion, franchise.
- Variante : *Seznec.*

SHAI

Ce prénom moderne est en vogue en Israël.

- **Origine hébraïque,** signifie « cadeau ».
- Chiffre 1 – couleur rouge.
- Caractère : **indépendance, autorité, énergie, sensibilité.**

SHANNON

Ce prénom mixte, apprécié par les familles irlandaises, est plus courant pour les filles.

- **Origine irlandaise,** signifie « ancien ».
- Chiffre 5 – couleur verte.
- Caractère : **adaptabilité, indépendance, goût de l'aventure, sensibilité.**

SHELLEY

Ce prénom anglais, masculin au XIXe s., tend à se féminiser.

- **Origine anglaise,** signifie « clairière ».
- Chiffre 5 – couleur verte.
- Caractère : **sensibilité, adaptabilité, goût de l'aventure, indépendance.**

SIDNEY

Ce prénom, forme anglo-saxonne de Denis, est en vogue depuis les années 1990.

- **Origine grecque,** du nom de Dionysos, dieu de la Vigne.
- Chiffre 4 – couleur rouge.
- Fête le 9 octobre.
- Saint Denis est son patron.
- Caractère : **sensibilité, affectivité, indépendance, détermination.**

SIEGFRIED

Siegfried est un héros de la mythologie allemande et le sujet d'une œuvre de Wagner.

- **Origine germanique,** signifie « victoire » et « paix ».
- Chiffre 1 – couleur violette.
- Fête le 22 août.
- Saint Sigfried est prieur d'un monastère en Angleterre au VIIe s.
- Caractère : **virilité, autorité, fierté, ambition.**
- Espagnol : *Sigfrido.* Scandinave : *Sigurd.*

SIEGMUND

Ce prénom est une forme dérivée de Sigismund.

- **Origine germanique,** signifie « victoire » et « protection ».
- Chiffre 2 – couleur violette.
- Fête le 1er mai.

- Saint Sigismond, converti par le roi des Burgondes au VIe s., fonde un monastère dans le Valais.
- Caractère : **charme, vivacité, intuition, communication.**
- Autre orthographe : *Sigmund.*

SIGISMOND

- **Origine germanique,** signifie « victoire » et « protection ».
- Chiffre 1 – couleur violette.
- Fête le 1er mai.
- Saint Sigismond, converti par le roi des Burgondes, est le fondateur d'un monastère dans le Valais au VIe s.
- Caractère : **discipline, exigence, sens de l'organisation, travail.**
- Espagnol : *Sigismundo.* Italien : *Sigismondo.*

SIMÉON

D'après la Bible, en Israël, au Ier s., un ange annonce à Siméon, noble vieillard, qu'il verrait le Messie. Marie vient au Temple de Jérusalem avec l'Enfant Jésus âgé de quarante jours et le remet à Siméon pour qu'il le présente comme le Messie annoncé par les prophètes.

- **Origine hébraïque,** signifie « exaucé ».
- Chiffre 3 – couleur rouge.
- Fête le 28 octobre.
- Saint Siméon le Stylite, moine en Syrie, au Ve s., est chassé au bout de dix ans pour excès d'austérité. Ermite, il est suivi par ses fidèles. Il décide alors de vivre sur une colonne pour qu'on le laisse à sa solitude, mais accepte de prêcher et de consulter. Il y passe trente-sept années.
- Caractère : **élégance, éloquence, communication, affectivité.**

SIMON

Ce prénom est l'un des grands traditionnels de la culture hébraïque.

- **Origine hébraïque,** signifie « exaucé ».
- Chiffre 7 – couleur rouge.
- Fête le 28 octobre.
- Saint Simon dit le Zélote est l'un des douze apôtres du Christ. Après la Pentecôte, il part en Perse où il subit le martyre.
- Caractère : **indépendance, affectivité, adaptabilité, charisme.**

SIXTE

Ce prénom est bien plus rare que sa forme féminine Sixtine.

- **Origine latine,** signifie « sixième ».
- Chiffre 5 – couleur orange.
- Fête le 3 avril.
- Saint Sixte Ier, pape au début du IIe s., est mis à mort sur ordre de l'empereur Hadrien après dix ans de pontificat.

- Caractère : **activité, dynamisme, adaptabilité, éclectisme.**
- Espagnol : *Sixto*. Italien : *Sisto*.

SOEN

Ce prénom est une variante d'Yves, fréquente en Cornouailles.

- **Origine celtique,** signifie « if ».
- Chiffre 8 – couleur orange.
- Fête le 19 mai.
- Saint Yves Hilory, né près de Tréguier au XIIIe s., étudie le droit à Paris puis à Orléans et devient l'avocat des pauvres en Bretagne ; sa piété, sa générosité, ses talents de négociateur en ont fait l'un des plus grands saints.
- Caractère : **sensibilité, courage, opportunisme, efficacité.**

SOLAL

- **Origine hébraïque,** signifie « qui se fraye un chemin ».
- Chiffre 5 – couleur bleue.
- Caractère : **dynamisme, activité, indépendance, volonté.**

SOLEN

Ce prénom mixte est plus fréquemment féminin, mais saint Solen était bien un homme.

- **Origine latine,** signifie « solennel ».
- Chiffre 7 – couleur verte.
- Fête le 23 septembre.
- Saint Solen est évêque de Chartres au Ve s.
- Caractère : **réflexion, étude, esprit d'analyse, rigueur.**

SOLIMAN

Ce prénom est la forme arabe de Salomon. Il a été porté par le plus célèbre sultan d'Istanbul, au XVIe s., Soliman le Magnifique.

- **Origine hébraïque,** signife « paix ».
- Chiffre 3 – couleur jaune.
- Caractère : **sociabilité, sens artistique, harmonie, charisme.**
- Variante : *Slimane*.

SOSTHÈNE

- **Origine grecque,** signifie « force indestructible ».
- Chiffre 6 – couleur rouge.
- Fête le 28 novembre.
- Saint Sosthène, chef de la synagogue de Corinthe, en Grèce, au Ier s., compagnon de saint Paul, meurt roué de coups sur ordre du proconsul.
- Caractère : **calme, sérieux, sens des responsabilités, rigueur.**

STANISLAS

- **Origine slave,** signifie « qui se tient debout » et « victoire ».

- Chiffre 6 – couleur bleue.
- Fête le 11 avril.
- Saint Stanislas, prêtre polonais, du XIe s., est évêque de Cracovie après avoir étudié à Paris. Il est tué par le roi de Pologne, qu'il a excommunié pour ses mœurs cruelles et débauchées.
- Caractère : **sérieux, calme, travail, ambition.**
- Anglo-saxon : *Stanley*. Germanique : *Stanislaus*. Slave : *Stanislaw*.

STÉPHANE

Il est l'un des favoris entre 1960 et 1980.

- **Origine grecque,** signifie « couronné ».
- Chiffre 7 – couleur orange.
- Fête le 26 décembre.
- Saint Étienne, diacre à Jérusalem au Ier s., meurt lapidé pour avoir affirmé sa foi.
- Caractère : **curiosité, réserve, imagination, affectivité.**
- Variante : *Étienne*.
- Anglo-saxon : *Steeve, Stephen, Steven*. Breton : *Stefan*. Germanique : *Stefanus*. Italien : *Stefano*. Slave : *Stepko*.

SULLIAN

- **Origine celtique,** signifie « né du soleil ».
- Chiffre 7 – couleur jaune.
- Fête le 1er octobre.
- Saint Sullian, moine irlandais du VIe s., accoste en Bretagne et fonde un monastère.
- Caractère : **rigueur, travail, sens des responsabilités, réflexion.**

SULLIVAN

Ce prénom anglo-saxon est en vogue depuis la fin du XXe s.

- **Origine celtique,** signifie « aux yeux noirs ».
- Chiffre 2 – couleur bleue.
- Caractère : **indépendance, émotivité, activité, fidélité.**

SULPICE

- **Origine latine,** signifie « de la famille des Sulpicius », noble famille romaine du Ier s.
- Chiffre 4 – couleur rouge.
- Fête le 29 janvier.
- Saint Sulpice, disciple de saint Martin au IVe s., transforme sa demeure en monastère.
- Caractère : **franchise, curiosité, opiniâtreté, autorité.**
- Espagnol : *Sulpicio*.

SVEN

- **Origine scandinave,** signifie « jeune homme ».
- Chiffre 6 – couleur jaune.
- Caractère : **charme, sensibilité, charisme, épicurisme.**

SWANN

Ce prénom est surtout connu en France par l'œuvre de Marcel Proust. Il est mixte.

- **Origine anglaise,** signifie « cygne ».
- Chiffre 3 – couleur blanche.
- Caractère: **réserve, charme, calme, sens des responsabilités.**

SYLVAIN

- **Origine latine,** signifie « forêt ».
- Chiffre 3 – couleur verte.
- Fête le 4 mai.
- Saint Sylvain, évêque de Gaza, en Palestine, est décapité au IVe s.
- Caractère : **vivacité, ambition, courage, sens pratique.**
- Occitan : *Silvan*, *Silvian*.

SYLVESTRE

- **Origine latine,** signifie « sylvestre ».
- Chiffre 1 – couleur verte.
- Fête le 31 décembre.
- Saint Sylvestre, pape au IVe s., assujetti à la surveillance de l'empereur Constantin, bâtit églises et cathédrales et transforme Rome.
- Caractère : **communication, adresse, diplomatie, exigence.**
- Autre orthographe : *Silvestre*.
- Anglo-saxon : *Silvester*. Espagnol : *Silvio*.

SYMPHORIEN

- **Origine grecque,** signifie « porter ensemble ».
- Chiffre 8 – couleur verte.
- Fête le 22 août.
- Saint Symphorien, chrétien du IIe s., est décapité à l'âge de 18 ans, en Bourgogne, pour s'être moqué des idoles païennes.
- Caractère : **réserve, calme, gentillesse, prudence.**

T

TANCELIN

Ce prénom est une forme dérivée d'Anselme.

- **Origine germanique,** signifie « casque du dieu Ans », divinité teutonne.
- Chiffre 6 – couleur verte.
- Fête le 21 avril.
- Saint Anselme, prêtre à Paris au XIIe s., est nommé archevêque de Canterbury par le pape ; il mène à bien sa mission malgré l'opposition du roi. Il est nommé docteur de l'Église.
- Caractère : **stabilité, affectivité, fidélité, harmonie.**

TANCRÈDE

Courant au Moyen Âge, ce prénom a presque complètement disparu par la suite.

- **Origine francisque,** signifie « pensée ».
- Chiffre 7 – couleur orange.
- Caractère : **activité, curiosité, imagination, affectivité.**

TANGUY

- **Origine celtique,** signifie « feu » et « guerrier ».
- Chiffre 7 – couleur violette.
- Fête le 19 novembre.
- Saint Tanguy, fils d'un seigneur breton du VIe s., tue sa sœur dans un accès de colère. Pour expier sa faute, il entre dans un monastère dont il sera nommé abbé.
- Caractère : **sociabilité, séduction, curiosité, goût de l'aventure.**
- Variantes : *Tangi, Tanneguy.*

TAO

Ce prénom suit la vogue des masculins en « o », sans doute sur les pas de Théo.

- **Origine vietnamienne,** signifie « la création ».
- Chiffre 9 – couleur bleue.
- Caractère : **générosité, écoute, discrétion, travail.**

TARAISE

- **Origine grecque,** signifie « originaire de Tarente ».
- Chiffre 1 – couleur jaune.
- Fête le 25 février.
- Saint Taraise est patriarche de Constantinople au VIIIe s. Sa vie est un modèle de piété et de bonté.
- Caractère : **rapidité, activité, affectivité, énergie.**

TATIEN

Ce prénom est la forme masculine de Tatiana.

- **Origine latine,** du nom de Tatius, roi de légende, souverain des Sabins.
- Chiffre 6 – couleur bleue.
- Fête le 12 janvier.
- Sainte Tatiana, romaine chrétienne du IIIe s., martyrisée pour avoir refusé d'abjurer est sa patronne.
- Caractère : **sensibilité, générosité, fantaisie, curiosité.**

TÉRENCE

Ce prénom est illustré par le poète comique latin du IIe s. av. J.-C., qui fut un modèle pour Molière. Il réapparaît à l'état civil depuis les années 1990.

- **Origine latine,** signifie « issu des Terentius », nom d'une famille patricienne de Rome du IIe s.

Les prénoms des familles de la Rome antique

Nombreux sont les prénoms qui tirent leur origine du patronyme d'illustres familles patriciennes qui vivaient à Rome au Ier s. En voici les principaux :

- **Agrippa, des Agrippa**
- **Cassien, des Cassius**
- **Fabien et Fabienne, des Fabius**
- **Horace, des Horacius**
- **Hortense, des Hortensius**
- **Jules, des Iulius**
- **Sabin et Sabine, des Sabinus**
- **Serge, des Sergius**
- **Sulpice, des Sulpicius**
- **Térence, des Terencius**

- Chiffre 7 – couleur verte.
- Fête le 10 avril.
- Saint Térence, arrêté avec plusieurs compagnons chrétiens comme lui à Carthage au IIe s., subit le martyre.
- Caractère : **indépendance, travail, affectivité, adaptabilité.**
- Germanique : *Terentius.*

THADDÉE

- **Origine araméenne,** signifie « courageux ».
- Chiffre 2 – couleur bleue.
- Fête le 28 octobre.
- Saint Thaddée, appelé aussi Jude, est apôtre de Jésus, en Palestine. Après la Pentecôte, il évangélise la Libye et la Perse où il meurt en martyr.
- Caractère : **sensibilité, passion, altruisme, idéalisme.**
- Anglo-saxon : *Thaddeus.* Espagnol : *Tadeo.* Italien : *Taddeo.* Russe : *Tadzio.*

THÉO

Ce diminutif de Théodore est considéré comme un prénom à part entière depuis les années 1990.

- **Origine grecque,** signifie « don de Dieu ».
- Chiffre 3 – couleur verte.
- Fête le 11 novembre.
- Caractère : **éloquence, adaptabilité, harmonie, charisme.**
- Autre orthographe : *Théau.*

THÉOBALD

- **Origine germanique,** signifie « dieu audacieux ».
- Chiffre 2 – couleur violette.
- Fête le 6 novembre.
- Saint Théobald, moine dans le Limousin au XIe s., a mené une vie de piété et de charité exemplaire.
- Caractère : **émotivité, prudence, réserve, méthode.**
- Italien : *Teobaldo.*

THÉODORE

- **Origine grecque,** signifie « don de Dieu ».
- Chiffre 9 – couleur rouge.
- Fête le 11 novembre.
- Saint Théodore, abbé d'un monastère de Constantinople, est exilé par l'empereur Nicéphore, à qui il reproche sa rigueur. Rappelé par l'empereur Michel, il s'oppose violemment aux iconoclastes, est emprisonné de nombreuses années et meurt peu après sa libération.
- Caractère : **sensibilité, affectivité, ordre, sociabilité.**
- Variantes : *Théodorit*, *Théodote*.
- Espagnol : *Theodoro*. Germanique : *Theodorus*. Slave : *Teodor*.

THÉODORIC

- **Origine germanique,** signifie « peuple roi ».
- Chiffre 4 – couleur bleue.
- Fête le 1er juillet.
- Saint Thierry est son patron ; fils d'un brigand du VIe s., en Champagne, il rachète les fautes de son père par la prière dans le monastère qu'il fonde sur le conseil de saint Remi.
- Caractère : **sensibilité, travail, sérieux, prudence.**

THÉODOSE

Ce prénom est porté par plusieurs empereurs romains d'Orient au Ve et au VIIIe s.

- **Origine grecque,** signifie « don de Dieu ».
- Chiffre 1 – couleur rouge.
- Fête le 17 juillet.
- Saint Théodose est évêque d'Auxerre au VIe s.
- Caractère : **ambition, autorité, volonté, travail.**
- Germanique : *Theodosius*.

THÉODULE

- **Origine grecque,** signifie « serviteur de Dieu ».
- Chiffre 9 – couleur orange.
- Fête le 10 mars.
- Saint Théodule, soldat romain en garnison en Asie Mineure au IVe s., est jeté dans un lac gelé avec trente-neuf de ses compagnons chrétiens pour avoir refusé de renier leur foi.
- Caractère : **autorité, force de caractère, tendresse, volonté.**

THÉOPHANE

- **Origine grecque,** signifie « dieu lumineux ».
- Chiffre 2 – couleur bleue.
- Fête le 12 mars.
- Saint Théophane se retire dans un ermitage après son veuvage, en Grèce, au IXe s. Il prend

la direction d'un monastère, entreprend des travaux d'historien, mais il est exilé sur ordre de l'empereur Léo l'Arménien.
- Caractère : **intelligence, curiosité, charisme, travail.**

THÉOPHILE

Ce prénom de l'Antiquité connaît le succès au XIXe s., comme Théophraste et Théodule. La légende de Théophile est chantée par le poète Rutebeuf, du Moyen Âge.

- **Origine grecque,** signifie « qui aime Dieu ».
- Chiffre 8 – couleur verte.
- Fête le 4 février ou le 13 octobre.
- Saint Théophile d'Adana, économe de l'église d'Adana, dépité d'être privé de sa charge, vend, d'après la légende, son âme au diable. Mais la Vierge arrache à ce dernier l'annulation du marché.
- Saint Théophile d'Antioche est évêque d'Antioche, auteur d'une apologie. Il est nommé docteur de l'Église au IVe s.
- Caractère : **rapidité, intelligence, travail, activité.**

THÉOPHRASTE

Théophraste est un philosophe grec du IIIe s. av. J.-C., successeur d'Aristote à la direction du Lycée, quartier étudiant d'Athènes.

- **Origine grecque,** signifie « celui qui parle de Dieu ».
- Chiffre 7 – couleur verte.
- Caractère : **indépendance, générosité, fiabilité, sociabilité.**

THÉOTIME

- **Origine grecque,** signifie « honneur de Dieu ».
- Chiffre 5 – couleur jaune.
- Fête le 5 novembre.
- Saint Théotime, jeune chrétien du IVe s. en Palestine, meurt dans l'arène pour avoir refusé de renier sa foi.
- Caractère : **passion, réserve, réflexion, opportunisme.**

THIBAUD

Ce prénom courant au Moyen Âge connaît un discret succès depuis les années 1960. Il est la forme francisée de Théobald.

- **Origine germanique,** signifie « dieu audacieux ».
- Chiffre 2 – couleur violette.
- Fête le 8 juillet.
- Saint Thibaud de Montmorency, moine au XIIIe s. dans un monastère cistercien, est un conseiller de Saint Louis.
- Caractère : **affectivité, ordre, rigueur, sensibilité.**
- Autre orthographe : *Thibault.*

THIERRY

Ce prénom, forme francisée de Théodoric, nomme plusieurs rois francs ; courant au Moyen Âge et dans les années 1950, il a disparu aujourd'hui.

- **Origine germanique,** signifie « peuple roi ».
- Chiffre 4 – couleur bleue.
- Fête le 1er juillet.
- Saint Thierry, fils d'un brigand du VIe s., en Champagne, rachète les fautes de son père par la prière dans le monastère qu'il fonda sur le conseil de saint Remi.
- Caractère : **sensibilité, travail, sérieux, prudence.**

THOMAS

- **Origine araméenne,** signifie « jumeau ».
- Chiffre 4 – couleur bleue.
- Fête le 3 juillet.
- Saint Thomas, surnommé Didyme, est l'apôtre de Jésus qui refuse un moment de croire à sa résurrection. Après la Pentecôte, il évangélise la Perse et l'Inde, où il meurt après avoir fondé une très importante colonie chrétienne.
- Caractère : **sérieux, réflexion, fidélité, réalisme.**
- Anglo-saxon : *Tom*, *Tommy*.
  Espagnol et italien : *Tomaso*.
  Scandinave : *Tomas*.

THORVALD

- **Origine scandinave,** signifie « puissance du dieu Thor ».
- Chiffre 1 – couleur rouge.
- Caractère : **idéalisme, altruisme, courage, déterminantion.**
- Variante : *Turold.*

TIAGO

Il est le diminutif de Santiago, et sa popularité croît depuis 2005.

- **Origine espagnole,** signifie « saint Jacques », cri de guerre des chevaliers chrétiens en Espagne pendant les combats.
- Chiffre 7 – couleur bleue.
- Fête le 25 juillet.
- Saint Jacques est son patron.
- Caractère : é**tude, réflexion, réserve, attention.**

TIBURCE

- **Origine latine,** signifie « originaire de Tibur », ville italienne.
- Chiffre 6 – couleur verte.
- Fête le 14 avril.
- Saint Tiburce, frère de saint Valérien, subit le martyre avec lui peu de temps après sa conversion.
- Caractère : **sens des responsabilités, harmonie, affectivité, émotivité.**

TILIO

- **Origine galloise,** signifie « peuple ».
- Chiffre 2 – couleur jaune.
- Fête le 25 novembre.
- Saint Teilo, moine gallois du VIe s., fit partie des conseillers du roi Childebert.
- Caractère : **charme, sens de la famille, travail, persévérance.**
- Variantes : *Teilo, Télio.*

TIMAËL

Ce prénom, contraction de Timothée et de Maël, est en pleine ascension.

- **Origines celtique et grecque,** signifie « honneur » et « prince ».
- Chiffre 6 – couleur jaune.
- Fête le 13 mai.
- Saint Maël est son patron.
- Caractère : **stabilité, sérieux, sens des responsabilités, affectivité.**

TIMÉO

Il est la forme espagnole de Timée et connaît un succès croissant depuis 2000.

- **Origine grecque,** signifie « honneur ».
- Chiffre 8 – couleur bleue.
- Fête le 26 janvier.
- Saint Timothée est son patron.
- Caractère : **équilibre, activité, sens pratique, persévérance.**

TIMOLÉON

- **Origine grecque,** signifie « honneur du lion ».
- Chiffre 4 – couleur jaune.
- Fête le 19 décembre.
- Saint Timoléon est diacre au IIIe s., en Afrique.
- Caractère : **travail, persévérance, travail, rigueur.**

TIMOTHÉE

Ce prénom longtemps méconnu apparaît discrètement à l'état civil.

- **Origine grecque,** signifie « honneur de Dieu ».
- Chiffre 5 – couleur verte.
- Fête le 26 janvier.
- Saint Timothée, converti et baptisé par saint Paul, devient son disciple. Il est le premier évêque d'Éphèse, où il meurt lapidé par les infidèles à la fin du Ier s.
- Caractère : **curiosité, réflexion, indépendance, habileté.**
- Anglo-saxon : *Tim, Timothy.*

TITIEN

Ce prénom est issu du surnom du peintre italien du XVIe s., Titien, qui réalisa de magnifiques toiles à la demande des papes, de François Ier et de Charles Quint.

- Chiffre 5 – couleur jaune.
- Caractère : **sensibilité,**

indépendance, créativité, adaptabilité.

TITOUAN

Diminutif d'Antoine, il est très en vogue depuis les années 1990.

- **Origine latine,** signifie « inestimable ».
- Chiffre 1 – couleur jaune.
- Fête le 17 janvier ou le 13 juin.
- Deux saints Antoine patronnent Titouan.
- Saint Antoine le Grand, né en haute Égypte au IIIe s., vend les biens de l'héritage de ses parents pour les distribuer aux pauvres et passe trente années de sa vie en ermite dans le désert avant de fonder un monastère, puis de soutenir les chrétiens persécutés à Alexandrie. Il vit plus de cent ans.
- Saint Antoine de Padoue, né au Portugal au XIIe s., devient franciscain et prêche au Maroc. Sa santé fragile le contraint à regagner Padoue où il enseigne la théologie. Il meurt à l'âge de trente-six ans. Il est proclamé docteur de l'Église.
- Caractère : **activité, émotivité, sagesse, intelligence.**

TOBIE

Dans la Bible, Tobie est un vieil homme très pieux de la tribu de Nephtali ; devenu aveugle, il est guéri par son fils sur les conseils de l'ange Raphaël.

- **Origine hébraïque,** signifie « Dieu est bon ».
- Chiffre 6 – couleur verte.
- Caractère : **sens des responsabilités, fidélité, stabilité, affectivité.**
- Anglo-saxon : *Tobias*.

TOM

Ce diminutif de Thomas est devenu un prénom à part entière depuis le début de ce XXIe s.

- **Origine araméenne,** signifie « jumeau ».
- Chiffre 3 – couleur bleue.
- Fête le 3 juillet.
- Saint Thomas, surnommé Didyme, est l'apôtre de Jésus qui refuse de croire un moment à sa résurrection. Après la Pentecôte, il évangélise la Perse et l'Inde, où il meurt après avoir fondé une très importante colonie chrétienne.
- Caractère : **créativité, harmonie, communication, éclectisme.**

TRISTAN

Tristan est un personnage clé de la légende celtique : il forme avec Yseult le couple légendaire le plus célèbre d'Occident. Les différentes versions en vers et en prose parues au XIIe et au XIIIe s. sont toutes inspirées de la légende celtique. Richard Wagner en

Les diminutifs

Depuis les années 1990, ils sont considérés comme des prénoms et déclarés comme tels à l'état civil :

- **Alex pour Alexandre**
- **Kitty pour Catherine**
- **Léo pour Léon**
- **Lou pour Louise**
- **Sacha pour Alexandre**
- **Théo pour Théodore**
- **Tim pour Timothée**
- **Tom pour Thomas**
- **Tola pour Anatole**

fait un drame lyrique en 1865. Ce prénom est en vogue depuis 1980.

- **Origine galloise,** de Dristan, nom d'un héros de légende médiévale celtique.
- Chiffre 2 – couleur rouge.
- Fête le 12 novembre.
- Caractère : **activité, rigueur, indépendance, autorité.**

TUGDUAL

- **Origine celtique,** signifie « bonne valeur ».
- Chiffre 5 – couleur violette.
- Fête le 30 novembre.
- Saint Tugdual s'établit en Bretagne au VIe s. et y fonde plusieurs monastères. Il est avec Samson, Brieuc, Corentin, Pol, Patern et Malo l'un des fondateurs de la Bretagne.
- Caractère : **réflexion, prudence, curiosité, intelligence.**
- Autres orthographes : *Tudwal, Tutgual, Tuzwal.*

TYLER

Ce prénom est un favori aux États-Unis.

- **Origine américaine,** signifie « toiture ».
- Chiffre 8 – couleur verte.
- Caractère : **stabilité, travail, détermination, ambition.**

U-V

ULRIC

- **Origine germanique,** signifie « roi » et « loup ».
- Chiffre 9 – couleur verte.
- Fête le 10 juillet.
- Saint Ulric, moine à Ratisbonne, fonde plusieurs monastères en Allemagne au VIIIe s.
- Caractère : **courage, volonté, sensibilité, rigueur.**
- Espagnol et italien : *Ulrico.*
- Germanique : *Ulrich.*

ULYSSE

Ce prénom évoque le héros de la mythologie grecque, dont les exploits sont contés par Homère dans L'Iliade *et* L'Odyssée. *Roi d'Ithaque, vaillant guerrier et habile stratège, il imagine le cheval de Troie pour tromper l'ennemi. Il retrouve son royaume et sa fidèle épouse Pénélope après dix ans d'errance, soumis aux tentations des sirènes, entre autres.*

- **Origine grecque,** du titre de l'œuvre d'Homère.
- Chiffre 2 – couleur bleue.
- Caractère : **passion, courage, audace, ténacité.**
- Anglo-saxon : *Ulysses*. Espagnol : *Ulises*. Italien : *Ulisse*.

URBAIN

- **Origine latine,** signifie « urbain ».
- Chiffre 2 – couleur orange.
- Fête le 18 décembre.
- Saint Urbain, moine bénédictin, est pape au XIVe s.
- Caractère : **exigence, prudence, sensibilité, travail.**
- Anglo-saxon : *Urban*. Espagnol et italien : *Urbano*. Germanique : *Urbanus*.

URIEL

Uriel est le nom d'un archange de l'armée céleste.

- **Origine hébraïque,** signifie « Dieu est léger »
- Chiffre 2 – couleur rouge.
- Fête le 1er octobre.
- Sainte Urielle, sœur de Judikaël, roi de Domnonée au VIe s., consacre sa vie à la prière.
- Caractère : **franchise, loyauté, autorité, ambition.**

VAAST

Il est la forme flamande de Gaston.

- **Origine germanique,** signifie « hôte ».
- Chiffre 9 – couleur verte.
- Fête le 6 février.
- Saint Gaston est le catéchiste de Clovis, au VIe s. ; il est nommé évêque d'Arras à la demande du roi.
- Caractère : **générosité, charisme, rêverie, altruisme.**

VALENTIN

Ce prénom est en vogue depuis les années 1990.

- **Origine latine,** signifie « vaillant ».
- Chiffre 7 – couleur bleue.
- Fête le 14 février.
- Saint Valentin, prêtre à Rome au IIIe s. est décapité, victime de la persécution de l'empereur Claude.
- Caractère : **sociabilité, diplomatie, écoute, adaptabilité.**
- Italien : *Valentino*.

VALÈRE

Ce prénom est celui d'un personnage du théâtre de Molière.

- **Origine latine,** signifie « valeureux ».
- Chiffre 9 – couleur bleue.
- Fête le 29 janvier.
- Saint Valère est évêque de Saragosse, en Espagne, au IVe s.
- Caractère : **intuition, secret, générosité, émotivité.**
- Variantes : *Valérian, Valérien, Valéry.*
- Espagnol : *Valerio, Valeriano.*

VALÉRY

Ce prénom est une forme dérivée de Valère.

- **Origine latine,** signifie « valeureux ».
- Chiffre 3 – couleur bleue.
- Fête le 1er avril.
- Saint Valéri, berger en Auvergne au VIe s., devient abbé de Luxeuil, puis fonde un monastère en Picardie.
- Caractère : **réserve, sérieux, prudence, persévérance.**
- Autre orthographe : *Valéri.*

VALLIER

- **Origine latine,** signifie « celui qui fortifie ».
- Chiffre 7 – couleur orange.
- Fête le 22 octobre.
- Saint Vallier, archidiacre en Champagne au Ve s., est massacré par les Vandales.
- Caractère : **détermination, réflexion, travail, sens pratique.**

VIANNEY

Les années 1980 ont vu l'apogée de Vianney, prénom d'origine patronymique, du nom de Jean-Marie Vianney.

- Chiffre 9 – couleur verte.
- Fête le 4 août.
- Saint Jean-Marie Vianney, fils de modestes cultivateurs de la région de Lyon au XIXe s., devient curé de la paroisse d'Ars où il développe un grand talent de confesseur.
- Caractère : **imagination, stabilité, affectivité, réserve.**

VICTOR

Très prisé au XIXe s., ce prénom est une vedette des années 1980.

- **Origine latine,** signifie « vainqueur ».
- Chiffre 6 – couleur verte.
- Fête le 21 juillet.
- Saint Victor, soldat romain chrétien en poste à Marseille au IIIe s., refuse d'honorer l'empereur Maximien en visite dans la ville. Il est arrêté et, dans sa prison, convertit ses gardiens et détruit la statue de Jupiter. Il est décapité.

- Caractère : **épicurisme, calme, générosité, sociabilité.**
- Variantes : *Victorian*, *Victorien*.
- Espagnol : *Victorio*. Italien : *Vittorio*. Provençal : *Vitour*.

VINCENT

Ce prénom est un grand classique indémodable.

- **Origine latine,** signifie « vaincre ».
- Chiffre 6 – couleur rouge.
- Fête le 22 janvier.
- Saint Vincent, diacre de l'évêque Valère à Saragosse, en Espagne, au IVe s., convertit le bourreau qui le mène au martyre.
- Saint Vincent de Paul, Landais du XVIe s., entreprend une vie de voyages et d'aventures après des études à Toulouse. Capturé par des pirates, retenu prisonnier pendant deux ans et vendu au marché des esclaves de Tunis, il s'enfuit et gagne Rome où il est chargé par le légat du pape d'une mission auprès d'Henri IV. Estimé à la cour, il devient aumônier de la reine Margot, puis curé de Clichy. Il quitte la cour pour fonder la première confrérie de la Charité, puis la Congrégation des Prêtres de la Mission, les « lazaristes », vouée à l'apostolat rural. Il regroupe les bonnes volontés dans les confréries des Dames de la Charité et fonde, avec Louise de Marillac, la communauté religieuse des Filles de la Charité.
- Caractère : **indépendance, exigence, volonté, opportunisme.**
- Breton : *Visant*. Espagnol : *Vicente*. Italien : *Vincenzo*.

VIRGILE

Ce prénom évoque le poète latin du Ier s. av. J.-C., protégé de l'empereur Auguste, auteur des Bucoliques, *des* Géorgiques *et de* L'Énéide.

- **Origine latine,** du nom des habitants d'une ville d'Espagne sous domination romaine.
- Chiffre 5 – couleur bleue.
- Fête le 10 octobre.
- Caractère : **dynamisme, activité, habileté, exigence.**
- Autre orthographe : *Virgil*.
- Breton : *Virgiliz*. Espagnol : *Virgilio*.

VIVIEN

- **Origine latine,** signifie « vivant ».
- Chiffre 5 – couleur rouge.
- Fête le 10 mars.
- Saint Vivien, soldat romain de la 12e légion, composée de chrétiens comme lui, refuse de participer à une cérémonie païenne ; il est jeté nu dans un lac avec une vingtaine de ses compagnons.
- Caractère : **intuition, fantaisie, adaptabilité, indépendance.**

- Variante : *Vivian.*
- Espagnol et italien : *Viviano.*

VLADIMIR

- **Origine slave,** signifie « souverain » et « paix ».
- Chiffre 3 – couleur violette.
- Fête le 15 juillet.
- Saint Vladimir le Grand, grand-prince de Kiev au Xe s., demande le baptême et impose le christianisme à son peuple.
- Caractère : **élégance, charme, sociabilité, travail.**
- Espagnol : *Vladimiro.*
- Variante: *Volodia.*

VLADISLAS

- **Origine slave,** signifie « qui possède la gloire ».
- Chiffre 9 – couleur bleue.
- Fête le 27 juin.
- Saint Ladislas Ier, roi de Hongrie au XIe s., défenseur de son royaume contre les invasions des Turcs, meurt en organisant la première croisade.
- Caractère : **altruisme, rêverie, étude, générosité.**
- Variantes : *Vladislaw, Vladislav, Wladislas.*

VOUGAY

- **Origine celtique,** signifie « étincelle ».
- Chiffre 1 – couleur bleue.
- Fête le 15 juin.
- Saint Vougay, ermite irlandais, vit en Bretagne au VIe s.
- Caractère : **travail, volonté, ambition, exigence.**

W

WALDEMAR

- **Origine germanique,** signifie « illustre qui gouverne ».
- Chiffre 5 – couleur verte.
- Fête le 15 juillet.
- Saint Vladimir le Grand, grand-prince de Kiev au Xe s., demande le baptême et impose le christianisme à tout son peuple.
- Caractère : **curiosité, sens de l'organisation, adaptabilité, réflexion.**
- Espagnol : *Waldo.*

WALLACE

Ce patronyme, courant en Écosse devient prénom au XIXe s.

- **Origine galloise,** signifie « gallois ».
- Chiffre 3 – couleur verte.
- Caractère : **travail, ambition, persévérance, sociabilité.**

WALTER

Ce prénom est la forme originelle de Gautier.

- **Origine germanique,** signifie « qui gouverne l'armée ».
- Chiffre 7 – couleur rouge.
- Fête le 8 avril.
- Saint Gautier est abbé de Saint-Martin-de-Pontoise au XIe s.
- Caractère : **charme, indépendance, sociabilité, charisme.**
- Diminutif : *Walt.*

WANDRILLE

- **Origine germanique,** signifie « espoir » et « celui qui fait tourner ».
- Chiffre 8 – couleur orange.
- Fête le 22 juillet.
- Saint Wandrille, conseiller du roi Clotaire II, fonde un prieuré en Suisse, voyage en Italie, et crée un monastère en Normandie à la demande de l'évêque de Rouen.
- Caractère : **réalisme, énergie, charisme, sens des responsabilités.**

WARREN

Ce prénom est la forme anglo-saxonne de Vare, prénom latin tombé en désuétude.

- **Origine latine,** signifie « divers ».
- Chiffre 7 – couleur rouge.
- Fête le 20 octobre.
- Saint Vare, soldat de l'armée romaine au IVe s., est décapité pour avoir refusé d'exécuter des chrétiens emprisonnés.
- Caractère : **curiosité, originalité, goût de l'aventure, adaptabilité.**

WENCESLAS

- **Origine slave,** signifie « couronne » et « gloire ».
- Chiffre 2 – couleur rouge.
- Fête le 28 septembre.
- Saint Wenceslas, duc de Bohême au Xe s. propage le christianisme dans son pays, mais il est assassiné par son frère Boleslas.
- Caractère : **altruisme, équilibre, étude, réflexion.**
- Autre orthographe : *Venceslas.*
- Espagnol : *Wenceslao.*

WERNER

- **Origine germanique,** signifie « armée qui protège ».
- Chiffre 2 – couleur rouge.
- Fête le 19 avril.
- Saint Werner, maltraité par son beau-père, fuit son village au bord du Rhin au XIIIe s. pour devenir garçon de ferme ; on le retrouve égorgé un matin au retour de sa messe quotidienne.
- Caractère : **activité, exigence, indépendance, sensibilité.**
- Variante : *Verney.*

WILFRID

- **Origine germanique,** signifie « volonté » et « paix ».
- Chiffre 5 – couleur jaune.
- Fête le 12 octobre.
- Saint Wilfrid devient archevêque d'York, après des études à Rome et à Paris. Déposé par l'archevêque de Canterbury, il parvient néanmoins à réconcilier l'Église celte autonome et l'Église anglo-saxonne d'obédience romaine.
- Caractère : **exigence, énergie, dynamisme, adaptabilité.**

WILHELM

Ce prénom est une forme germanique de Guillaume.

- **Origine germanique,** signifie « volonté » et « protection ».
- Chiffre 1 – couleur verte.
- Fête le 10 janvier.
- Saint Guillaume, archevêque de Bourges au XIIIe s., consacre sa vie au service des pauvres, des malades et des débauchés.
- Caractère : **intuition, réserve, sensibilité, originalité.**

WILLIAM

Ce prénom, forme anglo-saxonne de Guillaume, est un des grands traditionnels outre-Manche.

- **Origine germanique,** signifie « volonté » et « protection ».
- Chiffre 7 – couleur rouge.
- Fête le 10 janvier.
- Saint Guillaume, archevêque de Bourges au XIIIe s., est un modèle de piété et de bonté.
- Caractère : **élégance, activité, sensibilité, exigence.**
- Diminutif : *Willy*.

WILLIS

Forme dérivée de Willigis.

- **Origine germanique,** signifie « volonté » et « otage ».
- Chiffre 3 – couleur jaune.
- Fête le 23 février.
- Caractère : **sociabilité, vivacité, communication, éloquence.**

WILMER

- **Origine germanique,** signifie « illustre volonté ».
- Chiffre 8 – couleur jaune.
- Fête le 20 juillet.
- Saint Vulmer est un moine exemplaire au VIIIe s., dans les Flandres.
- Caractère : **rigueur, travail, ambition, volonté.**
- Variantes : *Vilmer, Vulmer, Wilmar.*

WILSON

Ce prénom est une forme anglo-saxonne de Guillaume.

- **Origine germanique,** signifie

« volonté » et « protection ».
- Chiffre 2 – couleur verte.
- Fête le 10 janvier.
- Saint Guillaume, archevêque de Bourges au XIIIe s., consacre sa vie au service des pauvres, des malades et des débauchés.
- Caractère : **activité, passion, perfectionnisme, dynamisme.**

WINOC

- **Origine celtique,** signifie « sacré ».
- Chiffre 1 – couleur blanche.
- Fête le 6 novembre.
- Saint Winoc fonde plusieurs monastères en Bretagne du Nord au VIe s.
- Caractère : **ambition, volonté, autorité, goût du pouvoir.**
- Variantes : *Gwenneg, Gwennog.*

WINSTON

Ce prénom est illustré par Churchill.

- **Origine germanique,** signifie « ami » et « pierre ».
- Chiffre 6 – couleur bleue.
- Fête le 1er juin.
- Saint Wistan, homme pieux et débonnaire en Grande-Bretagne au IXe s., est assassiné par son beau-père qu'il essaie de convertir.
- Caractère : **curiosité, adaptabilité, intelligence, opportunisme.**
- Variante : *Wistan.*

WOODY

Il est un diminutif de Woodrow.

- **Origine anglaise,** signifie « rangée d'arbres ».
- Chiffre 1 – couleur verte.
- Caractère : **ambition, travail, rigueur.**

X Y-Z

XAVIER

Ce prénom traditionnel basque n'a jamais été courant, mais il est indémodable.

- **Origine basque,** signifie « maison neuve ».
- Chiffre 7 – couleur bleue.
- Fête le 3 décembre.
- Saint François-Xavier, jeune noble originaire de Navarre, rencontre saint Ignace de Loyola à Paris au XVIe s. et le suit lorsqu'il fonde la Compagnie de Jésus. Il est envoyé en tant que missionnaire en Inde, puis au Japon.
- Caractère : **indépendance, perfectionnisme, affectivité, exigence.**

- Espagnol : *Javier*. Provençal : *Zavié*.

XYSTE

Ce prénom rarissime est une forme dérivée de Sixte.

- **Origine latine,** signifie « sixième ».
- Chiffre 3 – couleur orange.
- Fête le 3 avril.
- Caractère : **créativité, harmonie, communication, éclectisme.**

YANIS

Il est la forme grecque de Jean, qui prend la relève de Yann depuis 2000.

- **Origine hébraïque,** signifie « Dieu a fait grâce ».
- Chiffre 5 – couleur rouge.
- Fête le 24 juin.
- Saint Jean est son patron.
- Caractère : **vivacité, activité, épicurisme, charisme.**
- Autre orthographe : *Yannis.*

YANN

Ce traditionnel breton est une forme de Jean.

- **Origine hébraïque,** signifie « Dieu a fait grâce ».
- Chiffre 9 – couleur rouge.
- Fête le 24 juin.
- Saint Yann, venu d'Éphèse au IIIe s. s'installe en Bretagne, près de Lannion, avec six compagnons. Il est persécuté par l'empereur Decius.
- Caractère : **indépendance, activité, générosité, fiabilité.**

YANNICK

Il est un dérivé de Yann.

- **Origine hébraïque,** signifie « Dieu a fait grâce ».
- Chiffre 9 – couleur rouge.
- Fête le 24 juin.
- Caractère : **curiosité, activité, diplomatie, adaptabilité.**

YOANN

Il est une autre variante de Jean, plus ancienne et moins tendance, mais toujours présente.

- **Origine hébraïque,** signifie « Dieu a fait grâce ».
- Chiffre 6, couleur orange.
- Fête le 24 juin.
- Saint Jean est son patron.
- Caractère : **tolérance, attention, affectivité, sensibilité.**
- Autre orthographe : *Yohan.*

YOËL

Ce prénom est une variante de Joël.

- **Origine hébraïque,** signifie « Yahvé est Dieu ».

- Chiffre 3 – couleur bleue.
- Fête le 13 juillet.
- Joël, prophète en Israël au VIe s. av. J.-C., est l'auteur du livre qui porte son nom.
- Caractère : **créativité, harmonie, communication, charisme.**
- Variante : *Yaël.*

YOEN

Ce prénom est une forme dérivée d'Yves, usitée dans la province du Léon.

- **Origine celtique,** signifie « if ».
- Chiffre 5 – couleur orange.
- Fête le 19 mai.
- Saint Yves Hilory est son patron.
- Caractère : **sensibilité, opportunisme, courage, efficacité.**

YOUWAN

Ce prénom est une variante d'Yves.

- **Origine celtique,** signifie « if ».
- Chiffre 9 – couleur orange.
- Fête le 19 mai.
- Saint Yves Hilory est son patron.
- Caractère : **sensibilité, opportunisme, courage, efficacité.**

YVAIN

Ce prénom est une forme médiévale d'Yves. Yvain est un personnage du roman en vers de Chrétien de Troyes, Yvain ou le Chevalier au lion, *du cycle des* Chevaliers de la Table ronde *écrit au XIIe s. ; compagnon du roi Arthur, il incarne l'idéal du chevalier preux et fier qui met toute sa vaillance au service de la dame qu'il aime, défend les opprimés et prône les vertus de l'amour courtois.*

- **Origine celtique,** signifie « if ».
- Chiffre 8 – couleur verte.
- Fête le 19 mai.
- Saint Yves est son patron.
- Caractère : **courage, ambition, opiniâtreté, loyauté.**

YVES

Ce grand classique breton est moins fréquent qu'au siècle dernier ; ses variantes ont pris le relais.

- **Origine celtique,** signifie « if ».
- Chiffre 8 – couleur orange.
- Fête le 19 mai.
- Saint Yves Hilory, né près de Tréguier au XIIIe s., étudie le droit et devient l'avocat des pauvres en Bretagne ; sa piété, sa générosité, ses talents de négociateur ont fait de lui l'un des plus grands saints.
- Caractère : **sensibilité, courage, opportunisme, efficacité.**
- Variantes : *Eozenn, Erwann, Ewan, Ivelain, Iwan, Yonen, Youenn, Yvain, Yvon.*

YVON

Il est une variante d'Yves.

- Origine celtique, signifie « if ».
- Chiffre 4 – couleur orange.
- Fête le 19 mai.
- Saint Yves est son patron.
- Caractère : **réserve, exigence, sens des responsabilités, travail.**

ZACHARIE

Zacharie est le nom d'un des douze prophètes juifs à la fin du VIe s.

- **Origine hébraïque,** signifie « Dieu s'est souvenu ».
- Chiffre 8 – couleur orange.
- Fête le 5 novembre.
- Saint Zacharie, prêtre juif sous Hérode, roi de Judée, au Ier s. av. J.-C., est le mari d'Élisabeth, cousine de Marie ; incrédule devant l'archange qui vient lui annoncer que sa femme, stérile et âgée, va mettre au monde un fils, il devient muet et ne recouvre la parole qu'à la naissance de son fils Jean-Baptiste.
- Caractère : **volonté, efficacité, activité, ambition.**

ZÉBULON

Dans la Bible, Zébulon est un fils de Jacob et de Léa.

- **Origine hébraïque,** signifie « résident ».
- Chiffre 1 – couleur verte.
- Caractère : **autorité, travail, fierté, exigence.**

ZÉNON

- **Origine grecque,** signifie « rayonnant ».
- Chiffre 2 – couleur verte.
- Fête le 28 avril.
- Saint Zénon est martyr en Grèce au Ier siècle.
- Caractère : **esprit d'équipe, sens des responsabilités, ambition, détermination.**

ZÉPHIRIN

Zéphyr, dans la mythologie grecque, est le dieu du Vent d'ouest et l'époux d'Iris, déesse de l'Arc-en-ciel.

- **Origine grecque,** signifie « du zéphyr », vent doux.
- Chiffre 6 – couleur jaune.
- Fête le 26 août.
- Saint Zéphirin, pape du IIe s., tente de vaincre l'hostilité de l'empereur Septime Sévère à l'égard des chrétiens et d'obtenir sa clémence pour les prisonniers.
- Caractère : **sociabilité, charme, élégance, volonté.**

Prénoms de filles

A

ABÉLIE

Forme féminine d'Abel, ce prénom est très peu usité.

- **Origine hébraïque,** signifie « ce qui passe ».
- Chiffre 7 – couleur jaune.
- Fête le 5 août.
- Saint Abel est évêque de Reims au VIIIe s.
- Caractère : **élégance, charme, charisme, émotivité.**
- Espagnol et italien : *Abelia.*
- Variantes : *Abéla, Abelaine, Avéla, Avelaine.*

ABELINDE

Dérivé d'Abel, ce prénom n'est plus guère répandu depuis le Moyen Âge.

- **Origine hébraïque,** signifie « ce qui passe ».
- Chiffre 7 – couleur rouge.
- Fête le 5 août.
- Saint Abel, évêque de Reims au VIIIe s., est son patron.
- Caractère : **sensibilité, charme, intuition, sociabilité.**

ABELINE

Cette forme féminine d'Abel est rare.

- **Origine hébraïque,** signifie « ce qui passe ».
- Chiffre 3 – couleur jaune.
- Fête le 5 août.
- Saint Abel est son patron.
- Caractère : **émotivité, charme, sociabilité, adresse.**

ABELLA

Voici une autre forme féminine d'Abel, guère plus usitée que les autres.

- **Origine hébraïque,** signifie « ce qui passe ».
- Chiffre 6 – couleur verte.
- Fête le 5 août.
- Saint Abel est évêque de Reims au VIIIe s.
- Caractère : **diplomatie, éloquence, sensibilité, charisme.**
- Variantes : *Avella, Avelia.*

ABIGAËL

Ce prénom biblique mélodieux est assez répandu aux États-Unis.

- **Origine hébraïque,** signifie « ma joie est en Dieu ».
- Chiffre 1 – couleur bleue.
- Fête le 29 décembre.
- Sainte Abigaël, jeune et jolie veuve, devient l'épouse de David, au royaume de Juda, au Xe s. av. J.-C.

- Caractère: **féminité, séduction, affectivité, fantaisie.**
- Autre orthographe: *Abigail.*

ACANTHE

- **Origine latine,** signifie « innocence ».
- Chiffre 7 – couleur verte.
- Fête le 31 mars.
- Saint Acace, évêque d'Antioche au IIIe s., est son patron.
- Caractère: **harmonie, équilibre, sens de la justice, rigueur.**

ACMÉE

Ce prénom est une forme dérivée d'Aimée.

- **Origine latine,** signifie « aimée ».
- Chiffre 9 – couleur verte.
- Fête le 20 février.
- Sainte Aimée, jeune fille mondaine d'Assise au XIIIe s., renonce à sa vie frivole à la suite d'une visite à sa tante, Claire, fondatrice de l'ordre des Clarisses, et se consacre à l'ascèse et à la prière.
- Caractère: **charme, sensibilité, perfectionnisme, esthétisme.**
- Italien: *Acma.*

ADALSINDE

Ce prénom de la famille d'Adèle et Alice, est assez répandu au Moyen Âge.

- **Origine germanique,** signifie « noble ».
- Chiffre 6 – couleur verte.
- Fête le 25 décembre.
- Sainte Adalsinde entre dans les ordres très jeune et consacre sa vie à la prière.
- Caractère: **douceur, harmonie, affectivité, prudence.**

ADAMANTE

Ce prénom de fleur, connu dans l'Antiquité, a presque totalement disparu aujourd'hui.

- **Origine latine,** nom d'une plante.
- Chiffre 5 – couleur verte.
- Fête le 5 octobre.
- Sainte Fleur, religieuse dans le Quercy au XIIIe s., est sa patronne.
- Caractère: **imagination, curiosité, vivacité, indépendance.**

ADÉLAÏDE

Forme médiévale d'Adèle, ce prénom royal, répandu au XIXe s., connaît un regain de faveur depuis les années 1980.

- **Origine germanique,** signifie « noble ».
- Chiffre 5 – couleur bleue.
- Fête le 16 décembre.
- Sainte Adélaïde, fille du roi de Bourgogne au Xe s., épouse le roi d'Italie Lothaire II. Devenue veuve, elle s'unit à l'empereur

d'Allemagne Othon le Grand, qui meurt peu après. Elle assure d'abord la régence pendant la minorité de son fils, qui décède à son tour, puis la régence en attendant la majorité de son petit-fils. Elle se retire ensuite au monastère de Seltz, qu'elle a fondé, et se met au service des pauvres.
- Caractère : **curiosité, vivacité, adaptabilité, éloquence.**
- Variantes : *Alice*, *Alisson*, *Alix*.
- Espagnol : *Adelaïda*. Germanique : *Adelheid*. Italien : *Alida*. Provençal : *Alaïs*, *Alaïdo*.

ADÈLE

Très en vogue au XIXe s., Adèle revient en force à l'état civil.

- **Origine germanique,** signifie « noble ».
- Chiffre 9 – couleur bleue.
- Fête le 24 septembre.
- Sainte Adèle, fille du roi d'Austrasie Dagobert II, au VIIe s., se retire dans un monastère à son veuvage et se consacre à l'éducation de son petit-fils et aux œuvres charitables.
- Caractère : **sensibilité, curiosité, courage, détermination.**
- Variantes : *Adélie*, *Adeline*, *Adelise*.
- Anglo-saxon : *Ethel*. Espagnol : *Adela*. Germanique : *Heidi*. Italien : *Adela*, *Alda*.

ADELINE

Dérivée d'Adèle, Adeline connaît ses heures de gloire dans les années 1980.

- **Origine germanique,** signifie « noble ».
- Chiffre 5 – couleur verte.
- Fête le 20 octobre.
- Sainte Adeline est la première abbesse du monastère des Dames Blanches, au début du XIIe s., en Normandie.
- Caractère : **sensibilité, curiosité, fidélité, sociabilité.**
- Variantes : *Adelinde*, *Aline*, *Édeline*, *Line*.
- Espagnol : *Adelina, Lina*. Italien : *Adelina*, *Adelinda*, *Alida*.

ADENETTE

Cette forme féminine d'Adenet, dérivé d'Adam, est très rare.

- **Origine hébraïque,** signifie « faite de terre ».
- Chiffre 2 – couleur rouge.
- Fête le 24 décembre.
- Caractère : **rigueur, générosité, dévouement, émotivité.**
- Variantes : *Adenotte*, *Adnette*, *Adnotte*.

ADISSON

Ce prénom mixte plaît beaucoup aux États-Unis et se manifeste en France depuis 2010.

- **Origine américaine,** signifie

« enfant d'Adam ».
- Chiffre 9 – couleur bleue.
- Caractère : **volonté, générosité, altruisme, idéalisme.**

ADRIENNE

Contraitement à son masculin Adrien, très en vogue aujourd'hui, ce prénom du début du XXe s. n'est plus attribué.

- **Origine latine,** signifie « originaire d'Adria ».
- Chiffre 7 – couleur bleue.
- Fête le 8 septembre.
- Saint Adrien, gardien de prison à Rome au IVe s., se fait baptiser par les chrétiens qu'il surveille. Il meurt en martyr avec eux.
- Caractère : **curiosité, réserve, travail, sociabilité.**
- Provençal : *Adrianne*. Espagnol et italien : *Adria, Adriana.*

AËLLE

Cette forme bretonne d'Angèle est rare.

- **Origine grecque,** signifie « messagère ».
- Chiffre 8 – couleur bleue.
- Fête le 27 janvier.
- Sainte Angèle Merici fonde au XVIe s., en Italie, l'ordre des Ursulines, sous la protection de sainte Ursule, destiné à l'éducation des jeunes filles, et en devient la première abbesse.
- Caractère : **affectivité, imagination, secret, prudence.**
- Diminutifs : *Aëlaïg, Aëlez.*
- Variantes : *Aéla, Aélia.*

AÉNOR

Ce prénom est une forme bretonne d'Éléonore.

- **Origine grecque,** signifie « compassion ».
- Chiffre 8 – couleur orange.
- Fête le 25 juin.
- Sainte Éléonore, belle-sœur de Saint Louis, épouse du roi d'Angleterre Henri III, se retire chez les bénédictines à la mort de son mari.
- Caractère : **franchise, dynamisme, curiosité, opiniâtreté.**
- Variante : *Aanor.*

AESA

Ce prénom est une forme bretonne d'Isabelle.

- **Origine hébraïque,** signifie « Dieu est plénitude ».
- Chiffre 3 – couleur jaune.
- Fête le 22 février.
- Sainte Isabelle, sœur de Saint Louis, refuse d'épouser le fils de l'empereur Frédéric II, et fonde un monastère de clarisses à Longchamp, près de Paris.
- Caractère : **féminité, sensibilité, générosité, idéalisme.**

AGATHE

Après quelques apparitions au XIXe s., c'est à la fin du XXe s. qu'Agathe connaît le succès.

- **Origine grecque,** signifie « bonne ».
- Chiffre 6 – couleur violette.
- Fête le 5 février.
- Sainte Agathe, chrétienne sicilienne du IIIe s., refuse les avances du préfet romain. Il tente en vain de la violer, exige qu'elle renie son Dieu. Comme elle s'obstine dans son refus, il la fait mourir sous la torture.
- Caractère : **douceur, réserve, altruisme, détermination.**
- Anglo-saxon : *Agatha, Aggie.* Arabe : *Hassina.* Espagnol et italien : *Agata.* Provençal : *Agueto.*

AGLAÉ

Comme bien des prénoms de la mythologie grecque, Aglaé reste rare.

- **Origine grecque,** signifie « rayonnante de beauté ».
- Chiffre 8 – couleur orange.
- Fête le 14 mai.
- Sainte Aglaé, jeune veuve romaine du IVe s., se fait baptiser avec Boniface, son intendant. Il est aussitôt arrêté et décapité. Elle lui érige un sanctuaire et distribue ses biens aux pauvres.
- Caractère : **activité, autorité, exigence, vivacité.**

AGNÈS

Ce prénom pur a connu à travers les âges bien des périodes fastes, de la Renaissance à nos jours. C'est toutefois Inès, dont la sonorité est proche, qui le supplante aujourd'hui.

- **Origine grecque,** signifie « chaste ».
- Chiffre 1 – couleur verte.
- Fête le 21 janvier.
- Sainte Agnès, chrétienne romaine du IVe s., est courtisée par le fils du préfet qui lui donne le choix entre l'épouser, se consacrer au culte de la déesse Vesta, ou être livrée à la prostitution. Agnès repousse l'impie et refuse d'adorer un dieu païen. Elle est donc conduite au lupanar. Mais tous ceux qui l'approchent sont foudroyés. Agnès est alors accusée de sorcellerie et brûlée vive.
- Caractère : **sociabilité, élégance, réflexion, énergie.**
- Diminutif : *Nessie.*
- Arabe : *Zakia.* Breton : *Oanel, Oalig.* Espagnol : *Inès.* Italien : *Agnese.*

AGRIPPINE

Ce prénom de l'Antiquité est porté par deux princesses romaines au Ier s., Agrippine l'ancienne (la mère de Caligula), et Agrippine la jeune (la mère de Néron).

- **Origine latine,** signifie « de la famille Agrippa », illustre famille

romaine du Ier s.
- Chiffre 5 – couleur orange.
- Fête le 23 juin.
- Sainte Agrippine est condamnée au martyre par l'empereur Valérien, au IIIe s., à Rome.
- Caractère : **autorité, vivacité, dynamisme, indépendance.**
- Espagnol : *Agrippina.*

AÏCHA

Ce prénom est porté par la troisième épouse de Mahomet, réputée pour sa beauté et son intelligence. Elle s'oppose à Ali, le gendre de son mari.

- **Origine arabe,** signifie « qui vivra ».
- Chiffre 4 – couleur verte.
- Caractère : **énergie, courage, persévérance.**
- Diminutif : *Aïchoucha.*

AÏDA

Forme dérivée d'Adélaïde.

- **Origine germanique,** signifie « noble ».
- Chiffre 6 – couleur bleue.
- Fête le 16 décembre.
- Sainte Adélaïde, fille du roi de Bourgogne au Xe s., épouse le roi d'Italie Lothaire II. Devenue veuve, elle s'unit à l'empereur d'Allemagne Othon le Grand, qui meurt peu après. Elle assure d'abord la régence pendant la minorité de son fils, qui décède à son tour, puis la régence en attendant la majorité de son petit-fils. Elle se retire ensuite au monastère de Seltz, qu'elle a fondé, et se met au service des pauvres.
- Caractère : **esthétisme, perfectionnisme, émotivité, sociabilité.**

AIMÉE

Après une petite vague de ferveur au début du XXe s., Aimée a disparu au profit d'une de ses formes dérivées, Amicie.

- **Origine latine,** signifie « aimée ».
- Chiffre 6 – couleur verte.
- Fête le 20 février.
- Sainte Aimée, jeune fille mondaine d'Assise du XIIIe s., renonce à sa vie frivole à la suite d'une visite à sa tante, sainte Claire, fondatrice de l'ordre des Clarisses, et se consacre à l'ascèse et à la prière.
- Caractère : **charme, émotivité, sens des responsabilités, réserve.**
- Variantes : *Acmée, Aimie, Amabilis, Amicie.*
- Anglo-saxon : *Amy, Mia.* Arabe : *Aziza.* Espagnol : *Amada.* Italien : *Amata.*

AINHOA

Ce prénom est très apprécié au pays basque.

- **Origine basque,** référence à un village dans lequel la Vierge serait

apparue à un berger.
- Chiffre 3 – couleur bleue.
- Fête le 15 août.
- Sainte Marie est sa patronne.
- Caractère : **charme, curiosité, épicurisme, sens artistique.**

ALAÏS

Ce prénom est une forme provençale d'Éléonore.

- **Origine grecque,** signifie « compassion ».
- Chiffre 6 – couleur orange.
- Fête le 25 juin.
- Sainte Éléonore, belle-sœur de Saint Louis, épouse du roi d'Angleterre Henri III, se retire chez les bénédictines à la mort de son mari.
- Caractère : **affectivité, harmonie, sensibilité, vie familiale.**
- Variante : *Alaïdo.*

ALANA

Ce prénom gallois se répand timidement en France. Il peut aussi être considéré comme le féminin d'Alain, d'origine latine, qui signifie « du peuple Alani ».

- **Origine celtique,** signifie « calme ».
- Chiffre 2 – couleur verte.
- Caractère : **réflexion, étude, sens des responsabilités, sociabilité.**

ALARA

Ce prénom est une forme féminine d'Alaric.

- **Origine germanique,** signifie « toute-puissante ».
- Chiffre 6 – couleur jaune.
- Fête le 29 septembre.
- Saint Alaric est son patron.
- Caractère : **sensibilité, charisme, épicurisme, curiosité.**

ALBANE

C'est dans les années 1990 que cette version féminine d'Alban est apparue dans les familles traditionnelles.

- **Origine latine,** signifie « blanche ».
- Chiffre 8 – couleur blanche.
- Fête le 22 juin.
- Saint Alban, païen à Verulanum, en Angleterre, au IIIe s., recueille un prêtre traqué. Il se convertit, prend son habit, et subit le martyre à sa place.
- Caractère : **vivacité, élitisme, charisme, travail.**
- Variante : *Albine.*
- Italien : *Alba, Albana.* Provençal : *Aubane.*

ALBERTE

Cette version féminine d'Albert a toujours été discrète.

- **Origine germanique,** signifie « très illustre ».

- Chiffre 9 – couleur bleue.
- Fête le 15 novembre.
- Saint Albert le Grand, né en Allemagne au XIIe s., devient dominicain à Padoue, puis enseigne la thélogie à Paris. Il rédige trente-huit traités de physique, de biologie, de géographie, d'astronomie, de minéralogie et de botanique, conseille le pape, devient évêque de Ratisbonne et meurt à Cologne. Il est docteur de l'Église.
- Caractère : **émotivité, sensibilité, intelligence, charisme.**
- Variante : *Albertine.*
- Italien : *Alberta.*

ALBINE

Ce prénom est la version féminine d'Albin. Il est moins fréquent qu'Albane.

- **Origine latine,** signifie « blanche ».
- Chiffre 7 – couleur blanche.
- Fête le 1er mars.
- Saint Albin est abbé de Guérance, en Bretagne, au VIe s., et combat les mœurs incestueuses des seigneurs.
- Caractère : **vivacité, élitisme, charisme, travail.**
- Variantes : *Albaine, Aubine.*
- Italien : *Albina.*

ALBERTINE

Ce prénom est une autre forme féminine d'Albert.

- **Origine germanique,** signifie « très illustre ».
- Fête le 15 novembre.
- Chiffre 5 – couleur bleue.
- Saint Albert, dominicain à Padoue au XIIe s., se rend à Paris pour y enseigner la théologie. Conseiller du pape, auteur de trente-huit traités de physique, de biologie, de géographie, d'astronomie, de minéralogie et de botanique, il est proclamé docteur de l'Église.
- Caractère : **charme, fantaisie, adaptabilité, persévérance.**

ALCESTE

Dans la mythologie grecque, elle est la fille de Pélias, qui est sauvée des enfers par Héraclès. Elle inspire une tragédie à Euripide.

- Chiffre 2 – couleur verte.
- Fête le 10 novembre.
- Sainte Nymphe, vierge martyre à Nicée au IIIe s., est sa patronne.
- Caractère : **sensibilité, sociabilité, générosité, charisme.**

ALDA

Ce prénom est une forme italienne d'Aude.

- **Origine germanique,** signifie « ancienne ».

- Chiffre 9 – couleur bleue.
- Fête le 26 avril.
- Sainte Alda, jeune Toscane du XIVe s., se voue au service des malades à l'hôpital de Sienne à la mort de son mari.
- Caractère : **réflexion, habileté, curiosité, fantaisie.**

ALDEGONDE

- **Origine germanique,** signifie « noble guerre ».
- Chiffre 4 – couleur violette.
- Fête le 30 janvier.
- Sainte Aldegonde, jeune noble du VIIe s., refuse le prétendant présenté par ses parents et fonde un monastère à Maubeuge.
- Caractère : **tradition, douceur, générosité, altruisme.**

ALÈNE

Ce prénom est une forme féminine d'Alain.

- **Origine latine,** signifie « originaire des Alani », nom d'une tribu qui vivait au Ve s. au bord de la mer Noire.
- Chiffre 6 – couleur rouge.
- Fête le 9 septembre.
- Saint Alain de La Roche, dominicain breton du XVe s., prône pendant tout son sacerdoce le culte de la Vierge Marie en Europe.
- Caractère : **passion, sens des responsabilités, rigueur, autorité.**
- Variantes : *Alane, Alena.*

ALETH

- **Origine latine,** signifie « qui a des ailes ».
- Chiffre 1 – couleur bleue.
- Fête le 4 avril.
- Sainte Aleth est la mère de saint Bernard, en Bourgogne, au XIIe s.
- Caractère : **émotivité, idéalisme, altruisme, courage.**

ALEXANDRA

Ce prénom, version féminine d'Alexandre, connaît une grande vague de faveur dans les années 1980.

- **Origine grecque,** signifie « celle qui repousse ».
- Chiffre 8 – couleur bleue.
- Fête le 20 mars.
- Sainte Alexandra, chrétienne en Asie Mineure au IVe s., subit le martyre pour avoir refusé de renier sa foi.
- Caractère : **courage, détermination, franchise, travail.**
- Diminutifs : *Sandra, Sandy.*
- Variantes : *Alexandrine, Sandrine.*
- Espagnol : *Alessandra.*

ALEXIA

Cette version féminine d'Alexis est l'un des prénoms vedettes des années 1990.

- **Origine grecque,** signifie « qui repousse l'ennemi ».
- Chiffre 7 – couleur bleue.
- Fête le 17 février.
- Saint Alexis Falconieri, riche marchand florentin du XIIIe s., fonde l'ordre des Servites de Marie, consacré au travail manuel et à la prière.
- Caractère : **secret, élitisme, fidélité, intuition.**
- Variante : *Alexane.*
- Espagnol : *Aleja.*
- Italien : *Alessia.*

ALICE

*Ce joli prénom, en vogue à la fin du XIXe s., réapparaît, plus discrètement mais plus durablement qu'Alisson. Il est illustré par le personnage d'*Alice au pays des merveilles, *de Lewis Caroll.*

- **Origine germanique,** signifie « noble ».
- Chiffre 3 – couleur jaune.
- Fête le 9 janvier.
- Sainte Alix Le Clerc, jeune Vosgienne, fonde au XVIe s. la congrégation de Notre-Dame, consacrée à l'enseignement des jeunes filles pauvres.
- Caractère : **éloquence, vivacité, intuition, humour.**
- Variantes : *Alix, Alycia, Alyssa, Alyssia.*
- Anglo-saxon : *Alisson.* Italien : *Alicia, Alissa.*

ALIDA

Ce prénom est une forme italienne d'Adeline.

- **Origine germanique,** signifie « noble ».
- Chiffre 9 – couleur verte.
- Fête le 20 octobre.
- Sainte Adeline est la première abbesse du monastère des Dames Blanches, au début du XIIe s., en Normandie.
- Caractère : **sensibilité, courage, travail, prudence.**
- Variantes : *Alinda, Linda.*

ALIÉNOR

Ce prénom est la forme occitane d'Éléonore.

- **Origine grecque,** signifie « compassion ».
- Chiffre 2 – couleur rouge.
- Fête le 25 juin.
- Sainte Éléonore, belle-sœur de Saint Louis, épouse du roi d'Angleterre Henri III, se retire chez les bénédictines à la mort de son mari.
- Caractère : **charme, énergie, vivacité, opportunisme.**
- Variante : *Élianor.*

ALIETTE

Forme dérivée d'Adélaïde.

- **Origine germanique,** signifie « noble ».
- Chiffre 9 – couleur bleue.
- Fête le 16 décembre.
- Sainte Adélaïde, fille du roi de Bourgogne au Xe s., épouse le roi d'Italie Lothaire II. Devenue veuve, elle s'unit à l'empereur d'Allemagne Othon le Grand, qui meurt peu après. Elle assure d'abord la régence pendant la minorité de son fils, qui décède à son tour, puis la régence en attendant la majorité de son petit-fils. Elle se retire ensuite au monastère de Seltz, qu'elle a fondé, et se met au service des pauvres.
- Caractère : **charisme, sociabilité, calme, réserve.**

ALINE

Prénom médiéval, diminutif d'Adeline.

- **Origine germanique,** signifie « noble ».
- Chiffre 5 – couleur verte.
- Fête le 20 octobre.
- Sainte Adeline est la première abbesse du monastère des Dames Blanches, au début du XIIe s., en Normandie.
- Caractère : **curiosité, vivacité, indépendance, affectivité.**
- Italien : *Alina.*

ALISE

Ce prénom est une forme rare d'Adélaïde.

- **Origine germanique,** signifie « noble ».
- Chiffre 1 – couleur verte.
- Fête le 16 décembre.
- Sainte Adélaïde, veuve du roi d'Italie Lothaire II, au Xe s., épouse l'empereur d'Allemagne Othon le Grand. Veuve à nouveau, elle assure la régence de son fils mineur. Celui-ci décède à son tour, laissant un jeune enfant. Adélaïde est à nouveau régente jusqu'à la majorité de son petit-fils, puis elle se retire dans un monastère.
- Caractère : **volonté, énergie, ambition, franchise.**

ALISSON

Cette forme anglo-saxonne d'Alice connaît un grand succès dans les années 1990.

- **Origine germanique,** signifie « noble ».
- Chiffre 8 – couleur jaune.
- Fête le 9 janvier.
- Sainte Alix Le Clerc, jeune Vosgienne, fonde au XVIe s. la congrégation de Notre-Dame dédiée à l'enseignement des jeunes filles pauvres.
- Caractère : **réserve, élitisme, étude, prudence.**
- Autre orthographe : *Alison.*

ALIX

Forme originelle d'Alice, Alix a une vogue discrète mais permanente dans les familles traditionnelles. Bien qu'il soit mixte, ce prénom est majoritairement attribué à des filles.

- **Origine germanique,** signifie « noble ».
- Chiffre 1 – couleur bleue.
- Fête le 9 janvier.
- Sainte Alix Le Clerc fonde au XVIe s. dans les Vosges la congrégation de Notre-Dame, consacrée à l'enseignement des jeunes filles pauvres.
- Caractère : **volonté, opiniâtreté, indépendance, franchise.**

ALIZÉ

Les puristes pensent que ce prénom vient du germanique adal, *qui signifie « noble » ; d'autres préfèrent trouver son origine dans l'alizé, ce vent léger et régulier qui souffle sur la plus grande partie de la planète.*

- Chiffre 4 – couleur bleue.
- Fête le 9 janvier.
- Sainte Alix est traditionnellement la patronne d'Alizé.
- Caractère : **émotivité, prudence, discrétion, sociabilité.**

ALLÉGRA

Ce prénom est l'équivalent espagnol de Laetitia.

- **Origine espagnole**, signifie « joie ».
- Chiffre 2 – couleur rouge.
- Fête le 18 août.
- Notre-Dame de Liesse est la patronne d'Allégra.
- Caractère : **émotivité, souplesse, adaptabilité, diplomatie.**
- Variante : *Allegria.*

ALMA

- **Origine latine,** signifie « nourricière ».
- Chiffre 9 – couleur rouge.
- Fête le 1er août.
- Sainte Alma, galloise du VIe s., est une jeune fille désireuse d'entrer dans les ordres, assassinée par un prétendant éconduit.
- Caractère : **affectivité, générosité, fidélité, rigueur.**

ALMEDA

Prénom celte, malgré une consonance latine.

- **Origine celtique,** signifie « princesse ».
- Chiffre 9 – couleur verte.
- Fête le 1er août.
- Sainte Almeda, Galloise du VIe s., est décapitée par le soupirant qu'elle a éconduit.
- Caractère : **charme, sens des responsabilités, émotivité, réserve.**
- Diminutif : *Alma.*

ALMIRA

- **Origine arabe,** signifie « précieuse ».
- Chiffre 9 – couleur verte.
- Caractère : **spiritualité, étude, réflexion, rigueur.**

ALOYSE

Ce prénom est une des formes médiévales de Louise, dérivée d'Éloïse.

- **Origine germanique,** signifie « glorieux vainqueur ».
- Chiffre 5 – couleur bleue.
- Fête le 15 mars.
- Sainte Louise de Marillac fonde, avec saint Vincent de Paul, l'ordre des Filles de la Charité, au XVIIe s.
- Caractère : **sensibilité, calme, imagination, rêverie.**

ALPHONSINE

Ce féminin d'Alphonse paraît de nos jours bien désuet.

- **Origine germanique,** signifie « très vive ».
- Chiffre 5 – couleur violette.
- Fête le 1er août.
- Saint Alphonse-Marie de Liguori, Napolitain du XVIIIe s., devient docteur en droit à seize ans. Ordonné prêtre, il évangélise les campagnes et entreprend des études de théologie. Il fonde la congrégation du Très-Saint-Rédempteur et rédige un traité de théologie morale. Il est nommé docteur de l'Église.
- Caractère : **charisme, persuasion, charme, éloquence.**
- Italien : *Alfonsa.*

ALVINA

Ce prénom est très apprécié dans les pays scandinaves.

- **Origine germanique,** signifie « amie des elfes ».
- Chiffre 5 – couleur rouge.
- Fête le 1er novembre.
- Saint Alwin est un évangélisateur de la Belgique, au VIIIe s.
- Caractère : **idéalisme, altruisme, travail, détermination.**
- Variantes : *Alva, Alwina.*

ALWENA

Elle est une forme dérivée de Gwenn.

- **Origine celtique,** signifie « blanche ».
- Chiffre 2 – couleur bleue.
- Fête le 28 janvier.
- Sainte Gwenn, mère de famille nombreuse très pieuse, qui vit en Armorique au VIe s., est sa patronne.
- Caractère : **tradition, douceur, sensibilité, travail.**

AMABILIS

Ce prénom rare est un dérivé d'Aimée.

- **Origine latine,** signifie « aimée ».
- Chiffre 1 – couleur verte.
- Fête le 20 février.
- Sainte Aimée, jeune Italienne d'Assise du XIIIe s., nièce de sainte Claire, fondatrice de l'ordre des Clarisses, renonce à la vie mondaine sur le conseil de sa tante et se consacre à la prière.
- Caractère : **affectivité, charisme, discrétion, exigence.**
- Autre orthographe : *Amabyllis.*

AMANDA

Ce prénom est une forme féminine d'Amand, courante dans les pays anglo-saxons et latins.

- **Origine latine,** signifie « amoureuse ».
- Chiffre 7 – couleur orange.
- Fête le 9 juillet.
- Sainte Amandine, franciscaine d'origine belge, missionnaire en Chine au début du XXe s., est massacrée par les Boxers.
- Caractère : **réflexion, curiosité, étude, fantaisie.**

AMANDINE

Autre version féminine d'Amand, Amandine connaît un succès continu depuis les années 1980.

- **Origine latine,** signifie « amoureuse ».
- Chiffre 7 – couleur orange.
- Fête le 9 juillet.
- Sainte Amandine, franciscaine d'origine belge, missionnaire en Chine au début du XXe s., est massacrée par les Boxers.
- Caractère : **sens de l'analyse, intuition, exigence, réflexion.**
- Anglo-saxon : *Amanda.*

AMARILLYS

Malgré la vogue des prénoms écologiques, Amarillys est loin de rejoindre Capucine ou Marguerite.

- **Origine grecque,** nom d'une plante bulbeuse vivace odorante appelée aussi « lis Saint-Jacques ».
- Chiffre 2 – couleur rouge.
- Fête le 5 octobre.
- Sainte Fleur, religieuse au service des malades, dans le Quercy, au XIVe s., est la patronne d'Amarillys.
- Caractère : **franchise, autorité, dynamisme, sociabilité.**

AMBRE

Deux étymologies sont possibles pour ce prénom : grecque, si on le considère comme une forme féminine d'Ambroise ; arabe, si on pense qu'il vient de l'ambre gris.

- Chiffre 9 – couleur jaune.

- Fête le 7 décembre.
- Saint Ambroise, théologien et évêque de Milan au IVe s., est son patron.
- Caractère : **vivacité, éloquence, charme, imagination.**
- Variante : *Ambrine.*
- Anglo-saxon : *Amber.*

AMÉLIE

L'origine d'Amélie est incertaine. On peut penser qu'elle est une forme féminine d'Émile qui, en latin, signifie « émule », ou qu'elle est issue d'un mot germanique qui se traduit par « puissant ».

- Chiffre 9 – couleur violette.
- Fête le 19 septembre.
- Sainte Amélie, chrétienne à Lyon au IIe s., dénoncée par des païens, subit le supplice avec sainte Blandine et saint Pothin.
- Caractère : **discrétion, gentillesse, sociabilité, élitisme.**
- Anglo-saxon : *Melly.* Espagnol : *Amalia.* Italien : *Amelia, Melia.*

AMICIE

Ce prénom ancien, dérivé d'Aimée, apparaît à l'état civil depuis ce début de siècle.

- **Origine latine,** signifie « aimée ».
- Chiffre 4 – couleur verte.
- Fête le 20 février.
- Sainte Aimée, jeune fille mondaine d'Assise au XIIIe s., renonce à sa vie frivole à la suite d'une visite à sa tante, Claire, fondatrice de l'ordre des Clarisses, et se consacre à l'ascèse et à la prière.
- Caractère : **affectivité, harmonie, sensibilité, sociabilité.**

AMY

Forme anglo-saxonne d'Aimée, ce prénom est très en vogue en Grande-Bretagne.

- **Origine latine,** signifie « aimée ».
- Chiffre 3 – couleur rouge.
- Fête le 20 février.
- Sainte Aimée, jeune fille frivole d'Assise au XIIIe s., entre dans les ordres sur le conseil de sa tante Claire.
- Caractère : **réserve, prudence, travail, activité.**

ANAËLLE

Ce prénom est une variante bretonne d'Anne.

- **Origine hébraïque,** signifie « grâce ».
- Chiffre 5 – couleur bleue.
- Fête le 26 juillet.
- Sainte Anne, épouse de saint Joachim, se désespère de sa stérilité et multiplie jeûnes et prières. À plus de quarante ans, elle met au monde Marie, qui

deviendra la mère du Christ.
- Caractère : **curiosité, indépendance, charme, vivacité.**

ANAÏS

Cette forme méridionale d'Anne connaît un grand succès à la fin du XXe s.

- **Origine hébraïque,** signifie « grâce ».
- Chiffre 8 – couleur bleue.
- Fête le 26 juillet.
- Sainte Anne est la mère de la Vierge Marie.
- Caractère : **énergie, sens des responsabilités, charme, franchise.**

ANASTASIE

Ce prénom est le féminin d'Anastase. Il est rare en Europe de l'Ouest, mais répandu dans les pays slaves.

- **Origine grecque,** signifie « résurrection ».
- Chiffre 4 – couleur verte.
- Fête le 14 août.
- Sainte Anastasie, fille d'un sénateur romain du IIIe s., se convertit et prêche le baptême. Elle est condamnée au martyre.
- Caractère : **volonté, franchise, énergie, travail.**
- Variantes : *Anastasiane, Aspasie.*
- Slave : *Anastasia, Nastasia.*

ANCELINE

Ce prénom est une forme dérivée d'Anselme et le féminin d'Ancelin.

- **Origine germanique,** signifie « protégée du dieu Ans ».
- Chiffre 9 – couleur bleue.
- Fête le 21 avril.
- Saint Anselme, italien, est ordonné prêtre en France au XIIe s., puis nommé archevêque de Canterbury pour son charisme et sa bonté. Il est proclamé docteur de l'Église.
- Caractère : **travail, volonté, opiniâtreté, rigueur.**

ANDRÉA

Ce prénom, en Italie, est masculin. En France, il est davantage attribué aux filles.

- **Origine grecque,** signifie « homme ».
- Chiffre 7 – couleur rouge.
- Fête le 9 juillet.
- Sainte Andrée, religieuse en Provence pendant la Révolution, est arrêtée et guillotinée.
- Caractère : **sensibilité, altruisme, intuition, sociabilité.**

ANDRÉE

Ce prénom est la forme féminine d'André.

- **Origine grecque,** signifie « homme ».

- Chiffre 2 – couleur rouge.
- Fête le 9 juillet.
- Sainte Andrée, religieuse en Provence sous la Révolution, refuse de renier sa foi ; elle est arrêtée et guillotinée.
- Caractère : **sensibilité, altruisme, intuition, sociabilité.**
- Breton : *Andreva.*
- Variante : *Andréane.*

ANÉMONE

Ce prénom de fleur n'a pas encore atteint le succès de Capucine.

- **Origine grecque,** du nom de la fleur.
- Chiffre 9 – couleur rouge.
- Fête le 5 octobre.
- Sainte Fleur est sa patronne. Religieuse dans le Quercy au XIVe s., elle meurt après avoir contracté la peste en soignant les malades.
- Caractère : **passion, fierté, goût du pouvoir, détermination.**

ANGÈLE

Ce prénom, forme féminine d'Ange, est resté discret en Europe ; il est plus courant aux États-Unis.

- **Origine grecque,** signifie « messagère ».
- Chiffre 8 – couleur violette.
- Fête le 27 janvier.
- Sainte Angèle Merici entre en religion à quinze ans, à Brescia, et fonde en 1529 l'ordre des Ursulines, sous la protection de sainte Ursule, destiné à l'éducation des jeunes filles. Elle en devient la première abbesse.
- Caractère : **ambition, courage, générosité, franchise.**
- Variantes : *Angélique, Angéline.*
- Anglo-saxon : *Angela, Angie.*
- Breton : *Aela, Aelia, Aelle.*
- Espagnol et italien : *Angela.*

ANGÉLIQUE

Ce prénom est une autre forme féminine d'Ange, qui est en vogue au XVIIe et au XVIIIe s.

- **Origine grecque,** signifie « messagère ».
- Chiffre 1 – couleur verte.
- Fête le 17 juillet.
- Sainte Angélique Rousset est l'une des seize carmélites du couvent de Compiègne condamnées à mort en 1794 par la Terreur.
- Caractère : **vivacité, charme, impatience, intrépidité.**
- Espagnol et italien : *Angelica.*

ANISSA

- **Orgine arabe,** signifie « gentille ».
- Chiffre 9 – couleur rouge.
- Caractère : **réflexion, discrétion, étude, sens de l'analyse.**

ANITA

Ce prénom est une forme espagnole d'Anne.

- **Origine hébraïque,** signifie « grâce ».
- Chiffre 9 – couleur bleue.
- Fête le 26 juillet.
- Sainte Anne, épouse de saint Joachim, se désespère de sa stérilité et multiplie jeûnes et prières. À plus de quarante ans, elle met au monde Marie, qui deviendra la mère du Christ.
- Caractère : **émotivité, courage, altruisme, prudence.**

ANNA

Ce prénom est international. Très fréquent en Russie, il est aussi très usité en Bretagne, en Italie et dans les pays slaves. Aujourd'hui, c'est un des favoris.

- **Origine hébraïque,** signifie « grâce ».
- Chiffre 3 – couleur bleue.
- Fête le 26 juillet.
- Sainte Anne est sa patronne.
- Caractère : **dynamisme, curiosité, activité, épicurisme.**
- Espagnol, portugais : *Ana.*

ANNABELLE

Ce prénom est une heureuse conjugaison d'Anne et d'Isabelle, prénom dérivé d'Élisabeth.

- **Origine hébraïque,** signifie « grâce » et « Dieu est plénitude ».
- Chiffre 3 – couleur verte.
- Fête le 26 juillet ou le 17 novembre.
- Sainte Anne est la mère de la Vierge Marie, sainte Élisabeth est sa cousine, la mère de saint Jean le Baptiste.
- Caractère : **charme, éloquence, fantaisie, communication.**
- Italien : *Annabella.*

ANNE

Classique intemporel, Anne ne se démode jamais et se combine avec bonheur avec d'autres prénoms.

- **Origine hébraïque,** signifie « grâce ».
- Chiffre 7 – couleur bleue.
- Fête le 26 juillet.
- Sainte Anne, épouse de saint Joachim, se désespère de sa stérilité et multiplie jeûnes et prières. À plus de quarante ans, elle met au monde Marie, qui deviendra la mère du Christ.
- Caractère : **fierté, élégance, intuition, élitisme.**
- Diminutifs : *Annette, Nana, Nanette, Nina, Nine, Ninette.*
- Variantes : *Anna, Annie, Annick.*
- Anglo-saxon : *Ann, Nancy.* Breton : *Annaïg, Annaïk, Annick, Anouck, Naïg.* Espagnol : *Anita.* Germanique : *Annchen.* Hollandais : *Anke.* Provençal : *Anaïs, Anneto, Ano.*

ANNICK

Cette forme bretonne d'Anne connaît un franc succès dans les années 1950.

- **Origine hébraïque,** signifie « grâce ».
- Chiffre 7 – couleur rouge.
- Fête le 26 juillet.
- Sainte Anne, mère de Marie, est sa patronne.
- Caractère : **exigence, rigueur, élitisme, réserve.**
- Variantes : *Annaïc, Annaïg.*

ANNIE

Ce diminutif d'Anne est en vogue dans les années 1950, dans le sillage d'Annick.

- **Origine hébraïque,** signifie « grâce ».
- Chiffre 7 – couleur rouge.
- Fête le 26 juillet.
- Sainte Anne, mère de Marie, est sa patronne.
- Caractère : **réserve, courage, activité, réflexion.**

ANOUCK

Cette forme bretonne d'Anne connaît une vague de succès dans les années 1950.

- **Origine hébraïque,** signifie « grâce ».
- Chiffre 2 – couleur bleue.
- Fête le 26 juillet.
- Sainte Anne, épouse de saint Joachim, se désespère de sa stérilité et multiplie jeûnes et prières. À plus de quarante ans, elle met au monde Marie, qui deviendra la mère du Christ.
- Caractère : **indépendance, charisme, activité, perfectionnisme.**

ANSGARDE

Ce prénom médiéval est porté par la première femme de Louis II, au IXe s.

- **Origine germanique,** signifie « demeure de Ans », divinité teutonne.
- Chiffre 6 – couleur violette.
- Caractère : **affectivité, sens des responsabilités, harmonie, générosité.**

ANTHÉA

Ce prénom n'est plus attribué depuis l'Antiquité.

- **Origine grecque,** signifie « de la beauté d'une fleur ».
- Chiffre 4 – couleur rouge.
- Fête le 5 juin.
- Sainte Fleur, religieuse dans le Quercy au XIVe s., est sa patronne.
- Caractère : **harmonie, droiture, rigueur, charisme.**
- Espagnol : *Antia.* Italien : *Antea.*

ANTOINETTE

Féminin d'Antoine, ce prénom se fait rare après avoir remporté un discret succès entre le XVIIe et le XIXe s.

- **Origine latine,** signifie « inestimable ».
- Chiffre 6 – couleur bleue.
- Fête le 27 octobre.
- Sainte Antoinette, prieure d'un couvent de dominicaines en Italie au XVe s., est un modèle de piété et de rigueur pour les moniales.
- Caractère : **sensibilité, harmonie, loyauté, générosité.**
- Diminutifs : *Toinette, Toinon.*
- Italien : *Antonella, Antonietta.*

ANTONINE

Ce prénom est l'une des formes féminines d'Antonin.

- **Origine latine,** signifie « inestimable ».
- Chiffre 2 – couleur jaune.
- Fête le 5 mai.
- Saint Antonin, dominicain italien, archevêque de Florence au XVe s., passe commande à Fra Angelico de fresques et de peintures pour le couvent Saint-Marc.
- Caractère : **sensibilité, calme, réserve, fierté.**
- Variante : *Antonie.*
- Espagnol et italien : *Antonia, Antonina.*

AODRENN

Ce prénom est une forme bretonne d'Aude.

- **Origine germanique,** signifie « ancienne ».
- Chiffre 8 – couleur jaune.
- Fête le 18 novembre.
- Sainte Aude, religieuse à Paris au Ve s., secourt les pauvres et prêche l'Évangile en compagnie de sainte Geneviève.
- Caractère : **calme, sensibilité, stabilité, fiabilité.**
- Variantes : *Aoda, Aodez, Aodrena.*

AOUREGAN

- **Origine celtique,** signifie « de haute naissance ».
- Chiffre 1 – couleur jaune.
- Fête le 15 janvier.
- Caractère : **ténacité, autorité, travail, ambition.**
- Variante : *Aourgen.*

APOLLINE

Ce féminin d'Apollinaire est un des prénoms vedettes de ce début de XXIe s.

- **Origine grecque,** signifie « relative à Apollon ».
- Chiffre 3 – couleur bleue.
- Fête le 9 février.
- Sainte Apolline, religieuse à Alexandrie, en Égypte, au IIIe s., est condamnée au supplice pour avoir refusé de renier sa foi.

Le fil d'Ariane

Dans la mythologie grecque, Ariane est la fille de Minos, roi de Crète. Elle tombe amoureuse de Thésée, héros venu combattre le Minotaure, monstre terrifiant mi-homme mi-taureau enfermé dans un labyrinthe. Ariane lui remet une épée et une pelote de fil afin qu'il ne se perde pas.

- Caractère : **réserve, prudence, intelligence, curiosité.**

ARIANE

Ce distingué prénom d'un personnage de la mythologie grecque a toujours été discret.

- **Origine grecque,** signifie « relative à Ariane ».
- Chiffre 3 – couleur bleue.
- Fête le 18 septembre.
- Sainte Ariane, esclave en Asie Mineure au IIIe s., se fait baptiser ; dénoncée peu après, elle est traduite devant le juge et condamnée à mort. Son arrestation soulève une émeute et elle échappe à sa peine.
- Caractère : **charme, communication, indépendance, fantaisie.**
- Autre orthographe : *Arianne.*
- Espagnol et italien : *Ariana.* Germanique : *Ariadne.*

ARICIE

Ce prénom est la forme féminine d'Aristide.

- **Origine grecque,** signifie « le meilleur fils ».
- Chiffre 9 – couleur jaune.
- Fête le 31 août.
- Saint Aristide, professeur de philosophie à Athènes au IIe s., se fait baptiser et rédige une apologie destinée à instruire des bienfaits du christianisme l'empereur Hadrien, qui persécute les chrétiens à Rome.
- Caractère : **charme, affectivité, intuition, éloquence.**

ARIELLE

Ce féminin d'Ariel n'est pas courant.

- **Origine hébraïque,** signifie « vaillante ».
- Chiffre 8 – couleur verte.
- Fête le 29 septembre.
- Saint Gabriel, abbé du monastère Saint-Étienne à Jérusalem au Ve s., est son patron.
- Caractère : **énergie, persuasion, autorité, curiosité.**

ARLETTE

Ce prénom en vogue au Moyen Âge a été totalement supplanté par Charlotte, qui a la même étymologie.

- **Origine germanique,** signifie « virile ».
- Chiffre 9 – couleur rouge.
- Fête le 17 juillet.
- Sainte Charlotte, doyenne des carmélites de Compiègne sous la Révolution, condamnée à l'échafaud avec ses compagnes, est sa patronne.
- Caractère : **sensibilité, travail, rêverie, réserve.**
- Anglo-saxon : *Arleen.* Italien : *Arlita.*

ARMANCE

Ce prénom est l'une des formes féminines d'Armand.

- **Origine germanique,** signifie « homme fort ».
- Chiffre 1 – couleur jaune.
- Fête le 23 décembre.
- Saint Armand, prêtre bavarois du XIIe s., devient évêque de Brixen, en Vénétie.
- Caractère : **indépendance, volonté, ambition, charisme.**

ARMANDE

Ce prénom a été, comme son masculin Armand, l'un des prénoms phares du XVIIe s.

- **Origine germanique,** signifie « homme fort ».
- Chiffre 2 – couleur jaune.
- Fête le 23 décembre.
- Saint Armand, né en Bavière, devient prêtre puis évêque de Brixen, en Vénétie, au XIIe s.
- Caractère : **indépendance, sensibilité, exigence, fiabilité.**
- Italien : *Armanda.* Portugais : *Arminda.*

ARMELLE

Ce prénom breton est un grand classique indémodable.

- **Origine celtique,** signifie « princesse » et « ourse ».
- Chiffre 3 – couleur orange.
- Fête le 16 août.
- Saint Armel, ermite au pays de Galles au VIe s., fonde deux monastères en Armorique.
- Caractère : **calme, dynamisme, curiosité, séduction.**
- Variante : *Hermeline.*
- Breton : *Arzhela.*

ARNEGONDE

Cette reine mérovingienne est la femme de Clotaire au VIe s.

- **Origine germanique,** signifie « combat de l'aigle ».
- Chiffre 2 – couleur rouge.
- Caractère : **diplomatie, sociabilité, adaptabilité, charisme.**

ARSINOË

Ce prénom est la forme féminine d'Arsène. Il est porté par plusieurs princesses égyptiennes au IVe s. av. J.-C.

- **Origine grecque,** signifie « virile ».
- Chiffre 9 – couleur jaune.
- Fête le 19 juillet.
- Saint Arsène, secrétaire du pape au IVe s., devient le précepteur des enfants de l'empereur d'Orient, Théodose. Bien qu'il soit apprécié et comblé d'honneurs, il se retire dans le désert en Égypte, et meurt deux ans plus tard.
- Caractère : **élégance, charme, autorité, travail.**

ARTÉMIS

Ce prénom mythologique, qui fait référence à la déesse grecque de la Nature sauvage et de la Chasse, est en vogue au XVIIe s.

- **Origine grecque,** signifie « relative à Artémis ».
- Chiffre 4 – couleur violette.
- Caractère : **vivacité, curiosité, séduction, affectivité.**
- Espagnol : *Artemisa.*

ASELLE

Est-ce l'étymologie peu flatteuse de ce prénom qui lui a interdit le succès ?

- **Origine latine,** signifie « petite ânesse ».
- Chiffre 9 – couleur verte.
- Fête le 6 décembre.
- Sainte Aselle a passé sa vie à prier dans une cellule, à Rome, au IVe s.
- Caractère : **générosité, altruisme, discrétion, étude.**

ASHLEY

Ce prénom celte inconnu en France jusqu'aux années 1990 commence à être attribué aussi bien aux filles qu'aux garçons.

- **Origine celtique,** signifie « bois de frêne ».
- Chiffre 7 – couleur verte.
- Fête le 4 mai.
- En l'absence d'une sainte Ashley, sainte Sylvie, noble romaine du VIe s. et mère du pape Grégoire le Grand, peut être, par association d'idées (femme de la forêt), la patronne d'Ashley.
- Caractère : **stabilité, charme, prudence, opportunisme.**

ASPASIE

Ce prénom est une forme féminine d'Anastase. Il est illustré par une femme, célèbre pour sa beauté et son intelligence, qui fut la conseillère de Périclès au Ve s. av. J.-C.

- **Origine grecque,** signifie « résurrection ».
- Chiffre 7 – couleur verte.
- Fête le 14 août.
- Sainte Anastasie, fille d'un

sénateur romain, du IIIe s., se convertit et prêche le baptême. Elle subit le martyre.
- Caractère : **volonté, franchise, énergie, travail.**

ASSUNTA

Forme italienne d'Assomption.

- **Origine latine,** signifie « qui prend ».
- Chiffre 5 – couleur jaune.
- Caractère : **curiosité, dynamisme, activité, indépendance.**
- Espagnol : *Asuncion.*

ASSYA

Ce prénom aurait été porté par l'épouse de Pharaon, femme exemplaire que l'islam vénère comme une sainte. Il est très en vogue aujourd'hui.

- **Origine arabe,** signifie « l'Orientale ».
- Chiffre 2 – couleur verte.
- Caractère : **adaptabilité, diplomatie, émotivité, sociabilité.**
- Variante : *Assia.*

ASTRÉE

Ce prénom mythologique évoque Astraïa, une fille de Zeus.

- **Origine grecque,** signifie « astre ».
- Chiffre 5 – couleur bleue.
- Fête le 27 novembre.
- Par analogie étymologique, on peut considérer que sainte Estelle (qui signifie « étoile »), jeune chrétienne décapitée par son père païen à Rome au IIIe s., est sa patronne.
- Caractère : **habileté, émotivité, curiosité, adaptabilité.**

ASTRID

Dans la gamme des prénoms scandinaves, Astrid est en tête.

- **Origine germanique,** signifie « fidèle aux dieux ».
- Chiffre 8 – couleur bleue.
- Fête le 27 novembre.
- Sainte Astrid, reine de Norvège au xe s., et mère d'Olaf II, consacre sa vie à secourir des indigents.
- Caractère : **énergie, courage, autorité, travail.**

ATHALIE

Ce prénom biblique est chargé d'histoire : il est porté par une reine de Juda, au IXe s. av. J.-C. C'est aussi le nom d'une tragédie de Racine composée au XVIIe s. pour les jeunes filles de Saint-Cyr.

- **Origine hébraïque,** signifie « Dieu est exalté ».
- Chiffre 2 – couleur verte.

- Fête le 5 décembre.
- Sainte Attalia est la patronne d'Athalie. Nièce de sainte Odile, en Alsace, au VIIIe s., elle refuse de se marier et demande à son père de lui faire construire un monastère, dont elle devient la première abbesse.
- Caractère : **ambition, opportunisme, indépendance, adaptabilité.**
- Italien : *Athalia.*

ATHÉNAÏS

Ce prénom inspiré de la mythologie grecque a été en vogue au XVIIe s., à la cour de Louis XIV. La marquise de Montespan, favorite du roi, l'a particulièrement bien illustré.

- **Origine grecque,** du nom de la déesse Athéna.
- Chiffre 5 – couleur verte.
- Fête le 3 mars.
- Sainte Athénaïs, jeune beauté de Constantinople au VIe s., repousse ses soupirants et prend le voile dans un monastère.
- Caractère : **charme, détermination, écoute, éloquence.**
- Variante : *Arthellaïs.*

ATTALIA

Ce prénom est plus connu sous sa forme dérivée Athalie.

- **Origine hébraïque,** signifie « Dieu est exalté ».
- Chiffre 1 – couleur verte.
- Fête le 5 décembre.
- Sainte Attalia, fille du duc d'Alsace au VIIIe s., refuse de se marier et demande à son père de lui faire construire un monastère, dont elle devient la première abbesse.
- Caractère : **ambition, énergie, indépendance, volonté.**
- Variante : *Athalie.*

AUDE

Ce prénom médiéval, après avoir disparu pendant plusieurs siècles, connaît un grand succès dans les années 1980.

- **Origine germanique,** signifie « ancienne ».
- Chiffre 4 – couleur jaune.
- Fête le 18 novembre.
- Sainte Aude, religieuse à Paris au Ve s., secourt les pauvres et prêche l'Évangile en compagnie de sainte Geneviève.
- Caractère : **calme, sensibilité, stabilité, fiabilité.**
- Breton : *Aoda, Aodez, Aodrenn, Aodrena.* Italien : *Alda.*

AUDREY

Forme moderne d'Ethelred, Audrey a connu le succès dans les années 1980.

- **Origine germanique,** signifie « noble gloire ».
- Chiffre 2 – couleur rouge.

- Fête le 23 juin.
- Sainte Ethelred, Anglaise du VIIe s., a fait vœu de chasteté, mais elle est mariée de force par son père à un homme âgé qui meurt rapidement. Aussitôt remariée à un homme de son âge, elle s'enfuit du domicile conjugal et se réfugie au monastère d'Ely dont elle devient abbesse.
- Caractère : **calme, charme, détermination, étude.**
- Variantes : *Audraine, Audrenn.*

AUGUSTA

Ce prénom est l'une des formes féminines d'Auguste.

- **Origine latine,** signifie « vénérable ».
- Chiffre 4 – couleur verte.
- Fête le 27 mars.
- Sainte Augusta demande le baptême contre l'avis de son père, à Rome, au Ve s. ; il la fait décapiter.
- Caractère : **indépendance, courage, activité, volonté.**

AUGUSTINE

Cette version féminine d'Augustin a connu son apogée au début du XXe s.

- **Origine latine,** signifie « vénérable ».
- Chiffre 9 – couleur rouge.
- Fête le 28 août.
- Saint Augustin, né en Tunisie au IVe s., fait de brillantes études de philosophie. Il se convertit au catholicisme et prend l'habit. Nommé évêque d'Hippone pour son grand talent d'orateur, il lutte, en Afrique du Nord, contre les hérétiques, et rédige deux ouvrages majeurs, *Les Confessions*, et *La Cité de Dieu*. Il est nommé docteur de l'Église.
- Caractère : **charme, émotivité, prudence, affectivité.**
- Italien : *Augustina, Agosta.*

AURA

Ce prénom est la forme primitive d'Aurélie et d'Auriane.

- **Origine latine,** signifie « en or ».
- Chiffre 5 – couleur rouge.
- Fête le 19 juillet.
- Sainte Aura, moniale espagnole, est arrêtée à Cordoue au IXe s. Sommée d'abjurer, elle refuse. Elle est alors condamnée à mort avec les autres religieuses de sa congrégation.
- Caractère : **passion, émotivité, persévérance, exigence.**
- Variantes : *Aurélie, Auriane, Orane.*
- Breton : *Aureguenn.* Italien : *Ornelia, Ornella.*

AURÉLIE

Ce prénom est une forme moderne d'Aura, qui connaît son apogée dans les années 1980.

- **Origine latine,** signifie « en or ».
- Chiffre 8 – couleur rouge.
- Fête le 15 octobre.
- Sainte Aurélie est, à Cologne, au IIIe s., une compagne de sainte Ursule.
- Caractère : **charme, combativité, volonté, ambition.**
- Autre orthographe : *Orélie.*
- Variantes *Aurélia, Auréliane.*
- Breton : *Aourell.*

AURIANE

Ce prénom est une forme dérivé d'Aura ; il est aujourd'hui préféré à Aurélie.

- **Origine latine,** signifie « en or ».
- Chiffre 6 – couleur verte.
- Fête le 19 juillet.
- Sainte Aura, religieuse à Cordoue, en Espagne, au IXe s., est arrêtée par les musulmans… Elle refuse d'abjurer et subit le martyre avec les moniales de sa congrégation.
- Caractère : **sensibilité, affectivité, sens des responsabilités, harmonie.**
- Italien : *Oriana.*

AURORE

Ce prénom lumineux a toujours été discret.

- **Origine latine,** signifie « aurore ».
- Chiffre 6 – couleur orange.
- Fête le 19 juillet.
- Sainte Aura est sa patronne.
- Caractère : **charme, affectivité, prudence, calme.**
- Arabe : *Sahar.* Italien : *Aurora.*

AUSTEN

Ce diminutif d'Augustin est très en vogue aux États-Unis où il est devenu un prénom mixte.

- **Origine latine,** signifie « vénérable ».
- Chiffre 8 – couleur verte.
- Fête le 28 août.
- Saint Augustin, né en Tunisie au IVe s., fait de brillantes études de philosophie. Il se convertit au catholicisme et prend l'habit. Nommé évêque d'Hippone pour son grand talent d'orateur, il lutte, en Afrique du Nord, contre les hérétiques, et rédige deux ouvrages majeurs, *Les Confessions* et *La Cité de Dieu.* Il est nommé docteur de l'Église.
- Caractère : **équilibre, ambition, charisme, sens de la justice.**

AVA

Ce prénom est la première forme originelle d'Ève.

- **Origine hébraïque,** signifie « vivante ».
- Chiffre 6 – couleur bleue.
- Fête le 29 avril.
- Sainte Ava est une jeune aveugle,

en Artois, au IXe s. qui prie chaque jour pour recouvrer la vue. Lorsque Dieu l'exauce, elle décide de prendre le voile pour Lui consacrer sa vie.
- Caractère : **affectivité, réserve, prudence, esthétisme.**
- Autre orthographe : *Hava.*
- Variantes : *Aviva, Ève.*

AVELA

Cette forme bretonne féminine d'Abel est peu répandue.

- **Origine hébraïque,** signifie « ce qui passe ».
- Chiffre 5 – couleur verte.
- Fête le 5 août.
- Saint Abel est évêque de Reims au VIIIe s.
- Caractère : **énergie, travail, discrétion, intuition.**

AVELAINE

Ce prénom rare est une autre forme bretonne d'Abel.

- **Origine hébraïque,** signifie « ce qui passe ».
- Chiffre 6 – couleur bleue.
- Fête le 5 août.
- Saint Abel, évêque de Reims au VIIIe s., est son patron.
- Caractère : **activité, rigueur, détermination, courage.**
- Variante : *Aveline.*

AXELLE

Ce féminin d'Axel est une forme dérivée d'Absalom.

- **Origine hébraïque,** signifie « père de la paix ».
- Chiffre 5 – couleur jaune.
- Fête le 21 mars.
- Saint Axel est archevêque de Lund au IIIe s.
- Caractère : **enthousiasme, curiosité, émotivité, charisme.**

AYLA

Ce prénom est celui d'une héroïne de la littérature américaine, femme de la préhistoire imaginée par Jean M. Auel. Il est aujourd'hui répandu aux États-Unis.

- Chiffre 3 – couleur verte.
- Caractère : **créativité, communication, générosité, vivacité.**

AYMONE

Ce prénom est une forme occitane de Raymonde.

- **Origine germanique,** signifie « conseil » et « monde ».
- Chiffre 1 – couleur bleue.
- Fête le 7 janvier.
- Saint Raymond, maître des dominicains et conseiller du pape au XIIIe s., rédigea plusieurs ouvrages de théologie et fonde un ordre religieux pour le rachat aux

musulmans des chrétiens captifs.
- Caractère : **sociabilité, réserve, sensibilité, curiosité.**

AZILIS

Ce prénom est la forme bretonne de Cécile.

- **Origine latine,** signifie « aveugle ».
- Chiffre 1 – couleur bleue.
- Fête le 22 novembre.
- Sainte Cécile, Romaine chrétienne du IIe s., est mariée par ses parents à un païen, Valérien, qu'elle parvient à convertir. Tous deux sont dénoncés et condamnés au martyre
- Caractère : **indépendance, exigence, autorité, goût du pouvoir.**

AZIZA

- **Origine arabe,** signifie « aimée ».
- Chiffre 9 – couleur jaune.
- Caractère : **spiritualité, altruisme, rêverie, étude.**

B

BALBINE

Ce prénom de l'Antiquité a presque disparu de l'état civil.

- **Origine latine,** signifie « bègue ».
- Chiffre 9 – couleur bleue.
- Fête le 31 mars.
- Sainte Balbine, chrétienne à Rome au IIe s., est arrêtée avec son père qui est décapité devant elle ; elle subit le même sort quelques jours plus tard.
- Caractère : **communication, originalité, adaptabilité, charisme.**
- Espagnol : *Balbina.*

BARBARA

Ce prénom est une forme dérivée de Barbe, très en vogue aux États-Unis dans les années 1950.

- **Origine grecque,** signifie « barbare ».
- Chiffre 7 – couleur jaune.
- Fête le 4 décembre.
- Sainte Barbe, jeune fille noble en Turquie au IIIe s., a fait vœu de chasteté. Son père, un puissant seigneur païen, veut la marier pour servir ses intérêts. Elle refuse. Il menace de la pourfendre

de son épée : elle s'enfuit et se cache, mais un berger la dénonce. Son père lui fait connaître mille supplices pour la forcer à renier sa foi ; elle tient bon, il la décapite lui-même. La légende raconte qu'il aurait été aussitôt foudroyé.

- Caractère : **secret, curiosité, intimité, réserve.**
- Anglo-saxon : *Babs, Barbara, Barbie*. Espagnol et italien : *Barbara*. Germanique : *Barbara, Barbel*.
- Variantes : *Barbarella, Barbe, Barberine.*

BARBE

Ce prénom a eu quelques adeptes au XVIIIe s. Il a presque disparu depuis.

- **Origine grecque,** signifie « barbare ».
- Chiffre 1 – couleur jaune.
- Fête le 4 décembre.
- Sainte Barbe, fille d'un riche seigneur en Turquie au IIIe s., refuse de se marier car elle a fait vœu de chasteté. Son père la menace de son épée et tente de la brûler vive. Comme elle refuse de renoncer à son vœu, il la décapite. Il aurait été immédiatement foudroyé.
- Caractère : **énergie, autorité, réflexion, conscience professionnelle.**

BARBERINE

Ce prénom est, avec Barbara, l'une des formes modernes de Barbe.

- **Origine grecque,** signifie « barbare ».
- Chiffre 2 – couleur violette.
- Fête le 4 décembre.
- Sainte Barbe est sa patronne.
- Caractère : **douceur, charme, affectivité, dévouement.**

BATHILDE

Ce prénom du haut Moyen Âge est courant entre le Ve et le VIIIe s.

- **Origine germanique,** signifie « audacieux combat ».
- Chiffre 7 – couleur verte.
- Fête le 30 janvier.
- Sainte Bathilde, native d'une famille aristocratique anglo-saxonne du VIIe s., est enlevée par des pirates et vendue au maire du palais de Neustrie ; Clovis II la remarque et l'épouse, mais il meurt peu après. Elle est régente pendant la minorité de son fils, puis se retire au monastère de Chelles, près de Paris, qu'elle a fondé.
- Caractère : **élégance, sensibilité, réserve, courage.**
- Variantes : *Balthilde, Bathille, Beaudour.*

BAUCIS

Ce prénom romanesque est la forme féminine de Baud, prénom aujourd'hui complètement disparu. Il évoque l'héroïne de Philémon et Baucis, *d'Ovide, illustrant le couple idéal qui vit un parfait amour de l'adolescence à la vieillesse.*

- **Origine latine,** signifie « heureuse ».
- Chiffre 1 – couleur jaune.
- Fête le 7 novembre.
- Saint Baud est évêque de Tours au VIe s.
- Caractère : **sensibilité, énergie, perfectionnisme, prudence.**

BÉATRICE

Ce joli prénom, dérivé de Béat, évoque la jeune fille qui est l'objet de la passion de Dante, écrivain florentin du XIIIe s., et pour laquelle il compose des sonnets et des canzone.

- **Origine latine,** signifie « heureuse ».
- Chiffre 9 – couleur bleue.
- Fête le 13 février.
- Sainte Béatrice est la fondatrice de la chartreuse d'Eymeu, dans la Drôme.
- Caractère : **psychologie, intuition, observation, réserve.**
- Anglo-saxon : *Beatrix*, *Battie*, *Trixie*. Breton : *Beatris*. Espagnol : *Beatriz*. Germanique : *Beatrix*, *Betrix*, *Trixie*. Italien : *Bea*, *Beatrice*.

BEAUDOUR

Ce prénom médiéval rare est une forme dérivée de Bathilde.

- **Origine germanique,** signifie « audacieux combat ».
- Chiffre 6 – couleur verte.
- Fête le 30 janvier.
- Sainte Bathilde, jeune noble anglo-saxonne du VIIe s., est enlevée puis vendue au maire du palais de Neustrie ; sa grande beauté attire Clovis II, qui l'épouse ; rapidement veuve, elle assure la régence pendant la minorité de son fils aîné, puis se retire dans un monastère.
- Caractère : **affectivité, sensibilité, équilibre, harmonie.**

BÉLINDA

Ce prénom est une forme dérivée de Béline.

- **Origine germanique,** du nom de Belinus, divinité d'Europe centrale.
- Chiffre 6 – couleur verte.
- Fête le 8 septembre.
- Sainte Béline, jeune vierge du VIIIe s., est décapitée par le seigneur qu'elle refuse d'épouser.
- Caractère : **volonté, exigence, perfectionnisme, émotivité.**

BELLA

Ce prénom est un diminutif d'Isabelle, lui-même dérivé d'Élisabeth.

- **Origine hébraïque,** signifie « Dieu est plénitude ».
- Chiffre 6 – couleur orange.
- Fête le 17 novembre.
- Sainte Élisabeth, dans la Bible, est l'épouse de Zacharie et la cousine de Marie. Elle déplore sa stérilité, et lorsque la naissance prochaine d'un fils lui est annoncée malgré son grand âge, elle rend grâce à Dieu. Jean le Baptiste naît quelques mois plus tard.
- Caractère : **vivacité, autorité, ténacité, courage.**

BÉNÉDICTE

Cette forme féminine de Benoît a connu son apogée dans les années 1970.

- **Origine latine,** signifie « bénie ».
- Chiffre 4 – couleur jaune.
- Fête le 16 mars.
- Sainte Bénédicte est moniale au couvent fondé par sainte Claire, à Assise, au XIIIe s., et lui succède.
- Caractère : **sensibilité, discrétion, affectivité, générosité.**
- Variante : *Benoîte.*
- Anglo-saxon : *Benedict.* Germanique : *Benedickt.* Italien : *Benedetta.*

BENJAMINE

Ce prénom, féminin de Benjamin, évoque le plus jeune fils de Jacob et de Rachel. Il n'est pas courant.

- **Origine hébraïque,** signifie « fille de bon augure ».
- Chiffre 5 – couleur verte.
- Fête le 31 mars.
- Saint Benjamin, diacre en Perse au Ve s., provoque de très nombreuses conversions chez les adorateurs du feu ; le roi le condamne à deux ans de prison, pensant que cette peine le dissuadera de poursuivre son œuvre de prédicateur. Mais, à sa libération, Benjamin part à travers le pays pour enseigner l'Évangile. À nouveau arrêté, il est condamné au supplice du pal.
- Caractère : **passion, ambition, vitalité, affectivité.**
- Italien : *Beniamina.*

BENOÎTE

Ce féminin de Benoît s'est raréfié pour laisser la place à Bénédicte.

- **Origine latine,** signifie « bénie ».
- Chiffre 7 – couleur jaune.
- Fête le 11 juillet.
- Saint Benoît de Nursie se retire dans la montagne, en Italie, au Ve s., pour prier. Il est nommé à la direction d'un monastère pour imposer la rigueur aux moines qui ont des mœurs très libres. Il fonde douze monastères, dont celui du

Monte Cassino, et instaure la règle bénédictine fondée sur la prière, le travail manuel et la lecture, et adoptée par la majorité des monastères européens.
- Caractère : **esprit d'analyse, intuition, réserve, affectivité.**
- Breton : *Benigez*, *Benniga*. Italien : *Benita*.

BÉRANGÈRE

Ce prénom, forme féminine de Béranger, courant au Moyen Âge, est devenu rare.

- **Origine germanique,** signifie « ourse » et « lance ».
- Chiffre 3 – couleur verte.
- Fête le 26 mai.
- Saint Béranger est moine près de Carcassonne au XIIe s.
- Caractère : **sociabilité, indépendance, curiosité, fantaisie.**
- Autre orthographe : *Bérengère*.

BÉRÉNICE

Ce prénom fut porté par plusieurs reines d'Égypte, et par une princesse juive qui renonça à épouser l'empereur Titus pour ne pas déplaire au peuple. Bérénice est aussi l'héroïne d'une tragédie de Racine. Son étymologie est la même que celle de Véronique.

- **Origine grecque,** signifie « porteuse de victoires ».
- Chiffre 7 – couleur verte.
- Fête le 4 octobre.
- Sainte Bérénice est une chrétienne d'Antioche au début du IIIe s. Des soldats romains, envoyés par Dioclétien pour persécuter les chrétiens, menacent sa vertu. Elle préfère se jetter dans le fleuve plutôt que de céder à leurs avances.
- Caractère : **prudence, réflexion, réserve, autorité.**
- Anglo-saxon : *Bernice*. Germanique : *Berenike*.

BÉRÉTRUDE

Ce prénom du haut Moyen Âge fut porté par la deuxième femme de Clotaire II au VIe s.

- **Origine germanique,** signifie « illustre combat ».
- Chiffre 8 – couleur rouge.
- Caractère : **équilibre, réserve, sens de la justice, rigueur.**

BERNADETTE

Ce féminin de Bernard a eu ses adeptes au début du XXe s.

- **Origine germanique,** signifie « ours fort ».
- Chiffre 4 – couleur bleue.
- Fête le 18 février.
- Sainte Bernadette Soubirous, née à Lourdes en 1844, a quatorze ans lorsque la Vierge lui apparaît en lui demandant de prêcher paix,

amour et pénitence. Elle prend le voile à Nevers, tandis que Lourdes devient un lieu de pèlerinage.
- Caractère : **spontanéité, franchise, rigueur, exigence.**
- Variante : *Bernardine.*
- Espagnol : *Bernardita.* Germanique : *Bernharda.* Italien : *Bernardina.*

BERTHE

Grand classique du XIXe s., Berthe est un prénom médiéval.

- **Origine germanique,** signifie « illustre ».
- Chiffre 4 – couleur orange.
- Fête le 4 juillet.
- Sainte Berthe, veuve du comte Rigobert, au VIIIe s., se retire dans le monastère qu'elle a fondé sur ses terres, et y mène une vie recluse, après avoir élevé ses cinq filles.
- Caractère : **prudence, éloquence, passion, exigence.**
- Variantes : *Bertrade, Bertrude.*
- Anglo-saxon : *Bertie.* Espagnol et italien : *Berta.* Germanique : *Bertha.*

BERTILLE

Ce prénom est favori en Scandinavie sous sa forme masculine.

- **Origine germanique,** signifie « illustre et habile ».
- Chiffre 3 – couleur verte.
- Fête le 6 novembre.
- Sainte Bertille devient très jeune la première abbesse du monastère de Chelles que la reine Bathilde fait bâtir, au VIIIe s.
- Caractère : **générosité, émotivité, goût du pouvoir, esprit critique.**

BERTRADE

Ce prénom est l'une des formes féminines de Bertrand, très fréquente au Moyen Âge. Il est porté au VIIIe s. par la femme de Pépin le Bref, mère de Charlemagne, qu'un trouvère immortalisa sous le surnom de « Berthe au grand pied ».

- **Origine germanique,** signifie « illustre corbeau ».
- Chiffre 1 – couleur orange.
- Fête le 6 septembre.
- Saint Bertrand des Garrigues, Périgourdin disciple de saint Dominique au XIIIe s., consacre son immense fortune à la création de monastères à Paris, à Montpellier et en Avignon.
- Caractère : **activité, indépendance, goût du pouvoir, volonté.**
- Variantes : *Bertrande, Bertrane.*

BÉRYL

Ce prénom traditionnellement féminin devient mixte.

- **Origine latine,** signifie « béryl »,

nom d'une famille de pierres précieuses, de différentes couleurs (vertes, ce sont des émeraudes ; bleues, ce sont des aigues-marines ; jaunes, ce sont des héliodores ; roses, ce sont des morganites).
- Chiffre 8 – couleur jaune.
- Fête le 29 juin.
- Saint Pierre, apôtre du Christ, est le patron de Béryl.
- Caractère : **générosité, charme, curiosité, diplomatie.**

BÉTHANIE

Ce prénom évoque un village près de Jérusalem, où vécurent Marthe, Marie et Lazare. Il est en vogue aux États-Unis, sous l'orthographe Bethany.

- **Origine hébraïque,** signifie « humble demeure ».
- Chiffre 1 – couleur bleue.
- Caractère : **autorité, ambition, détermination, travail.**

BETHSABÉE

Ce prénom évoque la belle maîtresse du roi David, lequel envoya se faire tuer à la guerre le mari encombrant de sa bien-aimée afin de pouvoir l'épouser. Mère de Salomon, Bethsabée intrigua avec le prophète Nathan pour que son fils succède à David à la place de son fils aîné.

- **Origine hébraïque,** signifie « fille du serment ».
- Chiffre 4 – couleur rouge.
- Caractère : **prudence, exigence, réserve, émotivité.**
- Espagnol : *Betsabe*. Forme hébraïque : *Bathsheva*.

BÉVERLY

Ce prénom a longtemps été exclusivement masculin, pendant la première partie du XXe *s. dans les pays anglo-saxons. Il se féminise en arrivant en France.*

- **Origine anglaise,** signifie « la rivière aux castors ».
- Chiffre 8 – couleur bleue.
- Caractère : **ambition, équilibre, sens de la justice, harmonie.**

BIBIANE

Ce prénom est la forme originelle de Viviane.

- **Origine latine,** signifie « vivante ».
- Chiffre 6 – couleur rouge.
- Fête le 2 décembre.
- Sainte Viviane, fille d'un préfet de Rome chrétien châtié pour sa croyance, refuse d'abjurer ; elle est martyrisée elle aussi.
- Caractère : **douceur, féminité, énergie, exigence.**

BIENVENUE

Féminin de Bienvenu, ce prénom n'est pas plus courant que lui.

- **Origine latine,** signifie « bienvenue ».
- Chiffre 7 – couleur orange.
- Fête le 30 octobre.
- Sainte Bienvenue, Italienne du XIIIe s., fait pénitence et s'astreint à de multiples jeûnes et privations, puis prend le voile chez les dominicaines avant de mourir à l'âge de trente-huit ans.
- Caractère : **sociabilité, charisme, générosité, écoute.**
- Italien : *Benvenuta.*

BLANCHEFLOR

Forme médiévale de Blanche, ce prénom est empreint d'esprit chevaleresque. Il évoque la mère de Tristan, héros d'une légende celte du XIIIe s.

- **Origine latine,** signifie « fleur blanche ».
- Chiffre 6 – couleur blanche.
- Fête le 3 octobre.
- Sainte Blanche, chrétienne à Rome au IIIe s., subit le martyre avec son mari et sa fille.
- Caractère : **douceur, affectivité, dévouement, stabilité.**
- Variante : *Blanchefleur.*

BLANCHE

Ce prénom évoque la reine Blanche de Castille, mère de Saint Louis, régente à la mort de son mari Louis VIII et pendant la septième croisade.

- **Origine latine,** signifie « blanche ».
- Chiffre 9 – couleur blanche.
- Fête le 3 octobre.
- Sainte Blanche vit à Rome au IIIe s. Chrétienne, elle est dénoncée, arrêtée et condamnée au martyre avec son mari et sa fille Pauline.
- Caractère : **curiosité, vivacité, franchise, émotivité.**
- Breton : *Gwenn.* Espagnol : *Blanca.* Germanique : *Blanka.* Italien : *Bianca.*

BLANDINE

Ce prénom doux est illustré par l'une de nos saintes les plus populaires.

- **Origine latine,** signifie « caressante ».
- Chiffre 9 – couleur jaune.
- Fête le 2 juin.
- Sainte Blandine, esclave à Lyon au IIe s., fait partie de la petite communauté chrétienne qui se réunit clandestinement pour échapper aux persécutions. Tous les membres sont arrêtés et conduits dans l'arène pour y être livrés aux fauves. Ses compagnons sont dévorés, mais les lions épargnent Blandine, qui est alors jetée à un taureau furieux, emballée dans un filet.

- Caractère : **réserve, prudence, réflexion, exigence.**
- Espagnol et germanique : *Blanda*. Italien : *Blandina*.

BLEUZENN

Ce prénom breton a la même signification que Blancheflor.

- **Origine celtique,** signifie « fleur blanche ».
- Chiffre 9 – couleur blanche.
- Fête le 5 octobre.
- Sainte Fleur, religieuse dans le Quercy au XIVe s., est sa patronne.
- Caractère : **générosité, charisme, fidélité, rêverie.**

BLICHILDE

Ce prénom est porté par la femme de Childéric II au VIIe s.

- **Origine germanique,** signifie « hardi combat ».
- Chiffre 1 – couleur verte.
- Caractère : **autorité, goût du pouvoir, travail, rigueur.**

BOÉCIANE

Féminin moderne de Boèce, ce prénom évoque le poète latin qui a traduit de nombreux philosophes grecs.

- **Origine latine,** signifie « de Boétie ».
- Chiffre 9 – couleur verte.
- Fête le 23 octobre.
- Saint Boèce, poète et philosophe du Ve s., appartient à une illustre famille romaine. L'empereur des Ostrogoths, Théodoric, le nomme consul, mais le soupçonnant de trahison, il le fait arrêter et mettre à mort.
- Caractère : **générosité, rêverie, charisme, prudence.**
- Variante : *Boécia*.

BONNIE

Ce prénom n'est pas un diminutif, mais une forme écossaise du prénom français Bonne, assez fréquent au XVIIe s., et depuis tombé dans l'oubli. En revanche, Bonnie se maintient aux États-Unis.

- **Origine latine,** signifie « bonne ».
- Chiffre 5 – couleur jaune.
- Fête le 29 mai.
- Sainte Bonne, ermite à Pise au XIIe s., accomplit, d'après la légende, de nombreux miracles.
- Caractère : **franchise, curiosité, passion, rapidité.**

BRENDA

L'étymologie de ce prénom est très discutée ; certains évoquent une origine scandinave, d'autres une origine écossaise ; les plus nombreux assurent que ce prénom est la forme féminine de Brendan. Quoi qu'il en soit, il est courant dans les pays anglo-saxons.

- **Origine celtique,** signifie « corbeau ».
- Chiffre 8 – couleur bleue.
- Fête le 16 mai.
- Saint Brendan, né en Irlande au Ve s., voyage pendant cinq ans, d'Islande en Amérique, en passant par les Açores et les Canaries. Après avoir fondé un monastère à Saint-Servan, en Bretagne, il rentre chez lui.
- Caractère : **affectivité, calme, intuition, harmonie.**

BRIANNA

Ce féminin de Brian ou Bryan est en vogue aux États-Unis depuis plusieurs années.

- **Origine celtique,** signifie « importance ».
- Chiffre 5 – couleur bleue.
- Fête le 18 décembre.
- Saint Briag, Irlandais, étudie au pays de Galles, au VIIe s., puis s'installe avec saint Tudwall en Armorique où il fonde plusieurs monastères.
- Caractère : **individualisme, curiosité, adaptabilité, goût de l'aventure.**

BRIGITTE

Ce prénom est en Irlande et en Suède un des symboles du catholicisme. Très en vogue dans les années 1950, il a presque disparu aujourd'hui.

- **Origine celtique,** signifie « élevée ».
- Chiffre 9 – couleur rouge.
- Fête le 23 juillet.
- Sainte Brigitte, jeune fille de la noblesse suédoise du XIVe s., épouse par amour, à quatorze ans, un jeune prince suédois de dix-huit ans. Elle se consacre à l'éducation de ses huit enfants, puis, à la mort de son mari, se retire dans un couvent où elle aurait entretenu avec le Christ des dialogues qu'elle consigne dans un recueil. Elle meurt d'épuisement à la suite d'un pèlerinage à Jérusalem.
- Caractère : d**ouceur, générosité, émotivité, sensibilité.**
- Anglo-saxon : *Bridget*. Breton : *Berc'hed*, *Berhed*. Espagnol : *Brigida*. Germanique : *Birgid*. Italien : *Birgitta*, *Brigida*. Provençal : *Bregido*.

BRITTANY

Ce prénom, apprécié aux États-Unis depuis les années 1990, fait une apparition remarquée à l'état civil français.

- **Origine anglaise,** signifie « originaire de (Grande-) Bretagne ».
- Chiffre 1 – couleur rouge.
- Caractère : **ambition, volonté, énergie, indépendance.**

Les prénoms géographiques

La tendance, outre-Manche, est depuis peu aux prénoms géographiques. Il existait déjà Clyde, évocateur d'une rivière écossaise, et Kerry, du nom d'un comté en Irlande. Après Philadelphia et Brittany, voici Calédonia. Ce n'est pas une innovation : dans l'Antiquité, les prénoms Adrien, Boèce, Cyprien, et, un peu plus tard, Franck, soulignaient eux aussi l'origine de ceux qui les portaient. En France, les favoris sont Chine, Guyenne, Lorraine, Louisiane et Toscane.

BRIVAËLLE

Ce prénom est une forme dérivée de Briac.

- **Origine celtique,** signifie « estime » et « importance ».
- Chiffre 5 – couleur verte.
- Fête le 17 décembre.
- Saint Briag, Irlandais, étudie au pays de Galles, au VIIe s., puis s'installe avec saint Tudwall en Armorique où il fonde plusieurs monastères.
- Caractère : **adaptabilité, indépendance, charme, curiosité.**

BRUNE

Qu'il soit le féminin de Bruno ou le diminutif de Brunehild, ce prénom a une étymologie germanique.

- **Origine germanique,** signifie « bouclier ».
- Chiffre 6 – couleur bleue.
- Fête le 6 octobre.
- Saint Bruno fonde de l'ordre des Chartreux, au XIe s.
- Caractère : **tradition, générosité, fidélité, sensibilité.**

BRUNEHAUT

Ce prénom médiéval est illustré par la reine d'Austrasie, rivale de Frédégonde, avec laquelle elle engage une lutte sans merci.

- **Origine germanique,** signifie « bouclier de combat ».
- Chiffre 2 – couleur bleue.
- Fête le 6 octobre.
- Saint Bruno, fondateur de l'ordre des Chartreux au XIe s., est son patron.
- Caractère : **détermination, passion, énergie, travail.**
- Variante : *Brunehilde.*
- Espagnol : *Brunilda.*

C

CAITLEN

Cette forme irlandaise de Catherine est l'un des prénoms féminins favoris outre-Manche.

- **Origine grecque,** signifie « pure ».
- Chiffre 5 – couleur verte.
- Fête le 25 novembre.
- Sainte Catherine d'Alexandrie est une jeune patricienne chrétienne du IIIe s. ; elle va reprocher à l'empereur Maxence les persécutions qu'il mène contre les croyants ; il la condamne au supplice.
- Caractère : **indépendance, passion, travail, sociabilité.**

CALÉDONIA

Ce prénom suit la vogue de Brittany dans les pays anglo-saxons.

- **Origine anglaise,** signifie « originaire d'Écosse ».
- Chiffre 1 – couleur verte.
- Caractère : **ambition, énergie, détermination, travail.**

CALLIOPE

Elle est, dans la mythologie grecque, la Muse de la poésie épique et de l'éloquence, fille de Zeus et de Mnémosyne, déesse de la Mémoire.

- **Origine grecque,** signifie « qui a une belle voix ».
- Chiffre 1 – couleur orange.
- Fête le 7 avril.
- Saint Calliope, jeune homme d'Asie Mineure au IVe s., est crucifié par les hommes de l'empereur Dioclétien pour avoir refusé de sacrifier aux dieux païens.
- Caractère : **sociabilité, éloquence, intuition, humour.**
- Espagnol : *Caliope*. Grec : *Kalliopé*.

CALLISTE

Callisto, dans la mythologie grecque, est une nymphe aimée de Zeus. Jalouse, Héra la change en ourse et la fait tuer par Artémis. Zeus en fait une constellation, la Grande Ourse.

- **Origine grecque,** signifie « la plus belle ».
- Chiffre 2 – couleur rouge.
- Fête le 14 octobre.
- Saint Calliste, esclave à Rome au IIIe s., affranchi par son maître, se lance dans la gestion de ses biens. Honnête mais maladroit, il périclite et il est condamné aux travaux forcés. À sa libération, il étudie la théologie à Rome ; il est élu pape à la mort de Zéphirin.

Il est assassiné peu après par un fanatique.
- Caractère : **sociabilité, éloquence, sens artistique, sensibilité.**
- Variantes : *Callista, Callistine, Calixta, Calixte.*

CALYPSO

Nymphe de la mythologie grecque, Calypso, reine de l'île d'Ogygie, accueille Ulysse après son naufrage et le retient pendant sept années.

- **Origine grecque,** signifie « calice ».
- Chiffre 1 – couleur bleue.
- Fête le 10 novembre.
- Sainte Nymphe, jeune chrétienne en Asie Mineure au IVe s., est condamnée au supplice par l'empereur Dèce.
- Caractère : **dynamisme, charme, éloquence, communication.**

CAMÉLIA

Après Capucine, voici qu'apparaît ce joli prénom fleuri.

- **Origine latine,** signifie « camélia ».
- Chiffre 8 – couleur blanche.
- Fête le 5 octobre.
- Sainte Fleur, religieuse dans le Quercy au XIVe s., meurt de la peste en soignant les malades.
- Caractère : **harmonie, sens de la justice, ambition, travail.**

CAMILLE

Ce prénom mixte est connu dès l'Antiquité. Il nomme les garçons et les filles qui, à Rome, assistent les prêtres, dans les cérémonies de sacrifice aux dieux païens.

- **Origine latine,** signifie « qui fait partie des Camillus ».
- Chiffre 1 – couleur jaune.
- Fête le 14 juillet.
- Saint Camille de Leilis, Romain du XVIe s., part combattre les Turcs aux côtés de son père après une jeunesse dissipée ; il revient blessé, guérit, retourne guerroyer, revient, s'adonne au jeu et, totalement démuni, entre comme homme de peine chez les capucins. Repenti, il devient novice, mais les frères refusent qu'il prononce ses vœux perpétuels. Il s'engage alors comme infirmier dans un hôpital. La négligence du personnel le révolte : il fonde l'Institut des clercs réguliers ministres des infirmes, érigé en ordre religieux.
- Caractère : **sens des responsabilités, indépendance, réflexion, travail.**
- Anglo-saxon : *Camilla.* Espagnol : *Camila.* Germanique : *Kamill.* Italien : *Camilla.*

CANDICE

Ce prénom est un dérivé de Candide.

- **Origine latine,** signifie « blanche ».

- Chiffre 3 – couleur blanche.
- Fête le 3 octobre.
- Sainte Blanche, chrétienne de Rome au IIIe s., martyrisée avec sa famille, est sa patronne.
- Caractère: **élégance, charme, sociabilité, charisme.**
- Diminutifs: *Candie*, *Candy*.
- Italien: *Candida*.

CANNELLE

Après une rapide apparition dans les années 1980, Cannelle a presque disparu.

- **Origine française;** la cannelle est une substance aromatique extraite de l'écorce du cannelier.
- Chiffre 3 – couleur violette.
- Caractère: **vivacité, indépendance, séduction, esprit de famille.**

CAPUCINE

Ce prénom s'efface alors que Rose et Marguerite reviennent.

- **Origine italienne,** signifie « capucine ».
- Chiffre 9 – couleur bleue.
- Fête le 5 octobre.
- Sainte Fleur, religieuse dans le Quercy au XIVe s., est sa patronne.
- Caractère: **passion, opiniâtreté, travail, émotivité.**

CAREY

Ce prénom est en vogue outre-Manche.

- **Origine galloise,** signifie « près du château ».
- Chiffre 7 – couleur rouge.
- Caractère: **réflexion, étude, réserve, travail.**

CARINE

Ce dérivé de Catherine connaît le succès dans les années 1970.

- **Origine grecque,** signifie « pure ».
- Chiffre 5 – couleur rouge.
- Fête le 7 novembre.
- Sainte Carine, jeune mère de famille chrétienne, en Asie Mineure, au IVe s. est arrêtée, jugée et martyrisée avec son mari et son fils.
- Caractère: **courage, volonté, ambition, charme.**
- Autre orthographe: *Karine*.
- Anglo-saxon: *Karin*. Espagnol et italien: *Carina*.

CARLA

Cette forme féminine espagnole et italienne de Charles est un prénom favori de ce début de siècle.

- **Origine germanique,** signifie « virile ».
- Chiffre 8 – couleur bleue.
- Fête le 17 juillet.

Jouer les Cassandres

Cette expression veut dire « faire des prédictions auxquelles personne ne croit ». En voici l'origine : Cassandre, dans la mythologie grecque, est la fille du roi Priam et de la reine Hécube. Apollon l'aime. Elle lui promet ses faveurs en échange du don de prophétie. Apollon accepte, mais la belle se refuse à lui. Par esprit de vengeance, Apollon décide que jamais plus Cassandre ne sera prise au sérieux. Lorsqu'elle annonce la prise prochaine de la ville de Troie... personne ne la croit. Après la bataille, elle est réduite en esclavage par Agamemnon, roi de Mycènes, qui la ramène dans son palais. La reine Clytemnestre, folle de jalousie, la tue.

- Sainte Charlotte, doyenne des carmélites de Compiègne pendant la Révolution, est sa patronne. Arrêtée à la veille de ses quatre-vingts ans avec quatorze de ses compagnes, elle est guillotinée.
- Caractère : **ambition, travail, discrétion, justice.**
- Germanique : *Carleen*, *Karla*.

CARMEL

Ce prénom mixte est plus fréquemment féminin. Il évoque le mont Carmel au-dessus de Haïfa, en Israël, où, selon la Bible, le prophète Élie installe son ministère au IXe s. av. J.-C. L'ordre religieux des Carmes y est fondé au XIIe s.

- **Origine hébraïque,** signifie « verger ».
- Chiffre 7 – couleur verte.
- Fête le 16 juillet.
- Sainte Carmen, fille de l'ambassadeur d'Espagne en France au XIIIe s., fonde l'ordre des Carmélites à Paris.
- Caractère : **émotivité, intuition, curiosité, goût de l'aventure.**
- Autre orthographe : *Carmelle.*
- Espagnol et italien : *Carmela.*

CARMEN

Ce prénom est un des grands classiques espagnols. L'opéra de Bizet a contribué à sa renommée.

- **Origine latine,** signifie « chanson ».
- Chiffre 9 – couleur rouge.
- Fête le 16 juillet.
- Sainte Carmen, Andalouse du XIIIe s., vit à Paris où son père est ambassadeur d'Espagne. Elle fonde le couvent des Carmélites.
- Caractère : **intuition, sensibilité, charme, vivacité.**
- Diminutif : *Carmencita.*
- Variantes : *Carmina, Carmine.*
- Italien : *Carmela, Carmina.*

CAROLE

Cette forme féminine de Charles a été à la mode dans les années 1950. Charlotte l'a supplantée.

- **Origine germanique,** signifie « virile ».
- Chiffre 9 – couleur rouge.
- Fête le 18 novembre.
- Sainte Caroline, jeune fille très pieuse qui vit dans une ferme en Pologne avec sa famille, refuse les avances d'un soldat russe qui la poignarde.
- Caractère : **charme, prudence, émotivité, générosité.**
- Espagnol : *Carola.*

CAROLINE

Classique entre 1970 et 1990, ce prénom, dérivé de Charles, a laissé la place à Charlotte, puis à Carla, qui ont la même étymologie.

- **Origine germanique,** signifie « virile ».
- Chiffre 6 – couleur bleue.
- Fête le 18 novembre.
- Sainte Caroline, jeune chrétienne polonaise, est poignardée par un soldat russe qu'elle repousse.
- Caractère : **éloquence, sensibilité, fiabilité, fidélité.**
- Espagnol et italien : *Carolina.* Russe : *Karolina.*

CASILDE

- **Origine latine,** signifie « petite maison ».
- Chiffre 8 – couleur rouge.
- Fête le 9 avril.
- Sainte Casilde, fille du roi de Tolède au XIe s., apporte vivres et réconfort aux chrétiens emprisonnés sur ordre de son père. Et chaque fois qu'on la surprend, ô miracle ! ses paniers sont emplis de fleurs… Elle se fait baptiser et vit en ermite jusqu'à sa mort.
- Caractère : **sensibilité, charme, générosité, sociabilité.**
- Espagnol : *Casilda.*

CASSANDRE

Ce prénom mythologique a connu le succès aux États-Unis, mais en France sa vogue a été de courte durée.

- **Origine grecque,** nom de Cassandra, héroïne de la mythologie.
- Chiffre 3 – couleur bleue.
- Caractère : **communication, franchise, charme, curiosité.**
- Variantes : *Cassie, Cassy.*
- Espagnol : *Casandra.* Germanique : *Kassandra.* Italien : *Cassandra.*

CASSIANE

Ce prénom est une des formes féminines de Cassien.

- **Origine latine,** signifie « de la famille Cassius », famille patricienne romaine du Ier s.
- Chiffre 8 – couleur verte.
- Fête le 13 août.
- Saint Cassien, instituteur chrétien en Italie au IIIe s., est poignardé par les élèves qu'il cherche à convertir.
- Caractère : **réflexion, sensibilité, éloquence, sens de la justice.**
- Variantes : *Cassia, Cassienne.*

CASSIE

Ce prénom est en vogue aux États-Unis et commence son ascension en France. Il peut avoir deux origines.

- **Origine grecque,** diminutif de Cassandre, prénom mythologique, ou **origine latine,** diminutif de Cassienne, féminin de Cassien, qui signifie « issu de la famille Cassius », noble famille patricienne de Rome dans l'Antiquité.
- Chiffre 2 – couleur bleue.
- Fête le 13 août.
- Saint Cassien est son patron.
- Caractère : **énergie, sociabilité, travail, assurance.**
- Variantes : *Cassia, Cassy.*

CATHERINE

Grand classique traditionnel depuis le XVe s., ce prénom a été illustré par des femmes de caractère et de talent : Catherine de Médicis, Catherine la Grande, tsarine de Russie, Katherine Mansfield, Catherine Deneuve… Ses formes étrangères ont pris la relève.

- **Origine grecque,** signifie « pure ».
- Chiffre 2 – couleur rouge.
- Fête le 29 avril ou le 25 novembre.
- Sainte Catherine d'Alexandrie, issue d'une famille patricienne du IIIe s., reproche à l'empereur Maxence sa cruauté envers les chrétiens et son idolâtrie. Il convoque des philosophes pour réfuter les arguments de la jeune fille : elle les convertit, il les fait brûler vifs. Il l'emprisonne : elle convertit alors les soldats de la garde et leur famille. Furieux, l'empereur la condamne au supplice.
- Sainte Catherine de Sienne, cadette des vingt-cinq enfants d'un teinturier du XIVe s., a la vocation à six ans ; à douze ans, elle annonce qu'elle fait vœu de chasteté. Ses parents veulent la marier, mais elle refuse obstinément et prend l'habit chez les dominicaines. Elle se dévoue aux malades, aux deshérités, et multiplie les conversions, arbitre les conflits, conseille les papes. Elle est proclamée docteur de l'Église.
- Caractère : **affectivité, imagination, intuition, fidélité.**
- Diminutifs : *Cathie, Cathy.*
- Variantes : *Carine, Karine.*
- Alsacien : *Cathel, Cathelle.* Anglo-saxon : *Kate, Katherine, Kathleen, Ketty, Kitty.* Breton : *Kathel.*

Écossais : *Catriona.* Espagnol : *Catalina.* Germanique : *Katharina.* Irlandais : *Caitleen, Caitlin.* Italien : *Caterina.* Provençal : *Catarino, Catoun.* Russe : *Ekatarina, Katarina, Katia, Katinka.* Scandinave : *Karen.*

CATRIONA

Cette forme écossaise de Catherine remporte un grand succès outre-Manche.

- **Origine grecque,** signifie « pure ».
- Chiffre 9 – couleur bleue.
- Fête le 29 avril ou le 25 novembre.
- Caractère : **générosité, affectivité, charisme, rêverie.**

CÉCILE

Elle a la vedette de 1970 à 1990.

- **Origine latine,** signifie « aveugle ».
- Chiffre 1 – couleur bleue.
- Fête le 22 novembre.
- Sainte Cécile, jeune patricienne romaine du IIe s., se fait baptiser et fait vœu de chasteté, mais elle est contrainte par ses parents d'épouser un païen, Valérien ; elle le persuade d'écouter saint Urbain qui lui enseigne la parole de Dieu. Valérien se fait baptiser avec son frère Tiburce, mais ils sont dénoncés, arrêtés et martyrisés. Cécile les ensevelit avant de subir elle aussi le martyre.
- Caractère : **indépendance, exigence, autorité, ambition.**
- Variantes : *Cécilia, Célia, Célie.*
- Anglo-saxon : *Cecilia, Sheila, Sisley.* Breton : *Azilis.* Espagnol et italien : *Cecilia.* Occitan : *Céciliane.*

CÉLESTE

Ce prénom mixte commence à apparaître à l'état civil.

- **Origine latine,** signifie « céleste ».
- Chiffre 6 – couleur jaune.
- Fête le 14 octobre.
- Saint Céleste est évêque de Metz au IVe s. On sait seulement que sa vie fut un modèle de piété et de bonté.
- Caractère : **douceur, sens des responsabilités, harmonie, discrétion.**

CÉLESTINE

Ce féminin de Célestin est peu courant depuis le XIXe s.

- **Origine latine,** signifie « céleste ».
- Chiffre 6 – couleur jaune.
- Fête le 6 avril.
- Saint Célestin, pape au Ve s., combat l'hérésie et réorganise l'Église.
- Caractère : **douceur, calme, passion, exigence.**

Lorsqu'un nom devient prénom...

Chanel deviendra peut-être dans quelques dizaines d'années un prénom aussi courant que Chantal. L'adoption d'un patronyme pour prénom n'est pas une innovation : Bruce est issu du nom de Robert de Bruis, chevalier français au XIe s., Chantal était le nom de famille de sainte Jeanne-Françoise de Chantal, au XVIe s., et, plus près de nous, Jean-Marie Vianney, au XIXe s., nous laissa son nom en héritage. Aujourd'hui, en Bretagne, Hilouri, du patronyme de saint Yves, commence à s'imposer.

CÉLIA

Cette forme dérivée de Cécile remporte un franc succès depuis les années 1990.

- **Origine latine,** signifie « aveugle ».
- Chiffre 3 – couleur bleue.
- Fête le 22 novembre.
- Sainte Cécile, jeune patricienne romaine du IIe s., se fait baptiser et fait vœu de chasteté, mais elle est contrainte par ses parents d'épouser un païen, Valérien ; elle le persuade d'écouter saint Urbain qui lui enseigne la parole de Dieu. Valérien se fait baptiser avec son frère Tiburce, mais ils sont dénoncés, arrêtés et martyrisés. Cécile les ensevelit avant de subir elle aussi le martyre.
- Caractère : **éloquence, adaptabilité, sociabilité, optimisme.**

CÉLIMÈNE

Célimène, personnage de la comédie de Molière Le Misanthrope, *est une jeune femme belle, élégante, spirituelle et séductrice.*

- **Origine grecque,** signifie « lune ».
- Chiffre 3 – couleur bleue.
- Caractère : **charme, optimisme, vitalité, sensibilité.**

CÉLINE

Céline fait une apparition discrète dans les années 1970.

- **Origine latine,** signifie « divine ».
- Chiffre 3 – couleur bleue.
- Fête le 21 octobre.
- Sainte Céline vit à Laon au Ve s. ; mère de saint Remi, elle consacre sa vie à l'éducation de ses enfants, à la prière et aux œuvres caritatives.
- Caractère : **volonté, ambition, charisme, diplomatie.**
- Espagnol et italien : *Celine.*

CERISE

Après les fleurs, voici les fruits.

- **Origine française,** nom du fruit.
- Chiffre 5 – couleur rouge.
- Caractère : **indépendance, enthousiasme, curiosité, adaptabilité.**

CESCA

Ce prénom, diminutif de Francesca, est une des formes italiennes de Françoise.

- **Origine latine,** signifie « de France ».
- Chiffre 1 – couleur rouge.
- Fête le 9 mars.
- Sainte Françoise, mariée dès l'enfance à un noble romain du XVe s., perd ses enfants en bas âge, voit sa maison pillée, son mari exilé, ses amis mourir de l'épidémie de peste. Elle soigne les malades et, à la mort de son époux, se retire dans le monastère qu'elle a fondé.
- Caractère : **autorité, goût du pouvoir, travail, activité.**

CHANEL

Ce prénom est né aux États-Unis dans les années 1990, en référence à Coco Chanel et au célèbre parfum N° 5.

- **Origine française,** du nom de Gabrielle Chanel.
- Chiffre 7 – couleur bleue.
- Caractère : **travail, réserve, réflexion, prudence.**

CHANI

Ce prénom moderne est très prisé en Israël aujourd'hui.

- **Origine hébraïque,** signifie « fil écarlate ».
- Chiffre 8 – couleur rouge.
- Caractère : **franchise, équilibre, éloquence, esprit de justice.**

CHANTAL

Grand favori des années 1950, ce prénom n'est plus à l'honneur aujourd'hui. Prénom inspiré du patronyme de sainte Jeanne-Françoise de Chantal.

- Chiffre 5 – couleur jaune.
- Fête le 12 décembre.
- Sainte Jeanne-Françoise, au XVIe s., épouse le baron Rabutin de Chantal, qui la laisse veuve avec quatre enfants. Elle fonde avec saint François de Sales, évêque de Genève, l'ordre de la Visitation, à Annecy.
- Caractère : **séduction, fantaisie, affectivité, indépendance.**

CHARLOTTE

Ce féminin de Charles a battu les records de popularité dans les années 1990.

- Fête le 17 juillet.
- Origine germanique, signifie « virile ».
- Chiffre 3 – couleur rouge.
- Sainte Charlotte, doyenne des carmélites de Compiègne, est arrêtée à la veille de ses quatre-vingts ans avec quatorze de ses compagnes. Accusées d'être ennemies de la Révolution, elles sont guillotinées.
- Caractère : **affectivité, générosité, intuition, communication.**
- Variantes : *Arlène, Arlette, Carole, Caroline, Charlaine, Charlène, Charbelle, Charlette, Charline, Karelle.*
- Anglo-saxon : *Cheryl, Lotta, Lottie.* Espagnol : *Carlota.* Italien : *Carlotta.*

CHELSEA

Ce prénom, apparu dans les années 1960 en Angleterre, est dans la lignée des prénoms géographiques.

- **Origine anglaise,** signifie « près du port ».

CHERYL

Forme anglo-saxonne de Charlotte, ce prénom est aussi un patronyme courant.

- **Origine germanique,** signifie « virile ».
- Chiffre 3 – couleur rouge.
- Sainte Charlotte, doyenne des carmélites de Compiègne, est arrêtée avec quatorze de ses compagnes, accusées d'être ennemies de la Révolution. Elles sont guillotinées.
- Caractère : **affectivité, générosité, intuition, communication.**
- Autre orthographe : *Sheryl.*

CHIARA

Forme italienne de Claire, tout comme Clara qui fait partie des favoris, ce prénom commence à s'imposer.

- **Origine latine,** signifie « claire ».
- Chiffre 4 – couleur verte.
- Caractère : **stabilité, droiture, persévérance, travail.**

CHICCA

Ce prénom est une forme italienne de Frédérique.

- **Origine germanique,** signifie « paix du roi ».
- Chiffre 9 – couleur jaune.
- Fête le 18 juillet.
- Saint Frédéric, évêque d'Utrecht au IXe s., modèle de piété, est assassiné sur ordre de l'impératrice Judith à qui il reproche son inconduite.
- Caractère : **charisme, tradition, communication, générosité.**

CHINE

Tout comme Louisiane ou Guyenne, Chine est de ces prénoms géographiques qui commencent à apparaître à l'état civil.

- **Origine française,** nom du pays.
- Chiffre 3 – couleur bleue.
- Caractère : **sensibilité, charme, curiosité.**

CHLOÉ

Chloé est la déesse des Fleurs dans la mythologie grecque. À Athènes, en mai, non loin de l'Acropole, on célébrait son culte dans un temple qui lui était consacré.

Ce prénom a pris la première place au hit-parade dans les années 1990, à la suite de Charlotte et de Camille.

- **Origine grecque,** signifie « jeune pousse ».
- Chiffre 7 – couleur verte.
- Fête le 5 octobre.
- Sainte Fleur, religieuse dans le Quercy au XIVe s., meurt de la peste en soignant les malades.
- Caractère : **vivacité, activité, curiosité, spontanéité.**
- Espagnol : *Cloé.*

CHRISTEL

Cette forme dérivée de Christine a eu un modeste succès dans les années 1980.

- **Origine grecque,** signifie « messie ».
- Chiffre 4 – couleur verte.
- Fête le 24 mars.
- Sainte Kristell est la cousine de saint Hervé ; ils sont élevés ensemble dans la lande bretonne au VIe s., et mènent la même vie exemplaire.
- Caractère : **volonté, rigueur, conscience professionnelle, fiabilité.**
- Autres orthographes : *Christèle, Christelle.*
- Variante : Christale.
- Breton : *Kristell.*

CHRISTIANE

Ce féminin de Christian a connu son apogée dans les années 1940.

- **Origine grecque,** signifie « messie ».
- Chiffre 7 – couleur verte.
- Fête le 14 janvier.
- Sainte Christiane, Géorgienne du IVe s., réputée pour sa charité et sa bonté, est appelée au chevet de la reine de Géorgie, qu'elle guérit. Refusant les biens qu'on lui offre, elle persuade les souverains de se convertir. Ils exaucent son vœu.
- Caractère : **fierté, indépendance, prudence, réflexion.**
- Italien : *Cristiana.*

CHRISTINE

Prénom de reine et de femmes de lettres, Christine est en vogue dès le Moyen Âge; il atteint son apogée dans les années 1950.

- **Origine grecque,** signifie « messie ».
- Chiffre 6 – couleur verte.
- Fête le 24 juillet.
- Sainte Christine, Sicilienne du IIIe s., est la fille d'un gouverneur de Toscane sous Dioclétien; elle refuse d'adorer les dieux païens; son père la tue de ses mains.
- Caractère: **distinction, sociabilité, sens des responsabilités, générosité.**
- Espagnol: *Cristina*. Italien: *Christina*. Russe: *Kristina*. Scandinave: *Christen*.

CIARA

- **Origine celtique,** signifie « brune ».
- Chiffre 5 – couleur bleue.
- Fête le 16 octobre.
- Sainte Ciara est religieuse en Irlande, au Ve s., et fondatrice de monastères.
- Caractère: **vivacité, activité, épicurisme, fantaisie.**
- Variante: *Kiara*.

CINDERELLA

Ce prénom est la forme anglo-saxonne de Cendrillon, héroïne d'un conte de fées universellement connu. Elle voit le jour en 1697 sous la plume de Charles Perrault: enfant timide persécutée par sa marâtre, elle séduit le Prince charmant par sa grâce et sa beauté.

- Chiffre 2 – couleur bleue.
- Caractère: **opportunisme, diplomatie, sensibilité, communication.**

CINDY

Ce diminutif de Cynthia a connu un bref succès dans les années 1990.

- **Origine grecque,** signifie « du mont Cynthos ».
- Chiffre 1 – couleur rouge.
- Caractère: **réflexion, étude, réserve, volonté.**

CINNAMONE

Elle est, dans la Bible, l'une des filles de Job.

- **Origine hébraïque,** signifie « fleur de cannelle ».
- Chiffre 6 – couleur verte.
- Caractère: **générosité, fidélité, sensibilité, sens artistique.**

CIRCÉ

Dans la mythologie grecque, Circé, reine d'Aea, est une dangereuse magicienne qui transforme en animal tout homme qui s'en approche. Ulysse envoie ses hommes en reconnaissance dans cette île. La belle les change en pourceaux. Ne les voyant pas revenir, Ulysse débarque à son tour ; il rencontre sur le rivage Hermès, sous l'apparence d'un jeune homme qui le met en garde contre les maléfices de Circé et lui propose une herbe pour le mettre à l'abri de ses artifices. Ulysse est reçu par Circé, qui lui fait boire un mystérieux breuvage… mais le charme n'opère pas : Ulysse ne se transforme pas. Impressionnée, Circé s'éprend de lui, et accepte de rendre à l'équipage sa forme humaine. Elle est si généreuse que les hommes restent plus d'une année chez leur hôtesse avant de reprendre la mer.

- **Origine grecque,** du nom de Circea, divinité grecque.
- Chiffre 1 – couleur bleue.
- Fête le 19 mai.
- Sainte Nymphe, pieuse jeune fille qui vécut au IIe s. en Sicile, est la protectrice de Circé.
- Caractère : **sociabilité, charme, vivacité, ambition.**

CLAIRE

Ce prénom indémodable est actuellement à l'honneur avec sa forme italienne Clara, et sa forme anglo-saxonne mixte Clarence.

- **Origine latine,** signifie « claire ».
- Chiffre 3 – couleur verte.
- Fête le 11 août.
- Sainte Claire, issue d'une famille noble d'Assise au XIIe s., fait vœu de chasteté à douze ans. À dix-huit ans, elle va suivre l'enseignement de saint François d'Assise, et entre en religion. Ses parents et ses amis viennent l'enlever de force du couvent où elle réside, mais elle résiste. Sur les conseils de saint François, elle fonde l'ordre des « pauvres dames » ou « Clarisses ». Atteinte par la maladie, elle passe les dernières années de sa vie à prier et à broder des vêtements liturgiques.
- Caractère : **éloquence, intelligence, sens de l'observation, communication.**
- Variantes : *Clairemonde, Clarinde, Clarisse.*
- Anglo-saxon : *Clarence*. Espagnol : *Clara*. Italien : *Chiara*. Provençal : *Claroun*. Russe : *Klara*.

CLARA

Cette forme espagnole de Claire remporte un franc succès depuis la fin du XXe s.

- **Origine latine,** signifie « claire ».
- Chiffre 8 – couleur verte.
- Fête le 11 août.
- Sainte Claire, issue d'une famille noble d'Assise au XIIe s., fait vœu de chasteté à douze ans. À dix-huit ans, elle va suivre l'enseignement de saint François d'Assise, et entre en religion. Ses parents et ses amis viennent

l'enlever de force du couvent où elle réside, mais elle résiste. Sur les conseils de saint François, elle fonde l'ordre des « pauvres dames » ou « Clarisses ». Atteinte par la maladie, elle passera les dernières années de sa vie à prier et à broder des vêtements liturgiques.
- Caractère : **courage, vitalité, franchise, dynamisme.**
- Variante : *Claramunda.*

CLARISSE

Cette forme dérivée de Claire a toujours été discrète.

- **Origine latine,** signifie « claire ».
- Chiffre 5 – couleur rouge.
- Fête le 12 août.
- Sainte Clarisse fonde au VIe s. un monastère dans les Vosges, à l'emplacement actuel de Remiremont.
- Caractère : **autorité, énergie, curiosité, activité.**

CLAUDE

Ce prénom mixte a toujours été plus souvent attribué aux garçons. Une exception remarquable : la reine Claude de France, épouse de François Ier.

- **Origine latine,** signifie « de la famille Claudius », illustre famille romaine.
- Chiffre 1 – couleur orange.
- Fête le 15 février.
- Saint Claude, précepteur des enfants de Colbert, au XVIIe s., prend la direction d'un collège de jésuites, puis part en mission auprès de la duchesse d'York. Il contracte la tuberculose et revient en France pour y terminer sa vie.
- Caractère : **générosité, élégance, vivacité, autorité.**
- Variante : *Claudie.*
- Germanique et espagnol : *Claudia.*

CLAUDINE

Cette forme féminine de Claude connaîtle succès dans les années 1950.

- **Origine latine,** signifie « de la famille Claudius », nom d'une célèbre famille patricienne de Rome.
- Chiffre 6 – couleur orange.
- Fête le 17 juillet.
- La bienheureuse Claudine, prieure du carmel de Compiègne, est arrêtée avec quatorze de ses compagnes, et guillotinée sous la Révolution.
- Caractère : **charme, réflexion, prudence, communication.**

CLÉA

Ce prénom est le diminutif de Cloélia, francisé en Clélie. Il est apparu à l'état civil dans les années 2000 à la suite de Léa, et sa carrière est prometteuse.

- **Origine latine,** signifie « de la famille Cloelius ».
- Chiffre 3 – couleur bleue.
- Fête le 13 juillet.
- Sainte Clélia est sa patronne.
- Caractère : **charme, sérieux, sens des responsabilités, persévérance.**

CLÉLIE

Ce prénom est une forme francisée de Cloelia.

- **Origine latine,** signifie « de la famille Cloelius ».
- Chiffre 1 – couleur jaune.
- Fête le 13 juillet.
- Sainte Clélia consacre sa vie à l'éducation d'enfants, en Émilie, au XIXe s. ; elle leur apprend à lire, à écrire, mais leur enseigne aussi à prier. Elle meurt à vingt-trois ans.
- Caractère : **douceur, harmonie, sens des responsabilités, générosité.**
- Variantes : *Clélia, Cloelia.*

CLÉMENCE

Cette forme féminine de Clément est en vogue depuis les années 1990.

- **Origine latine,** signifie « indulgente ».
- Chiffre 6 – couleur bleue.
- Fête le 21 mars.
- Sainte Clémence de Hohenberg, à la mort de son mari, le comte de Spanheim, au XIIe s., entre dans les ordres à l'abbaye des bénédictines à Trèves, et mène une vie exemplaire de dévotion.
- Caractère : **douceur, calme, générosité, prudence.**
- Espagnol : *Clemencia.*

CLÉMENTINE

Ce diminutif de Clémence mène sa carrière et se défend bien.

- **Origine latine,** signifie « indulgente ».
- Chiffre 1 – couleur verte.
- Fête le 21 mars.
- Sainte Clémence, veuve du comte de Spanheim, achève ses jours dans une abbaye de bénédictines, où sa vie est un modèle de piété.
- Caractère : **travail, fidélité, perfectionnisme, sociabilité.**
- Espagnol : *Clementina.*

CLÉO

Diminutif de Cléopâtre, ce prénom évoque la fastueuse reine d'Égypte du Ier s. av. J.-C. Il fait concurrence à Clio, dont la consonance est proche.

- **Origine grecque,** signifie « célébration du père ».
- Chiffre 8 – couleur bleue.
- Fête le 19 octobre.
- Sainte Cléopâtre protège les chrétiens des persécutions romaines en Palestine, au IVe s.
- Caractère : **dynamisme, sens pratique, franchise, générosité.**

CLERVIE

- **Origine celtique,** signifie « joyau ».
- Chiffre 2 – couleur rouge.
- Fête le 3 octobre.
- Sainte Klervi, fille d'un couple de saints et sœur de trois saints, est une jeune fille pieuse de Bretagne, au VIe s.
- Caractère : **idéalisme, travail, altruisme, détermination.**
- Variante : *Klervi.*

CLIO

- **Origine grecque,** du nom de Kleiô, Muse de la mythologie grecque.
- Chiffre 3 – couleur orange.
- Fête le 10 novembre.
- Sainte Nymphe, fille d'un préfet romain en Sicile au IIe s., est emprisonnée par son père lorsqu'il apprend qu'elle s'est convertie. La légende raconte qu'un ange la délivra et que, de retour à Rome, elle multiplia les miracles.
- Caractère : **charme, vivacité, communication, vivacité.**

CLIONA

Ce prénom est celui de la déesse de la Beauté dans la mythologie irlandaise.

- **Origine celtique,** signifie « glorieuse ».
- Chiffre 9 – couleur rouge.
- Caractère : **vivacité, ambition, courage, autorité.**

CLOELIA

Ce prénom nous vient tout droit de l'Antiquité.

- **Origine latine,** signifie « de la famille Cloelius », illustre famille patricienne à Rome.
- Chiffre 3 – couleur rouge.
- Fête le 13 juillet.
- Sainte Clélia, jeune institutrice en Italie au XIXe s., consacre sa courte vie à enseigner la lecture, l'écriture et la prière à des enfants. Elle meurt à 23 ans.
- Caractère : **énergie, optimisme, douceur, patience.**
- Variantes : *Clélie, Clélia.*

CLOTILDE

Ce prénom médiéval est en pleine expansion.

- **Origine germanique,** signifie « gloire » et « combat ».
- Chiffre 8 – couleur orange.
- Fête le 4 juin.
- Sainte Clotilde épouse Clovis Ier, roi des Francs et païen endurci, qu'elle cherche à convertir grâce aux conseils avisés de saint Remi. Elle y parvient et le roi accepte de se faire baptiser avec son armée. Elle favorise l'extension du christianisme par la dotation de terres à des ordres religieux, la création de monastères, la construction d'églises, et achève sa vie déchirée par les luttes fratricides entre ses enfants

Les Muses

Ces déesses de la mythologie grecque présidaient aux arts libéraux dans la Grèce antique :

- **Calliope** — **Poésie épique, Éloquence**
- **Clio** — **Histoire**
- **Erato** — **Élégie**
- **Euterpe** — **Musique**
- **Melpomène** — **Tragédie**
- **Polymnie** — **Poésie lyrique**
- **Thalie** — **Comédie**
- **Terpsichore** — **Danse**
- **Uranie** — **Astronomie**

On retrouve certains de ces noms à l'état civil aujourd'hui : Clio et Thalie, en particulier.

et ses petits-enfants.
- Caractère : **dévouement, écoute, prudence, énergie.**
- Autre orthographe : *Clothilde.*

COLETTE

Elle fait partie de la famille des nombreux dérivés de Nicolas.

- **Origine grecque,** signifie « victoire du peuple ».
- Chiffre 8 – couleur bleue.
- Fête le 6 mars.
- Sainte Colette, fille d'un charpentier picard du XVe s., décide d'entrer chez les bénédictines, puis elle fait un séjour chez les clarisses, mais elle estime que les règles sont trop douces. Elle se fait emmurer dans une cellule d'un couvent pendant trois ans, puis en sort pour réformer la règle des clarisses et fonder plusieurs couvents, avec la bénédiction du pape Urbain IV.
- Caractère : **courage, ambition, opportunisme, travail.**
- Espagnol : *Coleta.*

COLINE

Plus moderne que Colette, cet autre féminin de Nicolas est en vogue depuis la fin du XXe s.

- **Origine grecque,** signifie « victoire du peuple ».
- Chiffre 4 – couleur bleue.
- Fête le 6 mars.
- Sainte Colette est, au XVe s., la réformatrice de l'ordre des Clarisses.
- Caractère : **travail, prudence, persévérance, sensibilité.**

COLOMBE

Forme française du celte Colman, ce prénom est couru depuis les années 1990.

- **Origine celtique,** signifie « colombe ».
- Chiffre 2 – couleur bleue.
- Fête le 31 décembre.
- Sainte Colombe, jeune noble espagnole du IIIe s., demande le baptême et quitte sa famille pour rejoindre une colonie chrétienne à Sens, en Gaule. Elle est arrêtée par les soldats de l'empereur Aurélien et décapitée.
- Caractère : **vivacité, charme, fidélité, créativité.**
- Variantes : *Colombelle, Colombine.*
- Breton : *Koulma.* Espagnol : *Coloma, Paloma.*

CONSTANCE

Cette forme féminine de Constant est à l'honneur depuis le début de ce siècle.

- **Origine latine,** signifie « persévérance ».
- Chiffre 4 – couleur verte.
- Fête le 17 juillet.
- Sainte Constance, jeune novice du carmel de Compiègne sous la Révolution, est arrêtée et condamnée avec quatorze autres religieuses, dont la doyenne Charlotte et la prieure Claudine. Elle monte la première à l'échafaud.
- Caractère : **harmonie, tradition, sens des responsabilités, générosité.**
- Espagnol : *Constancia.* Italien : *Costanza.*

CORA

Diminutif de Coralie, prénom dérivé de Corinne.

- **Origine grecque,** signifiant « jeune fille », en référence aux *koré*, statues de la Grèce antique.
- Chiffre 3 – couleur bleue.
- Fête le 18 mai.
- Sainte Corinne est martyrisée sur ordre de Dioclétien au IIIe s.
- Caractère : **énergie, vivacité, indépendance, éloquence.**
- Variantes : *Coraline, Coralise.*

CORALIE

- **Origine grecque,** signifie « jeune fille ».
- Chiffre 9 – couleur rouge.
- Fête le 18 mai.
- Sainte Corinne est martyrisée sur ordre de Dioclétien au IIIe s.
- Caractère : **charme, sensibilité, prudence, discrétion.**
- Diminutif : *Cora.*
- Variantes : *Coraline, Coralise.*
- Espagnol : *Coralia.*

CORDÉLIA

- **Origine grecque,** signifie « de Délos ».
- Chiffre 4 – couleur bleue.
- Caractère : **créativité, fantaisie, communication, rêverie.**
- Variante : *Déliane.*

CORENTINE

Son masculin est très en vogue depuis l'an 2000. Elle ne devrait pas tarder à faire parler d'elle.

- **Origine celtique,** signifie « ami ».
- Chiffre 4 – couleur verte.
- Fête le 12 décembre.
- Saint Corentin, évêque de Quimper au Ve s., est l'un des sept saints fondateurs de la Bretagne.
- Caractère : **affectivité, charme, ambition.**

CORINNE

Ce prénom est issu du patronyme Korinna, poétesse grecque rivale de Pindare, au Ve s. av. J.-C.

- **Origine grecque,** signifie « jeune fille ».
- Chiffre 6 – couleur orange.
- Fête le 18 mai.
- Sainte Corinne mourut en martyre au IIIe s.
- Caractère : **diplomatie, sensibilité, harmonie, patience.**
- Italien : *Corinna.*

CORNÉLIE

Ce féminin de Corneille est courant dans l'Antiquité : l'épouse de Pompée et la fille de Scipion le portent déjà.

- **Origine latine,** signifie « corneille ».
- Chiffre 3 – couleur verte.
- Fête le 16 septembre.
- Saint Corneille, pape du IIIe s., est l'ami de saint Cyprien, évêque de Carthage, qu'il soutient dans la défense des chrétiens parjures par crainte des persécutions. Il est arrêté par les soldats de l'empereur Gallien, emprisonné, et succombe sous les mauvais traitements.
- Caractère : **émotivité, idéalisme, exigence, prudence.**
- Variante : *Cornaline.*
- Espagnol et italien : *Cornelia.*

COSIMA

Forme féminine de Côme, ce prénom est assez répandu dans les pays germaniques.

- **Origine grecque,** signifie « ordre ».
- Chiffre 6 – couleur jaune.
- Fête le 26 septembre.
- Saint Côme, médecin en Arabie au IIIe s., est décapité par les soldats romains.
- Caractère : **charme, créativité, réserve, générosité.**
- Variante : *Cosmana.*

COURTNEY

Ce prénom mixte est en vogue dans les pays anglo-saxons.

- **Origine anglaise,** signifie « vallée profonde ».
- Chiffre 3 – couleur jaune.
- Caractère : **sensibilité, prudence, réserve, travail.**

CUNÉGONDE

Ce prénom à consonance germanique n'est plus guère usité.

- **Origine germanique,** signifie « hardi combat ».
- Chiffre 7 – couleur orange.
- Fête le 3 mars.
- Sainte Cunégonde, jeune fille de la noblesse luxembourgeoise, épouse Henri, empereur germanique, au XIe s. Elle fonde des monastères, fait édifier des cathédrales et prend le voile à la mort de son mari pour se consacrer à la prière et aux soins des malades.
- Caractère : **élégance, discrétion, prudence, réflexion.**
- Espagnol : *Cunégunda.*

CYDALISE

Ce prénom un peu précieux, dérivé d'Élisabeth, est en vogue au XVIIIe s.

- **Origine hébraïque,** signifie « Dieu est plénitude ».
- Chiffre 6 – couleur orange.
- Fête le 17 novembre.
- Sainte Élisabeth est, dans la Bible, l'épouse de Zacharie et la cousine de Marie. Elle déplore sa stérilité, et lorsque la naissance prochaine d'un fils lui est annoncée malgré son grand âge, elle rend grâce à Dieu. Jean le Baptiste naît quelques mois plus tard.
- Caractère : **élégance, sensibilité, ténacité, courage.**

CYNTHIA

Ce prénom mythologique qui évoque les dieux de l'Olympe est répandu dans les pays anglo-saxons.

- **Origine grecque,** signifie « du mont Cynthos ».
- Chiffre 8 – couleur blanche.
- Fête le 10 novembre.
- Sainte Nymphe, fille d'un préfet romain en Sicile au IIe s., est emprisonnée par son père lorsqu'il apprend qu'elle s'est convertie. La légende raconte qu'un ange la délivre et que, de retour à Rome, elle multiplie les miracles.
- Caractère : **ambition, courage, persévérance, volonté.**
- Variante : *Cindy.*
- Espagnol : *Cintia.* Germanique : *Cintha, Cinthia.* Italien : *Cinzia.*

CYPRIANE

Cette forme féminine de Cyprien apparaît discrètement.

- **Origine grecque,** signifie « originaire de Chypre ».
- Chiffre 6 – couleur verte.
- Fête le 16 septembre.
- Saint Cyprien devient évêque de la ville de Carthage, au IIIe s., grâce à ses qualités d'orateur. Il est persécuté par l'empereur Dèce.
- Caractère : **sensibilité, créativité, douceur, prudence.**
- Variante : *Cyprienne.*

CYRIELLE

Ce prénom est la forme féminine de Cyril.

- **Origine grecque,** signifie « maître ».
- Chiffre 8 – couleur jaune.
- Fête le 16 juin.
- Saint Cyr, enfant de trois ans arrêté avec sa mère, est massacré avec elle en Asie Mineure au IVe s.
- Caractère : **franchise, réalisme, autorité, volonté.**
- Russe : *Kyra, Kyriakê.*

D

DAGMAR

Forme moderne de Dagomar, ce prénom royal est très répandu au Danemark.

- **Origine scandinave,** signifie « gloire du dieu Dag », dieu de la Lumière.
- Chiffre 8 – couleur jaune.
- Caractère : **sensibilité, générosité, harmonie, sens des responsabilités.**

DAHUD

Appelée aussi Ahès, Dahud est, dans la légende bretonne, la fille du roi Grallon de Cornouaille qui engloutit la cité d'Ys au large de Douarnenez à la demande du diable, travesti en soupirant.

- **Origine celtique,** signifie « bonne magie ».
- Chiffre 2 – couleur rouge.
- Caractère : **curiosité, adaptabilité, émotivité, communication.**

DALIANE

Le botaniste suédois Anders Dhal est à l'origine du nom du dahlia.

- **Origine scandinave,** du nom de cette fleur.
- Chiffre 1 – couleur verte.
- Fête le 5 octobre.
- Sainte Fleur, religieuse dans le Quercy au XIVe s., qui consacra sa vie à soigner les malades, est sa patronne.
- Caractère : **efficacité, rigueur, persévérance, fierté.**

DALILA

Personnage biblique, Dalila évoque la beauté mais aussi la trahison. Le juge Samson, qui détient une force exceptionnelle, s'oppose aux Philistins qui oppriment les Israélites. Il tombe amoureux de Dalila, belle Philistine, qui est hélas vénale. Les Philistins lui ont promis la richesse si elle découvre le secret de la force de Samson. Elle le harcèle, et il avoue que sa force vient de sa chevelure. Pendant son sommeil, Dalila lui coupe les cheveux et appelle les Philistins qui s'emparent de Samson.

- **Origine hébraïque,** signifie « coquette ».
- Chiffre 3 – couleur verte.
- Caractère : **discipline, méthode, opiniâtreté, courage.**
- Anglo-saxon : *Delilah.*

DAMIA

Forme féminine de Damien, ce prénom est rare.

- **Origine grecque,** du nom de Déméter, déesse romaine de la Terre et des Moissons.
- Chiffre 1 – couleur rouge.
- Fête le 25 septembre.
- Saint Damien, frère jumeau de Côme, est médecin comme lui, en Arabie, au IIIe s. Il soigne les corps et les âmes, et prêche l'Évangile malgré les menaces de persécution. Il est arrêté, condamné au supplice, et décapité avec son frère.
- Caractère : **sérieux, stabilité, travail, réflexion.**
- Italien : *Damiana.*

DANA

L'étymologie de ce prénom est incertaine ; il pourrait s'agir du féminin du prénom biblique Dan, ou plus vraisemblablement d'un prénom géographique signifiant « du Danemark ».

- Chiffre 2 – couleur verte.
- Caractère : **diplomatie, opportunisme, émotivité, communication.**

DANAÉ

Un oracle prédit au roi d'Argos qu'un jour le fils de sa fille Danaé le tuera ; inquiet, le roi enferme la jeune fille dans une tour de bronze afin de la protéger de ses soupirants. Mais Zeus rend visite à la belle sous la forme d'une pluie d'or… et Danaé conçoit un fils, Persée. Furieux, le roi enferme sa fille et l'enfant dans un coffre et les jette à la mer, qui les dépose dans une île où ils sont recueillis par un pêcheur. Danaé est enlevée par le roi de l'île qui la séquestre pour la contraindre à l'épouser. Elle est délivrée par son fils, qui, de retour à Argos, tue accidentellement le roi… Danaé quitte la Grèce, se rend en Italie et y fonde une cité.

- **Origine grecque,** du nom de l'héroïne de la mythologie.
- Chiffre 7 – couleur bleue.
- Fête le 10 novembre.
- Sainte Nymphe est la patronne de celles qui portent des prénoms mythologiques. Cette jeune fille fut martyrisée en Asie Mineure au IIe s. par les soldats de l'empereur Dèce.
- Caractère : **passion, réserve, énergie, affectivité.**

DANIÈLE

Grand classique des années 1950, ce prénom, féminin de Daniel, a presque disparu.

- **Origine hébraïque,** signifie « Dieu est juge ».
- Chiffre 5 – couleur violette.
- Fête le 11 décembre.
- Saint Daniel le Stylite est son patron.
- Caractère : **communication, vivacité, franchise, énergie.**
- Autre orthographe : *Danielle.*
- Diminutifs : *Dani, Dany.*
- Espagnol : *Daniela.* Germanique : *Daleen, Danella, Danica, Danine, Danique, Danita.* Italien : *Daniela, Danila.*

DAPHNÉ

Daphné, héroïne de la mythologie grecque, est une nymphe chasseresse. Apollon s'étant moqué d'Éros, dieu de l'Amour, pour le punir, celui-ci lui décoche une flèche qui le fait soupirer pour la belle, et frappe Daphné d'une flèche qui la rend insensible aux soupirs de son prétendant… Apollon, fou de désir, poursuit Daphné à travers la forêt jusqu'au fleuve Pénée ; la nymphe prie si instamment le dieu du fleuve de la sauver qu'il la change en laurier. Apollon décore sa lyre et son carquois d'une branche de laurier en souvenir de l'aimée.

- **Origine grecque,** signifie « laurier ».
- Chiffre 3 – couleur verte.
- Fête le 10 novembre.
- Sainte Nymphe est martyrisée en Asie Mineure au IIe s. par les soldats de l'empereur Dèce.
- Caractère : **raffinement, élégance, éloquence, vivacité, harmonie, réserve, prudence.**
- Anglo-saxon : *Daphne.* Espagnol, germanique et italien : *Dafne.*

DAVINA

Cette forme féminine de David est peu courante.

- **Origine hébraïque,** signifie « bien-aimée de Dieu ».
- Chiffre 6 – couleur bleue.
- Fête le 29 décembre.
- Saint David, moine au pays de Galles, au VIe s., voyage à travers le pays, créant abbayes et monastères.
- Caractère : **sens des responsabilités, sensibilité, harmonie, équilibre.**
- Variante : *Davinia.*

DEBORAH

Prophétesse au XIIe s. av. J.-C. dans la montagne d'Éphraïm, Deborah remercie Yahvé d'avoir donné la victoire à son peuple contre les Cananéens en composant un cantique, conservé dans la Bible.

- **Origine hébraïque,** signifie « abeille ».
- Chiffre 8 – couleur orange.
- Caractère : **ambition, rapidité, opportunisme, sens des affaires.**
- Anglo-saxon : *Debbie, Debra.* Espagnol et italien : *Debora.*

DELPHINE

Ce prénom a été illustré par le personnage du roman de Mme de Staël, au début du XIXe s.

- **Origine latine,** signifie « dauphin ».
- Chiffre 1 – couleur jaune.
- Fête le 26 novembre.
- Sainte Delphine, née dans le Vaucluse, fait vœu de chasteté, mais ses parents la marient contre son gré à un homme âgé, Éléazar, qui accepte de ne pas consommer le mariage et de se consacrer avec elle aux œuvres charitables.
- Caractère : **sensibilité, détermination, charisme, puissance de travail.**
- Variante : *Dauphine.*
- Espagnol et italien : *Delfina.*

DENISE

Très en vogue au début du XXe s., ce prénom est aujourd'hui très rare.

- **Origine latine,** du nom de Dionysos, dieu de la Vigne et du Vin.
- Chiffre 2 – couleur jaune.
- Fête le 15 mai.
- Sainte Denise, chrétienne en Tunisie au Ve s., répand la bonne parole autour d'elle. Elle est arrêtée et mise à mort par les Vandales avec son fils et sa sœur.
- Caractère : **altruisme, indépendance, ambition, persévérance.**
- Autre orthographe : *Denyse.*

DÉOTILLE

- **Origine latine,** signifie « pareille à Dieu ».
- Chiffre 7 – couleur rouge.
- Fête le 4 juillet.
- Sainte Déotille, fille de sainte Berthe, est renommée, en Artois, au VIIe s., pour sa bonté et sa dévotion.
- Caractère : **méthode, travail, réflexion, rigueur.**

DÉSIRÉE

Forme féminine de Désiré, ce prénom est porté, à la fin du XVIIIe s. par Désirée Clary, qui épouse le général Bernadotte et devient reine de Suède.

- **Origine latine,** signifie « désirée », « attendue ».
- Chiffre 2 – couleur violette.
- Fête le 8 mai.
- Saint Désiré, évêque de Bourges au IXe s., combat farouchement l'arianisme.
- Caractère : **courage, charisme, esprit d'analyse, volonté.**
- Italien : *Desideria.*

DIANE

Voici le prénom star de la mythologie, évocateur de beauté et d'élégance, parfaitement illustré à la Renaissance, par Diane de Poitiers, favorite d'Henri II.

- **Origine latine,** du nom de Diana, déesse romaine de la Chasse et de la Nature.
- Chiffre 6 – couleur rouge.
- Fête le 9 mai.
- Sainte Diane d'Andalo, belle, intelligente et cultivée, vit à Bologne, au XIIIe s. Elle prend le voile, malgré l'opposition de ses parents, et devient mère supérieure d'un couvent de dominicaines.
- Caractère : **séduction, harmonie, sens artistique, communication.**
- Anglo-saxon, espagnol et italien : *Diana.*

DINAH

Elle est, dans la Bible, la fille de Jacob et de Léa.

- **Origine hébraïque,** signifie « la loi ».
- Chiffre 9 – couleur verte.
- Caractère : **indépendance, volonté, franchise, fierté.**

DJAMILA

- **Origine arabe,** signifie « belle ».
- Chiffre 5 – couleur verte.
- Caractère : **indépendance, curiosité, adaptabilité, sens de l'aventure.**

DOLORÈS

Ce grand classique espagnol est aujourd'hui plus courant sous ses diminutifs Lola et Lolita.

- **Origine latine,** signifie « douleur ».
- Chiffre 7 – couleur bleue.
- Fête le 11 juin.
- Sainte Dolorès, Espagnole du XIXe s. veut prendre le voile dès l'adolescence, mais son père s'y oppose. Elle attend sa majorité pour entrer dans les ordres. Nommée supérieure de son couvent, elle fonde une école pour enfants pauvres.
- Caractère : **sensibilité, activité, sens des responsabilités, autorité.**
- Diminutifs : *Lola, Lolita.*

DOMINIQUE

Il est rare qu'un prénom soit mixte à parité ; c'est le cas de Dominique, qui, dans les années 1950, nommait aussi bien les garçons que les filles.

- **Origine latine,** signifie « maître ».
- Chiffre 8 – couleur jaune.
- Fête le 8 août.
- Saint Dominique de Guzman, prêtre espagnol envoyé en France par le pape au XIIIe s. pour combattre l'hérésie des cathares, prêche la pauvreté, le jeûne, et fonde l'ordre dominicain, dont il rédige la règle de vie.
- Caractère : **charme, efficacité, détermination, indépendance.**
- Espagnol : *Dominga.* Italien : *Domenica.* Slave : *Doma.*

DOMITILLE

Féminin de Domitien, ce prénom est discret.

- **Origine latine,** signifie « maison ».
- Chiffre 9 – couleur verte.
- Fête le 28 décembre.
- Sainte Domitille, mère de sept enfants, vit à Rome, au Ier s. Elle est arrêtée et exilée dans une île au large de l'Italie.
- Caractère : **émotivité, idéalisme, exigence, générosité.**
- Espagnol : *Domicia.*

DONATELLA

Cette forme féminine de Donatien est italienne ; elle est préférée à Donatienne, moins chantante.

- **Origine latine,** signifie « donation ».
- Chiffre 3 – couleur jaune.
- Fête le 24 mai.
- Saint Donatien est arrêté à Nantes, au IIIe s., avec son jeune frère par les soldats de Maximien, et décapité pour avoir refusé de se prosterner devant les dieux païens.
- Caractère : **communication, sens artistique, harmonie, charisme.**
- Hongrois : *Donka.*

DORA

Ce prénom est un diminutif de Théodora.

- **Origine grecque,** signifie « don de Dieu ».
- Chiffre 2 – couleur jaune.
- Fête le 6 février.
- Sainte Dorothée, jeune vierge et martyre chrétienne de Césarée, en Asie Mineure, au IIIe s., est sa patronne.
- Caractère : **réalisme, imagination, indépendance, affectivité.**
- Variantes : *Doria, Doriane.*

DORELLA

Ce prénom est une forme moderne de Dorothée.

- **Origine grecque,** signifie « don de Dieu ».
- Chiffre 4 – couleur rouge.
- Fête le 6 février.
- Sainte Dorothée, vierge et martyre à Césarée, en Asie Mineure, au IIIe s., est sa patronne.
- Caractère : **travail, rigueur, stabilité, ténacité.**

DORIANE

Ce prénom est une forme moderne de Théodora, en vogue depuis les années 1990.

- **Origine grecque,** signifie « don de Dieu ».
- Chiffre 3 – couleur jaune.
- Fête le 6 février.
- Sainte Dorothée, vierge et martyre à Césarée, en Asie Mineure, au IIIe s., est sa patronne.
- Caractère : **ambition, autorité, énergie, rapidité.**
- Variante : *Dorienne.*

DORINE

Ce prénom évoque un des personnages des comédies de Molière, servante pleine de santé et de bon sens.

- **Origine grecque,** signifie « don de Dieu ».
- Chiffre 8 – couleur jaune.
- Fête le 6 février.
- Sainte Dorothée, vierge et martyre à Césarée, en Asie Mineure, au IIIe s., est sa patronne.
- Caractère : **réalisme, imagination, indépendance, affectivité.**

DORIS

Elle est, dans la mythologie grecque, l'épouse de Nérée, dont elle a cinquante filles, appelées les Néréides.

- **Origine grecque,** signifie « don de Dieu ».
- Chiffre 2 – couleur rouge.
- Fête le 10 novembre.
- Sainte Nymphe est martyrisée

en Asie Mineure au IIe s. par les hommes de l'empereur romain Dèce.
- Caractère : **énergie, courage, altruisme, passion.**

DOROTHÉE

Ce prénom est une forme féminine de Théodore.

- **Origine grecque,** signifie « don de Dieu ».
- Chiffre 8 – couleur jaune.
- Fête le 6 février.
- Sainte Dorothée, jeune chrétienne de Césarée, en Asie Mineure, au IIIe s., marche vers le supplice après avoir converti Théophile, un avocat, et les femmes chargées de la garder.
- Caractère : **réalisme, affectivité, imagination, indépendance.**
- Anglo-saxon : *Dodie, Dolly, Dorothy.* Espagnol : *Dorotheo.* Germanique : *Dorit, Dorothea, Dorte, Dorthe.* Italien : *Dorotea.* Néerlandais : *Doortje.*

DUNE

Ce prénom aurait une origine germanique, mais il est assez répandu en Espagne.

- **Origine germanique,** signifie « colline ».
- Chiffre 8 – couleur verte.
- Caractère : **équilibre, sens de la justice, rigueur, ambition.**
- Espagnol : *Duna, Dunia.*

DUNVAËL

- **Origine celtique,** signifie « princesse de la vallée ».
- Chiffre 1 – couleur verte.
- Fête le 8 mai.
- Sainte Tunvel est la mère de saint Méen, fondateur d'abbayes en Armorique au VIe s.
- Caractère : **ambition, travail, persévérance, autorité.**

E

ÉDEN

Apparu à la fin du XXe s. aux États-Unis, Éden connaît un discret succès en France.

- **Origine hébraïque,** signifie « paradis ».
- Chiffre 1, couleur rouge.
- Caractère : **énergie, activité, fierté, persévérance.**

EDERNA

Ce prénom est le féminin d'Edern.

- **Origine galloise,** signifie « très grande ».

- Chiffre 2 – couleur verte.
- Fête le 26 août.
- Saint Edern, moine irlandais du IXe s., installe son ermitage en Bretagne, où la légende lui prête de nombreux miracles.
- Caractère : **autorité, tendresse, orgueil, exigence.**
- Diminutif : *Edernez.*

ÉDITH

- **Origine germanique,** signifie « richesse » et « travail ».
- Chiffre 1 – couleur bleue.
- Fête le 16 septembre.
- Sainte Édith, fille du roi des Anglo-Saxons Edgar au Xe s., rejoint sa mère, sainte Wilfride, au couvent, où elle meurt à 23 ans.
- Caractère : **curiosité, vivacité, passion, impatience.**
- Diminutif : *Dita.*
- Espagnol : *Edita.* Italien : *Edda, Editta.*

EDMÉE

Elle est la forme féminine d'Edme.

- **Origine germanique,** signifie « richesse » et « protection ».
- Chiffre 5 – couleur verte.
- Fête le 20 novembre.
- Saint Edmond, roi des Saxons à quatorze ans, au IXe s., est capturé par les Vikings et décapité.
- Caractère : **autorité, vivacité, curiosité, indépendance.**
- Italien : *Edma.*

EDNA

Ce féminin d'Éden est en vogue dans les pays anglo-saxons.

- **Origine hébraïque,** signifie « paradis ».
- Chiffre 6 – couleur jaune.
- Caractère : **affectivité, calme, générosité, loyauté.**

EDWIGE

- **Origine germanique,** signifie « richesse » et « combat ».
- Chiffre 8 – couleur verte.
- Fête le 16 octobre.
- Sainte Edwige, épouse du roi de Pologne au XIIIe s., se retire dans un couvent à la mort de son mari.
- Caractère : **énergie, autorité, charme, ambition.**
- Autre orthographe : *Hedwige.*
- Italien : *Edvige.*

ÉGÉRIA

Elle est, dans la mythologie romaine, une nymphe, déesse des Sources, censée conseiller Numa, roi légendaire de Rome, successeur de Romulus.

- **Origine latine,** du nom d'Egéria.
- Chiffre 9 – couleur bleue.
- Fête le 10 novembre.
- Sainte Nymphe, chrétienne

Le Jardin des prénoms

Rose et Marguerite ont fleuri les premières à l'état civil. Marguerite avait la primeur dès le Moyen Âge, et s'est épanouie au début du XXe s. Rose a connu son apogée au même moment. Au jardin des prénoms ont poussé ensuite Églantine, Capucine, Anémone, Fleur, Amarillys, Adamante, Dahlia, sans oublier Hazel et Holly, de l'autre côté de la Manche... Voici maintenant Althéa et Chloé.
Du côté des garçons, Yves et Olivier sont, pour l'instant, les seuls représentants notoires du règne végétal.

au IIe s. en Asie Mineure, est condamnée au supplice par l'empereur Dèce.
- Caractère : **passion, volonté, indépendance, puissance de travail.**

ÉGLANTINE

Elle rejoint la ronde des prénoms fleuris, mais a moins de succès que Capucine.

- **Origine latine,** signifie « porteuse d'épines ».
- Chiffre 6 – couleur verte.
- Fête le 5 octobre.
- Sainte Fleur, religieuse dans le Quercy au XIVe s., est sa patronne.
- Caractère : **charme, sensibilité, harmonie, douceur.**
- Italien : *Eglantina.*

ÉLAIA

Ce prénom, originaire de la province de Bizcaye, au Pays basque symbolise le printemps. Il progresse dans l'ensemble de l'Hexagone aujourd'hui.

- **Origine basque,** signifie « hirondelle ».
- Chiffre 1 – couleur bleue.
- Caractère : **vivacité, émotivité, sens artistique, générosité.**
- Variantes : *Ainara, Enarra.*

ÉLÉA

Les années 2000 ont vu surgir ce prénom qui progresse vite.

- **Origine incertaine :** variante de Léa, hébraïque qui signifie « vache sauvage », ou dérivé d'Hélène, grecque, qui signifie « éclat du soleil ».
- Chiffre 5, couleur verte.
- Caractère : **adaptabilité, curiosité, indépendance, épicurisme.**

ÉLECTRE

Dans la mythologie, elle est la fille d'Agamemnon et de Clytemnestre ; pour venger son père, elle persuade son frère Oreste de tuer sa mère et son amant Égisthe. Eschyle, Sophocle, Euripide et Jean Giraudoux, entre autres, en ont fait le thème d'une de leurs œuvres.

- Chiffre 5 – couleur verte.
- Caractère : **adaptabilité, goût de l'aventure et des voyages,** indépendance.
- Italien : *Elettra.*

ÉLÉNA

Elle est espagnole, italienne, roumaine, et succède à la classique Hélène.

- **Origine grecque,** signifie « éclat du soleil ».
- Chiffre 1 – couleur orange.
- Fête le 18 août.
- Sainte Hélène est sa patronne.
- Caractère : **activité, indépendance, volonté, opportunisme.**
- Diminutif : *Léna.*

ÉLÉONORE

Médiévale, Éléonore revient au goût du jour après une éclipse de plusieurs siècles.

- **Origine grecque,** signifie « compassion ».
- Chiffre 8 – couleur orange.
- Fête le 25 juin.
- Sainte Éléonore, belle-sœur de Saint Louis, épouse Henri III d'Angleterre. Elle place aux postes clés du royaume ses parents et ses amis, entraînant la colère des seigneurs anglais qui emprisonnent le roi. Éléonore lève une armée pour libérer son mari, qui meurt peu après. Elle se retire alors chez les bénédictines.
- Caractère : **ambition, esprit d'entreprise, détermination, courage.**
- Variantes : *Ellenore, Élinor, Léonor, Noriane.*
- Breton : *Aanor, Aenor.* Espagnol : *Eleonor.* Italien : *Eleonora.* Occitan : *Alienor.*

ELFIE

Ce prénom est une forme moderne et élégante d'un très vieux prénom germanique, Elfléda.

- **Origine germanique,** signifie « noble paix ».
- Chiffre 1 – couleur jaune.
- Fête le 8 février.
- Sainte Elfléda, princesse de Northumbrie, en Angleterre, au VIIIe s., abandonne sa vie fastueuse pour terminer ses jours dans un monastère.
- Caractère : **indépendance, énergie, vivacité, sens pratique.**

ÉLIANE

Dans la famille des formes féminines d'Élie, ce prénom a surpassé Éliette.

- **Origine hébraïque,** signifie « mon maître est Dieu ».
- Chiffre 1 – couleur verte.
- Fête le 20 juillet.
- Élie, prophète au royaume d'Israël au IXe s. av. J.-C., participe aux affaires publiques et lutte contre les cultes idolâtres.
- Caractère : **activité, détermination, rigueur, réflexion.**
- Variante : *Élia.*

ÉLIANOR

Ce prénom est une variante d'Aliénor, lui-même dérivé d'Éléonore.

- **Origine grecque,** signifie « compassion ».
- Chiffre 2 – couleur orange.
- Fête le 25 juin.
- Sainte Éléonore, belle-sœur de Saint Louis, épouse du roi d'Angleterre Henri III, se retire chez les bénédictines à la mort de son mari.
- Caractère : **autonomie, passion, sensibilité, franchise.**

ÉLIETTE

Ce prénom est une forme féminine rare d'Élie.

- **Origine hébraïque,** signifie « mon maître est Dieu ».
- Chiffre 4 – couleur orange.
- Fête le 20 juillet.
- Élie, prophète au royaume d'Israël au IXe s. av. J.-C., participe aux affaires publiques et lutte contre les cultes idolâtres.
- Caractère : **sensibilité, réserve, persévérance, volonté.**

ÉLINA

Variante d'Hélène, elle concurrence Éléna, Léna et Ilona.

- **Origine grecque,** signifie « éclat du soleil ».
- Chiffre 5, couleur jaune.
- Fête le 18 août.
- Sainte Hélène est sa patronne.
- Caractère : **dynamisme, curiosité, autorité, indépendance.**
- Diminutif : *Lina*
- Variante : *Éline*

ÉLISABETH

Le succès de ce prénom date du Moyen Âge. Il a traversé les siècles sans prendre une ride, jamais favori, mais jamais oublié. Ses multiples formes dérivées ont connu, chacune à leur tour, la faveur des parents.

- **Origine hébraïque,** signifie « Dieu est plénitude ».
- Chiffre 9 – couleur orange.
- Fête le 17 novembre.
- Sainte Élisabeth est, dans la

Bible, l'épouse de Zacharie et la cousine de Marie. Pendant des années, déplorant sa stérilité, elle prie Dieu de la rendre fertile. Elle est déjà âgée lorsque la naissance prochaine d'un fils lui est annoncée, mais elle ne doute pas ; Jean le Baptiste naît quelques mois plus tard.

- Caractère : **élégance, sensibilité, tenacité, courage.**
- Diminutifs : *Babette*, *Lili*, *Lily*, *Sissi.*
- Forme originelle : *Elishéva.*
- Anglo-saxon : *Elizabeth*, *Bessie*, *Beth*, *Betsey*, *Betsy*, *Betsie*, *Betty*, *Lillibet*, *Lilly*, *Lisbeth*, *Liza*, *Lizzie.* Breton : *Eliboubann*, *Liboubann.* Espagnol : *Elisabet.* Germanique : *Elisabet*, *Eilis*, *Ella*, *Elsbet*, *Lies*, *Liese*, *Liesel*, *Lisl*, *Lissy*, *Lysje.* Italien : *Elisabetta*, *Bettina.*

ÉLISE

Ce prénom sage est le premier diminutif d'Élisabeth.

- **Origine hébraïque,** signifie « Dieu est plénitude ».
- Chiffre 5 – couleur orange.
- Fête le 17 novembre.
- Sainte Élisabeth, épouse de Zacharie et cousine de Marie, se désole de sa stérilité. Elle est déjà âgée quand un ange lui annonce sa prochaine maternité. Elle accouche de Jean le Baptiste quelques mois plus tard.
- Caractère : **indépendance, autorité, passion, épicurisme.**
- Variantes : *Élisa*, *Élisane.*

ÉLISELORE

Ce prénom est une forme composée d'Élisabeth et d'Éléonore.

- Chiffre 1 – couleur verte.
- Caractère : **ambition, énergie, travail, rigueur.**

ELLA

Forme féminine d'Élie, elle est plus moderne qu'Éliane et Éliette.

- **Origine hébraïque,** signifie « mon maître est Dieu ».
- Chiffre 3 – couleur rouge.
- Fête le 1er février.
- Sainte Ella est la pieuse épouse d'un seigneur anglais volage du XIIIe s. À sa mort, elle fonde une abbaye de moniales et en devient l'abbesse.
- Caractère : **charisme, humour, fantaisie, éloquence.**

ELMA

- **Origine germanique,** signifie « casque ».
- Chiffre 4 – couleur bleue.
- Fête le 15 avril.
- Saint Elme, patron d'Elma, est un évêque italien du IVe s. Il est

martyrisé pour avoir refusé d'abjurer.
- Caractère : **vivacité, énergie, opiniâtreté, curiosité.**

ÉLODIE

- **Origine latine,** signifie « propriété ».
- Chiffre 5 – couleur bleue.
- Fête le 22 octobre.
- Sainte Alodie, fille d'un musulman et d'une chrétienne de Cordoue, au IXe s., est arrêtée par l'émir qui la somme de renier sa foi ; elle refuse, elle est décapitée.
- Caractère : **secret, dynamisme, adaptabilité, indépendance.**
- Variante : *Alodie.*

ÉLOÏSE

Elle est une forme médiévale de Louise, illustrée par le récit, au XIIe s., des amours d'Héloïse et Abélard, amants séparés dont la passion survécut à toutes les épreuves.

- **Origine germanique,** signifie « glorieux vainqueur ».
- Chiffre 2 – couleur bleue.
- Fête le 1er novembre.
- Sainte Louise de Marillac est la fondatrice, avec saint Vincent de Paul, de l'ordre des Filles de la Charité, au XVIIe s.
- Caractère : **éloquence, indépendance, énergie, vivacité.**
- Autre orthographe : *Héloïse.*
- Variantes : *Aloïse, Aloyse.*
- Espagnol : *Eloïsa.*

ÉLONA

Ce prénom biblique, à l'origine masculin, est aujourd'hui exclusivement féminin.

- **Origine hébraïque,** signifie « chêne ».
- Chiffre 2 – couleur verte.
- Caractère : **indépendance, diplomatie, adaptabilité, sociabilité.**

ELSA

Ce diminutif d'Élisabeth est illustré par le poème Les Yeux d'Elsa, *écrit pour Elsa Triolet par Louis Aragon.*

- **Origine hébraïque,** signifie « Dieu est plénitude ».
- Chiffre 1 - rouge.
- Fête le 17 novembre.
- Sainte Élisabeth, mère de saint Jean le Baptiste, est sa patronne.
- Caractère : **réserve, exigence, autorité, rigueur.**
- Variante : *Elsie.*

ELVIRE

- **Origine germanique,** signifie « noble gardien ».
- Chiffre 8 – couleur jaune.

- Fête le 16 juillet.
- Sainte Elvire est abbesse d'un couvent en Rhénanie, au XIIe s.
- Caractère : **courage, opiniâtreté, susceptibilité, ambition.**
- Espagnol : *Elvira.*

ÉMILIE

Féminin d'Émile, Émilie a connu son heure de gloire dans les années 1980.

- **Origine latine,** signifie « émule ».
- Chiffre 8 – couleur bleue.
- Sainte Émilie de Rodat crée, en Auvergne, au XIXe s., une institution pour l'enseignement des enfants pauvres, la Sainte Famille.
- Fête le 19 septembre.
- Caractère : **courage, énergie, volonté, fidélité.**
- Anglo-saxon : *Emily.* Espagnol et italien : *Emilia.*

EMMA

Ce prénom est un favori en France depuis 2010. Son étymologie n'est pas certaine. Certains la rattachent à Emmanuelle, dont elle serait le diminutif, d'autres lui attribuent une origine germanique. Celle-ci est d'autant plus vraisemblable qu'Emma est un prénom porté au VIIIe s. par plusieurs princesses, et par une reine de Bourgogne, à une époque où, en Europe du Nord, les prénoms étaient tous d'origine germanique.

- **Origine germanique,** signifie « puissante ».
- Chiffre 5 – couleur orange.
- Fête le 19 avril.
- Sainte Emma, jeune veuve, fait bâtir des églises et des monastères en Rhénanie au XIe s.
- Caractère : **volonté, activité, travail, autonomie.**

EMMANUELLE

Ce prénom a occupé le hit-parade dans les années 1980.

- **Origine hébraïque,** signifie « Dieu est avec nous ».
- Chiffre 2 – couleur orange.
- Fête le 11 octobre.
- Sainte Emmanuelle, moniale espagnole, fonde au XIXe s. un ordre de religieuses qui assistent les malades et les infirmes à domicile.
- Caractère : **indépendance, activité, émotivité, générosité.**
- Variante : *Manuelle.*
- Espagnol : *Emanuela, Manola, Manolita.* Italien : *Emanuela, Manuela, Manuelita.*

EMMELINE

- **Origine germanique,** signifie « douce maison ».
- Chiffre 4 – couleur verte.
- Fête le 27 octobre.
- Sainte Emmeline, cistercienne en Champagne au XIIe s., est un modèle de piété.
- Caractère : **sensibilité,**

affectivité, prudence, douceur.
- Autre orthographe : *Émeline.*

EMMY

Ce dérivé anglo-américain d'Emma prolonge le succès de ce prénom.

- **Origine germanique,** signifie « puissante ».
- Chiffre 2 – couleur verte.
- Fête le 19 avril.
- Sainte Emma est sa patronne.
- Caractère : **énergie, passion, vivacité, sensibilité.**
- Variante : *Emmie.*

ENDORA

Ce prénom est une forme dérivée d'Eudora, fille d'Océan et de Téthys dans la mythologie.

- **Origine grecque,** signifie « bon cadeau »
- Chiffre 3 – couleur rouge.
- Fête le 1er avril.
- Sainte Théodora, martyre à Rome sous l'empereur Hadrien, au Ier s., est la protectrice d'Endora.
- Caractère : **communication, optimisme, adaptabilité, activité.**

ÉNÉA

Ce prénom est la forme féminine d'Énée, prénom tiré de la mythologie.

- **Origine grecque,** d'Aeneas, prince troyen, héros de *L'Énéide*, poème de Virgile.
- Chiffre 7 – couleur verte.
- Caractère : **curiosité, goût de l'aventure, perfectionnisme, étude.**

ENOLA

Ce prénom tout récent n'a pas d'étymologie propre connue ; il est vraisemblablement composé d'Ilona, forme hongroise d'Hélène, et d'Enora, forme bretonne d'Honorine.

- Chiffre 2 – couleur bleue.
- Caractère : **souplesse, adaptabilité, esprit de conciliation, sociabilité.**

ENORA

- **Origine celtique,** signifie « honneur ».
- Chiffre 8 – couleur bleue.
- Fête le 14 octobre.
- Sainte Enora épouse saint Efflam, prince irlandais qui a fait vœu de chasteté ; ils vivent chacun dans un oratoire, en Bretagne à Plestin-les-Grèves, au Ve s.
- Caractère : **énergie, indépendance, vivacité, curiosité.**

ERELL

Ce prénom très ancien réapparaît après plusieurs siècles d'oubli.

- **Origine celtique,** signifie « lien ».
- Chiffre 7 – couleur bleue.
- Fête le 15 septembre.
- Sainte Erell vécut pieusement en Bretagne au VIIe s.
- Caractère : **réflexion, réserve, étude, spiritualité.**

ERIN

Ce prénom géographique est très en vogue dans les pays anglo-saxons, comme Brittany.

- **Origine irlandaise,** du nom de l'Irlande.
- Chiffre 1 – couleur verte.
- Caractère : **ambition, indépendance, énergie, activité.**

ERMELINDE

- **Origine germanique,** signifie « doux honneur ».
- Chiffre 4 – couleur verte.
- Fête le 29 octobre.
- Sainte Ermelinde se réfugie dans un couvent, dans le Brabant, au VIe s., pour échapper à ses parents qui veulent la marier de force.
- Caractère : **émotivité, sensibilité, réserve, idéalisme.**
- Variante : *Ermeline.*

ERMENGARDE

- **Origine germanique,** signifie « demeure d'Irmin », dieu franc.
- Chiffre 9 – couleur orange.
- Fête le 5 juin.
- Sainte Ermengarde, fille du comte d'Anjou, épouse du duc de Bretagne Alain IV, fonde au XIe s. plusieurs monastères sur les directives de saint Bernard.
- Caractère : **élégance, exigence, esprit critique, humour.**

ERNESTINE

Ce féminin d'Ernest est en vogue au XIXe s.

- **Origine germanique,** signifie « sérieuse ».
- Chiffre 1 – couleur orange.
- Fête le 7 novembre.
- Saint Ernest, abbé d'un monastère à Constance au XIIIe s., meurt à la croisade.
- Caractère : **sérieux, volonté, travail, exigence.**

ESMA

- **Origine arabe,** signifie « céleste ».
- Chiffre 2 – couleur verte.
- Caractère : **sociabilité, équilibre, franchise, justice.**
- Variante : *Esmée.*

ESMERALDA

Elle est sans doute le personnage le plus connu de l'œuvre de Victor Hugo.

- **Origine grecque,** signifie « émeraude ».
- Chiffre 6 – couleur verte.
- Fête le 10 mars.
- Saint Smaragde, soldat romain chrétien refusant d'adorer les dieux païens, est noyé avec trente-neuf compagnons dans un lac près de Sébaste, en Cappadoce, au IVe s.
- Caractère : **vivacité, charme, optimisme, persuasion.**
- Variante : *Smaragde.*

ESPERANZA

Ce prénom, courant en Espagne, est, d'après la légende, celui de l'une des filles de sainte Sophie.

- **Origine espagnole,** signifie « espérance ».
- Chiffre 1 – couleur rouge.
- Fête le 1er août.
- Sainte Espérance est martyrisée à Rome au Ier s.
- Caractère : **sensibilité, curiosité, séduction, optimisme.**
- Italien : *Speranza.*

ESTELLE

- **Origine latine,** signifie « étoile ».
- Chiffre 6 – couleur bleue.
- Fête le 11 mai.
- Sainte Estelle, fille du légat romain de Saintes au Ier s., se fait baptiser par l'évêque de la ville et part vivre en ermite. Son père fait décapiter l'évêque et la somme de renier sa foi. Devant l'obstination de sa fille, il la décapite lui-même.
- Caractère : **douceur, charme, générosité, art de vivre.**
- Anglo-saxon : *Stella.* Breton : *Sterenn.* Espagnol : *Estela.*

ESTHER

Ce prénom biblique est chargé de traditions. Esther, nièce de Mardochée, un sage vieillard, épouse le roi de Perse Assuérus sans lui révéler ses origines juives, et obtient la grâce des juifs menacés d'extermination par le vizir. La fête de Pourim (le 14e jour du mois de mars) commémore ce jour de grâce. Le Livre d'Esther, la Méguilah, est l'un des plus beaux récits de l'Ancien Testament.

- **Origine hébraïque,** signifie « je cacherai ».
- Chiffre 3 – couleur rouge.
- Caractère : **curiosité, communication, rapidité, sens pratique.**
- Italien : *Ester.*

ETHEL

Cette forme anglo-saxonne d'Adèle est très prisée aux États-Unis.

- **Origine germanique,** signifie « noble ».

- Chiffre 5 – couleur bleue.
- Fête le 24 septembre.
- Sainte Adèle, fille du roi d'Austrasie Dagobert II, au VIIe s., se retire dans un monastère à son veuvage, et se consacre à l'éducation de son petit-fils et aux œuvres charitables.
- Caractère : **charme, énergie, indépendance, autorité.**

ETHELRED

Ce prénom médiéval est actuellement oublié.

- **Origine germanique,** signifie « noble gloire ».
- Chiffre 5 – couleur rouge.
- Fête le 23 juin.
- Sainte Ethelred, Anglaise du VIIe s., a fait vœu de chasteté, mais elle est mariée de force par son père à un homme âgé qui meurt rapidement ; elle est aussitôt remariée à un homme de son âge. Elle s'enfuit du domicile conjugal et se réfugie au monastère d'Ely dont elle devient l'abbesse.
- Caractère : **réserve, charme, volonté, travail.**
- Variantes : *Audrey, Etheldred, Etheldreda, Ethelhead.*

EUDELINE

Ce prénom médiéval est le féminin d'Eudes.

- **Origine germanique,** signifie « richesse ».
- Chiffre 3 – couleur orange.
- Fête le 19 novembre.
- Saint Eudes est, au VIIIe s., le premier abbé d'un monastère dans le Velay, où il mène une vie pieuse et discrète.
- Caractère : **altruisme, affectivité, harmonie, fantaisie.**

EUDOXIE

Ce prénom a été porté par une tsarine de Russie.

- **Origine grecque,** signifie « bonne doctrine ».
- Chiffre 2 – couleur jaune.
- Fête le 1er mars.
- Sainte Eudoxie, prostituée à Baalbek au IIe s., se fait baptiser ; elle est dénoncée par un ancien client et décapitée.
- Caractère : **autorité, affectivité, susceptibilité, fidélité.**
- Espagnol : *Eudoxia.*

EUGÉNIE

En vogue au XIXe s., ce prénom est illustré par l'impératrice Eugénie, femme de Napoléon III.

- **Origine grecque,** signifie « bien née ».
- Chiffre 3 – couleur bleue.
- Fête le 7 février.
- Saint Eugène, évêque de Carthage au IIIe s., consacre sa vie à lutter

contre les Vandales, mais, exilé, il meurt loin de son évêché.
- Caractère : **élégance, vivacité, optimisme, fantaisie.**
- Espagnol et italien : *Eugenia.*

EULALIE

- **Origine grecque,** signifie « bonne parole ».
- Chiffre 1 – couleur rouge.
- Fête le 12 février.
- Sainte Eulalie est une chrétienne du IVe s., en Espagne. Elle n'a que douze ans quand elle va reprocher au juge les persécutions contre les croyants. Elle est brûlée vive.
- Caractère : **calme, émotivité, fantaisie, douceur.**
- Diminutifs : *Lalia, Lalie.*
- Espagnol et italien : *Eulalia.*

EUPHRASIE

- **Origine grecque,** signifie « belle élocution ».
- Chiffre 4 – couleur verte.
- Fête le 13 mars.
- Sainte Euphrasie, fille d'un gouverneur d'une province d'Asie Mineure au Ve s., fait vœu de chasteté, mais son père la marie de force. Elle s'enfuit dans le désert et y vit en ermite.
- Caractère : **idéalisme, imagination, vivacité, calme.**
- Espagnol : *Eufrasia.*

EUPHROSINE

- **Origine grecque,** signifie « bel esprit ».
- Chiffre 4 – couleur rouge.
- Fête le 1er janvier.
- Sainte Euphrosine, vierge chrétienne en Égypte au Ve s., se réfugie dans un couvent pour échapper au mariage.
- Caractère : **réserve, émotivité, susceptibilité, prudence.**
- Espagnol : *Eufrosina.*

EVA

Forme latine et scandinave d'Ève, Eva dépasse Ève depuis les années 1990.

- **Origine hébraïque,** signifie « vivante ».
- Chiffre1, couleur jaune.
- Fête le 6 septembre.
- Sainte Ève est sa patronne.
- Caractère : **autorité, énergie, réflexion, activité.**
- Variantes : *Ava, Hawa.*

EVAELLE

Cette forme bretonne d'Ève apparaît à la fin du XXe s.

- **Origine hébraïque,** signifie « vivante ».
- Chiffre 8 – couleur verte.
- Fête le 6 septembre.
- Sainte Ève, chrétienne à Dreux au IIIe s., meurt en martyre.

- Caractère : **réflexion, intuition, adaptabilité, indépendance.**

ÉVANGELINE

Ce prénom est un hymne à l'Évangile.

- **Origine grecque,** signifie « bonne nouvelle ».
- Chiffre 4 – couleur bleue.
- Fête le 24 juin.
- Saint Jean l'Évangéliste, auteur présumé du quatrième Évangile, de trois épîtres et de l'Apocalyse, est son patron.
- Caractère : **curiosité, vivacité, indépendance, opportunisme.**
- Variante : *Évangélista.*
- Espagnol : *Evangelina.*

ÈVE

Nos aïeux ont bonne presse ; le succès d'Ève accompagne celui d'Adam.

- **Origine hébraïque,** signifie « vivante ».
- Chiffre 5 – couleur bleue.
- Fête le 6 septembre.
- Sainte Ève est une jeune chrétienne gauloise du IIIe s., morte en martyre à Dreux.
- Caractère : **indépendance, volonté, opportunisme, goût du pouvoir.**
- Forme biblique : *Hawa.*
- Variantes : *Eva, Évelyne, Evie, Maeve.*
- Arabe : *Haoua.* Espagnol, italien et scandinave : *Eva.*

ÉVELYNE

Cette forme dérivée d'Ève est en vogue dans les années 1950.

- **Origine hébraïque,** signifie « vivante ».
- Chiffre 7 – couleur bleue.
- Fête le 6 septembre.
- Sainte Ève, martyre chrétienne à Dreux au IIIe s., est sa patronne.
- Caractère : **réflexion, discrétion, prudence, patience.**

F

FABIENNE

Ce prénom est le féminin de Fabien.

- **Origine latine,** signifie « issue des Fabius », illustre famille romaine du Ier s.
- Chiffre 2 – couleur jaune.
- Fête le 20 janvier.
- Sainte Fabiola, riche patricienne à Rome au IVe s., est sa patronne. Après avoir divorcé d'un premier mari homosexuel, elle épouse un riche débauché qu'elle convertit ; ils ouvrent les portes de leur palais aux prostituées et font construire un hôpital pour les déshérités.
- Caractère : **affectivité, sensibilité, charme, intuition.**

FABIOLA

Elle est la forme espagnole de Fabienne.

- **Origine latine,** signifie « issue des Fabius », illustre famille romaine du Ier s.
- Chiffre 1 – couleur jaune.
- Fête le 20 janvier.
- Sainte Fabiola, riche jeune fille patricienne à Rome au IVe s., est mariée par ses parents à un jeune homosexuel ; elle divorce et épouse un débauché qu'elle parvient à convertir ; son palais devient un refuge pour prostituées et elle finance la construction d'un hôpital pour déshérités.
- Caractère : **ambition, rigueur, travail, autorité.**

FANNY

Fanny est le diminutif de Frances, forme anglaise de Françoise. Il eut d'abord un grand succès en Angleterre au XIXe s. avant d'atteindre la France.

- **Origine latine,** signifie « de France ».
- Chiffre 6 – couleur verte.
- Fête le 9 mars.
- Sainte Françoise, noble romaine du XVe s., subit une série malheurs : ses enfants meurent, son mari est exilé, sa maison pillée, ses amis décimés par la peste. Elle soigne les malades et se retire dans un monastère.
- Caractère : **sensibilité, harmonie, diplomatie, générosité.**
- Diminutif : *Fannette.*

FANCHON

Ce prénom est un diminutif de Françoise.

- **Origine latine,** signifie « de France ».
- Chiffre 7 – couleur rouge.
- Fête le 9 mars.
- Sainte Françoise, mariée dès l'enfance à un noble romain du XVe s., perd ses enfants en bas âge, voit sa maison pillée, son mari exilé, ses amis mourir de l'épidémie de peste. Elle soigne les malades et, à la mort de son époux, se retire dans le monastère qu'elle a fondé.
- Caractère : **réserve, élitisme, intuition, émotivité.**

FANTINE

Elle évoque l'héroïne des Misérables *de Victor Hugo.*

- **Origine latine,** signifie « enfant ».
- Chiffre 6 – couleur bleue.
- Fête le 30 août.
- Saint Fantin, abbé en Calabre au Xe s., est réputé pour sa bonté et sa charité.
- Caractère : **douceur, altruisme, générosité, prudence.**

FATIMA

Ce prénom est celui de la quatrième fille du Prophète, épouse d'Ali.

- **Origine arabe,** signifie « petite chamelle ».
- Chiffre 5 – couleur verte.
- Caractère : **indépendance, adaptabilité, goût de l'aventure, charisme.**

FAUSTINE

Ce prénom a été illustré, dans l'Antiquité, par deux impératrices romaines, Faustine l'Ancienne, épouse d'Antonin le Pieux, et Faustine la Jeune, épouse de Marc Aurèle.

- **Origine latine,** signifie « fortunée ».
- Chiffre 5 – couleur jaune.
- Fête le 15 janvier.
- Sainte Faustine consacre sa vie à la prière et à la contemplation, enfermée dans une cellule, au VIe s., en Italie.
- Caractère : **curiosité, intuition, vivacité, adaptabilité.**
- Italien : *Fausta, Faustina.*

FAYE

Cette forme anglaise de Foy, prénom qui a complètement disparu, est très en vogue dans les pays anglo-saxons.

- **Origine latine,** signifie « foi ».
- Chiffre 1 – couleur jaune.
- Fête le 6 octobre.
- Sainte Foy, patronne de Faye, demande le baptême à 12 ans, en 300, à Agen. Elle est aussitôt arrêtée et martyrisée.
- Caractère : **charme, séduction, détermination, ambition.**
- Variante : *Faith.*
- Espagnol : *Fe.* Italien : *Fede.*

FÉDORA

Ce prénom est le diminutif de Théodora.

- **Origine grecque,** signifie « don de Dieu ».
- Chiffre 4 – couleur jaune.
- Fête le 11 novembre.
- Saint Théodore, moine en Asie Mineure au IXe s., passe la majeure partie de sa vie emprisonné pour avoir lutté contre les iconoclastes.
- Caractère : **travail, rigueur, sens de l'organisation, stabilité.**
- Variantes : *Féodora, Fjodora.*

FÉLICIE

Féminin de Félix, ce prénom revient au goût du jour.

- **Origine latine,** signifie « heureuse ».
- Chiffre 4 – couleur orange.

- Fête le 10 mai.
- Sainte Félicie, épouse de saint Isidore, vit près de Madrid, au XIIe s., cultivant la terre et élèvant ses enfants. Elle représente un modèle de piété pour son entourage.
- Caractère : **réserve, prudence, sensibilité, générosité.**
- Italien : *Felicia.*

FÉLICITÉ

Ce prénom est une seconde forme féminine de Félix.

- **Origine latine,** signifie « heureuse ».
- Chiffre 6 – couleur orange.
- Fête le 7 mars.
- Sainte Félicité, jeune esclave chrétienne à Carthage, au IIIe s., est arrêtée. Elle accouche dans sa cellule trois jours avant d'être livrée aux jeux du cirque, et confie son enfant à une chrétienne qui promet de l'élever.
- Caractère : **sensibilité, diplomatie, générosité, calme.**
- Anglo-saxon : *Felicity.* Espagnol : *Felicidad.* Germanique : *Felicitas.* Italien : *Felicita.*

FÉNELLA

- **Origine celtique,** signifie « jeune fille aux épaules blanches ».
- Chiffre 1 – couleur verte.
- Caractère : **autorité, ambition, travail, persévérance.**
- Variantes : *Finella, Fionnula.*

FERNANDE

Ce féminin de Fernand est peu répandu.

- **Origine germanique,** signifie « qui ose la paix ».
- Chiffre 4 – couleur jaune.
- Fête le 30 mai.
- Saint Ferdinand, roi de Castille au XIIIe s., est un modèle de piété et de vertu.
- Caractère : **émotivité, prudence, sociabilité, sensibilité.**
- Espagnol, italien et portugais : *Fernanda.*

FIONA

Ce prénom est particulièrement courant en Écosse.

- **Origine gaélique,** signifie « blonde ».
- Chiffre 9 – couleur verte.
- Caractère : **réserve, idéalisme, rêverie, curiosité.**

FLAMMEN

- **Origine celtique,** signifie « qui a de l'éclat ».
- Chiffre 7 – couleur orange.
- Caractère : **réflexion, étude, travail, réserve.**
- Variante : *Flammig.*

FLAVIE

Les Flavius étaient une dynastie qui gouverna l'Empire romain de 69 à 96 avec Vespasien, Titus et Domitien.

- **Origine latine,** signifie « blonde ».
- Chiffre 1 – couleur jaune.
- Fête le 24 février.
- Saint Flavien, diacre à Carthage au IIIe s., meurt en martyr pour avoir refusé de renier sa foi.
- Caractère : **élégance, détermination, ambition, perfectionnisme.**
- Anglo-saxon, espagnol et italien : *Flavia.*

FLEUR

Elle est la forme francisée de Flore.

- **Origine latine,** signifie « fleur ».
- Chiffre 8 – couleur rouge.
- Fête le 5 octobre.
- Sainte Fleur, religieuse dans le Quercy au XIVe s., consacre sa vie à soigner les malades.
- Caractère : **passion, activité, ambition, franchise.**
- Variantes : *Fleurimonde, Florimonde.*

FLORE

Déesse des Fleurs et des Jardins à Rome, elle avait un temple sur le Quirinal et était célébrée pendant des fêtes un peu licencieuses, au mois de mai, appelées « floralies ».

- **Origine latine,** signifie « fleur ».
- Chiffre 2 – couleur verte.
- Fête le 24 novembre.
- Sainte Flore subit le martyre à Cordoue au IXe s.
- Caractère : **altruisme, générosité, idéalisme, énergie.**
- Diminutif : *Florette.*
- Variantes : *Fleur, Florelle, Floraine, Florie, Floriane, Florinde, Florine.*
- Espagnol : *Flor, Flora.* Germanique : *Florinda.* Italien : *Flora.*

FLORELLE

Ce prénom mélodieux est une variante de Flore.

- **Origine latine,** signifie « fleur ».
- Chiffre 4 – couleur rouge.
- Fête le 24 novembre.
- Sainte Flore, chrétienne à Cordoue au IXe s., meurt en martyre pour avoir refusé de renier sa foi.
- Caractère : **sens des responsabilités, affectivité, générosité, tradition.**
- Italien : *Florella.*

FLORENCE

Ce prénom fait partie des classiques discrets, toujours présents à l'état civil sans se faire remarquer.

- **Origine latine,** signifie « florissante ».

- Chiffre 6 – couleur orange.
- Fête le 1er décembre.
- Sainte Florence, jeune fille païenne en Asie Mineure au IVe s., est convertie par saint Hilaire et prend le voile en France.
- Caractère : **sensibilité, harmonie, ambition, indépendance.**
- Variantes : *Florange*, *Florentine*.
- Espagnol : *Florencia*. Italien : *Fiorenza*.

FLORIANE

Ce prénom est moins répandu que son masculin Florian.

- **Origine latine,** signifie « fleurie ».
- Chiffre 8 – couleur rouge.
- Fête le 4 mai.
- Saint Florian, soldat de l'armée romaine au IIIe s., se fait baptiser en secret et convertit son entourage ; ses supérieurs l'arrêtent et le jettent dans une rivière avec une pierre au cou.
- Caractère : **autorité, ambition, rapidité, énergie.**
- Italien : *Floriana*.

FLORIE

Cette forme dérivée de Flore était courante au Moyen Âge.

- **Origine latine,** signifie « fleur ».
- Chiffre 2 – couleur rouge.
- Fête le 5 octobre.
- Sainte Flore, chrétienne à Cordoue au IXe s., subit le martyre pour avoir refusé d'abjurer.
- Caractère : **imagination, intuition, fantaisie, affectivité.**

FLORINE

Cette forme dérivée de Flore revient en vogue.

- **Origine latine,** signifie « fleur ».
- Chiffre 7 – couleur rouge.
- Fête le 5 octobre.
- Sainte Flore, chrétienne à Cordoue au IXe s., est sa patronne.
- Caractère : **réserve, réflexion, intuition, sociabilité.**

FORTUNÉE

Ce prénom est aussi rare que son

Histoire de famille

Frédégonde devient reine de Neustrie, au VIe s., en épousant Chilpéric Ier dont elle a fait étrangler la première femme, Galswinthe. Brunehaut, sœur de Galswinthe, reine d'Austrasie, femme de Sigebert, intelligente et énergique, engage une lutte sans merci contre la meurtrière. Frédégonde fait assassiner Sigebert. Clotaire II, fils de Frédégonde, capture Brunehaut et la fait périr.

masculin Fortunat.

- **Origine latine,** signifie « chance ».
- Chiffre 5 – couleur jaune.
- Fête le 23 avril.
- Saint Fortunat, diacre en Gaule, est martyrisé avec son compagnon saint Félix, au IIIe s.
- Caractère : **sensibilité, curiosité, épicurisme, diplomatie.**
- Espagnol : *Fortunata.*

FRANCE

Ce prénom est une forme assez rare de Françoise.

- **Origine latine,** signifie « de France ».
- Chiffre 2 – couleur bleue.
- Fête le 9 mars.
- Sainte Françoise, mariée dès l'enfance à un noble romain du XVe s., perd ses enfants en bas âge, voit sa maison pillée, son mari exilé, ses amis mourir de l'épidémie de peste. Elle soigne les malades et, à la mort de son époux, se retire dans le monastère qu'elle a fondé.
- Caractère : **réserve, passion, exigence, intuition.**
- Germanique : *Franka.* Italien : *Franca.*

FRANCINE

Cette forme dérivée de Françoise a connu le succès dans les années 1950.

- **Origine latine,** signifie « Franc », nom qui désignait le peuple français du VIe au IXe s.
- Chiffre 7 – couleur orange.
- Fête le 9 mars.
- Sainte Françoise, noble romaine du XVe s., se retire dans un monastère après la mort de son mari et de ses enfants.
- Caractère : **réserve, autorité, exigence, goût du pouvoir.**
- Espagnol : *Francina.*

FRANÇOISE

Ce prénom est l'une des vedettes du XVIe s., et des années 1950.

- **Origine latine,** signifie « Franc », nom du peuple français du VIe au IXe s.
- Chiffre 9 – couleur rouge.
- Fête le 9 mars.
- Sainte Françoise, mariée à douze ans à un noble romain du XVe s., mène une vie pieuse ; pendant l'épidémie de peste qui ravage Rome, elle soigne les malades, perd ses enfants, ses amis, son mari, et se retire dans le monastère qu'elle a fondé.
- Caractère : **douceur, calme, altruisme, sociabilité.**
- Variantes : *Fanchon, France, Francine.*
- Anglo-saxon : *Frances.* Breton : *Franceza, Soazic, Soizic.* Espagnol : *Francisca, Paquita.* Germanique : *Franciska.* Italien : *Francesca, Cesca.* Provençal : *Franceso.* Slave : *Franeka, Franja.*

FRÉDÉGONDE

Ce prénom reste empreint de la lutte sans merci que se livrèrent Frédégonde et Brunehaut.

- **Origine germanique,** signifie « paix du monde ».
- Chiffre 2 – couleur rouge.
- Caractère : **curiosité, sociabilité, émotivité, adaptabilité.**
- Variante : *Frédérune.*

FRÉDÉRIQUE

Cette forme féminine de Frédéric connaît son apogée dans les années 1960.

- **Origine germanique,** signifie « paix du roi ».
- Chiffre 9 – couleur jaune.
- Fête le 18 juillet.
- Saint Frédéric, évêque d'Utrecht au IXe s., modèle de piété, est assassiné sur ordre de l'impératrice Judith à qui il reproche son inconduite.
- Caractère : **charisme, tradition, communication, générosité.**
- Espagnol : *Federica.* Germaniques : *Frederika, Frida, Friederike, Frika, Rika.* Italiens : *Federica, Chicca.*

FREYA

Ce prénom, issu de la mythologie scandinave, est très apprécié en Suède.

- **Origine scandinave,** signifie « noble dame ».
- Chiffre 1 – couleur rouge.
- Caractère : **ambition, courage, détermination, énergie.**

FRIDA

Elle est l'une des formes germaniques de Frédérique, très courante outre-Rhin.

- **Origine germanique,** signifie « paix du roi ».
- Chiffre 2 – couleur verte.
- Fête le 18 juillet.
- Saint Frédéric, évêque d'Utrecht au IXe s., modèle de piété, est assassiné sur ordre de l'impératrice Judith à qui il reproche son inconduite.
- Caractère : **volonté, indépendance, autorité, activité.**
- Variante : *Frieda.*

G

GABRIELLE

Forme féminine de Gabriel, ce joli prénom revient en vogue depuis les années 1990.

- **Origine hébraïque,** signifie

« ma force est en Dieu ».
- Chiffre 8 – couleur bleue.
- Fête le 26 juin.
- Sainte Gabrielle, de l'ordre des Filles de la Charité d'Arras, créé par saint Vincent de Paul, est guillotinée sous la Révolution.
- Caractère : **énergie, esprit d'entreprise, sens de l'organisation, exigence.**
- Espagnol : *Gabriela.*

GAËLLE

Elle est le féminin de Gaël.

- **Origine celtique,** signifie « généreux seigneur ».
- Chiffre 6 – couleur jaune.
- Fête le 17 décembre.
- Saint Gaël, évêque de Saint-Malo au XIIe s., fonda de nombreux monastères en Bretagne.
- Caractère : **affectivité, imagination, raffinement, sens artistique.**
- Variante : *Gaëla.*

GAÏA

Gaïa, dans la mythologie grecque, est la première créature issue du chaos originel ; elle est la mère du ciel, des eaux et des montagnes. La légende conte qu'elle fonda le sanctuaire de Delphes, où un culte lui était rendu. Elle présidait à l'accomplissement des serments qu'on prononçait souvent en son nom, et punissait les parjures…

- **Origine grecque,** de Gaea, le nom donné à la Terre dans la mythologie.
- Chiffre 9 – couleur verte.
- Fête le 22 septembre.
- Sainte Gaïane, jeune vierge romaine du IVe s., se fait baptiser et organise des réunions de prière ; elle est arrêtée et martyrisée sur ordre de l'empereur Dioclétien.
- Caractère : **ambition, volonté, opiniâtreté, adaptabilité.**
- Variante : *Gaïane.*

GAÏD

Ce prénom est une forme bretonne de Marguerite.

- **Origine grecque,** signifie « perle ».
- Chiffre 3 – couleur blanche.
- Fête le 20 juillet.
- Sainte Marguerite d'Antioche, fille d'un religieux païen du IIIe s., se fait baptiser. Elle est chassée par son père et recueillie par sa nourrice. Le préfet d'Orient l'enlève pour l'épouser ; elle se refuse à lui, et il la fait décapiter.
- Caractère : **prudence, réflexion, sens de l'organisation, optimisme.**
- Variante : *Gaïdig.*

GAÏL

Ce prénom est le diminutif d'Abigaïl.

- **Origine hébraïque,** signifie

« ma joie est en Dieu ».
- Chiffre 2 – couleur bleue.
- Fête le 29 décembre.
- Sainte Abigaïl devient l'épouse du roi David à la mort de son mari tué au combat, au Xe s. av. J.-C.
- Caractère : **sociabilité, adaptabilité, curiosité, diplomatie.**

GALATÉE

Dans la mythologie grecque, Pygmalion, sculpteur, tombe amoureux d'une statue d'ivoire représentant Aphrodite et prie les dieux pour qu'elle prenne vie. Son vœu exaucé, il l'épouse. Ce thème a été illustré au cinéma et au théâtre.

- **Origine grecque,** signifie « blanche comme le lait ».
- Chiffre 6 – couleur blanche.
- Fête le 10 novembre.
- Sainte Nymphe, martyre chrétienne en Asie Mineure du IIe s., est sa patronne.
- Caractère : **sensibilité, sens des responsabilités, harmonie, affectivité.**
- Anglo-saxon, italien : *Galatea.*

GARANCE

Garance a connu une courte vague de succès dans les années 2000.

- **Origine française,** du nom d'une plante à fleurs jaunes qui pousse dans les bois ; garance désigne également une couleur rouge foncé.
- Chiffre 4 – couleur rouge.
- Fête le 5 octobre.
- Sainte Fleur, religieuse dans le Quercy au XIVe s., est la patronne de Garance.
- Caractère : **réserve, réflexion, étude, douceur.**

GEMMA

Ce prénom italien date de la Renaissance.

- **Origine latine**, signifie « pierre précieuse ».
- Chiffre 3 – couleur bleue.
- Fête le 11 avril.
- Sainte Gemma, jeune Toscane du XIXe s., n'est pas admise au couvent à la suite d'une tuberculose ; elle présente chaque semaine les stigmates de la Passion du Christ.
- Caractère : **communication, stabilité, créativité, charisme.**

GENEVIÈVE

Ce prénom du haut Moyen Âge, rarissime aujourd'hui, a connu sa dernière vague de succès dans les années 1940.

- **Origine germanique,** signifie « du genre féminin ».
- Chiffre 4 – couleur rouge.
- Fête le 3 janvier.
- Sainte Geneviève, née à Nanterre

au Ve s., prend le voile à quinze ans à Paris. Pendant la famine qui sévit dans la ville assiégée par les Huns, elle organise la résistance, se rend à Troyes afin de se procurer des vivres, en dépit du danger. Elle meurt à quatre-vingts ans. Elle est enterrée dans la basilique construite sur la colline appelée aujourd'hui montagne Sainte-Geneviève.
- Caractère : **travail, perfectionnisme, sensibilité, fidélité.**
- Forme médiévale : *Genovefa.*
- Variantes : *Génevote, Ginette.*
- Anglo-saxon : *Guenevere.* Espagnol : *Genoveva.* Italien : *Genoveffa.*

GEORGETTE

Elle fut en vogue au début du XXe s.

- **Origine grecque,** signifie « celle qui travaille la terre ».
- Chiffre 3 – couleur jaune.
- Fête le 23 avril.
- Saint Georges, chevalier romain de Cappadoce, se fait baptiser. Il est arrêté et décapité pour avoir tenté de convertir les habitants d'un village de Libye. La légende raconte qu'il maîtrisa un dragon furieux qui terrorrisait cette bourgade.
- Caractère : **sensibilité, communication, autorité, goût du pouvoir.**
- Variantes : *Georgiane, Georgienne, Georgine.*
- Espagnol : *Georgetta.* Italien : *Giorgetta.*

GEORGIA

Ce prénom est l'une des formes féminines de Georges.

- **Origine grecque,** signifie « celle qui travaille la terre ».
- Chiffre 8 – couleur jaune.
- Fête le 23 avril.
- Saint Georges, chevalier romain originaire de Cappadoce, est arrêté et décapité par les soldats de l'empereur. La légende raconte qu'au cours d'un voyage en Libye, il a terrassé un dragon qui menaçait un village.
- Caractère : **harmonie, ambition, travail, réserve.**
- Diminutif : *Georgina.*

GÉRALDINE

- **Origine germanique,** signifie « lance » et « gouvernant ».
- Chiffre 3 – couleur bleue.
- Fête le 29 mai.
- Sainte Géraldine, Italienne du XIIIe s., est mariée de force par ses parents à un jeune homme aussi pieux qu'elle ; ils se séparent d'un commun accord pour vivre dans la pauvreté et la chasteté chacun de leur côté ; elle vit en ermite dans une cellule contiguë au monastère où son époux s'est retiré.

- Caractère : **enthousiasme, éloquence, curiosité, adaptabilité.**

GERDA

Ce prénom allemand est la version féminine de Gérard.

- **Origine germanique,** signifie « dure lance ».
- Chiffre 8 – couleur bleue.
- Fête le 3 octobre.
- Saint Gérard, né à Namur au Xe s., prend l'habit, puis fonde un monastère sur les terres de sa famille.
- Caractère : **équilibre, sens des responsabilités, rigueur, ambition.**
- Variantes : *Garda*, *Gardina*, *Gerralda*, *Gerrie*, *Gerry*.

GERMAINE

Cette forme féminine de Germain était courante au début du XXe s.

- **Origine germanique,** signifie « de même sang ».
- Chiffre 9 – couleur jaune.
- Fête le 15 juin.
- Sainte Germaine, jeune orpheline de Toulouse au XVIIe s., maltraitée par son père et sa marâtre, garde les troupeaux, partage la pitance des vagabonds, et prie pour ses bourreaux ; elle meurt de mauvais traitements à l'âge de vingt-deux ans.
- Caractère : **réserve, sensibilité, combativité, courage.**
- Espagnol et italien : *Germana*.

GERSENDE

Ce prénom est médiéval.

- **Origine germanique,** signifie « lance précieuse ».
- Chiffre 5 – couleur verte.
- Caractère : **vivacité, autorité, ambition, curiosité.**
- Variante : *Gersande*.

GERTRUDE

- **Origine germanique,** signifie « lance fidèle ».
- Chiffre 8 – couleur bleue.
- Fête le 16 novembre.
- Sainte Gertrude, Saxonne du XIIIe s., est élevée par des moniales dès l'âge de cinq ans. Intelligente et curieuse, elle étudie la littérature, la philosophie, la musique. À 25 ans, elle entre en religion et rédige en latin un recueil traduit en plusieurs langues pour apporter le témoignage de ses révélations divines.
- Caractère : **ambition, autorité, opiniâtreté, courage.**
- Espagnol : *Gertrudis*. Germanique : *Gertrud*, *Gertrui*, *Gerty*, *Trudi*. Italien : *Gertruda*. Néerlandais : *Geertruida*.

GERVAISE

- **Origine germanique,** signifie « lance audacieuse ».
- Chiffre 5 – couleur orange.
- Fête le 19 juin.
- Saint Gervais subit le martyre à Rome au IIIe s.
- Caractère : **vivacité, franchise, communication, curiosité.**

GHISLAINE

- **Origine germanique,** signifie « douce otage ».
- Chiffre 3 – couleur bleue.
- Fête le 10 octobre.
- Saint Ghislain est le fondateur d'un monastère en Belgique au VIIe s.
- Caractère : **charme, éloquence, activité, épicurisme.**
- Autre orthographe : *Guislaine.*

GILBERTE

- **Origine germanique,** signifie « lance illustre ».
- Chiffre 6 – couleur orange.
- Fête le 11 août.
- Sainte Gilberte est une pieuse abbesse du monastère de Jouarre, au VIIe s.
- Caractère : **sensibilité, activité, indépendance, sens des responsabilités.**
- Variante : *Wilberte.*
- Espagnol : *Gilberta.*

GILDA

Ce prénom italien, lancé par le film américain Gilda *dans les années 1940, est un diminutif féminin de Hermenegilde, prénom mixte au Moyen Âge.*

- **Origine germanique,** signifie « promesse » et « armée ».
- Chiffre 6 – couleur jaune.
- Fête le 14 avril.
- Saint Hermenegilde, fils d'un roi wisigoth du VIe s., se convertit et se révolte contre son père qui le met à mort.
- Caractère : **affectivité, sens des responsabilités, tradition, prudence.**

GILLIAN

Ce prénom est une forme dérivée de Juliana, forme germanique de Julie. Répandu outre-Manche au Moyen Âge puis dans les années 1940, il est devenu rare.

- **Origine latine,** signifie « de la famille Julius », famille patricienne romaine dont est issu Jules César.
- Chiffre 1 – couleur rouge.
- Fête le 8 avril.
- Sainte Julie, jeune paralysée, vit en Picardie au XIXe s. Elle fonde une école pour l'éducation chrétienne des enfants défavorisés.
- Caractère : **travail, énergie, activité, ambition.**

GINA

Ce prénom italien est un diminutif de Luigina, « petite Louise » en italien.

- **Origine germanique,** signifie « glorieuse combattante ».
- Chiffre 4 – couleur verte.
- Fête le 15 mars.
- Sainte Louise de Marillac fonde, au XVIe s., avec saint Vincent de Paul l'ordre des Filles de la Charité.
- Caractère : **charme, volonté, travail, stabilité.**

GINGER

Ce prénom est un diminutif de l'anglais Virginia. Il est en vogue aux États-Unis depuis les années 1940.

- **Origine latine,** signifie « vierge ».
- Chiffre 6 – couleur jaune.
- Fête le 7 janvier.
- Sainte Virginie, au XVIe s., héberge, soigne et nourrit, à Gênes, tous les pauvres de sa région.
- Caractère : **sens de la justice, harmonie, équilibre, rigueur.**

GISÈLE

Ce prénom est une forme dérivée de Ghislaine.

- **Origine germanique,** signifie « douce otage ».
- Chiffre 3 – couleur jaune.
- Fête le 7 mai.
- Sainte Gisèle (XIe s.), épouse de saint Étienne de Hongrie, est la mère de saint Émeric. Après son veuvage, elle se retire dans un monastère.
- Caractère : **ambition, volonté, esprit d'entreprise, sociabilité.**
- Anglo-saxon : *Giselle*. Espagnol et germanique : *Gisela*. Italien : *Giselda*, *Gisella*.

GIULIA

Cette forme italienne de Julie est très en vogue en Europe depuis la fin du XXe s.

- **Origine latine,** signifie « de la famille Julius », famille patricienne romaine dont est issu Jules César.
- Chiffre 5 – couleur rouge.
- Fête le 8 avril.
- Sainte Julie, jeune paralysée, vit en Picardie au XIXe s. Elle fonde une école pour l'éducation chrétienne des enfants défavorisés.
- Caractère : **travail, énergie, activité, ambition.**
- Variante : *Giulietta*.

GLENDA

- **Origine galloise,** signifie « pure et bonne ».
- Chiffre 7 – couleur verte.
- Caractère : **indépendance, altruisme, générosité, fantaisie.**

GLENNA

Ce prénom est le féminin de Glen.

- **Origine celtique,** signifie « vallée ».
- Chiffre 7 – couleur verte.
- Fête le 11 septembre.
- Saint Glenn, moine du pays de Galles, vint évangéliser la Bretagne au VIe s.
- Caractère : **réserve, réflexion, harmonie, sens des responsabilités.**

GLORIA

Ce prénom italien a connu le succès outre-Manche dans les années 1940.

- **Origine latine,** signifie « gloire ».
- Chiffre 8 – couleur rouge.
- Fête le 11 mars.
- Sainte Gloria, religieuse toscane du XIe s., accomplit des miracles, d'après la légende.
- Caractère : **volonté, efficacité, exigence, opportunisme.**

GLWADYS

Ce prénom réapparaît depuis les années 1990.

- **Origine celtique,** signifie « richesse ».
- Chiffre 1 – couleur bleue.
- Fête le 29 mars.
- Sainte Gladez, Galloise du Ve s., se convertit au christianisme à la mort de son mari, et se retire dans un ermitage pour se consacrer à la prière et à la méditation.
- Caractère : **communication, indépendance, volonté, ambition.**
- Autre orthographe : *Gladys.*
- Breton : *Gladez.* Espagnol : *Gladis.*

GODELIÈVE

Ce prénom médiéval a presque disparu.

- **Origine germanique,** signifie « aimée de Dieu ».
- Chiffre 3 – couleur jaune.
- Caractère : **charisme, harmonie, éloquence, créativité.**
- Anglo-saxon : *Godelewa.* Espagnol : *Godeliva.*

GODIVA

Ce prénom médiéval rare s'apparente par l'étymologie à Dorothée et à Théodora.

- **Origine germanique,** signifie « don de Dieu ».
- Chiffre 4 – couleur bleue.
- Caractère : **rigueur, sens de l'organisation, travail, énergie.**

GOULWENA

Elle est la forme féminine de Goulven.

- **Origine celtique,** signifie « lumière sacrée ».

- Chiffre 3 – couleur rouge.
- Fête le 1er juillet.
- Saint Goulven, fondateur d'un monastère sur ses terres, en Bretagne, dans le Léon, devient évêque de Rennes au VIe s.
- Caractère : **sociabilité, harmonie, communication, sens artistique.**
- Diminutif : *Goulwenig.*

GRACE

Ce prénom est plus courant aux États-Unis qu'en Europe.

- **Origine latine,** signifie « grâce ».
- Chiffre 7 – couleur bleue.
- Fête le 21 août.
- Sainte Grace, jeune musulmane prénommée Zaïda, est la fille de l'émir de Valence, en Espagne, au XIIe s. Elle se convertit en cachette de son père et prend le nom de Grace. Dénoncée, elle est arrêtée et décapitée.
- Caractère : **raffinement, élégance, affectivité, rigueur.**
- Variantes : *Graciane, Gratienne.*
- Espagnol : *Gracia, Graciela.* Italien : *Grazia, Graziella.*

GRETEL

Ce prénom est une forme alsacienne de Marguerite.

- **Origine grecque**, signifie « perle ».
- Chiffre 4 – couleur violette.
- Fête le 20 juillet.
- Sainte Marguerite d'Antioche, fille d'un religieux païen du IIIe s., se fait baptiser. Elle est chassée par son père et recueillie par sa nourrice. Le préfet d'Orient l'enlève pour l'épouser ; elle se refuse à lui, il la fait décapiter.
- Caractère : **émotivité, travail, rigueur, conscience professionnelle.**
- Espagnol : *Greta.* Germanique : *Gretchen, Gritt, Gritta.*

GRISELDA

Elle est une forme dérivée de Grace.

- **Origine latine,** signifie « grâce ».
- Chiffre 3 – couleur jaune.
- Fête le 21 août.
- Sainte Grace, fille de l'émir de Valence, en Espagne, au XIIe s., se convertit en cachette de son père. Dénoncée, elle est arrêtée et décapitée.
- Caractère : **réserve, réflexion, étude, douceur.**
- Diminutif : *Zelda.*
- Variante : *Grisélidis.*

GUDULE

Ce prénom guerrier est complètement tombé en désuétude.

- **Origine germanique,** signifie « combat ».
- Chiffre 7 – couleur jaune.

- Fête le 8 janvier.
- Sainte Gudule, née dans le Brabant au VIIe s., consacre sa vie à faire l'aumône et à soigner les malades.
- Caractère: **volonté, dynamisme, persévérance, autorité.**
- Variante: *Gunilde.*
- Espagnol: *Gudelia.*

GUENIÈVRE

Ce prénom, forme médiévale de Gwenn, est celui de l'héroïne du roman de Chrétien de Troyes, Le Chevalier à la charrette*, paru au XIIe s. Il est l'emblème de la dame des romans courtois.*

- **Origine celtique,** signifie « blanche » et « douce ».
- Chiffre 7 – couleur blanche.
- Fête le 18 octobre.
- Sainte Gwenn, épouse de saint Fragan, en Bretagne, au Ve s., est un modèle de piété.
- Caractère: **rêverie, étude, réflexion, douceur.**
- Variantes: *Gwenn, Gwennin, Gwenivar.*
- Anglo-saxon: *Guinevere, Jennifer.* Espagnol: *Ginebra.* Italien: *Ginevra.*

GUÉRANDE

Elle est la forme féminine de Géraud.

- **Origine germanique,** signifie « lance qui gouverne »
- Chiffre 3 – couleur bleue.
- Fête le 13 octobre.
- Saint Géraud, comte d'Aurillac au IXe s., gère ses terres avec bonté et justice, affranchit les serfs, fait la charité et passe de nombreuses heures chaque jour en prières et en méditation.
- Caractère: **intuition, diplomatie, sociabilité, adaptabilité.**

GUILA

Ce prénom moderne est en vogue dans les milieux hébraïques.

- **Origine hébraïque,** signifie « joie ».
- Chiffre 5 – couleur rouge.
- Caractère: **générosité, détermination, énergie, activité.**
- Variante: *Guiléa.*

GUILLEMETTE

Cette forme féminine de Guillaume avait disparu de l'état civil; elle revient dans les milieux traditionnels.

- **Origine germanique,** signifie « volonté » et « protection ».
- Chiffre 3 – couleur verte.
- Fête le 10 janvier.
- Saint Guillaume, archevêque de Bourges au XIIIe s., consacre sa vie aux prisonniers, aux ivrognes et aux débauchés.
- Caractère: **charme, imagination, créativité,**

sociabilité.
- Germanique : *Wilhelmine, Wilma.* Italien : *Guglielma, Guglielmina, Vilma.*

GUIVÉA

Ce prénom moderne, féminin de Guivéone, est très en vogue en Israël.

- **Origine hébraïque,** signifie « petite colline ».
- Chiffre 2 – couleur bleue.
- Caractère : **réserve, stabilité, harmonie, sens de la justice.**

GUYENNE

Elle est de ces prénoms géographiques, courants dans les pays anglo-saxons. On l'apparente souvent à Guyonne, forme dérivée de Guy.

- **Origine française,** du nom de la province d'Aquitaine, appelée Guyenne, lorsqu'elle était possession anglaise.
- Chiffre 1 – couleur bleue.
- Caractère : **réserve, réflexion, indépendance, sens de l'organisation.**

GWELLAOUEN

- **Origine celtique,** signifie « lumière blanche ».
- Chiffre 7 – couleur blanche.
- Fête le 18 octobre.
- Sainte Gwenn, épouse de saint Fragan, en Bretagne, au Ve s., est sa patronne.
- Caractère : **sensibilité, émotivité, douceur, fantaisie.**

GWENAËLLE

Elle est la forme féminine de Gwenaël.

- **Origine celtique,** signifie « ange blanc ».
- Chiffre 3 – couleur blanche.
- Fête le 3 novembre.
- Saint Gwenaël évangélise l'Irlande au VIe s.
- Caractère : **sociabilité, fantaisie, sensibilité, prudence.**

GWENDOLINE

Ce prénom est une forme composée de Gwendal et de Line.

- **Origine celtique,** signifie « valeur sacrée ».
- Chiffre 9 – couleur blanche.
- Fête le 14 octobre.
- Sainte Gwendoline est abbesse d'un monastère au pays de Galles, au VIe s.
- Caractère : **émotivité, rêverie, idéalisme, créativité.**
- Espagnol et italien : *Guendalina.*

GWENIVAR

Forme bretonne de Guenièvre, épouse du roi Arthur.

- **Origine celtique,** signifie « blanche ».
- Chiffre 9 – couleur blanche.
- Fête le 3 mars.
- Sainte Gwenivar vécut en Bretagne au VIe s., mais sa vie est obscure.
- Caractère : **altruisme, charisme, rêverie, générosité.**
- Variante : *Gweniver.*

GWENN

Ce prénom typiquement breton s'est décliné en de nombreuses variantes.

- **Origine celtique,** signifie « blanche ».
- Chiffre 9 – couleur blanche.
- Fête le 18 octobre.
- Sainte Gwenn, épouse de saint Fragan, en Bretagne, au Ve s., est un modèle de piété. La légende nous conte qu'elle a eu vingt-deux enfants.
- Caractère : **sensibilité, émotivité, douceur, fantaisie.**
- Variantes : *Gwellaouen, Gwenivar, Gwenna, Gwennaïc, Gwennaïg, Gwennou.*

GWENOLA

Elle est la forme féminine de Gwenolé.

- **Origine celtique,** signifie « valeureuse » et « sacrée ».
- Chiffre 5 – couleur blanche.
- Fête le 3 mars.
- Saint Guénolé fonde un monastère à Landévennec, en Bretagne, au Ve s., et le dirige pendant plus de cinquante ans.
- Caractère : **charme, émotivité, vivacité, communication.**

GWENVRED

- **Origine celtique,** signifie « pensée sacrée ».
- Chiffre 8 – couleur bleue.
- Fête le 22 juin.
- Sainte Gwenfrewi, vierge galloise du VIe s., est décapitée par un prince dont elle refuse les avances.
- Caractère : **ambition, rigueur, sens de la justice, équilibre.**
- Variantes : *Gwenfredig, Gwenfrevi, Gwenfrewi.*

GWYNETH

Ce prénom est une variante féminine de Gwynn, nom d'un personnage de la mythologie galloise, diable gardien des portes de l'enfer.

- **Origine celtique,** signifie « blanche ».
- Chiffre 8 – couleur blanche.
- Fête le 18 octobre.
- Sainte Gwenn, épouse de saint Fragan, en Bretagne, au Ve s., est un modèle de piété.
- Caractère : **ambition, rigueur,**

équilibre, sens de la justice.
- Autre orthographe : *Gwynneth.*
- Variantes : *Gweneth, Gwenith.*

H

HADASSA

Ce prénom est celui que portait Esther, épouse d'Assuérus, roi de Perse.

- **Origine hébraïque,** signifie « myrte ».
- Chiffre 9 – couleur bleue.
- Caractère : **réalisme, efficacité, sens de l'organisation, ambition.**

HADELTRUDE

Ce prénom est celui de la première femme de Clotaire II, au VIe s.

- **Origine germanique,** signifie « noble fidélité ».
- Chiffre 8 – couleur orange.
- Caractère : **goût du pouvoir, sens de la justice, rigueur, réalisme.**

HANAÉ

Ce prénom asiatique est de plus en plus prisé par les familles françaises.

- **Origine japonaise,** signifie « fleur ».
- Chiffre 2 – couleur rouge.
- Caractère : **sociabilité, réserve, coopération, adaptabilité.**
- Autre orthographe : *Anaé.*

HANNAH

Ce prénom est la forme originelle d'Anne.

- **Origine hébraïque,** signifie « gracieuse ».
- Chiffre 1 – couleur bleue.
- Fête le 26 juillet.
- Sainte Anne est la mère de la Vierge Marie.
- Caractère : **ambition, indépendance, dynamisme, autorité.**

HAZEL

Ce prénom est assez fréquent outre-Manche.

- **Origine anglaise,** signifie « noisetier ».
- Chiffre 7 – couleur verte.
- Caractère : **réserve, réflexion, étude, travail.**

HEATHER

Ce prénom de fleur connaît un grand succès aux États-Unis depuis les années 1990.

- **Origine anglaise,** signifie « bruyère ».
- Chiffre 2 – couleur bleue.
- Fête le 5 octobre.
- Sainte Fleur est religieuse dans le Quercy au XIVe s.
- Caractère : **adaptabilité, diplomatie, sociabilité, sensibilité.**

HEIDI

Cette forme germanique d'Adèle est courante en Allemagne.

- **Origine germanique,** signifie « noble ».
- Chiffre 8 – couleur bleue.
- Fête le 24 septembre.
- Sainte Adèle, fille du roi d'Austrasie Dagobert II, au VIIe s., se retire dans un monastère à son veuvage, et se consacre à l'éducation de son petit-fils et aux œuvres charitables.
- Caractère : **charme, énergie, indépendance, autorité.**

HÉLÉA

Dans la Bible, Héléa est membre de la tribu de Juda.

- **Origine hébraïque,** signifie « femme d'atours ».
- Chiffre 4 – couleur verte.
- Caractère : **patience, perfectionnisme, calme, raffinement.**

HÉLÈNE

Ce prénom évoque l'héroïne de L'Iliade*, d'Homère : Hélène est la femme de Ménélas, roi de Sparte. Pâris, fils du roi de Troie, séduit par sa beauté, l'enlève, provoquant ainsi la guerre de Troie.*

- **Origine grecque,** signifie « éclat du soleil ».
- Chiffre 4 – couleur jaune.
- Fête le 18 août.
- Sainte Hélène, fille d'aubergiste à Rome au IIIe s., est séduite par Constance Chlore, empereur romain d'Occident, dont elle a un fils, Constantin. Répudiée, elle quitte la cour, mais son fils la rappelle lorsqu'il accède au trône en 306. Hélène se convertit à soixante ans. Très influente, elle défend la cause des chrétiens, multiplie les dons et favorise la construction de monastères en Palestine.
- Caractère : **sensibilité, idéalisme, émotivité, exigence.**
- Variantes : *Elina, Mylène, Nelly.*
- Anglo-saxon : *Aileen, Elaine, Ellen, Helen.* Breton : *Lenaïc.* Espagnol et portugais : *Helena.* Germanique : *Helena, Lena, Lenchen.* Hongrois : *Ilona.* Irlandais : *Airleen.* Italien : *Elena.* Roumain : *Ileana.* Russe : *Yelena.*

HELGA

Ce prénom est une variante d'Olga, en vogue aussi bien dans les pays scandinaves et germaniques qu'en Espagne.

- **Origine slave,** signifie « consacrée aux dieux ».
- Chiffre 6 – couleur rouge.
- Fête le 11 juillet.
- Sainte Olga, grande-duchesse de Kiev au Xe s., s'efforce, au cours la régence qu'elle exerce pendant la minorité de son fils, de répandre le christianisme dans son pays.
- Caractère : **harmonie, fidélité, sens des responsabilités, stabilité.**

HÉLICIE

Ce prénom est une forme dérivée d'Hélène.

- **Origine grecque,** signifie « éclat du soleil ».
- Chiffre 6 – couleur rouge.
- Fête le 18 août.
- Sainte Hélène, épouse et mère d'empereur d'Orient, se convertit à soixante ans et joue un rôle influent dans l'extension du christianisme.
- Caractère : **calme, sens des responsabilités, conscience professionnelle, affectivité.**

HÉLOÏSE

Ce prénom, forme médiévale de Louise, est en vogue depuis les années 1990.

- **Origine germanique,** signifie « glorieux vainqueur ».
- Chiffre 1 – couleur bleue.
- Fête le 1er novembre.
- Sainte Louise est sa patronne.
- Caractère : **charisme, éloquence, indépendance, travail.**

L'histoire d'Abélard et Héloïse

Héloïse, née dans le Paris de 1101, est la nièce du chanoine Fulbert qui tient à lui donner une parfaite éducation. Après l'avoir placée dans un monastère, il la reprend chez lui et lui donne un précepteur du nom de Pierre Abélard, philosophe et théologien breton renommé. Le maître et l'élève éprouvent vite une violente passion mutuelle. Héloïse met au monde un fils et épouse secrètement Abélard. Fulbert accuse le précepteur d'avoir trahi sa confiance et, dans un accès de fureur, le fait émasculer. Héloïse se retire au couvent du Paraclet, dont elle devient abbesse, et Abélard termine ses jours à l'abbaye de Saint-Denis. Leur amour ne s'éteint pas pour autant, et ils ne cesseront jamais de s'écrire.

Les prénoms des dieux de l'Antiquité

De nombreux prénoms ont pour origine les dieux de la mythologie. En voici quelques exemples :

- **Artémise vient d'Artémis, déesse grecque de la Chasse.**
- **Athénaïs est issu d'Athéna, déesse grecque de la Sagesse, protectrice d'Athènes.**
- **Apollinaire et Apolline viennent d'Apollon, dieu grec de la Beauté.**
- **Denis a pour origine Dionysos, dieu de la Vigne et du Vin.**
- **Héraïs est inspiré d'Héra, la femme de Zeus.**
- **Hermance est issu d'Hermès, dieu messager de la mythologie grecque.**
- **Joévin vient de Jupiter.**
- **Marsile est issu de Mars, dieu romain de la Guerre.**

- Autre orthographe : *Éloïse.*
- Variantes : *Aloïse*, *Aloyse*, *Loïse.*

HENRIETTE

- **Origine germanique,** signifie « maison de roi ».
- Chiffre 4 – couleur rouge.
- Fête le 13 juillet.
- Sainte Henriette, carmélite à Compiègne, est accusée, avec quatorze autres sœurs, d'être une ennemie de la Révolution, et conduite à l'échafaud.
- Caractère : **courage, autorité, curiosité, indépendance.**
- Anglo-saxon : *Harriet*, *Hettie*, *Hetty*, *Nettie*. Espagnol : *Riquita.*

HÉRAÏS

Dans la mythologie grecque, Héra est la femme de Zeus, protectrice du mariage et des épouses.

- **Origine grecque,** du nom d'Héra.
- Chiffre 6 – couleur verte.
- Fête le 21 juin.
- Sainte Héraïs est martyrisée avec son mari au IIIe s., en Égypte, pour avoir refusé d'abjurer.
- Caractère : **ambition, réalisme, sens de l'organisation, volonté.**

HERMANCE

Dans la mythologie grecque, Hermès est le fils de Zeus et de Maïa, l'une de ses conquêtes. Il est le messager de son père, et le dieu protecteur du commerce… et des voleurs. Il est aussi le dieu qui accompagne les âmes des défunts jusqu'à leur dernière demeure.

- **Origine grecque,** du nom d'Hermès.
- Chiffre 4 – couleur jaune.
- Fête le 8 avril.

- Saint Hermès, patron d'Hermance, est évêque en Italie au Ier s.
- Caractère : **prudence, opiniâtreté, conscience professionnelle, affectivité.**

HERMELINE

Ce prénom est une forme dérivée d'Armelle.

- **Origine celtique,** signifie « princesse » et « ourse ».
- Chiffre 8 – couleur orange.
- Fête le 16 août.
- Saint Armel est son patron ; ermite au pays de Galles au VIe s., il fonde deux monastères en Armorique.
- Caractère : **calme, dynamisme, curiosité, séduction.**

HERMINE

- **Origine latine,** du nom de l'hermine, rat d'AArménie fournissant une fourrure recherchée.
- Chiffre 9 – couleur verte.
- Fête le 9 juillet.
- Sainte Hermine, franciscaine de la fin du XIXe s., est massacrée en Chine par les Boxers, société secrète hostile aux Occidentaux.
- Caractère : **franchise, exigence, sensibilité, rêverie.**
- Variantes : *Hermien*, *Hermienne*, *Herminie*, *Irma*, *Irmine*.
- Espagnol : *Herminia*.

HERMIONE

Ce prénom, dans la mythologie grecque, est porté par la fille de Ménélas et d'Hélène, et la femme d'Oreste.

- **Origine grecque,** signifie « terrestre ».
- Chiffre 6 – couleur rouge.
- Caractère : **affectivité, sens des responsabilités, harmonie, charisme.**

HERVÉA

Elle est une forme féminine d'Hervé.

- **Origine celtique,** signifie « forte » et « ardente ».
- Chiffre 5 – couleur bleue.
- Fête le 17 juin.
- Saint Hervé, fils d'un barde breton du VIe s., aveugle de naissance, passe sa vie dans un ermitage et fonde plusieurs monastères.
- Caractère : **intelligence, réalisme, autorité, franchise.**
- Variante : *Herveline*.

HILARY

Ce prénom est la forme anglo-saxonne féminine d'Hilaire.

- **Origine latine,** signifie « gaie ».
- Chiffre 1 – couleur orange.
- Fête le 3 novembre.
- Saint Hilaire, diacre en Italie au IIIe s., est arrêté et décapité pour avoir refusé d'adorer les dieux païens.

- Caractère : **ambition, lucidité, indépendance, efficacité.**

HILDA

L'étymologie de nombreux prénoms féminins d'origine germanique comporte le mot Hild, qui signifie « combat » : Brunehild, Clothilde, Mathilde… Hilda en est la forme la plus simple.

- **Origine germanique,** signifie « guerrière ».
- Chiffre 7 – couleur orange.
- Fête le 15 juin.
- Sainte Hilda fut abbesse en Angleterre au VIIe s.
- Caractère : **réserve, élégance, vivacité, exigence.**
- Espagnol : *Hildelita.*

HILDEGARDE

Ce prénom, très en vogue au VIIIe s., est porté par la troisième femme de Charlemagne et par plusieurs princesses carolingiennes.

- **Origine germanique,** signifie « qui sait combattre ».
- Chiffre 1 – couleur rouge.
- Fête le 17 septembre.
- Sainte Hildegarde est l'une des femmes les plus cultivées du XIIe s. en Allemagne. Elle est musicienne, moraliste, philosophe et même historienne. Elle échange une brillante correspondance avec papes et empereurs et rédige de très nombreux ouvrages dans des domaines aussi divers que l'astrologie, la médecine, la théologie.
- Caractère : **activité, audace, indépendance, combativité.**
- Espagnol et italien : *Hildegarda.*

Ingonde, Chunsène, Gomatrude, Ultrogothe, Méroflède, et les autres…

Ils étaient bien différents des nôtres, les prénoms féminins du royaume franc aux VIe et VIIe s. L'étymologie, presque toujours germanique, leur donnait une consonance plutôt gutturale. Les reines mérovingiennes qui ont laissé leur prénom à l'histoire nous permettent d'apprécier : Austregilde, Suavegothe, Faileube, Vénérande, Galswinthe, Marcatrude se succèdent dans des royaumes bien souvent en proie à des luttes fratricides. Elles ont en général un caractère bien trempé, comme Brunehaut et Frédégonde, terribles rivales dont les exploits sont passés à la postérité.
Parmi ces souveraines, deux portent des prénoms qui nous sont familiers, car ils ont traversé les siècles jusqu'à nous avec une étonnante fraîcheur : Clotilde, la femme de Clovis, et Gisèle, la femme de Childéric III.

HILTRUDE

- **Origine germanique**, signifie « fidèle au combat ».
- Chiffre 7 – couleur verte.
- Caractère : **réflexion, discrétion, étude, conscience professionnelle.**
- Germanique : *Hiltruda, Trudi.*

HOLLY

- **Origine anglaise,** signifie « houx ».
- Chiffre 9 – couleur jaune.
- Fête le 5 octobre.
- Sainte Fleur est religieuse dans le Quercy au XIVe s.
- Caractère : **altruisme, rêverie, charisme, persévérance.**

HONORINE

Ce prénom est le féminin d'Honoré.

- **Origine latine,** signifie « honneur ».
- Chiffre 8 – couleur orange.
- Fête le 27 février.
- Sainte Honorine, jeune chrétienne à Paris au IVe s., est arrêtée et martyrisée par les hommes de l'empereur Dioclétien.
- Caractère : **générosité, dynamisme, passion, ambition.**

HORTENSE

Dans l'Antiquité, ce prénom était masculin. Au XIXe s. il est devenu exclusivement féminin.

- **Origine latine,** de Hortensius, patronyme d'une illustre famille romaine.
- Chiffre 5 – couleur bleue.
- Fête le 11 janvier.
- Saint Hortens est évêque de Césarée au IIIe s.
- Caractère : **courage, passion, discrétion, enthousiasme.**

HUGUETTE

Cette forme féminine de Hugues connaît ses heures de gloire au début du XXe s., comme Ginette ou Yvette.

- **Origine germanique,** signifie « intelligence ».
- Chiffre 8 – couleur violette.
- Fête le 1er avril.
- Saint Hugues, abbé de Cluny au Ier s., se consacre entièrement à la prospérité et à la renommée de son ordre ; il meurt à quatre-vingts ans après cinquante-deux ans de sacerdoce.
- Caractère : **volonté, ambition, travail, opportunisme.**

I

IDA

- **Origine germanique,** signifie « travailleuse ».
- Chiffre 5 – couleur bleue.
- Fête le 13 avril.
- Sainte Ida, noble dame de la cour de Charlemagne au IXe s., entre dans les ordres et se consacre aux pauvres à la mort de son mari.
- Caractère : **curiosité, audace, énergie, indépendance.**

ILANA

Le succès d'Ilan chez les garçons a entraîné la popularité de son féminin.

- **Origine hébraïque,** signifie « arbre ».
- Chiffre 1 – couleur verte.
- Caractère : **détermination, autorité, travail, passion.**

ILIANA

Ce prénom est une forme dérivée de Liliane et d'Isabelle, elle-même dérivée d'Élisabeth.

- **Origine hébraïque,** signifie « Dieu est plénitude ».
- Chiffre 1 – couleur orange.
- Fête le 17 novembre.
- Sainte Élisabeth est, dans la Bible, l'épouse de Zacharie et la cousine de Marie. Pendant des années, elle a déploré sa stérilité et prié Dieu de la rendre mère. Elle est âgée lorsque la naissance prochaine d'un fils lui est annoncée, mais elle ne doute pas ; Jean le Baptiste naît quelques mois plus tard.
- Caractère : **ambition, puissance de travail, ténacité, courage.**

ILONA

Forme hongroise d'Hélène, Ilona fut très en vogue dans les années 1990.

- **Origine grecque,** signifie « éclat du soleil ».
- Chiffre 6 – couleur jaune.
- Fête le 18 août.
- Sainte Hélène, fille d'aubergiste à Rome au IIIe s., est séduite par Constance Chlore, empereur romain d'Occident, dont elle a un fils, Constantin. Répudiée, elle quitte la cour, mais son fils la rappelle lorsqu'il accède au trône en 306. Hélène se convertit à soixante ans. Très influente, elle défend la cause des chrétiens, multiplie les dons et favorise la construction de monastères en Palestine.
- Caractère : **élégance, sensibilité, discrétion, sens artistique.**
- Variantes : *Ilana, Ilka, Ilonka, Ilu, Iluska, Inka.*

ILSE

Ce prénom est une forme dérivée d'Élisabeth.

- **Origine hébraïque,** signifie « Dieu est plénitude ».
- Chiffre 9 – couleur bleue.
- Fête le 17 novembre.
- Sainte Élisabeth est sa patronne.
- Caractère : **discrétion, rigueur, application, sens du devoir.**
- Variantes : *Ilsabe, Ilsebey.*

INDIA

Ce prénom géographique est souvent rencontré dans les pays anglo-saxons.

- **Origine anglaise,** du nom de l'Inde.
- Chiffre 9 – couleur orange.
- Caractère : **sens de la justice, écoute, réserve, travail.**

INDIANA

Ce prénom est une forme anglo-saxonne de Diane assez fréquente aux États-Unis.

- **Origine latine,** du nom de la déesse de la Chasse et de la Nature.
- Chiffre 7 – couleur verte.
- Fête le 9 mai.
- Sainte Diane est sa patronne.
- Caractère : **sociabilité, vivacité, curiosité, adaptabilité.**

INÈS

Ce prénom est la forme hispanique d'Agnès, très en vogue depuis les années 1990.

- **Origine grecque,** signifie « chaste ».
- Chiffre 2 – couleur rouge.
- Fête le 10 septembre.
- Sainte Inès Takeya, jeune veuve chrétienne qui vit Japon au XVIIe s., est décapitée pour avoir reçu des missionnaires.
- Caractère : **calme, affectivité, rêverie, discrétion.**

INGRID

Ce prénom est l'un des plus emblématiques des pays nordiques.

- **Origine scandinave,** signifie « chevalier du dieu Ing ».
- Chiffre 7 – couleur verte.
- Fête le 2 septembre.
- Sainte Ingrid, petite-fille du roi Knut de Suède, au XIIIe s., fonde un monastère et en devient la première abbesse.
- Caractère : **réserve, sens de l'organisation, logique, sensibilité.**
- Variante : *Inga.*

IPHIGÉNIE

Dans la mythologie grecque, elle est la fille d'Agamemnon, qui veut la sacrifier à la déesse Artémis afin que les vents soient favorables à sa flotte pendant la guerre de Troie.

- **Origine grecque,** signifie « sacrifice ».
- Chiffre 1 – couleur rouge.
- Fête le 21 septembre.
- Sainte Iphigénie, née à Bari, en Italie, au Ve s., fonde une abbaye.
- Caractère : **autorité, ambition, indépendance, travail.**
- Anglo-saxon : *Iphigenia.*

IRÈNE

- **Origine grecque,** signifie « paix ».
- Chiffre 6 – couleur jaune.
- Fête le 5 avril.
- Sainte Irène, née de parents païens en Macédoine, au IIIe s., se fait baptiser avec ses sœurs et subit le martyre avec elles.
- Caractère : **émotivité, sensibilité, diplomatie, perfectionnisme.**
- Anglo-saxon : *Earine, Irine.* Breton : *Arine.* Slave : *Irina, Raïssa.*

IRIS

Dans la mythologie grecque, Iris est la messagère ailée des dieux de l'Olympe qui porte l'arc-en-ciel en écharpe.

- **Origine grecque,** d'Iris, nymphe de la mythologie.
- Chiffre 1 – couleur verte.
- Fête le 4 septembre.
- Sainte Iris, fille de Philippe, diacre en Asie Mineure au IIe s., meurt en martyre peu après son père.
- Caractère : **autorité, exigence, indépendance, générosité.**

IRMA

Ce prénom est une forme dérivée d'Hermine.

- **Origine latine,** du nom de l'hermine, rat d'Arménie fournissant une fourrure recherchée.
- Chiffre 5 – couleur bleue.
- Fête le 9 juillet.
- Sainte Hermine, franciscaine de la fin du XIXe s., est massacrée en Chine par les Boxers, société secrète hostile aux Occidentaux.
- Caractère : **curiosité, vivacité, indépendance, goût de l'aventure.**
- Variantes : *Irmeline, Irmine.*

ISABEAU

Ce prénom est la forme médiévale d'Isabelle, dérivée d'Élisabeth. Il est illustré par la reine Isabeau de Bavière, épouse de Charles VI, au XVe s.

- **Origine hébraïque,** signifie « Dieu est plénitude ».
- Chiffre 4 – couleur orange.
- Fête le 22 février.

- Sainte Isabelle, sœur de Saint Louis, refuse de se marier et fonde un monastère de clarisses à Longchamp, près de Paris.
- Caractère : **charme, discrétion, rigueur, volonté.**
- Variante : *Isambour*.

ISABELLE

Ce prénom noble, élégant et indémodable, est un dérivé d'Élisabeth.

- **Origine hébraïque,** signifie « Dieu est plénitude ».
- Chiffre 3 – couleur jaune.
- Fête le 22 février.
- Sainte Isabelle, sœur de Saint Louis, refuse d'épouser Conrad, le fils de l'empereur Frédéric II et fonde un monastère de clarisses à Longchamp, près de Paris ; elle s'y retire et y meurt en 1270.
- Caractère : **générosité, sensibilité, idéalisme, imagination.**
- Breton : *Aesa*. Espagnol : *Isabel*. Italien : *Isabella, Isotta, Isolda*. Provençal : *Eisabeu*.

ISADORA

Elle est la forme féminine d'Isidore.

- **Origine grecque,** signifie « don d'Isis ».
- Chiffre 4 – couleur verte.
- Fête le 4 avril.
- Saint Isidore de Séville, né au VIIe s., élevé par son frère saint Léandre, est ce qu'on appellerait aujourd'hui un loubard. Il fugue, se révolte, puis, sévèrement puni par sa famille, il s'amende, retourne en classe et devient l'un des plus grands savants de son siècle : théologien, historien, philosophe, géographe… Il rédige un *Traité des étymologies* qui sera pendant tout le Moyen Âge un ouvrage de référence. Évêque de Séville pendant quarante ans, il combat les hérésies, réforme la liturgie, fonde collèges et monastères. Il est docteur de l'Église.
- Caractère : **franchise, autorité, courage, détermination.**

ISALIS

Ce prénom est une forme composée d'Isabelle et d'Alice.

- **Origine hébraïque,** signifie « Dieu est plénitude ».
- Chiffre 6 – couleur jaune.
- Fête le 22 février.
- Sainte Isabelle, sœur de Saint Louis, refuse d'épouser Conrad, fils de l'empereur d'Allemagne Frédéric II, et fonde un monastère de clarisses à Longchamp, près de Paris.
- Caractère : **féminité, sensibilité, générosité, idéalisme.**

ISAURE

- **Origine grecque,** d'Isaura, ville d'une ancienne province d'Asie Mineure.
- Chiffre 1 – couleur bleue.
- Fête le 19 juillet.
- Sainte Aura, patronne d'Isaure, moniale à Cordoue au IXe s., est arrêtée et condamnée au supplice avec d'autres religieuses de sa congrégation.
- Caractère : **autorité, exigence, volonté, perfectionnisme.**

ISLA

Ce prénom est un favori en Écosse.

- **Origine écossaise,** référence au nom d'une rivière.
- Chiffre 5 – couleur jaune.
- Caractère : **indépendance, curiosité, esprit d'entreprise, épicurisme.**

ISOLDE

Ce prénom est une des formes médiévales d'Isabelle.

- **Origine hébraïque,** signifie « Dieu est plénitude ».
- Chiffre 1 – couleur jaune.
- Fête le 22 février.
- Sainte Isabelle, sœur de Saint Louis, refuse d'épouser Conrad, fils de l'empereur d'Allemagne Frédéric II, et fonde un monastère de clarisses près de Paris.
- Caractère : **affectivité, activité, ambition, passion.**
- Variantes : *Iselda, Isilde, Isotta.*

ISOLINE

Ce prénom est une forme composée d'Isabelle et de Line.

- **Origine hébraïque,** signifie « Dieu est plénitude ».
- Chiffre 2 – couleur jaune.
- Fête le 22 février.
- Sainte Isabelle, sœur de Saint Louis, fonde un monastère de clarisses près de Paris où elle passe sa vie.
- Caractère : **émotivité, charisme, passion, idéalisme.**

IVANA

Ce prénom est la forme slave de Jeanne.

- **Origine hébraïque,** signifie « Dieu a fait grâce ».
- Chiffre 2 – couleur rouge.
- Fête le 24 juin.
- Les saint Jean sont nombreux : saint Jean, disciple du Christ et auteur présumé du quatrième Évangile ; saint Jean Chrysostome, évêque de Constantinople au IVe s. et docteur de l'Église ; saint Jean Bosco au XIXe s., prêtre fondateur d'établissements d'enseignement professionnel.
- Caractère : **intuition, altruisme, sensibilité, créativité.**

IZOENN

Ce prénom est l'une des nombreuses formes féminines dérivées d'Yves.

- Origine celtique, signifie « if ».
- Chiffre 2 – couleur verte.
- Fête le 19 mai.
- Saint Yves, prêtre et avocat du XIIIe s., est l'un des saints protecteurs de la Bretagne.
- Caractère : **diplomatie, charisme, adaptabilité, sociabilité.**
- Variante : *Izoène.*

J

JACINTHE

Ce prénom s'orthographie également Hyacinthe, et sous cette forme il est mixte.

- **Origine arabe,** signifie « jacinthe ».
- Chiffre 7 – couleur rouge.
- Fête le 5 octobre.
- Sainte Fleur, religieuse dans le Quercy au XIVe s., est sa patronne.
- Caractère : **spiritualité, réflexion, générosité, réserve.**
- Arabe : *Yacout, Yacouta.*

Les pierres précieuses

Elles sont à l'origine de beaux prénoms féminins : Béryl, Jade et Esméralda, Ruby sont les plus modernes. Pierrette et Perrine ont eu leur vogue. À quand Topaze ou Saphir ?

JACQUELINE

Cette forme féminine de Jacques fut fréquente au début du XXe s.

- **Origine hébraïque,** signifie « Dieu a soutenu ».
- Chiffre 7 – couleur bleue.
- Fête le 8 février.
- Sainte Jacqueline Frangipani, noble veuve italienne fortunée du XIIIe s., confidente de saint François d'Assise, vend ses biens pour aider l'ordre franciscain à s'établir.
- Caractère : **activité, dynamisme, travail, sociabilité.**
- Diminutifs : *Jackie, Jacotte, Jacquette.*
- Anglo-saxon : *Jackaleen.* Breton : *Jakeza.*

JADE

Ce prénom est en vogue depuis les années 1980.

- **Origine française,** du nom de la pierre précieuse de couleur verte.
- Chiffre 2 – couleur verte.
- Fête le 29 juin.

- Saint Pierre, apôtre du Christ, est le patron de Jade.
- Caractère : **passion, volonté, travail, perfectionnisme.**

JAMIE

Cette forme diminutive écossaise de James, forme anglaise de Jacques, très en vogue aussi bien pour les garçons que pour les filles outre-Atlantique, apparaît en France depuis 2000.

- **Origine hébraïque,** signifie « Dieu a soutenu ».
- Chiffre 2 – couleur verte.
- Fête le 23 juillet.
- Saint Jacques est son patron.
- Caractère : **curiosité, opportunisme, sociabilité, besoin de protection.**
- Variante : *Jaimie*

JANINE

Ce prénom est une forme de Jeanne qui est courante au début du XXe s.

- **Origine hébraïque,** signifie « Dieu est miséricordieux ».
- Chiffre 8 – couleur verte.
- Fête le 30 mai.
- Sainte Jeanne d'Arc est sa patronne.
- Caractère : **énergie, volonté, réalisme, sociabilité.**
- Autres orthographes : *Jeanine, Jeannine.*
- Variantes : *Janice, Janik, Janique.*

JASMINE

- **Origine persane,** du nom du jasmin.
- Chiffre 8 – couleur blanche.
- Fête le 5 octobre.
- Sainte Fleur, religieuse dans le Quercy au XIVe s., est sa patronne.
- Caractère : **courage, ambition, activité, perfectionnisme.**
- Arabe : *Yasmina.*

JAYDEN

Ce prénom mixte est en vogue aux États-Unis.

- **Origine hébraïque,** signifie « Dieu sauve ».
- Chiffre 5 – couleur bleue.
- Caractère : **calme, réflexion, sérieux, affectivité.**
- Autre orthographe : *Jaden.*

JEAN

Sous cette apparence de prénom masculin se cache un prénom féminin courant aux États-Unis, forme écossaise de Jeanne, qui doit être prononcé « D'jinn ».

- **Origine hébraïque,** signifie « Dieu est miséricordieux ».
- Chiffre 3 – couleur jaune.
- Fête le 30 mai.
- Sainte Jeanne d'Arc est sa patronne. Bergère en Lorraine au XVe s., elle est investie de

la mission divine de chasser les Anglais de France et de rétablir le roi sur le trône. Elle parvient à prendre la tête d'une armée et à faire couronner le roi. Faite prisonnière à Rouen, elle meurt sur le bûcher pour hérésie.
- Caractère: **communication, créativité, harmonie, charisme.**

JEANNE

Après les faveurs du Moyen Âge, Jeanne a connu son apogée à la fin du XIXe s. Ce prénom réapparaît depuis les années 1990.

- **Origine hébraïque,** signifie « Dieu est miséricordieux ».
- Chiffre 4 – couleur jaune.
- Fête le 30 mai.
- Sainte Jeanne d'Arc, bergère à Domrémy au début du XVe s., a treize ans lorsqu'elle entend « des voix » qui lui demandent de chasser les Anglais de France et de rétablir le roi Charles VII sur le trône. Plusieurs années plus tard, la petite bergère combat l'envahisseur à la tête d'une armée, et fait couronner le roi. Faite prisonnière à Rouen, Jeanne est condamnée pour hérésie et meurt sur le bûcher.
- Caractère: **émotivité, affectivité, travail, opiniâtreté.**
- Variantes: *Evane*, *Ivane*, *Janie*, *Janine*.
- Anglo-saxon: *Jane*, *Janet*, *Jenna*, *Jenny*. Breton: *Janik*. Espagnol: *Juana*, *Juanita*. Forme hébraïque: *Johanna*. Forme médiévale: *Jehanne*. Italien: *Gianna*, *Giovanna*. Provençal: *Jano*. Russe: *Vanina*, *Vassina*.

JENNA

Ce prénom est une des formes anglo-américaines de Jeanne.

- **Origine hébraïque,** signifie

Les Jeanne

Tout comme Jehan devient Jean, Jehanne s'est transformé en Jeanne. Le Moyen Âge leur fait honneur et leur succès ne se dément pas au cours des siècles suivants. Le XXe s. donne à Jeanne des formes dérivées variées: c'est Jeannine, écrite aussi Janine dès les années 1920. Puis Johanna dans les années 1960, qui dut probablement sa vogue à sa consonance anglo-saxonne. Jeanne revient aujourd'hui à l'état civil dans sa simplicité, à la suite de Marie, et accompagnée de Louise.
Dans les pays anglo-saxons, Jane, Janet et Jean sont toujours d'actualité.

« Dieu a fait grâce ».
- Chiffre 8 – couleur verte.
- Fête le 30 mai.
- Sainte Jeanne est sa patronne.
- Caractère : **réflexion, sens pratique, rigueur, équilibre.**

JENNIFER

Elle est une forme dérivée de Guinevere, forme anglo-saxonne de Gueniève.

- **Origine celtique,** signifie « blanche » et « douce ».
- Chiffre 7 – couleur blanche.
- Fête le 18 octobre.
- Sainte Gwenn, épouse de saint Fragan en Bretagne au Ve s., modèle de piété et de bonté, est sa patronne.
- Caractère : **rêverie, étude, réflexion, douceur.**
- Autre orthographe : *Jennyfer.*

JÉROMINE

Ce prénom est la forme féminine, peu courante, de Jérôme.

- **Origine grecque,** signifie « nom sacré ».
- Chiffre 8 – couleur verte.
- Fête le 30 septembre.
- Saint Jérôme, secrétaire du pape Damase au Ve s., se retire dans le désert pour traduire la Bible ; il y consacre vingt-deux années de sa vie et est nommé docteur de l'Église.
- Caractère : **vivacité, travail, ambition, exigence.**

JESSICA

Forme féminine de Jessé, prénom biblique, répandue aux États-Unis.

- **Origine hébraïque,** signifie « Dieu est ».
- Chiffre 3 – couleur bleue.
- Fête le 29 décembre.
- Jessé est le père du roi David.
- Caractère : **charme, éloquence, sens de l'observation, intuition.**
- Variantes : *Jessie, Jessy, Seasaid.*

JESSIE

Ce prénom est la forme américaine de Jessé, prénom biblique. Il apparaît discrètement à l'état civil, aussi bien pour les filles, comme diminutif de Jessica, forme féminine de Jessé, que pour les garçons.

- **Origine hébraïque,** signifie « Dieu existe ».
- Chiffre 4 – couleur rouge.
- Fête le 4 novembre. Saint Jessé, évêque en Géorgie au VIe s. est assassiné par les Perses lorsqu'ils envahissent le pays.
- Jessé est, dans la Bible, le père du roi David.
- Caractère : **méthode, ordre,**

persévérance, travail.
- Variante : *Jessy.*

JOCELYNE

- **Origine germanique,** de Gauz, nom d'une divinité.
- Chiffre 8 – couleur violette.
- Fête le 13 décembre.
- Saint Josse, frère de Judicaël, roi breton du VIIe s., préfère la solitude aux fastes de la cour et se retire dans un ermitage pour prier et méditer.
- Caractère : **charme, énergie, opportunisme, ambition.**

JOËLLE

Ce féminin de Joël a connu la faveur des parents dans les années 1950.

- **Origine hébraïque,** signifie « Yahvé est Dieu ».
- Chiffre 5 – couleur bleue.
- Fête le 13 juillet.
- Joël est prophète en Israël au VIe s. av. J.-C. et auteur du livre qui porte son nom.
- Caractère : **opportunisme, adaptabilité, mystère, réserve.**
- Variantes : *Yoëlle, Yaëlle.*

JOÉVA

Elle est la forme féminine de Joévin.

- **Origine latine,** de « Jovis », nom donné à Jupiter.
- Chiffre 8 – couleur orange.
- Fête le 2 mars.
- Saint Joévin, moine en Bretagne à la fin du VIe s., évangélise la région et devient évêque de Léon.
- Caractère : **individualisme, ambition, persévérance, sens des affaires.**

JOHANNA

Elle est une forme anglicisée de Jeanne.

- **Origine hébraïque,** signifie « Dieu est miséricordieux ».
- Chiffre 9 – couleur jaune.
- Fête le 30 mai.
- Sainte Jeanne d'Arc, bergère à Domrémy au début du XVe s., a treize ans lorsqu'elle entend « des voix » qui lui demandent de chasser les Anglais de France et de rétablir le roi Charles VII sur le trône. Plusieurs années plus tard, la petite bergère combat l'envahisseur à la tête d'une armée, et fait couronner le roi. Faite prisonnière, Jeanne est condamnée pour hérésie et meurt sur le bûcher à Rouen.
- Caractère : **sens de la justice, harmonie, charisme, rigueur.**
- Autre orthographe : *Joanna.*
- Variante : *Joanie.*
- Slave : *Jana, Janika, Januska.*

JONELLE

Elle est une forme dérivée de Joëlle.

- **Origine hébraïque,** signifie « Yavhé est Dieu ».
- Chiffre 1 – couleur bleue.
- Fête le 13 juillet.
- Joël est prophète en Israël au VIe s. av. J.-C. et auteur du livre qui porte son nom.
- Caractère : **intuition, sensibilité, émotivité, réserve.**
- Variantes : *Jodelle, Jonella.*

JOSÉE

Ce prénom, qui est l'une des formes féminines de Joseph, est le plus souvent associé à Marie.

- **Origine hébraïque,** signifie « Dieu ajoute ».
- Chiffre 9 – couleur rouge.
- Fête le 9 juin.
- Saint Joseph, père nourricier de Jésus, est son protecteur.
- Caractère : **sensibilité, idéalisme, rêverie, créativité.**
- Espagnol : *Josefa, Peppa.* Italien : *Giuseppa, Giuseppina.*

JOSÉPHINE

Cette forme féminine de Joseph est très prisée au XIXe s. Elle est en vogue depuis les années 1990.

- **Origine hébraïque,** signifie « Dieu ajoute ».
- Chiffre 2 – couleur rouge.
- Fête le 8 février.
- Sainte Joséphina, esclave soudanaise du XIXe s., se convertit et, une fois affranchie, entre au couvent pour y terminer sa vie.
- Caractère : **indépendance, sens des responsabilités, travail, volonté.**
- Espagnol : *Josefa, Josefina.* Italien : *Giuseppina.*

JOSETTE

Lorsque Joséphine se démode, Josette et Josiane prennent la relève dans les années 1940. Elles sont aujourd'hui oubliées.

- **Origine hébraïque,** signifie « Dieu ajoute ».
- Chiffre 4 – couleur rouge.
- Fête le 19 mai.
- Saint Joseph, le charpentier, est l'époux de la Vierge Marie et le père nourricier de Jésus.
- Caractère : **sérieux, rigueur, détermination, exigence.**

JOSIANE

- **Origine hébraïque,** signifie « Dieu ajoute ».
- Chiffre 1 – couleur rouge.
- Fête le 19 mai.
- Saint Joseph, époux de Marie et père nourricier de Jésus, est son patron.
- Caractère : **vivacité, curiosité, charisme, adaptabilité.**

JOY

Ce prénom anglais peut être rapproché, par son sens, de Laetitia, italienne et française, et d'Allegria, espagnole. Il est assez courant aux États-Unis.

- **Origine anglaise,** signifie « joie ».
- Chiffre 5 – couleur jaune.
- Caractère : **adaptabilité, indépendance, goût de l'aventure, humour.**

JUDITH

Dans la Bible, Judith, pour sauver la ville de Béthulie, séduit le général ennemi, l'enivre, et le décapite pendant son sommeil.

- **Origine hébraïque,** signifie « juive ».
- Chiffre 9 – couleur bleue.
- Fête le 5 mai.
- Sainte Judith, veuve très jeune, en Thuringe, au IXe s., vend ses biens et quitte son pays pour la Prusse, où elle se met au service des indigents.
- Caractère : **diplomatie, communication, sensibilité, dévouement.**
- Anglo-saxon : *Jodie, Judy.* Espagnol : *Judit, Judita.* Germanique : *Jetta, Juditha, Jutta.* Italien : *Giuditta.* Scandinave : *Jutta.*

JULIE

Très en vogue au XIXe s., Julie connaît un regain de succès dans les années 1980.

- **Origine latine,** signifie « de la famille Iulius ».
- Chiffre 3 – couleur rouge.
- Fête le 8 avril.
- Sainte Julie Billiart, jeune Picarde du XIXe s. paralysée des jambes, fonde à Amiens l'Institut des sœurs de Notre-Dame pour l'éducation chrétienne des enfants pauvres.
- Caractère : **réalisme, sociabilité, communication, charme.**
- Anglo-saxon : *Gill, Gillian, Jill.* Espagnol : *Julia.* Hongrois : *Juliska, Julka.* Italien : *Giulia, Giuliana.* Néerlandais : *Juliana.*

JULIETTE

Elle a pris la suite de Julie au hit-parade de l'état civil.

- **Origine latine,** signifie « de la famille Iulius ».
- Chiffre 3 – couleur rouge.
- Fête le 30 juillet.
- Sainte Juliette, appelée aussi Jullitte, chrétienne en Cappadoce au IVe s., est dénoncée par l'homme d'affaires véreux à qui elle a confié ses biens ; elle meurt sur le bûcher.
- Caractère : **charme, persévérance, esprit pratique, sensibilité.**

- Anglo-saxon : *Juliet*. Espagnol : *Julieta, Julita*. Italien : *Giulietta*.

JUNE

Ce prénom est courant outre-Manche.

- **Origine anglaise,** signifie « juin ».
- Chiffre 5 – couleur rouge.
- Caractère : **adaptabilité, goût de l'aventure, indépendance, charisme.**
- Espagnol : *Juny*. Germanique : *Junia*.

JUSTINE

Ce prénom connaît un bref succès dans les années 1990.

- **Origine latine,** signifie « juste ».
- Chiffre 8 – couleur verte.
- Fête le 12 mars.
- Sainte Justine, jeune païenne d'Antioche au IIIe s., persuade ses parents et son fiancé Cyprien de se faire baptiser. Cyprien et Justine font vœu de chasteté ; il devient évêque, et elle, abbesse d'un monastère. Mais, victimes des persécutions de l'empereur Dèce, ils sont tous deux décapités.
- Caractère : **passion, courage, détermination, franchise.**
- Italien : *Giustina*.

K

KALIE

Ce prénom est la forme anglaise d'un prénom irlandais, Calleigh.

- **Origine celtique,** signifie « mince ».
- Chiffre 2 – couleur jaune.
- Caractère : **sociabilité, affectivité, générosité, efficacité.**
- Variante : *Calleigh*.

KAREN

Ce prénom est une forme scandinave de Carine.

- **Origine grecque,** signifie « pure ».
- Chiffre 4 – couleur rouge.
- Fête le 7 novembre.
- Sainte Carine est une jeune mère de famille chrétienne, en Asie Mineure, au IVe s. Elle est arrêtée, jugée et martyrisée avec son mari et son fils.
- Caractère : **sensibilité, réserve, volonté, travail.**

KELLY

Ce prénom en vogue aux États-Unis est une variante de Ceallagh.

- **Origine celtique,** signifie « église ».
- Chiffre 2 – couleur bleue.
- Fête le 1er mai.
- Saint Ceallagh est évêque en Irlande au VIe s.
- Caractère : **énergie, créativité, franchise, ambition.**

KENZA

- **Origine arabe,** signifie « trésor ».
- Chiffre 3 – couleur bleue.
- Caractère : **sociabilité, harmonie, communication, sens artistique.**

KERIN

Ce dérivé anglo-saxon de Catherine est répandu aux États-Unis.

- **Origine grecque,** signifie « pure ».
- Chiffre 3 – couleur rouge.
- Fête le 7 novembre.
- Sainte Carine, jeune mère de famille chrétienne, en Asie Mineure, au IVe s., est arrêtée, jugée et martyrisée avec son mari et son fils.
- Caractère : **communication, sens artistique, harmonie, charisme.**

KERRY

Ce prénom fait partie des prénoms géographiques très en vogue dans les pays anglo-saxons.

- **Origine irlandaise,** du nom d'une région de l'Irlande.
- Chiffre 5 – couleur verte.
- Caractère : **curiosité, adaptabilité, goût de l'aventure, indépendance.**

KHADIJA

Ce prénom est celui de la première épouse de Mahomet.

- **Origine arabe,** signifie « précoce ».
- Chiffre 8 – couleur jaune.
- Caractère : **sens pratique, équilibre, sens de la justice, rigueur.**

KIM

Ce prénom mixte est apprécié aux États-Unis depuis plusieurs décennies.

- **Origine anglaise,** signifie « celle qui commande ».
- Chiffre 6 – couleur orange.
- Caractère : **affectivité, communication, perfectionnisme, charme.**

KIMBERLEY

Ce prénom est en vogue dans les pays anglo-saxons depuis les années 1960.

- **Origine anglaise,** signifie « prairie royale ».
- Chiffre 1 – couleur verte.
- Caractère : **volonté, ambition, communication, activité.**

KINNIE

Ce prénom est la forme féminine de Ken.

- **Origine celtique,** signifie « belle ».
- Chiffre 8 – couleur orange.
- Fête le 1er février.
- Sainte Kinnie, jeune Irlandaise noble du Ve s., consacre sa vie à la prière dans un monastère.
- Caractère : **réalisme, ambition, opiniâtreté, rigueur.**

KIRA

Forme féminine de Cyril.

- **Origine grecque,** signifie « maître ».
- Chiffre 3 – couleur rouge.
- Fête le 12 février.
- Saint Cyril, compagnon d'études du prince Michel à Constantinople au IXe s., ordonné diacre, enseigne la philosophie avant de rejoindre son frère Méthode, moine sur le mont Olympe. Devenu empereur, Michel l'envoie en mission avec son frère en Moravie, et lui demande de transcrire en slavon les Saintes Écritures. Cyril crée l'alphabet « cyrillique », inspiré des caractères grecs, encore en usage aujourd'hui dans les pays slaves.
- Caractère : **sociabilité, harmonie, communication, créativité.**
- Autre orthographe : *Kyra.*

KITTY

Ce diminutif anglo-saxon de Catherine est devenu un prénom à part entière.

- **Origine grecque,** signifie « pure ».
- Chiffre 4 – couleur rouge.
- Fête le 25 novembre.
- Sainte Catherine de Sienne prend l'habit chez les dominicaines dès son jeune âge. Elle se dévoue aux malades, aux deshérités, multiplie les conversions, arbitre les conflits et conseille les papes. Elle est proclamée docteur de l'Église.
- Caractère : **charme, sensibilité, prudence, altruisme.**

L

LABÉRIANE

Ce prénom est, avec Lacmé, l'une des formes féminines de Lambert.

- **Origine germanique,** signifie « terre illustre ».
- Chiffre 4 – couleur verte.
- Fête le 17 septembre.
- Saint Lambert, évêque de Maastricht au VIIe s., sermonne le maire du palais, Pépin de Herstal, pour son inconduite : celui-ci le fait assassiner.
- Caractère : **rigueur, travail, ténacité, stabilité.**

LACMÉ

Ce joli prénom est une forme féminine de Lambert.

- **Origine germanique,** signifie « terre illustre ».
- Chiffre 7 – couleur verte.
- Fête le 17 septembre.
- Saint Lambert, évêque de Maastricht au VIIe s., est assassiné par le maire du palais, Pépin de Herstal, à qui il reproche son inconduite.
- Caractère : **séduction, créativité, communication, originalité.**
- Autre orthographe : *Lakmé.*

LAETITIA

Ce prénom est en vogue depuis les années 1970.

- **Origine latine,** signifie « allégresse ».
- Chiffre 5 – couleur bleue.
- Fête le 18 août.
- Notre-Dame de Liesse est la patronne de Laetitia.
- Caractère : **sagesse, réflexion, discrétion, douceur.**
- Anglo-saxon : *Letitia, Lettice, Leda.* Espagnol : *Leticia.* Italien : *Letizia.*

LALIE

Ce prénom est un diminutif d'Eulalie.

- **Origine grecque,** signifie « bonne parole »
- Chiffre 3 – couleur bleue.
- Fête le 12 février.
- Sainte Eulalie est une jeune martyre de 12 ans, en Espagne, au VIe s.
- Caractère : sensibilité, réserve, intuition, réflexion.
- Variante : Lalia

LAMIA

Ce prénom est l'un des plus populaires dans les familles musulmanes.

- **Origine arabe,** signifie « l'accordée ».
- Chiffre 9 – couleur rouge.
- Caractère : **générosité, charisme, rêverie, sociabilité.**

LANA

Cette forme d'Hélène n'est pas très récente, mais elle a toujours été discrète. Depuis 2005, son ascension est très remarquée.

- **Origine grecque,** signifie « éclat du soleil ».
- Chiffre 1 – couleur jaune.
- Fête le 18 août.
- Sainte Hélène est sa patronne.
- Caractère : **émotivité, activité, volonté, passion.**

LARA

Dans la mythologie romaine, Lara est une nymphe, fille du fleuve Tibre, et mère des dieux lares, protecteurs du foyer.

- **Origine grecque,** signifie « mouette ».
- Chiffre 5 – couleur jaune.
- Fête le 10 novembre.
- Sainte Nymphe est une jeune vierge martyrisée en Turquie au IIe s.
- Caractère : **sociabilité, affectivité, séduction, fantaisie.**

LARISSA

- **Origine grecque,** signifie « mouette ».
- Chiffre 7 – couleur verte.
- Fête le 18 septembre.
- Sainte Larissa, jeune chrétienne grecque du IVe s., est brûlée vive dans une église avec plusieurs compagnons pour avoir refusé de renier sa foi.
- Caractère : **réflexion, étude, spiritualité, réserve.**

LATOYA

Ce prénom est l'un des plus célèbres aux États-Unis, selon la coutume récente qui consiste à composer des prénoms avec le préfixe La et un prénom existant : Ladonna, Lakeisha, Latania…

- Chiffre 7 – couleur jaune.
- Caractère : **réflexion, spiritualité, étude, travail.**

LAUDINE

Ce prénom médiéval a presque disparu.

- **Origine latine,** signifie « celle qui loue ».
- Chiffre 3 – couleur orange.
- Fête le 22 septembre.

- Saint Laud (ou Lô), évêque au VIe s. en Normandie, demeure pendant quarante ans dans son évêché.
- Caractère : **réserve, détermination, diplomatie, douceur.**
- Variante : *Laudie.*

LAURE

Ce prénom est l'une des formes féminines de Laurent. Sa forme italienne Laura a un grand succès dans les années 1980.

- **Origine latine,** signifie « laurier ».
- Chiffre 3 – couleur verte.
- Fête le 19 octobre.
- Sainte Laure, jeune chrétienne andalouse du IXe s., est condamnée au martyre par l'émir.
- Caractère : **charme, séduction, sensibilité, éloquence.**
- Variantes : *Laurelle, Laurène, Laurie, Laurine.*
- Anglo-saxon : *Laureen, Lauren, Laurie.* Espagnol : *Laura, Lorena.* Italien : *Laura, Lora, Loredana, Lorella, Loretta.*

LAURENCE

Ce prénom fait partie des grands classiques intemporels.

- **Origine latine,** signifie « laurier ».
- Chiffre 7 – couleur verte.
- Fête le 10 août.
- Saint Laurent, diacre à Rome au IIIe s., provoque l'empereur Valérien en lui présentant comme richesse de l'Église une troupe de mendiants ; il est condamné au supplice.
- Caractère : **sociabilité, réflexion, ambition, exigence.**
- Espagnol : *Lorentina.* Italien : *Lorenza.*

LAURENTINE

Cette forme féminine de Laurent était en vogue au XIXe s.

- **Origine latine,** signifie « laurier ».
- Chiffre 2 – couleur orange.
- Fête le 10 août.
- Saint Laurent, diacre à Rome au IIIe s., subit le supplice pour avoir provoqué la colère de l'empereur Valérien.
- Caractère : **franchise, autorité, volonté, travail.**

LAVENA

- **Origine celtique,** signifie « gaie ».
- Chiffre 1 – couleur rouge.
- Fête le 3 novembre.
- Sainte Lavena est la mère de saint Gwenaël, à Quimper, au VIe s.
- Caractère : **dynamisme, énergie,**

optimisme, sens pratique.
- Variante : *Levenez.*

LAVINIA

Ce prénom était très courant dans la Rome antique.

- **Origine latine,** signifie « originaire du Lavinium ».
- Chiffre 5 – couleur jaune.
- Caractère : **sensibilité, charme, indépendance, goût de l'aventure.**

LÉA

Ce prénom est l'un des favoris des années 1990-2000.
Dans la Bible, Léa est la première épouse du patriarche Jacob et la mère de six fils qui devinrent les ancêtres des tribus d'Israël.

- **Origine hébraïque,** signifie « vache sauvage ».
- Chiffre 9 – couleur orange.
- Fête le 22 mars.
- Sainte Léa, riche veuve de la société romaine du IVe s., et disciple de saint Jérôme, distribue toute sa fortune aux pauvres et termine sa vie dans un monastère.
- Caractère : **fantaisie, intuition, détermination, sensibilité.**
- Variante : *Léane.*
- Anglo-saxon : *Leah.*

LÉANDRA

Forme féminine de Léandre.

- **Origine grecque,** signifie « homme ».
- Chiffre 5 – couleur verte.
- Fête le 27 février.
- Saint Léandre, évêque de Séville au VIe s., se dévoue à la conversion des peuples wisigoths et ariens et fait proclamer le catholicisme religion d'État.
- Caractère : **charme, curiosité, vivacité, épicurisme.**

LEILA

Symbole de l'intimité et du repos, ce prénom est très apprécié depuis des générations.

- **Origine arabe,** signifie « douceur de la nuit ».
- Chiffre 3 – couleur orange.
- Caractère : **sociabilité, harmonie, communication, sens artistique.**

LELIA

L'étymologie la plus vraisemblable de ce diminutif est le prénom Élie. Mais on ne peut exclure un rapport avec le prénom Liliane.

- **Origine hébraïque,** signifie « mon maître est Dieu », ou **origine latine,** signifie « lys ».
- Chiffre 3 – couleur rouge.
- Fête le 20 ou le 27 juillet.

- Élie, prophète en Israël, ou sainte Liliane sont ses patrons.
- Caractère : **sensibilité, charisme, altruisme, générosité.**
- Variante : *Lilia.*

LÉNA

Diminutif d'Éléna, Léna est un prénom allemand, breton, espagnol, grec, suédois, et l'un des favoris de ces années 2000.

- Chiffre 5 – couleur jaune.
- Fête le 18 août.
- Sainte Hélène est sa patronne.
- Caractère : **curiosité, vivacité, détermination, autorité.**
- Variante : *Léni.*
- Breton : *Lénaïc, Lénaïg.*

LÉONE

Ce prénom est l'une des formes féminines de Léon.

- **Origine latine,** signifie « lionne ».
- Chiffre 6 – couleur verte.
- Fête le 6 décembre.
- Sainte Léonie, jeune chrétienne d'Afrique du Nord au Ve s., est condamnée au martyre pour avoir refusé de renier sa foi.
- Caractère : **ambition, sens des responsabilités, activité, perfectionnisme.**
- Variante : *Léonie.*

LEONELLA

Forme féminine de Lionel.

- **Origine latine,** signifie « lionne ».
- Chiffre 4 – couleur jaune.
- Fête le 10 novembre.
- Saint Léon, secrétaire des papes Célestin Ier et Sixte III, devient pape au Ve s. Il lutte contre le paganisme, impose Rome comme capitale de la chrétienté, négocie avec Attila, entretient une correspondance suivie avec les intellectuels de son temps, et rédige une centaine de sermons dont les théologiens reconnaissent la grande valeur. Il est nommé docteur de l'Église.
- Caractère : **énergie, autorité, courage, activité.**

LÉONILLE

- **Origine latine,** signifie « lionne ».
- Chiffre 3 – couleur jaune.
- Fête le 17 janvier.
- Sainte Léonille a trois petits-fils, emprisonnés pour avoir affirmé leur foi chrétienne en Cappadoce, en Asie Mineure, au Ier s. ; le préfet lui demande de les faire abjurer ; ils la convertissent et elle subit le martyre avec eux.
- Caractère : **optimisme, éloquence, communication, charisme.**

LÉONORE

Ce prénom est un diminutif d'Éléonore, considéré comme un prénom à part entière depuis une dizaine d'années.

- **Origine grecque,** signifie « compassion ».
- Chiffre 3 – couleur orange.
- Fête le 25 juin.
- Sainte Éléonore, belle-sœur de Saint Louis, épouse du roi d'Angleterre Henri III, se retire dans un monastère chez les bénédictines à la mort de son mari.
- Caractère: **franchise, curiosité, dynamisme, opiniâtreté.**
- Variante: *Liénor.*
- Anglo-saxon: *Lenore.* Espagnol: *Lenora.* Italien: *Leonora.*

LÉONTINE

Ce prénom est l'une des formes féminines de Léon.

- **Origine latine,** signifie « lionne ».
- Chiffre 4 – couleur verte.
- Fête le 10 novembre.
- Saint Léon, pape au Ve s., lutte contre le paganisme, impose Rome comme capitale de la chrétienté, négocie avec Attila, entretient une correspondance suivie avec les intellectuels de son temps, et rédige une centaine de sermons dont les théologiens reconnaissent la grande valeur. Il est nommé docteur de l'Église.
- Caractère: **réserve, affectivité, franchise, stabilité.**

LÉOPOLDINE

Ce féminin de Léopold est courant au XIXe s.

- **Origine germanique,** signifie « peuple courageux ».
- Chiffre 8 – couleur jaune.
- Fête le 15 novembre.
- Saint Léopold, prince souverain d'Autriche au XIIe s., se consacre à la création de monastères et à l'éducation de ses dix-huit enfants.
- Caractère: **courage, détermination, autorité, sens pratique.**
- Italien: *Leopoldina.*

LESLIE

Diminutif anglo-saxon d'Élisabeth, très en vogue outre-Manche.

- **Origine hébraïque,** signifie « Dieu est plénitude ».
- Chiffre 8 – couleur orange.
- Fête le 17 novembre.
- Sainte Élisabeth, dans la Bible, est l'épouse de Zacharie et la cousine de Marie. Pendant des années, elle déplore sa stérilité et prie Dieu de la rendre mère. Elle est âgée lorsque la naissance prochaine d'un fils lui est annoncée, mais elle ne doute pas; Jean le Baptiste naît quelques mois plus tard.

LEXANE

Ce prénom est une forme dérivée d'Alexia, version féminine d'Alexis.

- **Origine grecque,** signifie « celle qui repousse ».
- Chiffre 7 – couleur bleue.
- Fête le 17 février.
- Saint Alexis Falconieri est son patron. Riche marchand florentin du XIIIe s., il fonde de l'ordre des Servites de Marie, consacré au travail manuel et à la prière.
- Caractère : **secret, élitisme, fidélité, intuition.**

LICZENN

- **Origine celtique,** signifie « pure ».
- Chiffre 2 – couleur rouge.
- Caractère : **adaptabilité, diplomatie, émotivité, activité.**

LILA

Ce prénom très récent est en vogue depuis 2005. Il est probablement un diminutif de Liliane.

- **Origine latine,** signifie « lis ».
- Chiffre 7 – couleur bleue.
- Fête le 27 juillet.
- Sainte Liliane est sa patronne.
- Caractère : **réflexion, étude, réserve, prudence.**

LILIANE

- **Origine latine,** signifie « lis ».
- Chiffre 8 – couleur jaune.
- Fête le 27 juillet.
- Sainte Liliane, chrétienne à Cordoue au IXe s., feint d'être musulmane pour échapper aux persécutions, mais un jour, elle proclame sa foi. Elle est arrêtée et décapitée.
- Caractère : **énergie, activité, intuition, séduction.**
- Anglo-saxon : *Lilian*. Espagnol : *Liliana*.

LILOU

Ce prénom est une variante de Lou, diminutif de Louise, et l'un des prénoms féminins favoris depuis 2005.

- **Origine germanique,** signifie « victoire glorieuse »
- Chiffre 6 – couleur verte.
- Fête le 15 mars.
- Sainte Louise est sa patronne.
- Caractère : **harmonie, générosité, patience, travail.**
- Autre orthographe : *Leelou*.

LILWENN

Ce prénom est une contraction du diminutif Lily, issu d'Élisabeth, et de Gwenn.

- **Origine hébraïque** et **celtique,** signifie « Dieu est plénitude » et

« blanche ».
- Chiffre 8 – couleur blanche.
- Fête le 17 novembre ou le 18 octobre.
- Sainte Élisabeth ou sainte Gwenn sont ses patronnes.
- Caractère : **franchise, rigueur, ordre, travail.**

LILY

Diminutif de Louise au même titre que Lou, Lily est en pleine évolution.

- **Origine germanique,** signifie « victoire glorieuse ».
- Chiffre 4 – couleur rouge.
- Fête le 15 mars.
- Sainte Louise est sa patronne.
- Caractère : **rigueur, sérieux, détermination, sensibilité.**

LINA

Ce prénom est le diminutif d'Adeline et a été en vogue au début du XXe s. Il disparaît rapidement mais revient depuis 2005.

- **Origine germanique,** signifie « noble ».
- Chiffre 9 – couleur verte.
- Fête le 24 septembre.
- Sainte Adèle est sa patronne.
- Caractère : **réflexion, étude, sérieux, travail.**

LINDA

Ce prénom est un diminutif d'Alida, dérivé italien d'Adèle.

- **Origine germanique,** signifie « noble ».
- Chiffre 4 – couleur verte.
- Fête le 20 octobre.
- Sainte Adeline est la première abbesse du monastère des Dames Blanches, au début du XIIe s., en Normandie.
- Caractère : **volonté, fierté, travail, ambition.**

LINDSAY

Ce prénom mixte est très en vogue pour les filles aux États-Unis.

- **Origine anglaise,** signifie « île aux tilleuls ».
- Chiffre 3 – couleur verte.
- Caractère : **sensibilité, charme, vivacité, communication.**

LINE

Ce prénom est un diminutif d'Adeline, forme dérivée d'Adèle.

- **Origine germanique,** signifie « noble ».
- Chiffre 4 – couleur orange.
- Fête le 24 septembre.
- Sainte Adèle, fille du roi d'Austrasie Dagobert II, au VIIe s., se retire dans un monastère à son veuvage, et se consacre à l'éducation de son petit-fils

et aux œuvres charitables.
- Caractère : **réalisme, sens des responsabilités, rigueur, ordre.**
- Variante : *Lina.*

LINNEA

Ce prénom, favori en Suède, arrive en France.

- **Origine suédoise,** référence au patronyme du botaniste Linné.
- Chiffre 1 – couleur rouge.
- Fête le 5 octobre.
- Sainte Fleur est sa patronne.
- Caractère : **travail, ambition, individualisme, courage.**

LISE

Diminutif d'Élisabeth, devenu un prénom à part entière.

- **Origine hébraïque,** signifie « Dieu est plénitude ».
- Chiffre 5 – couleur orange.
- Fête le 17 novembre.
- Sainte Élisabeth est une parente de la Vierge Marie.
- Caractère : **détermination, travail, prudence, efficacité.**
- Variantes : *Lisette, Lison.*
- Anglo-saxon : *Lisa, Liz, Liza.*

D'Isalis à Mabelle...

Pendant des siècles, les prénoms composés sont formés à partir des deux grands classiques, Jean et Marie. Les prénoms composés atteignent leur apogée dans les années 1950 : Jean-Pierre et Marie-Christine sont premiers au hit-parade. Les années 1970 voient arriver les prénoms composés avec Anne et Pierre : Anne-Sophie, Anne-Charlotte, Anne-Laure, Pierre-Yves, Pierre-François... Mais peu de parents ont l'audace de mélanger les syllabes de plusieurs prénoms pour composer un prénom original. Liselotte en est un rare exemple. Depuis les années 1990, on voit fleurir Méloé, Chlolise, Paulien...
Voici quelques idées :

- **Annwenn : Anne et Gwenn**
- **Éliselore : Élise et Laure**
- **Garlone : Gabrielle et Léone**
- **Homéric : Homère et Éric**
- **Isalis : Isabelle et Alice**
- **Liselotte : Lise et Charlotte**
- **Maëlwenn : Maëlle et Gwenn**
- **Maïwen : Marie et Gwenn**
- **Méloé : Mélodie et Chloé**

LIVIA

Diminutif d'Olivia, ce prénom connaît son apogée dans l'Antiquité, à Rome. Il réapparaît après des siècles d'absence.

- **Origine latine,** signifie « olive ».
- Chiffre 8 – couleur verte.
- Fête le 13 novembre.
- Sainte Livie, religieuse en Italie au XIXe s., est assassinée par un des malades qu'elle soigne.
- Caractère : **rigueur, sens pratique, travail, sérieux.**
- Variante : *Livie.*

LOANE

Loane peut être une forme composée de Louise et d'Anne, ou bien encore le féminin de Loan, diminutif d'Élouan ; très en vogue depuis 2000.

- **Origine germanique,** signifie « glorieux vainqueur », ou **origine celtique,** signifie « belle lumière ».
- Chiffre 6 – couleur jaune.
- Fête le 15 mars ou le 28 août.
- Sainte Louise ou saint Élouan sont ses protecteurs.
- Caractère : **sociabilité, diplomatie, discrétion, rigueur.**
- Variante : *Loana.*

LOAVEN

- **Origine celtique,** du nom d'une île en Bretagne.
- Chiffre 6 – couleur bleue.
- Caractère : **fidélité, harmonie, stabilité, affectivité.**
- Variantes : *Loéva, Loéve.*

LOÉVA

Ce prénom est en vogue en Bretagne. Son succès s'étend peu à peu.

- **Origine celtique,** signifie « polie ».
- Chiffre 6 – couleur rouge.
- Fête le 1er juillet.
- Sainte Loéva, ou Sèva est la sœur de saint Tugdual, et première abbesse d'un monastère fondé par lui, au VIe s., en Bretagne.
- Caractère : **charisme, idéalisme, épicurisme, sensibilité.**
- Variante : *Séva.*

LOLA

Ce prénom est le diminutif de Dolorès.

- **Origine latine,** signifie « douleur ».
- Chiffre 4 – couleur bleue.
- Fête le 11 juin.
- Sainte Dolorès, Espagnole du XIXe s., veut prendre le voile dès l'adolescence, mais son père s'y oppose. Elle attend sa majorité pour entrer dans les ordres. Nommée supérieure de son couvent, elle fonde une école pour enfants pauvres.
- Caractère : **travail, rigueur, courage, ténacité.**

LOLITA

Ce diminutif de Dolorès doit son succès à la littérature : il fut lancé par le roman de Vladimir Nabokov.

- **Origine latine,** signifie « douleur ».
- Chiffre 6 – couleur bleue.
- Fête le 11 juin.
- Sainte Dolorès, Espagnole du XIXe s., veut entrer au couvent dès l'adolescence. Son père refuse de donner son accord. Elle attend sa majorité pour prendre le voile, devient supérieure du couvent et fonde une école.
- Caractère : **sens des reponsabilités, fidélité, affectivité, harmonie.**

LOMANE

- **Origine celtique,** signifie « lumière » et « pensée ».
- Chiffre 6 – couleur orange.
- Fête le 17 février.
- Saint Loman, neveu de saint Patrick, consacra sa vie à évangéliser une région d'Irlande, au Ve s.
- Caractère : **charme, équilibre, générosité, sens des responsabilités.**

LOMÉE

Ce prénom est un diminutif de Salomé.

- **Origine hébraïque,** signifie « paix ».
- Chiffre 5 – couleur verte.
- Fête le 22 octobre.
- Sainte Marie-Salomé est la mère des disciples Jacques et Jean.
- Caractère : **charme, courage, franchise, professionnalisme.**

LORELEI

Ce prénom est inspiré de la littérature germanique du XIXe s. Elle est une magicienne dont l'extraordinaire beauté et la voix de sirène exercent, malgré elle, une fascination maléfique sur les navigateurs qui se jettent sur un rocher dangereux surplombant le Rhin. L'évêque, lui-même envoûté par les charmes de la belle, la condamne à la claustration dans un couvent. Lorelei préfère la mort et se noie dans le Rhin.

- Chiffre 4 – couleur verte.
- Caractère : **détermination, sagesse, rigueur, réserve.**

LORRAINE

- **Origine française,** du nom de la Lorraine, province de l'est de la France.
- Chiffre 2 – couleur rouge.
- Caractère : **énergie, courage, travail, volonté.**
- Autres orthographes : *Laurène, Lorène.*
- Espagnol : *Lorena.*

LOU

Ce diminutif de Louise est devenu un prénom à part entière depuis les années 1980.

- **Origine germanique,** signifie « glorieux vainqueur ».
- Chiffre 3 – couleur bleue.
- Fête le 15 mars.
- Sainte Louise de Marillac, veuve à l'âge de trente-cinq ans, fonde avec saint Vincent de Paul, en 1633, l'ordre des Filles de la Charité au service des malades et des pauvres.
- Caractère : **créativité, communication, sens artistique, harmonie.**
- Variante : *Leelou.*

LOUANE

Prénom composé de Lou et d'Anne, Louane est l'un des favoris depuis 2005. Ce prénom peut aussi être considéré comme un dérivé d'Élouan, au féminin.

- **Origine germanique,** signifie « victoire glorieuse », et **hébraïque,** signifie « grâce ».
- Chiffre 2 – couleur jaune.
- Fête le 15 mars.
- Sainte Louise est sa patronne.
- Caractère : **sociabilité, coopération, diplomatie, tact.**
- Variantes : *Louana, Louanne.*

LOUELLA

Forme moderne de Louise.

- **Origine germanique,** signifie « glorieuse combattante ».
- Chiffre 8 – couleur violette.
- Fête le 15 mars.
- Sainte Louise de Marillac, à son veuvage, fonde avec saint Vincent de Paul l'ordre des Filles de la Charité, au service des malades et des pauvres.
- Caractère : **éloquence, séduction, intuition, réflexion.**

LOUISE

Ce grand classique des XVIIe, XVIIIe et XIXe s. réapparaît depuis les années 1990.

- **Origine germanique,** signifie « glorieuse combattante ».
- Chiffre 9 – couleur verte.
- Fête le 15 mars.
- Sainte Louise de Marillac, devenue veuve à l'âge de trente-cinq ans, rejoint saint Vincent de Paul et fonde avec lui l'ordre des Filles de la Charité, consacré aux pauvres et aux malades.
- Caractère : **discrétion, rigueur, opiniâtreté, sens du devoir.**
- Diminutifs : *Lou, Louisette, Louison.*
- Variantes : *Aloïse, Louella.*
- Anglo-saxon : *Louisa.* Espagnol : *Luisa.* Germanique : *Aloisia.* Italien : *Luigia, Gina.*

LOUISIANE

Ce prénom, composé de Louise et d'Anne, apparaît timidement.

- **Origine germanique,** signifie « glorieuse combattante ».
- Chiffre 6 – couleur bleue.
- Fête le 15 mars.
- Sainte Louise de Marillac est la fondatrice, avec saint Vincent de Paul, au XVIIe s., de l'ordre des Filles de la Charité, au service des malades et des pauvres.
- Caractère : **sens des responsabilités, perfectionnisme, affectivité, sensibilité.**

LOUISON

Fille ou garçon, Louison est un diminutif de Louis ou de Louise et connaît un regain de faveur depuis 2005. Surtout masculin dans les années 1950, ce prénom est aujourd'hui féminisé à parité.

- **Origine germanique,** signifie « glorieux vainqueur ».
- Chiffre 6 – couleur jaune.
- Fête le 15 mars.
- Sainte Louise est sa patronne.
- Caractère : **charme, sens des responsabilités, sociabilité, raffinement.**

LOUNA

Encore un nouveau prénom ! Il est en pleine évolution depuis 2005.

- **Origine latine,** signifie « Lune ».
- Chiffre 9 – couleur jaune.
- Caractère : **réflexion, réserve, étude, sérieux.**
- Variante : *Luna.*

LOURDES

Ce prénom, en référence à la ville de Lourdes et aux apparitions de la Vierge, est en vogue aux États-Unis.

- Chiffre 4 – couleur bleue.
- Caractère : **travail, rigueur, sens de l'organisation, courage.**
- Espagnol : *Lorda.*

LUCIE

Féminin de Luc, ce prénom est en vogue depuis les années 1980.

- **Origine latine,** signifie « lumière ».
- Chiffre 5 – couleur orange.
- Fête le 13 décembre.
- Sainte Lucie fait vœu de chasteté à Syracuse, au IVe s., et refuse le mari païen imposé qui la dénonce. Elle est condamnée au lupanar, puis comme ceux qui l'approchent sont terrassés, elle est accusée de sorcellerie et décapitée.
- Caractère : **sociabilité, diplomatie, communication, indépendance.**

- Anglo-saxon : *Lucy*. Espagnol et italien : *Lucia*.

LUCIENNE

Le succès de cette forme féminine de Lucien n'a pas dépassé le début du XXe s.

- **Origine latine,** signifie « lumière ».
- Chiffre 2 – couleur orange.
- Fête le 7 janvier.
- Saint Lucien est son patron.
- Caractère : **affectivité, calme, rigueur, réserve.**
- Italien : *Luciana*.

LUCILE

Cette forme féminine de Luc est en vogue depuis les années 1980.

- **Origine latine,** signifie « lumière ».
- Chiffre 8 – couleur rouge.
- Fête le 13 décembre.
- Sainte Lucie fait vœu de chasteté à Syracuse, au IVe s., et refuse le mari païen imposé qui la dénonce ; elle est condamnée au lupanar, puis comme ceux qui l'approchent sont terrassés, elle est accusée de sorcellerie et décapitée.
- Caractère : **activité, générosité, fierté, volonté.**
- Autre orthographe : *Lucille*.
- Anglo-saxon, espagnol, germanique, italien : *Lucilla*.

LUCRÈCE

Ce prénom mixte, illustré par un poète latin, est presque exclusivement féminin aujourd'hui.

- **Origine latine,** signifie « gagnante ».
- Chiffre 4 – couleur bleue.
- Fête le 15 mars.
- Sainte Lucrèce, musulmane à Cordoue au IXe s., se convertit au christianisme en cachette de sa famille ; elle est dénoncée, arrêtée et décapitée.
- Caractère : **calme, sérieux, travail, étude.**
- Espagnol : *Lucrecia*. Germanique : *Lukrezia*. Italien : *Lucrezia*.

LUDIVINE

Ce prénom connaît le succès dans les années 1980.

- **Origine germanique,** signifie « douce amie ».
- Chiffre 6 – couleur rouge.
- Fête le 14 avril.
- Sainte Ludivine vit en Hollande au XIVe s. Blessée et handicapée, abandonnée par ses proches, elle aurait été miraculeusement sauvée à la suite d'une visite du Christ.
- Caractère : **réflexion, sensibilité, harmonie, détermination.**
- Variantes : *Ledwine*, *Lidwine*.
- Espagnol : *Liduvina*. Germanique : *Lidwina*.

LUDMILLA

- **Origine slave,** signifie « aimée du peuple ».
- Chiffre 3 – couleur violette.
- Fête le 16 septembre
- Sainte Ludmilla de Prague, grand-mère de saint Wenceslas, au Xe s., est étranglée sur l'ordre de sa belle-fille.
- Caractère : **charme, réalisme, communication, affectivité.**

LUDOVIQUE

Cette forme féminine de Ludovic est rare.

- **Origine germanique,** signifie « glorieuse combattante ».
- Chiffre 9 – couleur verte.
- Fête le 15 mars.
- Sainte Louise de Marillac, qui fonde, avec saint Vincent de Paul, en 1633 de l'ordre des Filles de la Charité au service des malades et des pauvres, est sa patronne.
- Caractère : **discrétion, rigueur, opiniâtreté, sens du devoir.**
- Germanique : *Ludovica.* Slave : *Ludwika.*

LUPITA

- **Origine celtique,** signifie « lionne ».
- Chiffre 7 – couleur jaune.
- Fête le 27 octobre.
- D'après la légende, sainte Lupita, sœur de saint Patrick, vit bien des péripéties au Ve s. en Bretagne.
- Caractère : **étude, réflexion, spiritualité, réserve.**

LYANE

Forme diminutive de Liliane.

- **Origine latine,** signifie « lis ».
- Chiffre 3 – couleur jaune.
- Fête le 27 juillet.
- Sainte Liliane, chrétienne à Cordoue au IXe s., feint d'être musulmane pour échapper aux persécutions ; mais un jour, elle proclame sa foi. Elle est arrêtée, et décapitée.
- Caractère : **créativité, harmonie, communication, éclectisme.**

LYDIE

- **Origine latine,** signifie « de Lydie », ancienne contrée d'Asie Mineure, sur la mer Égée.
- Chiffre 1 – couleur verte.
- Fête le 3 août.
- Sainte Lydie héberge saint Paul en Macédoine au Ier s. et est baptisée par lui.
- Caractère : **discrétion, sociabilité, prudence, exigence.**
- Anglo-saxon : *Lydia.* Espagnol et italien : *Lidia.*

M

MABELLE

Ce prénom est une forme féminine d'Aimable.

- **Origine latine,** signifie « qui mérite d'être aimée ».
- Chiffre 5 – couleur bleue.
- Fête le 18 octobre.
- Saint Aimable, prêtre en Auvergne au Ve s., est renommé pour sa grande charité et ses talents d'exorciste.
- Caractère : **sociabilité, affectivité, travail, vivacité.**
- Variante : *Amabillis.*

MACARENA

Ce prénom est espagnol, et plus particulièrement en vogue dans la région de Séville où il est attribué en l'honneur de Notre-Dame de Macarena, protectrice de la ville.

- **Origine grecque,** signifie « épée ».
- Chiffre 2 – couleur rouge.
- Caractère : **diplomatie, émotivité, adaptabilité, charisme.**

MADELEINE

Ce prénom fut un grand classique du XIXe s.

- **Origine hébraïque,** signifie « de Magdala », nom d'un village de Galilée.
- Chiffre 5 – couleur violette.
- Fête le 22 juillet.
- Sainte Madeleine, appelée Marie de Magdala, en Galilée, sœur de Marthe et de Lazare, constate que le tombeau de Jésus est vide et prévient les Apôtres. C'est à elle que Jésus annonçe sa résurrection. Après la Pentecôte, elle serait venue en Gaule évangéliser la Provence, et aurait terminé ses jours dans une grotte du massif de la Sainte-Baume.
- Caractère : **mystère, passion, sociabilité, charisme.**
- Diminutif : *Madelon.*
- Variante : *Magdeleine.*
- Anglo-saxon : *Madeline, Madly.* Breton : *Madalen.* Espagnol : *Magdalena.* Italien : *Madalena.* Provençal : *Madeloun.*

MADENA

Forme féminine de Maden.

- **Origine celtique,** signifie « bonne ».
- Chiffre 2 – couleur bleue.
- Fête le 19 juin.
- Saint Maden, moine en Armorique au VIe s., prêche l'Évangile et secourt les miséreux.

- Caractère : **diplomatie, charisme, émotivité, adaptabilité.**

MAÉ

Ce prénom est une forme américaine de Marie, mais certains le considèrent comme un diminutif de Maëlle.

- **Origine hébraïque,** signifie « goutte de mer », ou **celtique,** signifie « princesse ».
- Chiffre 3 – couleur bleue.
- Fête le 15 août ou le 13 mai.
- Sainte Marie ou saint Maël sont ses patrons.
- Caractère : **énergie, activité, ambition, charme.**

MAËLANE

Ce prénom fait partie des nombreuses variantes de Maëlle.

- **Origine celtique,** signifie « prince ».
- Chiffre 6 – couleur verte.
- Fête le 13 mai.
- Saint Maël est son patron.
- Caractère : **autorité, charisme, travail, ambition.**

MAËLINE

Ce prénom est une forme composée de Maëlle et de Line, diminutif d'Adeline.

- **Origine celtique,** signifie « princesse » pour Maëlle et **origine germanique,** signifie « noble » pour Adeline.
- Chiffre 5 – couleur bleue.
- Fête le 13 mai ou le 20 octobre.
- Saint Maël ou sainte Adeline sont ses patrons.
- Caractère : **vitalité, charme, sensibilité, intuition.**
- Variante : *Maëlie.*

MAËLLE

Ce prénom très en vogue depuis 2000 est aujourd'hui accompagné de nombreuses variantes.

- **Origine celtique,** signifie « princesse ».
- Chiffre 3 – couleur bleue.
- Fête le 13 mai.
- Saint Maël, moine chassé du pays de Galles au Ve s., évangélise la lande bretonne.
- Caractère : **vivacité, charisme, curiosité, séduction.**
- Variantes : *Maëlane, Maëline, Maëlys.*

MAËLYS

Ce prénom est un composé de Maëlle, à ne pas confondre avec le prénom basque Maïlys.

- **Origine celtique,** signifie « princesse ».
- Chiffre 3 – couleur jaune.
- Fête le 13 mai.
- Saint Maël est son patron.

- Caractère : **sensibilité, discrétion, rigueur, réflexion.**
- Autre orthographe : *Maëlis.*

- Chiffre 1 – couleur bleue.
- Caractère : **douceur, calme, rigueur, persévérance.**

MAËNA

- **Origine grecque,** signifie « lune ».
- Chiffre 7 – couleur verte.
- Fête le 10 novembre.
- Sainte Nymphe est emprisonnée par son père, le préfet Aurélien, en Sicile, au IIe s., lorsqu'il apprend qu'elle s'est fait baptiser ; elle s'échappe, mais meurt peu après à Rome.
- Caractère : **réserve, rigueur, perfectionnisme, spiritualité.**

MAËVA

Ce prénom connaît un succès qui ne se dément pas depuis les années 1990.

- **Origine polynésienne,** signifie « bienvenue ».
- Chiffre 6 – couleur bleue.
- Caractère : **sensibilité, harmonie, ambition, sens des responsabilités.**

MAËVE

L'origine de ce prénom est imprécise ; certains y voient une forme contractée de Marie et Ève, d'autres une forme francisée de Maëva, qui signifie « bienvenue » en tahitien.

MAFALDA

Ce prénom courant en Espagne est une forme dérivée de Mathilde.

- **Origine germanique,** signifie « force au combat ».
- Chiffre 2 – couleur rouge.
- Fête le 2 mai.
- Sainte Mafalda se retira dans un couvent de bénédictines au Portugal, au XIIIe s., après l'annulation de son mariage avec son cousin Henri Ier de Castille.
- Caractère : **charme, énergie, vivacité, charisme.**

MAGALI

Forme provençale de Marguerite.

- **Origine latine,** signifie « perle ».
- Chiffre 7 – couleur verte.
- Fête le 20 juillet.
- Sainte Marguerite d'Antioche, au IIIe s., est chassée par son père furieux d'avoir appris son baptême. Courtisée par le préfet d'Orient, païen notoire, elle le repousse ; il la fait décapiter.
- Caractère : **séduction, activité, opportunisme, vivacité.**

MAGUELONNE

Ce prénom est une forme dérivée de Marguerite.

- **Origine latine,** signifie « perle ».
- Chiffre 8 – couleur jaune.
- Fête le 20 juillet.
- Sainte Marguerite d'Antioche, fille d'un religieux païen du IIIe s., est convertie par sa nourrice ; aussitôt son père la chassa. Le préfet d'Orient cherche à la séduire, la fait enlever, mais Marguerite refuse de l'épouser ; il la fait périr après mille tourments.
- Caractère : **charme, tradition, altruisme, sociabilité.**

MAHALIA

Ce prénom de l'Ancien Testament est en vogue au XIXe s. aux États-Unis.

- **Origine hébraïque,** signifie « affection ».
- Chiffre 5 – couleur jaune.
- Caractère : **sensibilité, adaptabilité, indépendance, goût de l'aventure.**

MAHAUT

Ce prénom est une forme médiévale de Mathilde.

- **Origine germanique,** signifie « force au combat ».
- Chiffre 1 – couleur verte.
- Fête le 14 mars.
- Sainte Mathilde, épouse de Henri Ier l'Oiseleur, roi de Germanie au Xe s., se consacre aux œuvres de charité et à ses enfants, puis achève sa vie au monastère de Quedlinburg, qu'elle a fondé.
- Caractère : **vivacité, indépendance, goût de l'aventure, spontanéité.**
- Autres orthographes : *Mahaud, Mahault.*

MAIDER

Ce prénom basque est une forme contractée de Marie-Belle.

- Chiffre 5 – couleur verte.
- Fête le 15 août.
- Sainte Marie, mère de Jésus, est sa patronne.
- Caractère : **goût de l'aventure, rigueur, sociabilité, adaptabilité.**

MAÏLYS

Ce prénom d'origine basque est une contraction de Marie-des-Lys, une madone vénérée dans cette région.

- Chiffre 7 – couleur bleue.
- Fête le 15 août.
- Sainte Marie est sa patronne.
- Caractère : **affectivité, activité, énergie, ambition.**
- Autre orthographe : *Maylis.*

MAÏWEN

Ce prénom, forme contractée de Marie et de Gwenn, est très en vogue depuis les années 1990.

- **Origine hébraïque** et **celtique,** signifie « goutte de mer sacrée ».
- Chiffre 2 – couleur blanche.
- Fête le 15 août.
- Sainte Marie, mère de Jésus, est sa patronne.
- Caractère: **diplomatie, émotivité, adaptabilité, sensibilité.**

MALVINA

Ce prénom est une variante de Mauve.

- **Origine latine,** signifie « mauve ».
- Chiffre 9 – couleur bleue.
- Fête le 5 octobre.
- Sainte Fleur, religieuse dans le Quercy au XIVe s., est sa patronne.
- Caractère: **courage, travail, sensibilité, fidélité.**
- Variantes: *Malva*, *Malvane*, *Malvy*, *Mauve*.

MANNAIG

Ce prénom est une contraction de Marie et d'Annaïg, forme bretonne d'Annick. Il est plus courant aujourd'hui que Marie-Annick, passé de mode.

- **Origine hébraïque,** signifie « goutte de mer » et « grâce ».
- Chiffre 5 – couleur jaune.
- Fête le 15 août.
- Sainte Marie est sa patronne.
- Caractère: **adaptabilité, indépendance, sensibilité, goût de l'aventure.**

MANON

Ce prénom est une forme dérivée de Marianne, traditionnelle dans le midi de la France, avant de devenir un des prénoms les plus appréciés dans les années 1980.

- **Origine hébraïque,** signifie « goutte de mer ».
- Chiffre 3 – couleur rouge.
- Fête le 9 juillet.
- Sainte Marianne, née à Fontainebleau, prend le voile et, sous la Révolution, refuse de trahir l'Église en prêtant serment à la Constitution civile; elle est fusillée.
- Caractère: **sociabilité, fantaisie, indépendance, adaptabilité.**

MARCELLE

Ce prénom est le féminin de Marcel, qui connaît le succès au début du XXe s.

- **Origine latine,** signifie « marteau ».
- Chiffre 6 – couleur orange.
- Fête le 31 janvier.
- Sainte Marcelle, jeune veuve romaine du Ve s., consacre son temps et sa fortune aux pauvres et fonde un couvent dans sa maison. Elle est assassinée par des

détracteurs.
- Caractère : **sociabilité, souplesse, vivacité, efficacité.**

MARCELLINE

Forme féminine de Marcellin.

- **Origine latine,** signifie « petit marteau ».
- Chiffre 2 – couleur orange.
- Fête le 17 juillet.
- Sainte Marcelline prend le voile au IVe s. à Rome et consacre sa vie à la prière.
- Caractère : **imagination, idéalisme, intuition, fantaisie.**
- Variante : *Céline.*

MARGALIDE

Ce prénom est une forme de Marguerite.

- **Origine latine,** signifie « perle ».
- Chiffre 8 – couleur jaune.
- Fête le 20 juillet.
- Sainte Marguerite d'Antioche est chassée par son père à la suite de son baptême ; courtisée par le préfet d'Orient, elle refuse ses avances ; il l'enlève, la menace, et, devant son obstination, la fait mourir sous la torture.
- Caractère : **stabilité, efficacité, sens pratique, travail.**

MARGOT

La reine Margot, Marguerite de Valois, épouse d'Henri IV, a rendu ce prénom célèbre.

- **Origine latine,** signifie « perle ».
- Chiffre 2 – couleur rouge.
- Fête le 20 juillet.
- Sainte Marguerite d'Antioche, chassée par son père qui lui reproche son baptême, est enlevée par le préfet d'Orient. Comme; elle repousse ses avances, il la fait périr.
- Caractère : **indépendance, prudence, exigence, volonté.**
- Autre orthographe : *Margaux.*

MARGUERITE

Ce prénom apparu au Moyen Âge connaît le succès au XIXe s. et revient à l'état civil depuis les années 1990.

- **Origine latine,** signifie « perle ».
- Chiffre 9 – couleur verte.
- Fête le 20 juillet.
- Sainte Marguerite d'Antioche, fille d'un religieux païen du IIIe s. et convertie par sa nourrice, est chassée par son père après son baptême. Le préfet d'Orient s'éprend d'elle et la fait enlever. Comme elle repousse ses avances, il la fait périr.
- Caractère : **persévérance, travail, opiniâtreté, altruisme.**
- Variantes : *Maguelonne, Maguy, Margot, Rita.*
- Anglo-saxon : *Daisy, Maggie,*

Margaret, Marjorie, Meg, Meggie, Peg, Peggy. Breton: *Marc'haïd, Marc'halid, Marc'harid*. Champenois: *Margaine, Marganne*. Forme hébraïque: *Margalit*. Germanique: *Greta, Gretchen, Gretel*. Italien: *Margarita*. Normand: *Marjerie*. Occitan: *Magalide*. Provençal: *Magali*.

MARIANNE

Les XVIIe et XVIIIe s. voient le succès de Marianne qui, depuis, reste rare. Ce prénom est la contraction de Marie et d'Anne.

- Chiffre 3 – couleur bleue.
- Fête le 9 juillet.
- Sainte Marianne, née à Fontainebleau, devient religieuse sous la Révolution et refuse de trahir l'Église en prêtant serment à la Constitution civile ; elle est fusillée.
- Caractère : **sociabilité, vivacité, indépendance, optimisme.**
- Anglo-saxon : *Mariann*. Espagnol et italien : *Mariana*.

MARIE

Ce prénom est, par le monde, le plus attribué. Il est au hit-parade de l'état civil depuis les années 1980, et ses variantes sont très nombreuses.

- **Origine hébraïque,** signifie « goutte de mer ».
- Chiffre 1 – couleur bleue.
- Fête le 15 août.
- Sainte Marie, épouse de Joseph le charpentier, est la mère de Jésus dont la naissance lui est annoncée par l'archange Gabriel.
- Caractère : **réserve, douceur, sens des responsabilités, exigence.**
- Variantes : *Maïté, Marielle, Mariette, Marion, Maritie, Marlène, Marylène, Maryline, Marylise, Maryse, Maryvonne, Milène, Mirabelle, Myriam*.
- Anglo-saxon : *Mary, Mitzi, Molly*. Arabe : *Myriem*. Espagnol et italien : *Maria*. Forme hébraïque : *Myriam*. Germanique : *Marika*. Irlandais : *Muriel*. Néerlandais : *Marieke, Marijke*. Provençal : *Maioun, Mireille*. Russe : *Masha*.

MARIELLE

- **Origine hébraïque,** signifie « goutte de mer ».
- Chiffre 3 – couleur bleue.
- Fête le 15 août.
- Sainte Marie est sa patronne.
- Caractère : **sens artistique, équilibre, douceur, calme.**

MARILOU

Ce prénom est une contraction de Marie-Louise, en vogue depuis 2000.

- **Origine hébraïque,** signifie « goutte de mer », et **germanique,** signifie « victoire glorieuse ».

- Chiffre 1 – couleur verte.
- Fête le 15 août ou le 15 mars.
- Sainte Marie et sainte Louise sont ses patronnes.
- Caractère : **énergie, autorité, travail, persévérance.**

MARILYN

Ce prénom n'est pas fréquent, malgré l'immense succès de Marilyn Monroe.

- **Origine hébraïque,** signifie « goutte de mer ».
- Chiffre 2 – couleur bleue.
- Fête le 15 août.
- Sainte Marie, mère de Jésus, est sa patronne.
- Caractère : **réflexion, détermination, charisme, sens de l'organisation.**

MARINE

Cette forme féminine de Marin est un des prénoms phares des années 1990.

- **Origine latine,** signifie « mer ».
- Chiffre 6 – couleur rouge.
- Fête le 20 juillet.
- Au XIe s., sainte Marine se travestit en garçon pour accompagner son père dans un monastère. Elle se livre courageusement aux travaux des champs pour le compte d'un homme malade d'un village voisin du monastère. Or cet homme a une fille, qui met au monde un bébé de père inconnu. La jeune mère tourmentée par son père accuse « Marin » de l'avoir séduite. Le prétendu moine accusé est chassé du monastère et condamné à élever l'enfant. Il (elle) se tait pour ne pas dénoncer son père. Lorsque l'enfant est adulte, il (elle) retourne au couvent et y meurt.
- Caractère : **vivacité, sensibilité, optimisme, affectivité.**
- Variante : *Marinette.*
- Italien : *Marinella.* Russe : *Marina.*

MARION

Cette forme dérivée de Marie a connu le succès dans les années 1970.

- **Origine hébraïque,** signifie « goutte de mer ».
- Chiffre 7 – couleur bleue.
- Fête le 15 août.
- Sainte Marie, mère de Jésus, est sa patronne.
- Caractère : **intuition, calme, réflexion, esprit d'analyse.**

MARISA

On peut attibuer à ce prénom deux étymologies : il peut être une forme dérivée de Maryse, variante de Marie, ou bien être une forme européenne de Maresha, prénom hébraïque qui signifie « colline ».

- Chiffre 7 – couleur bleue.
- Caractère : **séduction, réflexion, opportunisme, originalité.**

MARJORIE

Ce prénom est la forme américaine de Marguerite.

- **Origine latine,** signifie « perle ».
- Chiffre 8 – couleur verte.
- Fête le 20 juillet.
- Sainte Marguerite d'Antioche, fille d'un religieux païen du IIIe s. et convertie par sa nourrice, est chassée par son père après son baptême. Le préfet d'Orient s'éprend d'elle et la fait enlever. Comme elle repousse ses avances, il la fait périr.
- Caractère : **ambition, volonté, passion, vivacité.**

MARLÈNE

Ce prénom est une contraction de Marie et de Magdeleine.

- **Origine hébraïque,** signifie « goutte de mer ».
- Chiffre 5 – couleur orange.
- Fête le 15 août.
- Sainte Marie est sa patronne.
- Caractère : **charme, fantaisie, affectivité, séduction.**
- Espagnol : *Marlena.*

MARTHE

Ce prénom connaît ses heures de gloire à la fin du XIXe s.

- **Origine araméenne,** signifie « dame ».
- Chiffre 2 – couleur bleue.
- Fête le 29 juillet.
- Sainte Marthe, sœur de Lazare et de Marie-Madeleine au Ier s., à Béthanie, près de Jérusalem, supplie Jésus de ressusciter son frère. D'après la légende, après la Pentecôte, Marthe s'embarque avec sa sœur. Leur barque s'échoue près de Marseille, Marthe évangélise la Provence et crée un monastère en Avignon.
- Caractère : **dynamisme, activité, opportunisme, diplomatie.**
- Anglo-saxon : *Martha.* Espagnol et italien : *Marta.*

MARTINE

Cette forme féminine de Martin connaît le succès dans les années 1950.

- **Origine latine,** signifie « guerrier ».

La ronde des prénoms guerriers

Mathilde est l'un des fleurons de notre état civil. Ce beau prénom doux et fort à la fois fait partie d'une grande famille, celle des prénoms féminins d'origine germanique, se terminant en -hilde, qui signifie « combat ». La plupart sont méconnus, malgré leur belle sonorité : Blichilde, Mechtilde, Nanthilde, Sichilde, Swanahilde, Théodechilde. Tous ont été en vogue en Europe entre le Ve et le VIIIe s.

- Chiffre 8 – couleur jaune.
- Fête le 30 janvier.
- Sainte Martine est la fille d'un riche consul romain du IIIe s. Elle distribue son héritage aux pauvres. Sa générosité est dénoncée à l'empereur qui la condamne au supplice.
- Caractère : **calme, réserve, énergie, travail.**
- Espagnol, italien, slave : *Marta, Martina.*

MARYLÈNE

Elle est une forme contractée de Marie-Hélène.

- **Origine hébraïque,** signifie « goutte de mer » et « éclat du soleil ».
- Chiffre 3 – couleur orange.
- Fête le 15 août.
- Sainte Marie ou sainte Hélène sont ses patronnes.
- Caractère : **élégance, émotivité, imagination, vivacité.**

MARYSE

Cette forme dérivée de Marie a eu ses adeptes au début du XXe s.

- **Origine hébraïque,** signifie « goutte de mer ».
- Chiffre 9 – couleur rouge.
- Fête le 15 août.
- Sainte Marie, épouse de Joseph et mère de Jésus, est sa patronne.
- Caractère : **réalisme, imagination, indépendance, sensibilité.**

MARYVONNE

Ce prénom, forme contractée de Marie et d'Yvonne, fut fréquent en Bretagne jusqu'à la moitié du XXe s.

- **Origine hébraïque,** signifie « goutte de mer ».
- Chiffre 1 – couleur verte.
- Fête le 15 août.
- Sainte Marie ou sainte Yvonne sont ses patronnes.
- Caractère : **charme, séduction, détermination, travail.**

MATHILDE

Ce prénom est un des favoris dans les années 1990, après avoir été fréquent au Moyen Âge.

- **Origine germanique,** signifie « force au combat ».
- Chiffre 9 – couleur jaune.
- Fête le 14 mars.
- Sainte Mathilde, reine de Germanie au Xe s., consacre sa vie à son mari, Henri Ier l'Oiseleur, à ses enfants et aux œuvres de charité. Elle meurt dans le monastère qu'elle a fondé.
- Caractère : **douceur, sensibilité, harmonie, curiosité.**
- Variantes : *Mahaut, Maud, Mechtilde.*
- Anglo-saxon : *Matilda.* Espagnol : *Mafalda.*

MAUD

Ce prénom est une variante de Mathilde.

- **Origine germanique,** signifie « force au combat ».
- Chiffre 3 – couleur verte.
- Fête le 14 mars.
- Sainte Mathilde, reine de Germanie au Xe s., voue sa vie à sa famille et aux œuvres de charité. Elle meurt dans le monastère qu'elle a créé.
- Caractère : **charisme, fidélité, esprit, volonté.**

MAURANE

Ce prénom est une forme féminine de Maurice.

- **Origine latine,** signifie « maure ».
- Chiffre 1 – couleur violette.
- Fête le 22 septembre.
- Saint Maurice, officier romain dans une légion composée de chrétiens, comme lui, au IIIe s., refuse de se prosterner devant les dieux païens et est mis à mort avec ses compagnons.
- Caractère : **ambition, énergie, rigueur, autorité.**

MAUREEN

Forme anglo-saxonne de Maure.

- **Origine latine,** signifie « maure ».
- Chiffre 5 – couleur rouge.
- Fête le 13 juillet.
- Sainte Maure, princesse scandinave du Ve s., est assassinée au retour d'un pèlerinage.
- Caractère : **sociabilité, prudence, réflexion, réserve.**

MAYA

On lui prête plusieurs origines : hébraïque, il signifie « source ». Dans la mythologie grecque, il nomme la fille d'Atlas, mère d'Hermès, ainsi qu'une des Pléiades.

- Chiffre 4 – couleur bleue.
- Caractère : **sagesse, discrétion, spiritualité, efficacité.**

MAYLIS

Cette forme dérivée de Marie est très en vogue depuis le début de ce siècle.

- **Origine hébraïque,** signifie « goutte de mer ».
- Chiffre 7 – couleur verte.
- Fête le 15 août.
- Sainte Marie, mère de Jésus, est sa patronne.
- Caractère : **dynamisme, activité, ambition, sensibilité.**
- Autre orthographe : *Maïlys.*

MAZARINE

Jules Mazarin, prélat et diplomate d'origine italienne, est le principal ministre d'Anne d'Autriche pendant la minorité de Louis XIV. Ses nièces, qu'il s'ingénie à marier habilement, sont surnommées les « mazarines ».

- Chiffre 6 – couleur violette.
- Caractère : **volonté, ambition, efficacité, réserve.**

MÉDÉE

Ce prénom est issu de la mythologie grecque. Médée, épouse de Jason qui l'abandonne, se venge en égorgeant ses enfants. Elle inspire des tragédies à Euripide, Sénèque et Corneille.

- Origine grecque, signifie « intransigeance ».
- Chiffre 5 – couleur jaune.
- Caractère : **adaptabilité, sensibilité, indépendance, goût de l'aventure.**
- Espagnol : *Medea*.

MÉGANE

Ce prénom est la forme galloise de Marguerite ; il eut un grand succès populaire dans les années 1980.

- **Origine latine,** signifie « perle ».
- Chiffre 9 – couleur orange.
- Fête le 20 juillet.
- Sainte Marguerite d'Antioche, fille d'un religieux païen du IIIe s. et convertie par sa nourrice, est chassée par son père après son baptême. Le préfet d'Orient s'éprend d'elle et la fait enlever. Comme elle repousse ses avances, il la fait périr.
- Caractère : **passion, épicurisme, vivacité, goût de l'aventure.**
- Autres orthographes : *Megan*, *Meghan*.

MÉLANIE

- **Origine latine,** signifie « noire ».
- Chiffre 5 – couleur orange.
- Fête le 31 décembre.
- Sainte Mélanie, jeune Romaine du Ve s., vend ses biens à la suite de la mort de ses deux enfants et part pour la Sicile avec son mari, où ils fondent chacun un monastère. À son veuvage, elle s'établit en Palestine et crée un monastère sur le mont des Oliviers.
- Caractère : **franchise, curiosité, vivacité, indépendance.**
- Anglo-saxon : *Melloney*. Espagnol et italien : *Melania*.

MELIA

- **Origine latine,** signifie « miel ».
- Chiffre 4 – couleur rouge.
- Fête le 9 mars.
- Sainte Melle, jeune femme de bonne famille en Irlande, au VIIIe s., se retire dans un couvent à son veuvage et se consacre à la prière et à la charité.
- Caractère : **travail, rigueur, sens de l'organisation, persévérance.**
- Variante : *Mélinda*.

MÉLINA

- **Origine grecque**, signifie « miel ».
- Chiffre 9 – couleur violette.
- Fête le 19 septembre.
- Sainte Amélie, chrétienne à Lyon au IIe s., dénoncée par des païens, subit le supplice avec sainte Blandine et saint Pothin.
- Caractère : **discrétion, gentillesse, sociabilité, élitisme.**
- Variantes : *Méline, Mélia.*

MÉLINDA

Mélinda est une variante de Bélinda, issu de Béline, prénom qui n'est plus en usage aujourd'hui.

- **Origine germanique,** signifie « resplendissante ».
- Chiffre 4 – couleur jaune.
- Fête le 8 septembre.
- Sainte Béline est une jeune bergère du VIIIe s. en Flandres. Comme elle refuse les avances du seigneur du lieu, il la décapite.
- Caractère : **sensibilité, travail, indépendance, discrétion.**
- Variantes : *Béline, Bélinda.*

MÉLISANDE

Ce prénom est une forme dérivée de Mélanie.

- **Origine latine,** signifie « noire ».
- Chiffre 1 – couleur verte.
- Fête le 31 décembre.
- Sainte Mélanie, Romaine du Ve s., perd ses enfants en bas âge. Elle part pour la Sicile avec son mari où ils fondent chacun un monastère. À la mort de son époux, elle s'établit en Palestine et crée un monastère sur le mont des Oliviers.
- Caractère : **opiniâtreté, indépendance, fidélité, volonté.**
- Anglo-saxon : *Millicent.*

MÉLISSA

Ce prénom est une forme dérivée de Melle.

- **Origine latine,** signifie « miel ».
- Chiffre 6 – couleur bleue.
- Fête le 9 mars.
- Sainte Melle est la patronne de Mélissa. Jeune femme de bonne famille en Irlande, au VIIIe s., elle se retire dans un couvent à son veuvage et se consacre à la prière et à la charité.
- Caractère : **douceur, harmonie, intuition, diplomatie.**

MÉLODIE

Ce prénom a suivi la vogue d'Élodie.

- **Origine grecque,** signifie « chanson ».
- Chiffre 9 – couleur violette.
- Caractère : **spiritualité, altruisme, générosité, rêverie.**

- Anglo-saxon : *Melody.*

MÉLUSINE

Mélusine, dans les romans de chevalerie du Moyen Âge, est une fée malheureuse, femme et mère exemplaire de bonté, cruellement condamnée à se transformer chaque samedi en femme-serpent.

- **Origine latine,** signifie « noire ».
- Chiffre 8 – couleur bleue.
- Fête le 31 décembre.
- Sainte Mélanie est sa patronne ; jeune Romaine du Ve s., elle vend ses biens à la suite de la mort de ses deux enfants, part pour la Sicile avec son mari où ils fondent chacun un monastère. À son veuvage, elle crée un monastère sur le mont des Oliviers, en Palestine.
- Caractère : **charme, diplomatie, indépendance, vivacité.**

MERCÉDÈS

Ce prénom est courant dans les pays hispaniques.

- **Origine latine,** signifie « faveur ».
- Chiffre 9 – couleur jaune.
- Fête le 12 juin.
- Sainte Mercédès, religieuse en Équateur au XIXe s., consacre sa vie à la conversion des Indiens, aux orphelins, aux pauvres et aux malades.
- Caractère : **émotivité, curiosité, adaptabilité, harmonie.**

MÉRÉDITH

Ce prénom désormais féminin est masculin à l'origine.

- **Origine galloise,** signifie « grand chef ».
- Chiffre 1 – couleur verte.
- Caractère : **ambition, autorité.**

MERRYL

Ce prénom est la forme féminine anglo-saxonne de Merri.

- **Origine germanique,** signifie « courage de roi ».
- Chiffre 1 – couleur bleue.
- Fête le 29 août.
- Saint Merri, aristocrate bourguignon du VIIIe s., est élu abbé de son monastère ; il part pour Paris, où il libère les prisonniers, soigne les malades, secourt les pauvres, mendie sa pitance, prie et médite l'Évangile.
- Caractère : **curiosité, dynamisme, éclectisme, souplesse.**

MÉWENA

Ce prénom est la forme féminine de Méen, prénom traditionnel breton.

- **Origine celtique,** signifie « jeune homme ».
- Chiffre 7 – couleur violette.
- Fête le 21 juin.
- Saint Méen tout juste arrivé du pays de Galles au VIe s., fonde un monastère dans un village devenu Saint-Méen-le-Grand.
- Caractère : **étude, réflexion, spiritualité, discrétion.**

MIA

Ce prénom est une variante d'Aimée, courante aux États-Unis.

- **Origine latine,** signifie « aimée ».
- Chiffre 5 – couleur orange.
- Fête le 20 février.
- Sainte Aimée, jeune fille mondaine d'Assise au XIIIe s., abandonne les plaisirs futiles sur le conseil de sa tante Claire et se consacre à l'ascèse et à la prière.
- Caractère : **fidélité, efficacité, détermination, sociabilité.**

MICHAELA

Ce prénom est la forme féminine de Michaël, forme originelle de Michel.

- **Prénom hébraïque,** signifie « comme Dieu ».
- Chiffre 7 – couleur rouge.
- Fête le 29 septembre.
- Saint Michel archange est le chef de la milice céleste. Il conduit les défunts et pèse les âmes le jour du Jugement dernier.
- Caractère : **calme, harmonie, générosité, habileté.**
- Autres orthographes : *Micaela, Mikaela.*

MICHÈLE

Ce prénom est très répandu au milieu du XXe s.

- **Origine hébraïque,** signifie « comme Dieu ».
- Chiffre 1 – couleur rouge.
- Fête le 29 septembre.
- L'archange saint Michel est son saint patron.
- Caractère : **séduction, sérieux, détermination, travail.**
- Autre orthographe : *Michelle.*
- Espagnol : *Miguela.* Italien : *Michela.*

MICHELINE

Cette variante féminine de Michel est moins courante que Michèle.

- **Origine hébraïque,** signifie « comme Dieu ».
- Chiffre 6 – couleur rouge.
- Fête le 19 juin.
- Sainte Micheline (XIVe s.) entre chez les franciscaines après avoir perdu son mari et son fils. Au cours d'un pèlerinage à Jérusalem, Jésus lui apparaît.
- Caractère : **sensibilité, activité, méthode, détermination.**

MILLA

Milla est le diminutif de Ludmilla. Ce prénom est courant en Serbie et fait des adeptes dans les pays anglophones.

- **Origine slave,** signifie « aimée du peuple ».
- Chiffre 2 – couleur blanche.
- Fête le 16 septembre.
- Sainte Ludmilla est sa patronne.
- Caractère : **sociabilité, travail, charisme, générosité.**
- Variantes : *Ludmilla, Mila.*

MILLIE

Ce prénom est le diminutif de Mildred, il est présent dans tous les pays anglophones.

- **Origine germanique,** signifie « douce conseillère ».
- Chiffre 2 – couleur verte.
- Fête le 13 juillet.
- Sainte Mildred est une religieuse anglaise au VIIe s.
- Caractère : **affectivité, stabilité, générosité, discrétion.**
- Variante : *Mildred.*

MINNA

Ce prénom est un diminutif de Wilhelmina, forme germanique de Guillemette.

- **Origine germanique,** signifie « casque » et « volonté ».
- Chiffre 6 – couleur bleue.
- Fête le 10 janvier.
- Saint Guillaume, archevêque de Bourges au XIIIe s., consacre sa vie au service des pauvres, des malades et des débauchés.
- Caractère : **sens des responsabilités, conscience professionnelle, affectivité, dévouement.**
- Autre orthographe : *Mina.*

MINNIE

Ce prénom est un diminutif anglo-saxon de Wilhelmine.

- **Origine germanique,** signifie « volonté » et « protection ».
- Chiffre 1 – couleur verte.
- Fête le 10 janvier.
- Saint Guillaume, archevêque de Bourges au XIIIe s., consacre sa vie au service des pauvres, des malades et des débauchés.
- Caractère : **activité, volonté, ambition, autorité.**

MIREILLE

Cette forme dérivée de Marie a été pendant plusieurs décennies un favori en Provence.

- **Origine hébraïque,** signifie « goutte de mer ».
- Chiffre 2 – couleur rouge.
- Fête le 15 août.
- Sainte Marie, mère de Jésus, est sa patronne.
- Caractère : **altruisme,**

indépendance, ambition.
- Espagnol : *Mireya*. Italien : *Mirella*.

MOÏRA

L'origine de ce prénom est incertaine ; on peut le rattacher à Maur, dont il serait une forme féminine, ou au prénom polynésien Moïra, qui signifie « vallée fleurie ».

- Chiffre 2 – couleur orange.
- Fête le 26 janvier.
- Sainte Maura, jeune chrétienne martyrisée à Éphèse, en Asie Mineure, au Ier s., est la patronne de Moïra.
- Caractère : **sociabilité, diplomatie, volonté, travail.**

MONIQUE

Ce prénom est un classique de la première moitié du XXe s.

- **Origine grecque,** signifie « seule ».
- Chiffre 4 – couleur bleue.
- Fête le 27 août.
- Sainte Monique, chrétienne d'origine berbère du IVe s., est la mère de saint Augustin, qui se révèle un enfant difficile, insolent et fugueur avant de recevoir le baptême.
- Caractère : **réflexion, générosité, fidélité, rigueur.**
- Breton : *Mona*. Espagnol et italien : *Monica*.

MONTSERRAT

- **Origine espagnole.**
- Chiffre 8 – couleur bleue.
- Fête le 15 août.
- Sainte Marie est sa patronne.
- Caractère : **esprit pratique, équilibre, sens de la justice, rigueur.**

Les prénoms voués à la Vierge

En Espagne, de nombreux prénoms sont attribués aux petites filles en l'honneur de Marie : c'est le cas de Montserrat, pour la Vierge de Montserrat, patronne de la Catalogne ; de Macarena, pour la protectrice de Séville ; de Mercédès en référence à la Vierge de la Merced (de la Merci) à Barcelone ; de Milagros pour Notre-Dame de los Milagros, patronne des Canaries ; de Nievès pour Notre-Dame-des-Neiges.

MORGANE

Dans la légende médiévale, Morgane est la sœur du roi Arthur, fée bienveillante et guérisseuse dont les exploits sont cités dans les chansons de Merlin et d'Ogier le Danois.

Ce prénom mixte a connu son apogée dans les années 1980. Il est plus féminin que masculin.

- **Origine celtique,** signifie « enfant de la mer ».
- Chiffre 1 – couleur bleue.
- Fête le 13 juillet.
- Caractère : **volonté, vivacité, goût de l'aventure, originalité.**
- Variantes : *Morgaine*, *Morganenn*, *Morganez*, *Morrigaine*, *Morrigane*.

MORWENNA

Forme féminine de Morvan.

- **Origine celtique,** signifie « femme de la mer ».
- Chiffre 2 – couleur bleue.
- Fête le 22 octobre.
- Saint Morvan est évêque de Vannes au VIIe s.
- Caractère : **émotivité, charisme, adaptabilité, diplomatie.**
- Variante : *Morvena*.

MOUNA

- **Origine arabe,** signifie « désir ».
- Chiffre 1 – couleur orange.
- Caractère : **autorité, discipline, ambition, volonté.**

MURIEL

Forme normande de Marie.

- **Origine hébraïque,** signifie « goutte de mer ».
- Chiffre 6 – couleur verte.
- Fête le 15 août.
- Sainte Marie, mère de Jésus, est sa patronne.
- Caractère : **détermination, discrétion, fidélité, sensibilité.**

MYRIAM

Ce prénom est la forme originelle de Marie.

- **Prénom hébraïque,** signifie « goutte de mer ».
- Chiffre 7 – couleur bleue.
- Fête le 15 août.
- Sainte Marie est sa patronne.
- Caractère : **dynamisme, perfectionnisme, générosité, réserve.**
- Arabe : *Myriem*. Espagnol : *Miriam*.

MYRTILLE

- **Origine latine,** signifie « myrte ».
- Chiffre 6 – couleur rouge.
- Fête le 5 octobre.

- Sainte Fleur, religieuse dans le Quercy au XIVe s., est sa patronne.
- Caractère : **optimisme, épicurisme, persuasion, adaptabilité.**
- Anglo-saxon : *Myrtle.*

N

NABILA

- **Origine arabe,** signifie « généreuse ».
- Chiffre 1 – couleur orange.
- Caractère : **volonté, ambition, travail, sociabilité.**

NADÈGE

- **Origine slave,** signifie « espérance ».
- Chiffre 9 – couleur rouge.
- Fête le 18 septembre.
- Sainte Nadège, fille de sainte Sophie, vit en Asie Mineure au IIe s. : les hommes de l'empereur Hadrien l'arrêtent avec sa mère et ses sœurs et les condamnent au supplice.
- Caractère : **courage, travail, sensibilité, fidélité.**
- Russe : *Nadejda, Nadiona, Nadioussa, Najda.*

NADIA

Ce prénom est la forme espagnole de Nadège.

- **Origine slave,** signifie « espérance ».
- Chiffre 2 – couleur rouge.
- Fête le 18 septembre.
- Sainte Nadège est condamnée au supplice avec sa mère, sainte Sophie, et ses sœurs, en Asie Mineure, au IIe s.
- Caractère : **sensibilité, intuition, idéalisme, altruisme.**

NADINE

Les années 1960 voient le succès de ce prénom qui depuis est tombé dans l'oubli.

- **Origine slave,** signifie « espérance ».
- Chiffre 2 – couleur rouge.
- Fête le 18 septembre.
- Sainte Nadège meurt en martyre avec sa mère et ses sœurs en Asie Mineure, au IIe s., à la suite des persécutions de l'empereur Hadrien.
- Caractère : **exigence, passion, indépendance, volonté.**

NAÏS

Ce prénom est le diminutif d'Anaïs, forme méridionale d'Anne.

- **Origine hébraïque,** signifie « grâce ».

- Chiffre 8 -- couleur bleue.
- Fête le 26 juillet.
- Sainte Anne est la mère de la Vierge Marie.
- Caractère : **énergie, sens des responsabilités, charme, franchise.**

NANCY

Ce prénom est la forme anglo-saxonne d'Anne, très prisée aux États-Unis.

- **Origine hébraïque,** signifie « grâce ».
- Chiffre 3 – couleur bleue.
- Fête le 26 juillet.
- Sainte Anne est la mère de la Vierge Marie.
- Caractère : **charme, sociabilité, détermination, diplomatie.**

NANTHILDE

Ce prénom est porté par la deuxième femme de Dagobert Ier au VIIe s.

- **Origine germanique,** signifie « combat de chef ».
- Chiffre 6 – couleur verte.
- Caractère : **fidélité, sens des responsabilités, stabilité, affectivité.**

NAOMI

Cette forme originelle de Noémi est en vogue aux États-Unis.

- **Origine hébraïque,** signifie « gracieuse ».
- Chiffre 7 – couleur bleue.
- Fête le 21 août.
- Noémi, personnage biblique, est la belle-mère de Ruth, à Bethléem, en Judée.
- Caractère : **curiosité, goût de l'aventure, persuasion.**

NATALÈNE

Ce prénom est une variante de Nathalie.

- **Origine latine,** signifie « natale ».
- Chiffre 9 – couleur verte.
- Fête le 10 novembre.
- Sainte Natalène, fille d'un noble languedocien du Ve s., doit, sur ordre de son père, être noyée à sa naissance. La servante chargée de la besogne a pitié et la dépose sur le bord du fleuve où elle est recueillie par une jeune chrétienne qui l'élève dans la foi. Son père apprenant qu'elle est en vie la capture et la fait décapiter.
- Caractère : **éloquence, rapidité, séduction, adaptabilité.**

NATHALIE

Ce prénom connaît un immense succès dans les années 1960.

- **Origine latine,** signifie « natale ».
- Chiffre 7 – couleur bleue.
- Fête le 27 juillet.
- Sainte Nathalie, épouse d'Aurèle

à Cordoue, au IXe s., cache un moine menacé par les persécutions de l'émir. Dénoncés, tous trois sont arrêtés et meurent en martyrs.
- Caractère : **réserve, esprit d'analyse, réflexion, fidélité.**
- Anglo-saxon et germanique : *Natalie*. Espagnol : *Natividad*. Italien : *Natalia*. Russe : *Natasha*.

NÉRÉA

Ce prénom basque est en pleine évolution.

- **Origine basque,** signifie « mienne ».
- Chiffre 7 – couleur jaune.
- Caractère : **calme, étude, réflexion, affectivité.**

NEILA

Si Niels est bien implanté dans les pays scandinaves, sa forme féminine commence tout juste à se manifester.

- **Origine celtique,** signifie « championne ».
- Chiffre 5 – couleur jaune.
- Caractère : **courage, ténacité, ambition, travail.**
- Variantes : *Niala, Nialla.*

NELLY

Ce prénom est une des formes anglo-saxonnes d'Hélène.

- **Origine grecque,** signifie « éclat du soleil ».
- Chiffre 5 – couleur rouge.
- Fête le 26 octobre.
- Sainte Nelly, religieuse enseignante en Égypte au début du XXe s., fait preuve d'un dévouement sans failles au service de sa congrégation.
- Caractère : **vivacité, curiosité, séduction, indépendance.**

NIAMH

Ce prénom est très en vogue en Irlande depuis 2010.

- **Origine celtique,** signifie « radieuse ».
- Chiffre 9 – couleur rouge
- Caractère : **ambition, travail, énergie, sociabilité.**

NICOLE

Cette forme féminine de Nicolas est un des classiques des années 1950.

- **Origine grecque,** signifie « victoire du peuple ».
- Chiffre 4 – couleur rouge.
- Fête le 6 décembre.
- Saint Nicolas, évêque de Myra, en Anatolie, au IIIe s., résiste aux persécutions de Dioclétien et poursuit son combat contre le paganisme.
- Caractère : **prudence, opiniâtreté, travail, affectivité.**
- Variantes : *Coline, Nicolin, Nicky.*
- Italien : *Nicoletta.*

NIKITA

Ce prénom est une forme russe de Nicétas, prénom rarissime en France. Il est aujourd'hui attribué aussi bien aux filles qu'aux garçons.

- **Origine grecque,** signifie « vainqueur ».
- Chiffre 8 – couleur bleue.
- Fête le 24 juin.
- Saint Nicétas est évêque et missionnaire en Serbie, au Ve s.
- Caractère : **ordre, travail, exigence, autorité.**

NINE

Ce prénom est une forme diminutive d'Anne.

- **Origine hébraïque,** signifie « grâce ».
- Chiffre 6 – couleur orange.
- Fête le 26 juillet.
- Sainte Anne est la mère de la Vierge Marie.
- Caractère : **harmonie, fidélité, affectivité, sens des responsabilités.**
- Variantes : *Nina, Ninon, Ninotchka.*

NINNOG

Ce prénom est un des grands traditionnels bretons.

- **Origine celtique,** signifie « sommet ».
- Chiffre 1 – couleur jaune.
- Fête le 4 juin.
- Sainte Ninnog, née en Grande-Bretagne au Ve s., accoste en Bretagne avec sa famille ; elle fonde un monastère près de Lorient.
- Caractère : **ambition, autorité, volonté, travail.**

NIOBA

Dans la mythologie grecque, Niobé est la fille de Tantale et la petite-fille de Zeus. Mariée, mère de sept garçons très forts et de sept filles très belles, et dotée d'une grande fortune, elle devrait louer les dieux, mais elle les provoque. Les dieux font périr sous ses yeux, les uns après les autres, tous ses enfants. La légende veut que Niobé soit changée en rocher, mais que ses larmes continuent de couler…

- **Origine grecque,** signifie « fougère ».
- Chiffre 5 – couleur rouge.
- Fête le 5 octobre.
- Sainte Fleur, religieuse dans le Quercy au XIVe s., est sa patronne.
- Caractère : **vivacité, curiosité, intelligence, goût de l'aventure.**

NOA

Dans la Bible, Noa est une descendante de Joseph.

- **Origine hébraïque,** signifie

« la mouvante ».
- Chiffre 3 – couleur verte.
- Caractère : **énergie, sociabilité, adaptabilité, goût de l'aventure.**
- Autre orthographe : *Noah.*

NOÉLIE

Cette variante de Noëlle progresse depuis 2000.

- **Origine hébraïque,** signifie « Dieu est avec nous ».
- Chiffre 6 – couleur bleue.
- Fête le 25 décembre.
- Caractère : **intuition, idéalisme, imagination, sensibilité.**
- Variante : *Noéline.*

NOËLLE

- **Origine hébraïque,** signifie « Dieu avec nous ».
- Chiffre 9 – couleur rouge.
- Fête le 25 décembre.
- Caractère : **sensibilité, idéalisme, émotivité, romantisme.**
- Breton : *Nédéleg, Novela, Novelenn.* Espagnol : *Noella.*

NOÉMI

Rare pendant des siècles, Noémi apparaît discrètement à l'état civil.

- **Origine hébraïque,** signifie « gracieuse ».
- Chiffre 7 – couleur jaune.
- Fête le 21 août.
- Dans la Bible, Noémi est la belle-mère de Ruth.
- Caractère : **critique, exigence, prudence, travail.**

NOLWENN

Longtemps resté cantonné à sa région, Nolwenn est aujourd'hui apprécié dans la France entière.

- **Origine celtique,** signifie « agneau blanc ».
- Chiffre 7 – couleur blanche.
- Fête le 6 juillet.
- Sainte Nolwenn, princesse de Cornouailles du VIe s., se fait ermite en Bretagne. Un païen des environs la poursuit de ses assiduités. Comme elle le repousse, il la fait décapiter.
- Caractère : **sensibilité, intuition, altruisme, rêverie.**
- Diminutifs : *Nolwenna, Nolwennig.*
- Variantes : *Gwennoal, Gwennig, Noalig, Noluen, Noyale.*

NONN

- **Origine galloise,** de signification inconnue.
- Chiffre 3 – couleur bleue.
- Fête le 2 mars.
- Sainte Nonn, jeune Galloise du VIe s. violée par un prince gallois, s'enfuit en Bretagne où elle met au monde un fils, saint Dewi, qu'elle élève pieusement.

- Caractère : **communication, harmonie, éclectisme, sens artistique.**
- Variantes : *Nonna, Nonnen.*

NORA

Ce prénom peut être considéré comme le diminutif d'Éléonore.

- **Origine grecque,** signifie « compassion ».
- Chiffre 3 – couleur orange.
- Fête le 25 juin.
- Sainte Éléonore, belle-sœur de Saint Louis, épouse du roi d'Angleterre Henri III, se retire dans un monastère de bénédictines à la mort de son mari.
- Caractère : **sociabilité, franchise, adaptabilité, indépendance.**
- Irlandais : *Noreen.*

NORIANE

Ce prénom est une forme dérivée d'Éléonore.

- **Origine grecque,** signifie « compassion ».
- Chiffre 4 – couleur bleue.
- Fête le 25 juin.
- Sainte Éléonore est sa patronne.
- Caractère : **séduction, vivacité, détermination, curiosité.**

NORIG

Ce prénom est une forme diminutive d'Énora.

- **Origine celtique,** signifie « honneur ».
- Chiffre 2 – couleur verte.
- Fête le 14 octobre.
- Sainte Énora, femme de saint Efflam, vit dans un oratoire en Bretagne, au Ve s.
- Caractère : **diplomatie, émotivité, adaptabilité, charisme.**

NORMA

Ce prénom est la forme féminine de Norman.

- **Origine germanique,** signifie « femme du Nord ».
- Chiffre 7 – couleur orange.
- Fête le 6 juin.
- Saint Norbert, évêque de Magdebourg au XIe s., est son patron.
- Caractère : **étude, réflexion, réserve, spititualité.**

NOURA

- **Origine arabe,** signifie « la lumineuse ».
- Chiffre 8 – couleur rouge.
- Caractère : **équilibre, ambition, harmonie, sens de la justice.**

NOVA

Ce prénom tout neuf est en pleine évolution dans les pays scandinaves.

- **Origine latine,** signifie « nouvelle ».
- Chiffre 7 – couleur verte.
- Caractère : **réflexion, sérieux, étude, curiosité.**

O

OANEL

Ce prénom est la forme bretonne d'Agnès.

- **Origine grecque,** signifie « chaste ».
- Chiffre 9 – couleur verte.
- Fête le 21 janvier.
- Sainte Agnès est sa patronne.
- Caractère : **générosité, altruisme, idéalisme, énergie.**
- Autre orthographe : *Oanelle.*
- Diminutifs : *Nelig, Oanez, Oanig.*

OCÉANE

Dans la mythologie grecque, Océan est l'aîné des Titans et le père des Océanides, nymphes de la mer et des eaux. Ce prénom apparaît à l'état civil dans le sillage de Marine.

- **Origine grecque,** signifie « océan ».
- Chiffre 7 – couleur bleue.
- Fête le 2 novembre.
- Saint Océan est un soldat romain en garnison en Asie Mineure au début du IVe s. Chrétien, il refuse de renier sa foi et meurt sur le bûcher.
- Caractère : **activité, dynamisme, perfectionnisme, générosité.**
- Variante : *Ocella.*

OCELLA

Ce prénom est une des formes féminines d'Océan.

- **Origine grecque,** signifie « océan ».
- Chiffre 3 – couleur bleue.
- Fête le 2 novembre.
- Saint Océan, soldat romain en garnison en Asie Mineure au IVe s., est brûlé vif pour avoir refusé de renier sa foi.
- Caractère : **intuition, harmonie, diplomatie, équilibre.**

OCTAVIE

Ce prénom, forme féminine d'Octave, est en vogue dans la Rome antique ; il est porté par la femme de Néron et la femme d'Antoine.

- **Origine latine,** signifie « huitième ».
- Chiffre 3 – couleur bleue.
- Fête le 20 novembre.
- Saint Octave, légionnaire dans

l'armée romaine dans le Valais, au IVe s., refuse d'adorer les dieux païens ; il est mis à mort.
- Caractère : **générosité, fantaisie, curiosité, sociabilité.**
- Italien : *Ottavia.*

ODETTE

Ce prénom est en vogue au début du XXe s.

- **Origine germanique,** signifie « richesse ».
- Chiffre 6 – couleur jaune.
- Fête le 20 avril.
- Sainte Odile, fille du duc d'Alsace au VIIe s., naît aveugle. Son père veut la tuer, mais sa mère la cache dans un couvent ; elle recouvre la vue le jour de son baptême. Apprenant qu'elle est vivante et guérie, son père la fait revenir au château et veut la marier. Mais Odile s'y oppose, s'enfuit et se réfugie dans une grotte des environs. Le duc, sermonné par l'évêque, lui donne son château afin qu'elle l'aménage en monastère et en hospice.
- Caractère : **générosité, force de caractère, efficacité, séduction.**

ODIANE

Ce prénom est un dérivé moderne d'Odette.

- **Origine germanique,** signifie « richesse ».
- Chiffre 3 – couleur rouge.
- Fête le 13 décembre.
- Sainte Odile est sa patronne.
- Caractère : **communication, calme, équilibre, stabilité.**

ODILE

- **Origine germanique,** signifie « richesse » et « combat ».
- Chiffre 9 – couleur verte.
- Fête le 13 décembre.
- Sainte Odile, fille du duc d'Alsace au VIIe s., est rejetée par son père qui veut la tuer : c'est une fille et de surcroît elle est née aveugle ! Sa mère la confie à un couvent. Elle recouvre la vue à son baptême. Son père la fait revenir au château et décide de la marier. Mais Odile désirant se consacrer à Dieu, elle s'enfuit et demande à l'évêque sa protection. Celui-ci réussit à convaincre le duc de donner son château à sa fille pour l'aménager en monastère.
- Caractère : **spiritualité, altruisme, générosité, rêverie.**
- Espagnol : *Odilia.* Provençal : *Oudilo.*
- Variante : *Odiane.*

ODYSSEA

Ce prénom fait référence à l'œuvre d'Homère, L'Iliade *et* L'Odyssée.

- Chiffre 7 – couleur bleue.
- Caractère : **spiritualité, étude, réflexion, discrétion.**

OLGA

- **Origine slave,** signifie « consacrée aux dieux ».
- Chiffre 8 – couleur rouge.
- Fête le 11 juillet.
- Sainte Olga, grande-duchesse de Kiev au Xe s., s'efforce, le temps de la régence exercée pendant la minorité de son fils, de répandre le christianisme dans son pays.
- Caractère : **énergie, autorité, exigence, opportunisme.**

OLIVIA

- **Origine latine,** signifie « olive ».
- Chiffre 5 – couleur jaune.
- Fête le 12 juillet.
- Saint Olivier, prêtre irlandais, passe quinze années à Rome au XVIIe s., puis revient chez lui pour être nommé évêque. Calomnié, il est pendu.
- Caractère : **réflexion, étude, indépendance, rapidité.**

OLYMPE

- **Origine grecque,** d'Olumpos, nom d'une montagne de Thessalie.
- Chiffre 5 – couleur orange.
- Fête le 17 décembre.
- Sainte Olympe, aristocrate byzantine du IVe s., veuve du préfet de Constantinople, prend le voile, et investit sa fortune dans la construction d'un hôpital.
- Caractère : **dynamisme, indépendance, courage, travail.**
- Espagnol et italien : *Olimpia.*

OMBELINE

Ce prénom distingué connaît un discret succès.

- **Origine latine,** signifie « ombrelle ».
- Chiffre 3 – couleur bleue.
- Fête le 21 août.
- Sainte Ombeline, sœur de saint Bernard, au XIIe s., est une jeune fille frivole que son frère sermonne. Elle prend le voile chez les cisterciennes en Bourgogne et meurt en odeur de sainteté.
- Caractère : **équilibre, franchise, sociabilité, curiosité.**

ONDINE

Dans la mythologie latine, Ondine est la déesse des Eaux. Ce prénom marin a précédé Marine et Océane à l'état civil.

- **Origine latine,** signifie « onde ».
- Chiffre 7 – couleur bleue.
- Caractère : **spiritualité, rêverie, étude, méditation.**
- Espagnol : *Ondina.*

ONNEN

- **Origine celtique,** signifie « frêne ».
- Chiffre 8 – couleur orange.
- Fête le 30 avril.
- Sainte Onnen, sœur du roi d'Armorique Judicaël, vit et meurt en ermite dans la lande bretonne au VIIe s.
- Caractère : **sensibilité, réflexion, sens de la justice, altruisme.**
- Variante : *Oona.*

OPHÉLIE

Ce prénom connaît deux brèves phases de succès, au XIXe s. et à la fin du XXe s.

- **Origine grecque,** signifie « recours ».
- Chiffre 7 – couleur jaune.
- Fête le 18 juin.
- Sainte Osanna, moniale hongroise du XVe s., est sa patronne.
- Caractère : **secret, méditation, étude, intuition.**
- Anglo-saxon et germanique : *Ophelia.* Espagnol et italien : *Ofelia.*

ORANE

Ce prénom est un dérivé d'Aure.

- **Origine latine,** signifie « en or ».
- Chiffre 8 – couleur rouge.
- Fête le 19 juillet.
- Sainte Aura, moniale espagnole, est arrêtée à Cordoue, au IXe s. Sommée d'abjurer, elle refuse ; elle est condamnée à mort avec les autres religieuses de sa congrégation.
- Caractère : **passion, énergie, indépendance, curiosité.**
- Variante : *Oriane.*

ORLA

- **Origine celtique,** signifie « princesse en or ».
- Chiffre 1 – couleur jaune.
- Fête le 19 juillet.
- Sainte Aura est sa patronne.
- Caractère : **énergie, émotivité, travail, rapidité.**

ORLANE

Ce prénom est la version francisée d'Orlana, dérivé d'Orlanda, forme italienne de Rolande.

- **Origine germanique,** signifie « terre glorieuse ».
- Chiffre 2 – couleur rouge.
- Fête le 15 septembre.
- Saint Roland est son patron.
- Caractère : **énergie, charme, sensibilité, idéalisme.**

ORNELLA

Ce prénom très en vogue est une forme italienne d'Aure.

- **Origine latine,** signifie « en or ».
- Chiffre 5 – couleur rouge.
- Fête le 19 juillet.
- Sainte Aura est religieuse en Espagne à Cordoue, au IXe s. Arrêtée, elle refuse de renier sa foi ; elle est condamnée à mort avec ses compagnes.
- Caractère : **passion, émotivité, persévérance, exigence.**

P

PALMYRE

- **Origine grecque,** de Palmura, nom d'une antique cité syrienne.
- Chiffre 9 – couleur rouge.
- Caractère : **secret, idéalisme, étude, réflexion.**
- Espagnol : *Palmira.*

PALOMA

Ce prénom est apprécié dans les pays hispaniques.

- **Origine latine,** signifie « colombe ».
- Chiffre 4 – couleur verte.
- Fête le 31 décembre.
- Sainte Colombe, jeune noble espagnole du IIIe s., demande le baptême et quitte sa famille pour rejoindre une colonie chrétienne à Sens, en Gaule. Elle est arrêtée par les soldats de l'empereur Aurélien et décapitée.
- Caractère : **franchise, courage, détermination, autorité.**

PAMÉLA

Ce prénom est inspiré d'un prénom littéraire, issu d'un roman anglais de Samuel Richardson.

- Chiffre 3 – couleur bleue.
- Caractère : **franchise, vivacité, optimisme, curiosité.**

PAOLA

Ce prénom est la forme italienne de Paule.

- **Origine latine,** signifie « petite ».
- Chiffre 9 – couleur rouge.
- Fête le 26 janvier.
- Sainte Paule vit à Rome au IVe s. Veuve très jeune avec cinq enfants, elle se convertit à la suite d'une rencontre avec saint Jérôme. Ses enfants élevés, elle s'établit à Bethléem avec sa fille et y fonde un monastère.
- Caractère : **autorité, activité, intelligence, goût de la perfection.**

PAQUITA

Forme espagnole de Marguerite.

- **Origine latine,** signifie « perle ».
- Chiffre 4 – couleur verte.
- Fête le 20 juillet.
- Sainte Marguerite d'Antioche, fille d'un religieux païen du IIIe s. et convertie par sa nourrice, est chassée par son père après son baptême. Le préfet d'Orient s'éprend d'elle et la fait enlever. Comme elle refuse ses avances, il la fait périr.
- Caractère : **volonté, travail, franchise, fidélité.**

PASCALE

Ce prénom est le féminin de Pascal.

- Fête le 17 mai.
- **Origine hébraïque,** signifie « passage ».
- Chiffre 3 – couleur orange.
- Saint Pascal est son patron.
- Caractère : **sociabilité, vivacité, curiosité, fantaisie.**
- Variante : *Pascaline.*
- Italien : *Pasqualina.*

PATRICIA

Ce féminin de Patrice connaît le succès dans les années 1950.

- **Origine latine,** signifie « patricien ».
- Chiffre 5 – couleur orange.
- Fête le 25 août.
- Sainte Patricia, jeune chrétienne de la bonne société romaine du IVe s., subit le martyre avec son mari et son fils.
- Caractère : **franchise, charme, indépendance, rapidité.**
- Espagnol : *Tricia.* Italien : *Patrizia.*

PAULE

Ce prénom est le féminin de Paul.

- **Origine latine,** signifie « petite ».
- Chiffre 1 – couleur rouge.
- Fête le 26 janvier.
- Sainte Paule vit à Rome au IVe s. Veuve très jeune avec cinq enfants, elle se convertit à la suite d'une rencontre avec saint Jérôme. Ses enfants élevés, elle s'établit à Bethléem avec sa fille et y fonde un monastère.
- Caractère : **autorité, activité, intelligence, goût de la perfection.**
- Variante : *Paulette.*
- Anglo-saxon : *Paula.* Italien : *Paola.* Russe : *Pavla.*

PAULINE

Cette forme féminine de Paul connaît le succès aux XVIIIe et XIXe s., et depuis les années 1980.

- **Origine latine,** signifie « faible ».
- Chiffre 6 – couleur rouge.
- Fête le 9 juillet.

- Sainte Pauline, religieuse missionnaire en Chine à la fin du XIXe s., est martyrisée puis exécutée en 1900 par les Boxers, secte de fanatiques opposés à la présence d'Occidentaux dans leur pays.
- Caractère : **douceur, calme, sens artistique, affectivité.**
- Espagnol : *Paulina.*

PEGGY

Ce prénom est une forme anglo-saxonne de Marguerite.

- **Origine latine,** signifie « perle ».
- Chiffre 6 – couleur verte.
- Fête le 20 juillet.
- Sainte Marguerite est sa patronne.
- Caractère : **dynamisme, curiosité, fantaisie, épicurisme.**

PÉLAGIE

- **Origine grecque,** signifie « pleine mer ».
- Chiffre 1 – couleur bleue.
- Fête le 8 octobre.
- Sainte Pélagie, jeune fille chrétienne en Asie Mineure au début du IVe s., est poursuivie par les soldats de l'empereur Dioclétien ; elle se jette par la fenêtre pour leur échapper.
- Caractère : **audace, passion, volonté, courage.**

PÉNÉLOPE

Ce prénom dérivé d'Hélène est illustré dans la mythologie grecque par la femme d'Ulysse, symbole de la fidélité conjugale, qui attendit vingt ans le retour de son mari sans céder à ses prétendants.

- **Origine grecque,** signifie « éclat du soleil ».
- Chiffre 7 – couleur bleue.
- Fête le 18 août.
- Sainte Hélène, fille d'aubergiste à Rome, au IIIe s., est séduite par Constance Chlore, empereur romain d'Occident, dont elle a un fils, Constantin. Répudiée, elle quitte la cour, mais son fils la rappelle lorsqu'il accède au trône en 306. Hélène se convertit à soixante ans. Très influente, elle défend la cause des chrétiens, multiplie les dons et favorise la construction de monastères en Palestine.
- Caractère : **sociabilité, réserve, curiosité, sens de l'observation.**
- Anglo-saxon : *Penny.*

PERLE

- **Origine latine,** signifie « perle ».
- Chiffre 2 – couleur verte.
- Fête le 20 juillet.

- Sainte Marguerite d'Antioche, fille d'un religieux païen du IIIe s. et convertie par sa nourrice, est chassée par son père après son baptême. Le préfet d'Orient s'éprend d'elle et la fait enlever. Comme elle refuse ses avances, il la fait périr.
- Caractère : **volonté, autorité, indépendance, émotivité.**
- Anglo-saxon : *Pearl.* Breton : *Perlezen.*

PERNELLE

Ce prénom est une variante de Pétronille.

- **Origine latine,** signifie « pierre ».
- Chiffre 9 – couleur verte.
- Fête le 31 mai.
- Sainte Pétronille, Romaine du Ier s., est baptisée par saint Pierre et meurt en martyre.
- Caractère : **sensibilité, idéalisme, dévouement, rêverie.**
- Anglo-saxon : *Pernella.*

PERRINE

- **Origine latine,** signifie « pierre ».
- Chiffre 4 – couleur rouge.
- Fête le 27 décembre.
- Sainte Perrine, jeune Angevine de dix-huit ans, est arrêtée sous la Révolution et, accusée d'être chrétienne, est décapitée.
- Caractère : **sensibilité, prudence, passion, charisme.**

PÉTRONILLE

Ce prénom est une autre forme féminine de Pierre, plus courante que Pierrette.

- **Origine latine,** signifie « pierre ».
- Chiffre 9 – couleur verte.
- Fête le 31 mai.
- Sainte Pétronille, Romaine du Ier s., est baptisée par saint Pierre et meurt en martyre.
- Caractère : **sensibilité, rêverie, idéalisme, dévouement.**
- Breton : *Pétrounel.* Espagnol : *Petronila.*

PHÈDRE

Dans la mythologie grecque, ce prénom est celui de la fille du roi Minos ; elle épouse Thésée et tombe amoureuse d'Hippolyte, son beau-fils, qui la repousse. Vexée, Phèdre le dénonce à son mari qui voue le jeune homme à la colère du dieu Poséidon. Dévorée de remords, Phèdre se pend. Son histoire est le thème de tragédies, écrites par Sénèque, Euripide et Racine.

- **Origine grecque,** signifie « brillante ».
- Chiffre 2 – couleur jaune.
- Anglo-saxon : *Phedra.*

PHILADELPHIE

Ce prénom est très en vogue aux États-Unis, probablement en raison de sa consonance géographique en référence à la ville.

- **Origine grecque,** signifie « qui aime ses frères ».
- Chiffre 6 – couleur rouge.
- Fête le 10 mai.
- Sainte Philadelphe, Sicilienne du IIIe s., est arrêtée et conduite au supplice avec la petite communauté de chrétiens à laquelle elle appartient.
- Caractère : **sensibilité, harmonie, générosité, écoute.**
- Anglo-saxon : *Philadelphia.*

PHILIPPINE

Forme féminine de Philippe.

- **Origine grecque,** signifie « qui aime les chevaux ».
- Chiffre 6 – couleur jaune.
- Fête le 18 novembre.
- Sainte Philippine, religieuse sous la Révolution, se dévoue aux prisonniers. Elle part ensuite pour la Louisiane où elle assure l'éducation des jeunes filles.
- Caractère : **élégance, perfectionnisme, sensibilité, indépendance.**
- Variante : *Philippa.*
- Anglo-saxon : *Philippa.*

PHILOMÈNE

- **Origine grecque,** signifie « qui aime la parole ».
- Chiffre 7 – couleur orange.
- Fête le 10 août.
- Sainte Philomène, jeune vierge romaine, meurt en martyre à Rome, au IVe s.
- Caractère : **calme, intuition, affectivité, réflexion.**
- Anglo-saxon : *Philomena.*

PHYLLIS

- **Origine grecque,** signifie « feuillage ».
- Chiffre 2 – couleur verte.
- Fête le 5 octobre.
- Sainte Fleur est sa patronne.
- Caractère : **douceur, calme, charme, sensibilité.**

PIA

Ce prénom est courant en Italie.

- **Origine latine,** signifie « pieuse ».
- Chiffre 8 – couleur verte.

PIERRETTE

Ce féminin de Pierre connaît le succès au début du XXe s.

- **Origine latine,** signifie « pierre ».
- Chiffre 8 – couleur jaune.
- Fête le 29 juin.
- Saint Pierre est le chef des Apôtres et le premier pape de la chrétienté.
- Caractère : **volonté, courage, ambition, affectivité.**
- Espagnol : *Petra.* Italien : *Piera.*

PRISCILLE

Les années 1980 voient son apogée.

- **Origine latine,** signifie « antique ».
- Chiffre 4 – couleur bleue.
- Fête le 16 janvier.
- Sainte Priscille, riche propriétaire à Rome, au Ier s., met sa maison à la disposition de saint Pierre pour les rencontres de fidèles. Elle y enterre les corps des martyrs chrétiens victimes des persécutions.
- Caractère : **réflexion, bon sens, affectivité, tradition.**
- Variantes : *Praxilla, Prisca, Priscilla.*

PRUNE

Ce prénom connaît une vague de succès dans les années 1980.

- **Origine française,** du nom de la prune, fruit du prunier.
- Chiffre 2 – couleur verte.
- Fête le 5 octobre.
- Sainte Fleur, religieuse dans le Quercy au XIVe s., est sa patronne.
- Caractère : **charme, vivacité, travail, intuition.**
- Variante : *Prunelle.*
- Anglo-saxon : *Prunella.*

Q-R

QUINTILLA

Forme féminine de Quentin.

- **Origine latine,** signifie « cinquième ».
- Chiffre 7 – couleur rouge.
- Fête le 31 octobre.
- Saint Quentin, cinquième enfant d'un sénateur romain du IIIe s., devient prêtre et quitte son pays pour évangéliser la Picardie. Arrêté sur l'ordre de l'empereur Maximien, il est emprisonné et décapité à Vermand (aujourd'hui Saint-Quentin).
- Caractère : **combativité, sens des affaires, opiniâtreté, travail.**
- Variante : *Quintiane.*

QUITTERIE

- **Origine latine,** signifie « tranquille ».
- Chiffre 7 – couleur rouge.
- Fête le 22 mai.
- Sainte Quitterie, princesse espagnole du IIIe s., se fait baptiser secrètement, et refuse l'époux que son père lui impose. Il la fait décapiter.
- Caractère : **curiosité, vivacité, indépendance, sociabilité.**
- Espagnol : *Quiteria.*

RACHEL

Rachel, personnage biblique, est la femme de Jacob, la mère de Joseph et de Benjamin.

- **Origine hébraïque,** signifie « brebis ».
- Chiffre 2 – couleur orange.
- Fête le 15 janvier.
- Caractère : **exigence, passion, générosité, fidélité.**
- Espagnol : *Raquel*. Italien : *Raquele*.

RADEGONDE

Ce prénom médiéval est porté par la quatrième femme de Clotaire au VIe s.

- **Origine germanique,** signifie « combat » et « conseil ».
- Chiffre 1 – couleur orange.
- Caractère : **ambition, énergie, volonté, indépendance.**

RAMONA

Ce prénom est la forme espagnole de Raymonde.

- **Origine germanique,** signifie « conseil du monde ».
- Chiffre 8 – couleur bleue.
- Fête le 7 janvier.
- Saint Raymond, d'origine espagnole, est maître des dominicains en Espagne au XIIIe s., puis conseiller du pape. Il rédige plusieurs ouvrages de théologie et fonde l'ordre de Notre-Dame-de-la-Merci, pour le rachat des chrétiens captifs des musulmans.
- Caractère : **réserve, goût de l'aventure, sensibilité, adaptabilité.**

RAPHAËLLE

Comme Gabrielle, Raphaëlle n'a pas atteint le succès de sa forme masculine.

- **Origine hébraïque,** signifie « Dieu a guéri ».
- Chiffre 6 – couleur jaune.
- Fête le 29 septembre.
- Sainte Raphaëlle, mère de famille très nombreuse en Espagne au XIXe s., fonde plusieurs institutions pour l'accueil et l'éducation des jeunes filles pauvres.
- Caractère : **communication, créativité, énergie, sociabilité.**
- Anglo-saxon : *Raphaëla*.

RAYMONDE

C'est dans les années 1920 que ce féminin de Raymond connaît un relatif succès ; Aymone lui est préféré aujourd'hui.

- **Origine germanique,** signifie « conseil du monde ».
- Chiffre 5 – couleur bleue.
- Fête le 7 janvier.

- Saint Raymond, d'origine espagnole, est maître des dominicains en Espagne au XIIIe s., puis conseiller du pape. Il rédige plusieurs ouvrages de théologie et fonde l'ordre de Notre-Dame-de-la-Merci, pour le rachat des chrétiens captifs des musulmans.
- Caractère : **réserve, goût de l'aventure, sensibilité, adaptabilité.**
- Autre orthographe : *Raimonde.*
- Variantes : *Aymone, Raymondine.*

REBECCA

Dans la Bible, Rebecca est la femme d'Isaac, la mère d'Esaü et de Jacob.

- **Origine hébraïque,** signifie « celle qui rassasie ».
- Chiffre 1 – couleur orange.
- Fête le 23 mars.
- Sainte Rebecca, jeune Libanaise enseignant dans un monastère au début du XXe s., a souffert des stigmates de la Passion.
- Caractère : **activité, indépendance, autorité, détermination.**
- Espagnol : *Rebeca.*

RÉGINE

Ce prénom est la forme féminine de Régis.

- **Origine latine,** signifie « reine ».
- Chiffre 4 – couleur orange.
- Fête le 7 septembre.
- Sainte Reine est sa patronne.
- Caractère : **émotivité, travail, sens des responsabilités, rigueur.**
- Variantes : *Reine, Réjane.*
- Espagnol et italien : *Regina, Gina.*

REINE

Ce prénom est la forme francisée de Régine.

- **Origine latine,** signifie « reine ».
- Chiffre 6 – couleur verte.
- Fête le 7 septembre.
- Sainte Reine, jeune chrétienne d'Alésia, en Bourgogne, au IIIe s., repousse les avances du proconsul qui la fait décapiter.
- Caractère : **affectivité, dévouement, diplomatie, harmonie.**

RÉJANE

C'est la grande comédienne qui rend ce prénom célèbre au début du XXe s.

- **Origine latine,** signifie « reine ».
- Chiffre 8 – couleur verte.
- Fête le 7 septembre.
- Sainte Reine, jeune chrétienne d'Alésia, en Bourgogne, au IIIe s., est décapitée par le proconsul dont elle refuse les avances.
- Caractère : **énergie, volonté, ambition, courage.**

RENALDA

Ce prénom est la forme féminine italienne de Renaud.

- **Origine germanique,** signifie « conseil de gouverneur ».
- Chiffre 1 – couleur orange.
- Fête le 17 septembre.
- Saint Renaud, moine dans une abbaye de Soissons au XIIe s., termine sa vie en ermite.
- Caractère : **ambition, dynamisme, sensibilité, indépendance.**
- Variantes : *Rénaldine, Rénilde.*

RENÉE

Ce prénom est le féminin de René.

- **Origine latine,** signifie « née à une nouvelle vie ».
- Chiffre 2 – couleur bleue.
- Fête le 1er février.
- Sainte Renée, paysanne angevine sous la Révolution, est fusillée à vingt-sept ans pour avoir refusé de renier sa foi.
- Caractère : **activité, travail, opportunisme, sens de l'organisation.**
- Breton : *Rénéa.* Italien : *Renata.*

RHÉA

- **Origine grecque,** du nom de la déesse de la Terre, fille d'Ouranos et de Gaïa, épouse de Cronos, mère de Déméter, d'Héra, de Poséidon et de Zeus.
- Chiffre 5 – couleur rouge.
- Caractère : **adaptabilité, indépendance, goût de l'aventure, sensibilité.**

RHIANNON

- **Origine galloise,** signifie « bonté ».
- Chiffre 3 – couleur verte.
- Caractère : **créativité, communication, sens artistique, éclectisme.**

RICHARDE

Ce prénom, féminin de Richard, a toujours été rare à l'état civil.

- **Origine germanique,** signifie « roi fort ».
- Chiffre 3 – couleur rouge.
- Fête le 18 septembre.
- Sainte Richarde, épouse du roi de France Charles II le Gros, au IXe s., se retire dans le monastère qu'elle a créé près de Strasbourg à son veuvage.
- Caractère : **sociabilité, altruisme, adaptabilité, dévouement.**
- Espagnol : *Rica, Ricarda.* Italien : *Ricca, Riccarda.*

RICHILDE

Ce prénom médiéval est la forme féminine alsacienne de Richard.

- **Origine germanique,** signifie « combat de roi ».
- Chiffre 5 – couleur rouge.
- Caractère : **sociabilité, altruisme, adaptabilité, dévouement.**

RITA

Ce prénom est un diminutif de Marguerite.

- **Origine latine,** signifie « perle ».
- Chiffre 3 – couleur orange.
- Fête le 22 mai.
- Sainte Rita, pieuse Italienne du XIVe s., entre au couvent à son veuvage, après avoir subi les violences de son époux et perdu ses deux enfants.
- Caractère : **charme, gentillesse, ambition, volonté.**

RIWANON

- **Origine celtique,** signifie « pique du roi ».
- Chiffre 4 – couleur rouge.
- Fête le 19 juin.
- Sainte Riwanon est la mère de saint Hervé en Bretagne, au VIe s.
- Caractère : **travail, rigueur, courage, ténacité.**
- Variante : *Rivanone.*

ROBERTE

Forme féminine de Robert.

- **Origine germanique,** signifie « gloire illustre ».
- Chiffre 7 – couleur rouge.
- Fête le 17 septembre.
- Saint Robert Bellarmin, aristocrate italien, professeur de théologie au XVIe s., devient légat du pape Clément VIII, puis cardinal et archevêque. Il est nommé docteur de l'Église.
- Caractère : **réflexion, étude, réserve, spiritualité.**
- Espagnol : *Roberta.*

ROCHELLE

Ce prénom est la forme féminine de Roch.

- **Origine germanique,** signifie « gloire ».
- Chiffre 8 – couleur verte.
- Fête le 16 août.
- Saint Roch, né à Montpellier au XIVe s., soigne les malades de la peste avec un immense dévouement ; atteint par la maladie, il se retire dans les bois. Revenu dans sa ville natale amaigri et hirsute, il est jeté en prison pour vagabondage et y meurt.
- Caractère : **courage, passion, combativité, efficacité.**

ROLANDE

Forme féminine de Roland.

- **Origine germanique,** signifie « gloire » et « terre ».

- Chiffre 6 – couleur verte.
- Fête le 15 septembre.
- Saint Roland est ermite en Italie au XIVe s.
- Caractère : **stabilité, fidélité, dynamisme, sens des responsabilités.**
- Espagnol : *Orlanda, Rolanda.*

ROMANE

Cette forme féminine de Romain connaît le succès depuis les années 1980.

- **Origine latine,** signifie « romaine ».
- Chiffre 3 – couleur verte.
- Fête le 28 février.
- Saint Romain, ermite dans le Jura au Ve s., fonde avec son frère Lupicin plusieurs monastères, parmi lesquels l'abbaye de Condat.
- Caractère : **vivacité, charme, enthousiasme, intuition.**

ROMÉA

- **Origine latine,** signifie « de la ville de Rome ».
- Chiffre 7 – couleur jaune.
- Fête le 25 février.
- Saint Roméo, moine à Limoges, meurt de la peste au XIVe s. en allant en pèlerinage à Rome.
- Caractère : **émotivité, ambition, générosité, altruisme.**
- Variante : *Romée.*
- Hongrois : *Romika.*

ROMY

Ce prénom est un diminutif de Rosemarie.

- **Origine latine** et **hébraïque,** signifie « rose » et « goutte de mer ».
- Chiffre 8 – couleur bleue.
- Fête le 23 août.
- Sainte Rose est sa patronne.
- Caractère : **sens pratique, équilibre, justice, rigueur.**

ROSALBA

Ce prénom est une forme composée d'origine latine qui signifie « rose blanche ».

- Chiffre 5 – couleur blanche.
- Fête le 23 août.
- Sainte Rose est sa patronne.
- Caractère : **sensibilité, indépendance, goût de l'aventure, adaptabilité.**

ROSALIE

En faveur au XIXe s., Rosalie revient discrètement à l'état civil.

- **Origine latine,** signifie « rose » et « lis ».
- Chiffre 7 – couleur bleue.
- Fête le 4 septembre.
- Sainte Rosalie est ermite en Sicile au XIIe s.
- Caractère : **curiosité, étude, réflexion, secret.**
- Espagnol : *Rosalia.*

ROSALINDE

- **Origine latine** et **germanique,** signifie « jolie rose ».
- Chiffre 7 – couleur banche.
- Fête le 23 août.
- Sainte Rose, née à Lima au Pérou au XVIe s., entre chez les dominicaines pour fuir le mari qu'on lui propose et s'impose jeûnes et sévices corporels.
- Caractère : **équilibre, rigueur, sens de la justice, travail.**
- Anglo-saxon : *Rosalind.* Italien : *Rosalinda.*

ROSANNE

Ce prénom est une forme composée de Rose et d'Anne qui apparaît au XVIIIe s. en Angleterre.

- **Origine latine** et **hébraïque,** signifie « rose » et « grâce ».
- Chiffre 9 – couleur verte.
- Fête le 23 août.
- Sainte Rose, Péruvienne du XVIe s., refuse de se marier et se retire dans un couvent.
- Caractère : **équilibre, rigueur, sens de la justice, travail.**
- Autre orthographe : *Roseanne.*
- Italien : *Rosanna.*

ROSE

Ce prénom très répandu au XIXe s. revient au top depuis 2000.

- **Origine latine,** signifie « rose ».
- Chiffre 3 – couleur bleue.
- Fête le 23 août.
- Sainte Rose, née à Lima au Pérou au XVIe s., refuse d'obéir à son père qui veut la marier et se réfugie chez les dominicaines.
- Caractère : **dynamisme, éloquence, vivacité, charme.**
- Espagnol et italien : *Rosa.* Néerlandais : *Rosel.*

ROSEMARIE

Ce prénom est une forme composée de Rose et de Marie.

- **Origine latine** et **hébraïque,** signifie « rose » et « goutte de mer ».
- Chiffre 4 – couleur bleue.
- Fête le 23 août.
- Sainte Rose est sa patronne.
- Caractère : **grâce, ambition, travail, détermination.**
- Diminutif : *Romy.*

ROSEMONDE

- **Origine latine,** signifie « rose ».
- Chiffre 5 – couleur verte.
- Fête le 23 août.
- Sainte Rose est sa patronne.
- Caractère : **indépendance, goût de l'aventure, sensibilité, adaptabilité.**
- Anglo-saxon : *Rosamond.* Espagnol et italien : *Rosamunda.*

ROSINE

Ce prénom est une variante de Rose.

- **Origine latine,** signifie « rose ».
- Chiffre 8 – couleur bleue.
- Fête le 11 mars.
- Sainte Rosine vit en ermite en Bavière, au XIIe s.
- Caractère : **énergie, écoute, sens pratique, dévouement.**
- Espagnol : *Rosina.*

ROSITA

Forme hispanique de Rose.

- **Origine latine,** signifie « rose ».
- Chiffre 1 – couleur verte.
- Fête le 23 août.
- Sainte Rose, jeune Péruvienne de Lima au XVIe s., refuse de se marier et entre au couvent où elle mène une vie de privations.
- Caractère : **autorité, ambition, travail, rigueur.**

ROWENA

Ce prénom gallois est le féminin de Rowen ou Riowen.

- **Origine celtique,** signifie « heureux roi ».
- Chiffre 3 – couleur violette.
- Fête le 14 août.
- Saint Riowen est moine à Redon, en Bretagne, au IXe s.
- Caractère : **communication, créativité, éclectisme, harmonie.**

ROXANE

Ce prénom a une histoire : Roxane est capturée avec son père en 327 av. J.-C. par les troupes d'Alexandre le Grand, qui, séduit par sa beauté, l'épouse. Elle a un fils, Alexandre Aigos, qui devient roi de Macédoine à son tour, mais elle est assassinée avec lui sur ordre de Cassandre.

- **Origine persane,** signifie « brillante comme l'aurore ».
- Chiffre 5 – couleur jaune.
- Fête le 7 septembre.
- Caractère : **écoute, dévouement, séduction, force de caractère.**
- Espagnol : *Roxana.* Italien : *Rosanna.*

ROZENN

Ce prénom est la forme bretonne de Rose.

- **Origine latine,** signifie « rose ».
- Chiffre 2 – couleur verte.
- Fête le 23 août.
- Sainte Rose est sa patronne.
- Caractère : **diplomatie, charme, adaptabilité, émotivité.**

RUBY

Ce prénom est en vogue dans les pays anglophones.

- **Origine anglaise,** fait référence à la couleur rubis et à la pierre précieuse du même nom.
- Chiffre 3 – couleur rouge.

- Caractère : **vivacité, sociabilité, créativité, sens artistique.**

RUTH

Ruth, personnage biblique, veuve très jeune, s'expatrie avec sa belle-mère Noémi, puis revient à Bethléem pour épouser Booz. Elle est l'arrière-grand-mère du roi David. Son histoire est racontée dans le Livre de Ruth.

- **Origine hébraïque,** signifie « celle qui compatit ».
- Chiffre 4 – couleur rouge.
- Fête le 3 juillet.
- Caractère : **prudence, générosité, travail, exigence.**

S

SABINE

- **Origine latine,** signifie « issue des Sabins », nom d'un peuple qui occupait l'Italie centrale.
- Chiffre 5 – couleur verte.
- Fête le 29 août.
- Sainte Sabine, riche aristocrate romaine du IIIe s., se fait baptiser et lègue son domaine à la communauté chrétienne.
- Caractère : **autorité, énergie, activité, éclectisme.**

- Anglo-saxon et italien : *Sabina.* Espagnol : *Savina.*

SABRINA

Ce prénom, très en vogue entre 1970 et 1990, est une forme dérivée de Sabine.

- **Origine latine,** signifie « issue de la famille des Sabins ».
- Chiffre 6 – couleur rouge.
- Fête le 29 août.
- Caractère : **ambition, indépendance, affectivité, rigueur.**

SAÏDA

Ce prénom est le féminin de Saïd.

- **Origine arabe,** signifie « la bienheureuse ».
- Chiffre 7 – couleur jaune.
- Caractère : **étude, réserve, intuition, prudence.**

SALLY

Ce prénom, courant aux États-Unis, est une forme diminutive de Sarah.

- **Origine hébraïque,** signifie « princesse ».
- Chiffre 6 – couleur rouge.
- Fête le 20 décembre.
- Caractère : **douceur, charme, générosité, affectivité.**
- Sainte Sarah est la servante de

Marie-Jacobi et de Marie-Salomé en Galilée, au Ier s. ; elle les suit pendant leur voyage vers la Gaule et s'installe avec elles en Provence. Elle meurt en Camargue. La ville des Saintes-Maries-de-la-Mer les vénère toutes les trois.
- Caractère : **altruisme, calme, douceur, calme, tradition.**

SALOMÉ

Ce joli prénom est une forme féminine de Salomon. Salomé, fille d'Hérodiade et nièce d'Hérode Antipas, séductrice redoutable et perverse, danse devant son oncle au cours d'une fête et lui demande en récompense qu'on lui apporte la tête de Jean le Baptiste sur un plateau.

- **Origine hébraïque,** signifie « paix ».
- Chiffre 2 – couleur verte.
- Fête le 22 octobre.
- Sainte Marie-Salomé est la mère des disciples Jacques et Jean.
- Caractère : **charme, courage, franchise, professionnalisme.**

SAMANTHA

Ce prénom est en vogue outre-Manche.

- **Origine germanique,** signifie « juste pensée ».
- Chiffre 9 – couleur rouge.
- Fête le 19 décembre.
- Sainte Samthann, moniale en Irlande au VIIIe s., recueille les enfants abandonnés, les élève, et convertit les mécréants.
- Caractère : **sensibilité, force de caractère, charme, fidélité.**
- Autre orthographe : *Samthann.*

SAMIA

Ce prénom très populaire est le féminin de Samy.

- **Origine arabe,** signifie « la céleste ».
- Chiffre 7 – couleur verte.
- Caractère : **discrétion, réflexion, conscience professionnelle, rigueur.**

SAMIRA

- **Origine arabe,** signifie « compagne des veillées ».
- Chiffre 7 – couleur violette.
- Caractère : **réflexion, étude, travail, réserve.**

SANDRA

Ce prénom est le diminutif d'Alexandra.

- **Origine grecque,** signifie « celle qui repousse ».
- Chiffre 3 – couleur bleue.
- Fête le 20 mars.
- Sainte Alexandra, chrétienne en Asie Mineure au IVe s.,

est martyrisée sur l'ordre de l'empereur Maximien pour avoir refusé de renier sa foi.
- Caractère : **communication, dynamisme, vivacité, séduction.**

SANDRINE

Ce prénom, dérivé d'Alexandre, fut un des favoris des années 1970.

- **Origine grecque,** signifie « celle qui repousse ».
- Chiffre 3 – couleur bleue.
- Fête le 20 mars.
- Sainte Alexandra meurt en martyre en Asie Mineure au IVe s. sous le règne de l'empereur Maximien.
- Caractère : **raffinement, éloquence, sens de l'observation, affectivité.**

SARAH

Dans la Bible, Sarah est l'épouse d'Abraham. Elle n'a pas eu d'enfant et en a toujours souffert. Bien qu'elle n'ait plus l'âge d'en avoir, un ange vient lui annoncer sa prochaine maternité. Isaac naît dans l'année.

Ce prénom fait partie des intemporels, toujours en vogue, jamais démodés.

- **Origine hébraïque,** signifie « princesse ».
- Chiffre 2 – couleur rouge.
- Fête le 20 décembre.
- Sainte Sarah est la servante de Marie-Jacobi et de Marie-Salomé en Galilée, au Ier s. ; elle les suit pendant leur voyage vers la Gaule et s'installe avec elles en Provence. Elle meurt en Camargue. La ville des Saintes-Maries-de-la-Mer les vénère toutes les trois.
- Caractère : **douceur, charme, générosité, affectivité.**
- Anglo-saxon : *Sally, Zarah.* Espagnol : *Sara, Saray.*

SASHA

Diminutif d'Alexandre, ce prénom s'orthographie Sacha pour les garçons et se féminise en Sasha.

- **Origine grecque,** signifie « qui repousse l'ennemi ».
- Chiffre 3 – couleur jaune.
- Fête le 22 avril.
- Sainte Alexandra est sa patronne.
- Caractère : **vivacité, adresse, tact, activité.**

SASKIA

Ce prénom rare a été illustré par la première femme de Rembrandt.

- **Origine germanique,** signifie « couteau ».
- Chiffre 6 – couleur bleue.
- Caractère : **harmonie, sens des responsabilités, tradition, générosité.**

SÉGOLÈNE

- **Origine germanique**, signifie « douce victoire ».
- Chiffre 1 – couleur verte.
- Fête le 24 juillet.
- Sainte Ségolène fonde un monastère destiné à soigner les lépreux près d'Albi, au VIIe s.
- Caractère : **curiosité, charisme, adaptabilité, éclectisme.**

SELÈNE

Dans la mythologie grecque, Séléné, sœur d'Hélios, le dieu Soleil, est la déesse Lune, jeune femme à la silhouette brillante et argentée. Une nuit, se penchant par-dessus les nuages, elle aperçoit un berger qui sommeille dans la campagne à l'abri d'une grotte. Elle s'en éprend et le maintient dans un sommeil magique pour l'éternité, afin de pouvoir, chaque nuit, s'étendre auprès de lui et l'embrasser.

- **Origine grecque,** signifie « lune ».
- Chiffre 6 – couleur blanche.
- Caractère : **douceur, affectivité, diplomatie, sensibilité.**
- Espagnol : *Selena*.

SELMA

Ce prénom est une des formes féminines d'Anselme.

- **Origine germanique,** signifie « protégée du dieu Ans ».
- Chiffre 5 – couleur verte.
- Fête le 21 avril.
- Saint Anselme, Italien, est ordonné prêtre en France au XIIe s., puis nommé archevêque de Canterbury pour son charisme et sa bonté. Il est proclamé docteur de l'Église.
- Caractère : **travail, volonté, opiniâtreté, rigueur.**

SÉPHORA

Ce prénom est la forme française de Tsipora, prénom biblique porté par une épouse de Moïse.

- **Origine hébraïque,** signifie « oiselle ».
- Chiffre 1 – couleur bleue.
- Caractère : **intuition, communication, sens pratique, harmonie.**
- Espagnol : *Sefora*.

SÉRAPHINE

- **Origine hébraïque,** signifie « séraphin ».
- Chiffre 9 – couleur bleue.
- Fête le 9 septembre.
- Sainte Séraphina était abbesse en Italie, au XVe s., dans un couvent où la vie était particulièrement dure. Elle y avait été enfermée par son mari pour la punir de son infidélité. Après deux années de réclusion, son époux la rappelle,

mais elle refuse de le suivre.
- Caractère : **imagination, sociabilité, indépendance, altruisme.**
- Variantes : *Séraphie, Séraphina.*

SERLANA

Ce prénom est une forme féminine slave de Serge.

- **Origine latine,** signifie « issu des Sergius », nom d'une famille romaine célèbre du Ier s.
- Chiffre 7 – couleur bleue.
- Fête le 25 septembre.
- Saint Serge de Radonège, ermite en Russie au XIVe s., fonde le monastère de La Trinité, et, devenu conseiller des princes, joue le rôle de médiateur.
- Caractère : **ambition, indépendance, imagination, sensibilité.**
- Variante : *Serlane.*

SERVANE

- **Origine latine,** signifie « esclave ».
- Chiffre 3 – couleur verte.
- Fête le 1er juillet.
- Saint Servan, prêtre du VIe s., évangélise une partie de l'Écosse, puis, chassé par les Barbares, se réfugie en Bretagne.
- Caractère : **communication, curiosité, adaptabilité, rêverie.**

SÉVERINE

- **Origine latine,** signifie « exigeante ».
- Chiffre 7 – couleur orange.
- Fête le 8 janvier.
- Saint Séverin, missionnaire en Europe centrale au Ve s., fonde plusieurs monastères pour accueillir malades, indigents et pèlerins.
- Caractère : **élégance, volonté, intuition, rigueur.**

Les prénoms mixtes

Pendant des décennies, les prénoms mixtes se limitaient aux deux grands classiques Claude et Dominique. Ils sont aujourd'hui beaucoup plus nombreux, en particulier dans les pays anglo-saxons. Voici les plus en vogue aujourd'hui : Adisson, Andréa, Ashley, Austen, Berckeley, Bertil, Beryl, Beverly, Calliste, Camille, Céleste, Charlie (diminutif de Charles), Clarence, Éden, Gwenn, Jayden, Jessie (diminutif de Jessé et de Jessica), Leslie, Lindsay, Mallaury, Maxence, Morgan, Noa, Sacha, Shannon, Shelley, Swann, Yaël.

SHANA

Ce prénom est l'une des formes irlandaises de Jeanne.

- **Origine hébraïque,** signifie « Dieu a fait grâce ».
- Chiffre 7 – couleur verte.
- Fête le 30 mai.
- Sainte Jeanne d'Arc est sa patronne.
- Caractère : **activité, curiosité, charme, énergie.**
- Variante : *Shanice.*

SHANNON

Ce prénom mixte apprécié par les familles irlandaises est plus courant pour les filles.

- **Origine irlandaise,** signifie « ancienne ».
- Chiffre 5 – couleur verte.
- Caractère : **adaptabilité, indépendance, goût de l'aventure, sensibilité.**
- Variante : *Shana.*

SHARON

Ce prénom est courant aux États-Unis pour les filles, alors qu'en Israël il est plutôt masculin. Il fait référence, dans l'Ancien Testament, à un lieu géographique situé au pied du mont Carmel.

- **Origine hébraïque,** signifie « plaine ».
- Chiffre 3 – couleur verte.
- Caractère : **sociabilité, adaptabilité, optimisme, indépendance.**

SHÉHÉRAZADE

Shéhérazade est un personnage de la série des contes anonymes arabes Les Mille et Une Nuits*, écrits entre le Xe et le XIIe s., à Bagdad, en Égypte et en Perse. Elle est l'amante séduisante, mystérieuse et pudique d'un sultan, parfaite incarnation, pour l'Occident, de la femme orientale.*

- **Origine persane,** du nom littéraire du conte.
- Chiffre 1 – couleur bleue.
- Caractère : **fantaisie, sensibilité, imagination, sociabilité.**

SHEILA

Forme anglo-saxonne de Cécilia, dérivé de Cécile.

- **Origine latine,** signifie « aveugle ».
- Chiffre 1 – couleur bleue.
- Fête le 22 novembre.
- Sainte Cécile, jeune patricienne romaine du IIe s., se fait baptiser et fait vœu de chasteté, mais elle est contrainte par ses parents d'épouser un païen, Valérien. Elle le persuade d'écouter saint Urbain qui lui enseigne la parole de Dieu. Valérien se fait baptiser avec son frère Tiburce, mais ils sont dénoncés, arrêtés et

De très nombreux saints figurent au calendrier sous le prénom de Jean

Saint Jean, disciple du Christ est l'auteur présumé du quatrième Évangile, de trois épîtres et de l'Apocalypse.
Saint Jean Chrysostome, évêque de Constantinople au IVe s. est docteur de l'Église.
Saint Jean le Baptiste, fils d'Élisabeth et de Zacharie, est né en Palestine au début du Ier s. Appelé par Dieu pour se retirer dans le désert, il s'établit sur la rive du Jourdain pour baptiser tous ceux qu'il convertit.
Saint Jean Bosco, Piémontais du XIXe s., voue sa vie à l'éducation des enfants pauvres.

martyrisés. Cécile les ensevelit avant de subir à son tour le martyre.
- Caractère : **émotivité, charme, générosité, sens artistique.**

SHELLEY

Ce prénom est une forme anglo-saxonne de Cécile. Il est mixte en Angleterre, avec une tendance féminine.

- **Origine latine,** signifie « aveugle ».
- Chiffre 5 – couleur verte.
- Fête le 22 novembre.
- Sainte Cécile, patricienne romaine du IIe s., persuade son mari Valérien et son beau-frère Tiburce de se faire baptiser ; ils sont dénoncés et meurent en martyrs. Elle les ensevelit avant de subir le supplice à son tour.
- Caractère : **dynamisme, curiosité, sociabilité, indépendance.**

SHERYL

Ce prénom est un diminutif anglo-saxon de Charlotte.

- **Origine germanique,** signifie « virile ».
- Chiffre 6 – couleur verte.
- Fête le 17 juillet.
- Sainte Charlotte, religieuse sous la Révolution, est guillotinée avec ses compagnes du Carmel de Compiègne.
- Caractère : **sens des responsabilités, générosité, charme, tradition.**

SHIRLEY

Ce prénom anglais était masculin jusqu'à la moitié du XIXe s. Il est aujourd'hui presque exclusivement attribué aux filles.

- **Origine anglaise,** signifie « prairie lumineuse ».
- Chiffre 6 – couleur verte.

- Caractère : **vivacité, sociabilité, volonté, optimisme.**

SHONA

Ce prénom est le féminin de Sean, forme irlandaise de Jean.

- **Origine hébraïque,** signifie « Dieu a fait grâce ».
- Chiffre 3 – couleur jaune.
- Fête le 24 juin.
- Saint Jean est son patron.
- Caractère : **curiosité, communication, exigence, charisme.**

SHOSHANA

Ce prénom est la forme originelle de Suzanne.

- **Origine hébraïque,** signifie « lis ».
- Chiffre 2 – couleur verte.
- Caractère : **diplomatie, opiniâtreté, ambition, adaptabilité.**

SIBYLLE

Sibylle est la forme européenne de Sibulla, prêtresse d'Apollon, devineresse réputée pour ses prophéties dans la mythologie grecque.

- Chiffre 4 – couleur rouge.
- Fête le 9 octobre.
- Sainte Sibylle est religieuse dans un couvent de cisterciennes au XIIIe s.
- Caractère : **générosité, altruisme, affectivité, fantaisie.**
- Espagnol : *Sibila.*

SICHILDE

Ce prénom est porté par une reine obscure, troisième femme de Clotaire II, au VIIe s.

- **Origine germanique,** signifie « victoire au combat ».
- Chiffre 6 – couleur rouge.
- Caractère : **sensibilité, rigueur, harmonie, sens des responsabilités.**

SIDONIE

Ce prénom, en vogue au XIXe s., est le féminin de Sidoine.

- **Origine hébraïque,** du nom d'une ville du Liban, Sidon.
- Chiffre 3 – couleur violette.
- Fête le 21 août.
- Saint Sidoine Apollinaire, né à Lyon au Ve s., préfet de Rome, évêque de Clermont, auteur d'œuvres littéraires, lutte pour protéger les habitants de la région contre les Wisigoths. Il fait preuve d'une charité et d'un courage exemplaires face à l'envahisseur.
- Caractère : **dynamisme, assurance, vivacité, curiosité.**

SIGISMONDE

Forme féminine de Sigismond.

- **Origine germanique,** signifie « victoire » et « protection ».
- Chiffre 6 – couleur violette.
- Fête le 1er mai.
- Saint Sigismond, converti par le roi des Burgondes au VIe s., fonde un monastère dans le Valais.
- Caractère : **harmonie, fidélité, affectivité, sens des responsabilités.**

SIGRID

Elle est une forme dérivée de Sigrade, prénom peu usité.

- **Origine germanique,** signifie « victoire du chevalier ».
- Chiffre 2 – couleur rouge.
- Fête le 8 août.
- Sainte Sigrade, épouse et mère de famille exemplaire, au VIIe s., se réfugie dans un monastère après la mort de son mari et de son fils.
- Caractère : **indépendance, volonté, émotivité, sensibilité.**
- Variante : *Sigrade.*

SIMONE

Cette forme féminine de Simon est très courante au début du XXe s.

- **Origine hébraïque,** signifie « exaucée ».
- Chiffre 3 – couleur violette.
- Fête le 19 février.
- Sainte Simone, épouse d'un artisan près d'Angers sous la Révolution, est condamnée à mort pour avoir refusé de renier sa foi.
- Caractère : **dynamisme, curiosité, charisme, adaptabilité.**

SIRIANE

Ce prénom est une forme dérivée de Cyr.

- **Origine grecque,** signifie « maître ».
- Chiffre 3 – couleur jaune.
- Fête le 16 juin.
- Saint Cyr, enfant de trois ans, est arrêté et mis à mort avec sa mère Juliette, en Asie Mineure, au IVe s.
- Caractère : **vivacité, rigueur, indépendance, autorité.**
- Variante : *Sirine.*

SIXTINE

Ce féminin de Sixte est un des prénoms en vogue depuis les années 1990.

- **Origine latine,** signifie « sixième ».
- Chiffre 1 – couleur rouge.
- Fête le 3 avril.
- Saint Sixte, pape du IIe s., fut martyrisé sur ordre de l'empereur Hadrien.
- Caractère : **indépendance, goût de l'aventure, vivacité, charme.**

SKLAEREN

Ce prénom est l'équivalent breton de Claire.

- **Origine celtique,** signifie « claire ».
- Chiffre 4 – couleur orange.
- Fête le 12 août.
- Sainte Claire est sa patronne.
- Caractère : **travail, rigueur, persévérance, volonté.**

SOIZIC

Ce prénom est une des formes bretonnes de Françoise.

- **Origine latine,** signifie « de France ».
- Chiffre 9 – couleur rouge.
- Fête le 9 mars.
- Sainte Françoise, mariée dès l'enfance à un noble romain du XVe s., perd ses enfants en bas âge, voit sa maison pillée, son mari exilé, ses amis mourir de l'épidémie de peste. Elle soigne les malades et, à la mort de son époux, se retire dans le monastère qu'elle a fondé.
- Caractère : **intuition, sensibilité, charme, idéalisme.**
- Autre orthographe : *Soazic.*

SOLANGE

- **Origine latine,** signifie « solennelle ».
- Chiffre 1 – couleur bleue.
- Fête le 10 mai.
- Sainte Solange, jeune fille berrichonne du XIe s., décide de se consacrer à Dieu. Mais un seigneur du voisinage désire l'épouser ; elle refuse, il l'enlève, elle se défend et il la tue.
- Caractère : **vivacité, adaptabilité, énergie, volonté.**

SOLÈNE

Ce prénom, exclusivement masculin au Moyen Âge, est devenu féminin.

- **Origine latine,** signifie « annuelle ».
- Chiffre 7 – couleur verte.
- Fête le 25 septembre.
- Saint Solène est évêque de Chartres au Ve s. et conseiller de Clovis.
- Caractère : **secret, esprit d'analyse, réflexion, sérieux.**

SOLINE

Ce prénom est une variante de Solène.

- **Origine latine,** signifie « annuelle ».
- Chiffre 2 – couleur orange.
- Fête le 17 octobre.
- Sainte Soline est martyrisée par les hommes de Dioclétien à Chartres, au IIIe s.
- Caractère : **sensibilité, intuition, calme, diplomatie.**

SOLVEIG

Ce prénom scandinave a séduit l'Hexagone et se développe discrètement mais sûrement.

- **Origine germanique,** signifie « soleil » et « chemin ».
- Chiffre 4 – couleur verte.
- Caractère : **indépendance, travail, opiniâtreté, émotivité.**

SONIA

Ce prénom est la forme slave de Sophie.

- **Origine grecque,** signifie « sagesse ».
- Chiffre 4 – couleur verte.
- Fête le 25 mai.
- Sainte Sophie, Romaine du IIe s., mère de Véra, de Nadège et de Liubba, est martyrisée avec ses filles sur l'ordre de l'empereur Hadrien.
- Caractère : **sens des responsabilités, sérieux, rigueur, travail.**

SOPHIE

Ce prénom fait partie des grands classiques intemporels.

- **Origine grecque,** signifie « sagesse ».
- Chiffre 9 – couleur verte.
- Fête le 25 mai.
- Sainte Sophie, Romaine du IIe s., baptise ses filles Véra (Foi), Nadège (Espérance) et Liubba (Charité). Toutes les quatre sont martyrisées sur l'ordre de l'empereur Hadrien.
- Caractère : **réserve, sensibilité, exigence, fidélité.**
- Espagnol : *Sofia.*

SORAYA

- **Origine persane,** signifie « excellente ».
- Chiffre 7 – couleur bleue.
- Caractère : **harmonie, réserve, réflexion, générosité.**

STELLA

Ce prénom est la forme italienne et anglo-américaine d'Estelle.

- **Origine latine,** signifie « étoile ».
- Chiffre 6 – couleur jaune.
- Fête le 11 mai.
- Sainte Estelle est sa patronne.
- Caractère : **harmonie, réserve, mesure, patience.**

STÉPHANIE

Cette forme féminine de Stéphane connaît le succès entre 1960 et 1980.

- **Origine grecque,** signifie « couronnée ».
- Chiffre 7 – couleur orange.
- Fête le 2 janvier.
- Sainte Stéphanie, dominicaine du XVIe s., consacre plus de cinquante

ans de sa vie à soigner les malades et à secourir les pauvres.
- Caractère : **sensibilité, prudence, discrétion, affectivité.**

STERENN

- **Origine celtique,** signifie « étoile ».
- Chiffre 5 – couleur jaune.
- Fête le 11 mai.
- Sainte Estelle, fille d'un légat romain du Ier s., se fait baptiser par l'évêque de Saintes et part vivre en ermite ; son père fait décapiter l'évêque, puis sa fille.
- Caractère : **indépendance, adaptabilité, goût de l'aventure, éclectisme.**

SUZANNE

Dans la Bible, Suzanne est une très belle jeune femme faussement accusée d'adultère par deux vieillards dont elle a repoussé les avances, mais le prophète Daniel la sauve de la mort en confondant les accusateurs.

- **Origine hébraïque,** signifie « lis ».
- Chiffre 1 – couleur violette.
- Fête le 11 août.
- Sainte Suzanne, fille d'un sénateur romain, se fait baptiser en dépit des menaces de son père, et fait vœu de virginité. Elle est décapitée pour avoir refusé d'épouser le fils de l'empereur Dioclétien.
- Caractère : **élégance, perfectionnisme, générosité, charisme.**
- Diminutifs : *Suzel, Suzie, Suzon.*
- Anglo-saxon : *Susannah.* Breton : *Suzel, Suzelle.* Espagnol : *Susana.* Italien : *Susanna.*

SWANAHILDE

Elle est la femme de Charles Martel, maire du palais d'Austrasie et de Neustrie, au VIIIe s.

- **Origine germanique,** signifie « combat de Swan ».
- Chiffre 1 – couleur bleue.
- Caractère : **ambition, volonté, autorité, travail.**

SWANN

Ce prénom est surtout connu en France, par l'œuvre de Marcel Proust. Il est mixte.

- **Origine anglaise,** signifie « cygne ».
- Chiffre 3 – couleur blanche.
- Caractère : **réserve, charme, calme, sens des responsabilités.**

SYLVAINE

Ce prénom est le féminin de Sylvain.

- **Origine latine,** signifie « de la forêt ».
- Chiffre 8 – couleur verte.

- Fête le 4 mai.
- Saint Sylvain, évêque de Gaza, en Palestine, est décapité au IVe s.
- Caractère : **autorité, ambition, matérialisme, volonté.**
- Italien : *Sylvana.*

SYLVIE

Ce prénom connaît le succès dans les années 1950.

- **Origine latine,** signifie « forêt ».
- Chiffre 2 – couleur verte.
- Fête le 5 décembre.
- Sainte Sylvie, noble romaine du VIe s., est la mère du pape Grégoire le Grand.
- Caractère : **féminité, charme, courage, loyauté.**
- Diminutif : *Sylvette.*
- Variante : *Sylviane.* Espagnol et italien : *Silvia.*

T

TALIA

- **Origine hébraïque,** signifie « rosée de Dieu ».
- Chiffre 7 – couleur jaune.
- Caractère : **ambition, énergie, curiosité, épicurisme.**
- Variantes : *Lital, Tal, Talie.*

TAMARA

- **Origine hébraïque,** signifie « palmier ».
- Chiffre 9 – couleur jaune.
- Fête le 1er mai.
- Sainte Tamara, reine de Géorgie au XIIe s., se dévoue aux prisonniers.
- Caractère : **charme, prudence, émotivité, rêverie.**

TANAÏS

Ce prénom est une variante de Tatiana.

- **Origine latine,** de Tatius, nom du roi des Sabins en Italie au VIIIe s.
- Chiffre 5 – couleur rouge.
- Fête le 12 janvier.
- Sainte Tatiana, jeune Romaine du IIIe s., subit le martyre pour avoir proclamé sa foi.
- Caractère : **sensibilité, émotivité, adaptabilité, tradition.**

TANIA

Ce prénom est un diminutif de Tatiana.

- **Origine latine,** du nom de Tatius, roi légendaire, souverain des Sabins.
- Chiffre 9 – couleur bleue.
- Fête le 12 janvier.
- Sainte Tatiana subit le martyre

à Rome au IIIe s. pour avoir refusé de renier sa foi.
- Caractère : **émotivité, idéalisme, courage, altruisme.**

TANIT

Ce prénom vient de la mythologie carthaginoise, du nom de la déesse de la Moisson et de la Prospérité.

- Chiffre 1 – couleur orange.
- Caractère : **autorité, ambition, travail, rigueur.**

TATIANA

Ce prénom latin a beaucoup d'adeptes dans les pays slaves.

- **Origine latine,** du nom de Tatius, roi de légende, souverain des Sabins.
- Chiffre 3 – couleur bleue.
- Fête le 12 janvier.
- Sainte Tatiana, romaine chrétienne du IIIe s., est martyrisée pour avoir refusé d'abjurer.
- Caractère : **sensibilité, générosité, fantaisie, curiosité.**
- Variantes : *Tanaïs, Tania.*

TESS

Ce prénom est une forme diminutive de Thérèse, assez courante aux États-Unis.

- **Origine grecque,** signifie « chasse ».
- Chiffre 8 – couleur orange.
- Fête le 1er octobre.
- Sainte Thérèse Martin suit ses sœurs au Carmel à Alençon, au XIXe s., où elle mène une vie exemplaire de piété ; elle rédige son autobiographie, *Histoire d'une âme*, et meurt à vingt-quatre ans.
- Sainte Thérèse d'Avila, carmélite du XVIe s., réforme l'ordre avec saint Jean de la Croix, et fonde une quinzaine de monastères réformés. Elle publie plusieurs chefs-d'œuvre de mysticisme dans une langue castillane très pure et est proclamée docteur de l'Église.
- Caractère : **affectivité, altruisme, intuition, écoute.**
- Variante : *Tessa.*

THAÏS

Ce prénom très ancien revient au goût du jour, sans doute pour sa consonance de diminutif.

- **Origine grecque,** signifie « bandeau ».
- Chiffre 3 – couleur rouge.
- Fête le 8 octobre.
- Sainte Thaïs, courtisane égyptienne du IVe s., est convertie par un moine et se retire dans un monastère.
- Caractère : **séduction,**

optimisme, ordre, rigueur.

THALASSA

Après Marine et Océane, Thalassa pourrait bien prendre la suite des prénoms maritimes.

- **Origine grecque,** signifie « mer ».
- Chiffre 9 – couleur bleue.
- Fête le 22 février.
- Saint Thalasse est ermite en Grèce au Ve s.
- Caractère : **altruisme, spiritualité, persévérance, rêverie.**

THALIE

Ce prénom est le nom de la muse de la Comédie, représentée avec un masque et une guirlande de lierre.

- **Origine grecque,** signifie « florissante ».
- Chiffre 1 – couleur bleue.
- Caractère : **ambition, volonté, travail, autorité.**

THÉA

Ce prénom est un diminutif de Théodora.

- **Origine grecque,** signifie « don de Dieu ».
- Chiffre 7 – couleur rouge.
- Fête le 28 avril.
- Sainte Théodora fut enfermée dans un lupanar en Égypte au IVe s. pour la punir de sa conversion ; elle s'échappe avec la complicité d'un chrétien, mais ils sont repris et elle l'accompagne au supplice.
- Caractère : **indépendance, dynamisme, adaptabilité, curiosité.**

THÉANA

- **Origine grecque,** signifie « dieu ».
- Chiffre 4 – couleur bleue.
- Fête le 25 juillet.
- Sainte Théana est condamnée au supplice en Palestine, au IVe s.
- Caractère : **travail, rigueur, stabilité, ambition.**

THELMA

Ce prénom est une forme féminine d'Anselme.

- **Origine germanique,** signifie « protégée du dieu Ans ».
- Chiffre 6 – couleur bleue.
- Fête le 21 avril.
- Saint Anthelme, chanoine dans le Bugey au XIIe s., devient premier général de l'ordre des Chartreux puis évêque de Belley.
- Caractère : **sensibilité, affectivité, charme, réserve.**

- Espagnol : *Telma.*

THÉODECHILDE

Elle est la quatrième femme de Caribert.

- **Origine germanique,** signifie « combat de Dieu ».
- Chiffre 8 – couleur rouge.
- Caractère : **sens de la justice, harmonie, diplomatie, réserve.**

THÉODORA

Ce prénom est porté par deux impératrices de Byzance : l'une, au VIe s., est la femme de Justinien dont elle dirige le gouvernement, l'autre est la mère de Michel, dont elle assure la régence et rétablit le culte des images jusque-là interdit.

- **Origine grecque,** signifie « don de Dieu ».
- Chiffre 5 – couleur rouge.
- Fête le 28 avril.
- Sainte Théodora fut enfermée dans un lupanar en Égypte au IVe s. pour la punir de sa conversion. Elle s'échappe avec la complicité d'un chrétien, mais ils sont repris et elle le suit au supplice.
- Caractère : **indépendance, dynamisme, adaptabilité, curiosité.**
- Diminutifs : *Théa, Théana.*

THÉOPHANÉE

Théophanée, dans la mythologie grecque, est une superbe jeune fille dont Poséidon tombe amoureux. Il prend l'apparence d'un bélier et la transforme en brebis pour s'unir à elle. L'agneau qui naît de cette étreinte a une toison d'or dont Jason s'emparera plus tard.

- **Origine grecque,** signifie « déesse lumineuse ».
- Chiffre 2 – couleur bleue.
- Fête le 12 mars.
- Saint Théophane se retire dans un ermitage après son veuvage, en Grèce, au IXe s. Il prend la direction d'un monastère, entreprend des travaux d'historien, mais il est exilé sur ordre de l'empereur Léo l'Arménien.
- Caractère : **intelligence, curiosité, charisme, travail.**
- Anglo-saxon : *Theophania.*

THÉOXANE

Ce prénom était en vogue dans l'Antiquité.

- **Origine grecque,** signifie « déesse étrangère ».
- Chiffre 2 – couleur bleue.
- Fête le 24 janvier.
- Sainte Xénia, épouse d'un courtisan du tsar, cruel et débauché, à Saint-Pétersbourg, au XIXe s., se retire dans un couvent à la mort de son mari

afin de prier pour son âme.
- Caractère : **réalisme, sensibilité, sens artistique, volonté.**

THÉRÈSE

Ce prénom est un grand classique du début du XXe s.

- **Origine grecque,** signifie « chasse ».
- Chiffre 8 – couleur orange.
- Fête le 1er octobre.
- Sainte Thérèse Martin suit ses sœurs au Carmel à Alençon, au XIXe s., où elle mène une vie exemplaire de piété. Elle rédige son autobiographie, *Histoire d'une âme*, et meurt à vingt-quatre ans.
- Sainte Thérèse d'Avila, carmélite au XVIe s., réforme l'ordre avec saint Jean de la Croix, et fonde une quinzaine de monastères réformés. Elle publie plusieurs chefs-d'œuvre de mysticisme dans une langue castillane très pure, et est proclamée docteur de l'Église.
- Caractère : **affectivité, altruisme, intuition, écoute.**
- Diminutifs : *Terry*, *Tess*, *Tessa*.
- Anglo-saxon : *Theresa*. Espagnol : *Teresa*.

TIFFANIE

Ce prénom est une variante de Tiphaine.

- **Origine grecque,** signifie « illustre ».
- Chiffre 7 – couleur jaune.
- Fête le 6 janvier.
- Saint Épiphane, évêque de Pavie au Ve s., joue un rôle politique important dans la société de son temps, négociateur et médiateur entre les rois et les empereurs.
- Caractère : **travail, courage, exigence, rigueur.**

TIPHAINE

Ce prénom connaît le succès depuis les années 1980.

- **Origine grecque,** signifie « illustre ».
- Chiffre 1 – couleur jaune.
- Fête le 6 janvier
- Saint Épiphane, évêque de Pavie au Ve s., a joué un rôle modérateur entre les souverains d'Europe : il réconcilie le roi des Wisigoths Euric avec l'empereur de Rome Julius Nepos, et accueille Théodoric, roi des Ostrogoths, menacé par son frère.
- Caractère : **travail, courage, exigence, rigueur.**
- Autre orthographe : *Tiffenn*.

TOSCANE

Ce prénom géographique suit la vogue de Brittany ou Calédonia.

- **Origine latine,** du nom de la province italienne, la Toscane, dont la capitale est Florence.
- Chiffre 5 – couleur verte.

- Caractère : **intuition, idéalisme, générosité, adaptabilité.**

TRIFINA

Ce prénom typiquement breton est lié à une légende : fille du comte de Vannes au Ve s., Trifina épouse Conomor, « Barbe-Bleue », veuf de quatre épouses disparues dans des conditions étranges. Il assassine Trifina qui est ressuscitée par saint Gildas. Trifina retourne chez son père et l'époux meurtrier est traduit en justice.

- Chiffre 1 – couleur bleue.
- Fête le 21 juillet.
- Caractère : **autorité, volonté, ambition, intelligence.**

TULLIA

Il est le diminutif de Tertullia, prénom oublié depuis longtemps.

- **Origine latine,** signifie « troisième ».
- Chiffre 3 – couleur verte.
- Fête le 29 avril.
- Sainte Tertullia est une vierge martyre à Carthage du IIIe s.
- Caractère : **sociabilité, curiosité, activité, énergie.**

U

ULPHIE

Ce prénom est la forme féminine d'Ulphe, vieux prénom germanique complètement tombé dans l'oubli.

- **Origine germanique,** signifie « louve ».
- Chiffre 8 – couleur rouge.
- Fête le 31 janvier.
- Sainte Ulphe est ermite près d'Amiens au VIIIe s.
- Caractère : **conscience professionnelle, travail, tradition, sens des responsabilités.**
- Autre orthographe : *Ulfie.*

URANIE

Ce prénom est celui de la muse de l'Astronomie dans la mythologie grecque.

- **Origine grecque,** signifie « qui vient du ciel ».
- Chiffre 5 – couleur bleue.
- Fête le 10 novembre
- Sainte Nymphe, martyre au IIIe s. en Turquie, est sa patronne.
- Caractère : **sensibilité, imagination, créativité, fantaisie.**
- Anglo-saxon : *Urania.*

URIELLE

Uriel est le nom d'un archange de l'armée céleste.

- **Origine hébraïque,** signifie « Dieu est léger ».
- Chiffre 1 – couleur rouge.
- Fête le 1er octobre.
- Sainte Urielle, sœur de Judikaël, roi de Domnonée au VIe s., consacre sa vie à la prière.
- Caractère : **franchise, loyauté, autorité, ambition.**

URSANE

Ce prénom est une forme composée d'Ursule et d'Anne.

- **Origine latine,** signifie « ourse ».
- Chiffre 6 – couleur bleue.
- Fête le 21 octobre.
- Sainte Ursule, victime de la barbarie des Huns au IIIe s., en Allemagne, est sa patronne.
- Caractère : **calme, persévérance, tradition, affectivité.**

URSULE

- **Origine latine,** signifie « ourse ».
- Chiffre 3 – couleur bleue.
- Fête le 21 octobre.
- Sainte Ursule, jeune fille de la noblesse anglaise, meurt assassinée par les Huns, près de Cologne, au IIIe s., avec onze mille autres vierges. Un ordre religieux est fondé par Angèle Mérici en 1530 sous sa protection : les sœurs portent le nom d'« ursulines ».
- Caractère : **calme, persévérance, tradition, affectivité.**
- Anglo-saxon, espagnol et italien : *Ursula.*

V

VALENTINE

Cette forme féminine de Valentin est en vogue depuis les années 1980.

- **Origine latine,** signifie « vaillante ».
- Chiffre 3 – couleur bleue.
- Fête le 25 juillet.
- Sainte Valentine, chrétienne en Palestine, au IVe s., est martyrisée pour avoir saccagé un temple païen.
- Caractère : **enthousiasme, dynamisme, vivacité, éclectisme.**
- Anglo-saxon, espagnol, italien, russe : *Valentina.*

VALÉRIE

Ce prénom classique est le féminin de Valère.

- **Origine latine,** signifie « valeureuse ».
- Chiffre 9 – couleur bleue.
- Fête le 28 avril.

- Sainte Valérie, chrétienne milanaise du IIe s., refuse de participer à une fête païenne. Elle est mise à mort.
- Caractère : **courage, travail, sensibilité, fidélité.**
- Variante : *Valériane.*

VANESSA

Ce prénom connaît le succès dans les années 1980.

- **Origine latine,** du nom d'un papillon diurne.
- Chiffre 9 – couleur bleue.
- Caractère : **douceur, ordre, tradition, rêverie.**

VASHTI

Ce prénom est porté par la femme du roi de Perse Assuérus.

- **Origine persane,** signifie « jolie ».
- Chiffre 7 – couleur orange.
- Caractère : **réflexion, étude, spiritualité, altruisme.**

VEÏA

Ce prénom est une forme féminine bretonne d'Hervé.

- **Origine celtique,** signifie « forte » et « ardente ».
- Chiffre 1 – couleur verte.
- Fête le 17 juin.
- Saint Hervé, fils de barde en Bretagne, au VIe s., aveugle de naissance, fonde plusieurs monastères.
- Caractère : **énergie, volonté, intelligence, ambition.**
- Diminutifs : *Veïg, Veilana.*

VELMA

Ce prénom est la forme diminutive de Guglielmina, Guillemette en italien.

- **Origine germanique,** signifie « volonté » et « protection ».
- Chiffre 3 – couleur verte.
- Fête le 10 janvier.
- Saint Guillaume, archevêque de Bourges au XIIIe s., consacre sa vie aux prisonniers, aux ivrognes et aux débauchés.
- Caractère : **charme, créativité, imagination, sociabilité.**
- Variante : *Vilma.*

VÉNUS

Dans la mythologie romaine, Vénus est la déesse de la Beauté et de l'Amour. Ce prénom, en vogue dans les pays anglo-saxons du XVIIIe au XIXe s., est devenu rare.

- Chiffre 9 – couleur rouge.
- Caractère : **sensibilité, harmonie, affectivité, charme.**

VÉRA

- **Origine slave,** signifie « foi ».
- Chiffre 1 – couleur bleue.
- Fête le 18 septembre.
- Sainte Véra, fille de Sophie, est martyrisée avec sa mère et ses sœurs, en Asie Mineure, au IIe s.
- Caractère : **volonté, travail, perfectionnisme, exigence.**
- Variante : *Veroscha.*

VÉRONIQUE

Après une longue période de succès entre 1950 et 1970, Véronique a cédé la place à Bérénice, qui a la même étymologie.

- **Origine grecque,** signifie « porteuse de victoire ».
- Chiffre 9 – couleur bleue.
- Fête le 4 février.
- Sainte Véronique, jeune lingère de Jérusalem, compatit au sort de Jésus et l'accompagne au Calvaire. Elle essuie son visage avec son voile. On dit que les traits de Jésus sont restés imprimés sur l'étoffe.
- Caractère : **fierté, exigence, vivacité, franchise.**
- Anglo-saxon, espagnol et italien : *Veronica.*

VICTOIRE

Ce féminin de Victor est un des prénoms favoris des années 1990.

- **Origine latine,** signifie « victoire ».
- Chiffre 2 – couleur verte.
- Fête le 15 novembre.
- Sainte Victoire, chrétienne en Afrique du Nord, au IVe s., se réunit pour prier avec ses amies. Elles sont mises à mort.
- Caractère : **volonté, travail, courage, affectivité.**
- Diminutif : *Vicky.*
- Variante : *Victorine.*
- Anglo-saxon et espagnol : *Victoria.* Italien : *Vittoria.*

VICTORIA

Ce prénom est la forme anglo-saxonne de Victoire, rendue célèbre par la reine Victoria d'Angleterre au XIXe s.

- **Origine latine,** signifie « victoire ».
- Chiffre 7 – couleur verte.
- Fête le 17 novembre.
- Sainte Victoria est dénoncée et martyrisée quelques jours après son baptême à Cordoue, en Andalousie, au IVe s.
- Caractère : **calme, réflexion, affectivité, réserve.**

VINCIANE

Ce prénom est la forme féminine de Vincent.

- **Origine latine,** signifie « vaincre ».
- Chiffre 5 – couleur bleue.
- Fête le 11 septembre.

- Sainte Vinciane, sœur de saint Landoald, missionnaire en Hollande au VIIe s., accompagne son frère dans tous ses voyages et le seconde dans sa tâche.
- Caractère : **intuition, volonté, curiosité, ambition.**
- Variante : *Vincienne.*
- Anglo-saxon : *Vincentia.*

VIOLAINE

Ce prénom est une variante de Violette.

- Origine latine, signifie « violette ».
- Chiffre 6 – couleur violette.
- Fête le 5 octobre.
- Sainte Fleur, religieuse dans le Quercy au XIVe s., est sa patronne.
- Caractère : **optimisme, habileté, éloquence, épicurisme.**

VIOLETTE

Ce prénom connaît un court succès au début du XXe s., dans le sillage de Rose et de Marguerite.

- **Origine latine,** signifie « violette ».
- Chiffre 9 – couleur violette.
- Fête le 5 octobre.
- Sainte Fleur, religieuse dans le Quercy au XIVe s., est sa patronne.
- Caractère : **idéalisme, sensibilité, dévouement, collaboration.**
- Anglo-saxon : *Violet*. Espagnol : *Violeta*. Italien : Violetta.

VIRGINIE

Un prénom de la génération de Véronique.

- **Origine latine,** signifie « vierge ».
- Chiffre 3 – couleur violette.
- Fête le 7 janvier.
- Sainte Virginie, jeune Gênoise du XVIe s., recueille les indigents, les nourrit et les éduque dans sa propre maison après son veuvage.
- Caractère : **féminité, imagination, rêverie, douceur.**
- Anglo-saxon, espagnol et italien : *Virginia.*

VIRIDIANA

- **Origine latine,** signifie « verdure ».
- Chiffre 7 – couleur verte.
- Fête le 1er février.
- Sainte Viridiana, née en Toscane au XIIIe s., passe trente ans de sa vie enfermée dans une cellule, complètement solitaire.
- Caractère : **travail, courage, ambition, réalisme.**

VIVIANE

Ce prénom est illustré par la fée Viviane qui, dans la légende bretonne, retient l'enchanteur Merlin prisonnier dans la forêt de Brocéliande.

- **Origine latine,** signifie « vivante ».
- Chiffre 1 – couleur rouge.

- Fête le 2 décembre.
- Sainte Viviane, fille d'un chrétien préfet de Rome châtié pour sa croyance, refuse d'abjurer ; elle est martyrisée à son tour.
- Caractère : **douceur, féminité, énergie, exigence.**
- Variante : *Vivienne.*

W

WALLIS

Ce prénom est la forme féminine de Wallace.

- **Origine galloise,** signifie « originaire du pays de Galles ».
- Chiffre 4 – couleur jaune.
- Caractère : **sensibilité, éclectisme, épicurisme, charme.**

WALTRADE

Elle est la sixième femme de Clotaire Ier au VIe s.

- **Origine germanique,** signifie « volonté » et « fidélité ».
- Chiffre 3 – couleur bleue.
- Caractère : **communication, éloquence, charisme, sens artistique.**

WENDY

Ce prénom est issu de la littérature anglo-saxonne ; Wendy est l'héroïne de l'œuvre de James Barrie, Peter Pan.

- Chiffre 8 – couleur jaune.
- Caractère : **passion, détermination, indépendance, activité.**

WHITNEY

Ce prénom est mixte jusqu'à la moitié du XXe s. ; il est majoritairement féminin depuis lors.

- **Origine anglaise,** signifie « île blanche ».
- Chiffre 9 – couleur bleue.
- Caractère : **charme, sensibilité, séduction, intuition.**

WILHELMINE

Ce prénom est la forme germanique de Guillemette.

- **Origine germanique,** signifie « volonté » et « protection ».
- Chiffre 2 – couleur verte.
- Fête le 10 janvier.
- Saint Guillaume, archevêque de Bourges au XIIIe s., consacre sa vie au service des pauvres, des malades et des débauchés.
- Caractère : **activité, volonté, altruisme, affectivité.**
- Diminutifs : *Mina, Minnie, Wilma.*

WILMA

Diminutif de Wilhelmine.

- **Origine germanique**, signifie « volonté » et « protection ».
- Chiffre 4 – couleur verte.
- Fête le 10 janvier.
- Saint Guillaume, archevêque de Bourges au XIIIe s., consacre sa vie au service des pauvres, des malades et des débauchés.
- Caractère : **réserve, intuition, volonté, autorité.**
- Variante : *Vilma.*

WINIFRID

Ce prénom est une des formes de Gwenvred.

- **Origine celtique,** signifie « pensée sacrée ».
- Chiffre 6 – couleur bleue.
- Fête le 22 juin.
- Sainte Gwenfrewi, vierge galloise du VIe s., est décapitée par un prince dont elle refuse les avances.
- Caractère : **affectivité, générosité, sens des responsabilités, équilibre.**

WINONA

Ce prénom est en vogue aux États-Unis depuis les années 1990.

- **Origine peau-rouge,** signifie « fille aînée ».
- Chiffre 4 – couleur verte.
- Caractère : **sensibilité, imagination, épicurisme, charisme.**

WIVINE

- **Origine germanique,** signifie « amie de la forêt ».
- Chiffre 1 – couleur verte.
- Fête le 17 décembre.
- Sainte Wivine fonde un monastère en Lorraine au début du XIIe s. avec les fonds qu'elle recueille auprès des notables de la région.
- Caractère : **curiosité, opportunisme, énergie, goût de l'aventure.**

X-Y

XAVIÈRE

Forme féminine de Xavier.

- **Origine basque,** signifie « maison neuve ».
- Chiffre 3 – couleur jaune.
- Fête le 3 décembre.
- Saint François-Xavier est le disciple de saint Ignace de Loyola avec qui il fonde la Compagnie de Jésus ; il est missionnaire en Chine et au Japon, où il meurt.
- Caractère : **dynamisme, activité, enthousiasme, vivacité.**
- Variante : *Xaviera.*

XÉNIA

Ce prénom est la forme slave d'Eugénie.

- **Origine grecque,** signifie « bien née ».
- Chiffre 8 – couleur orange.
- Fête le 24 janvier.
- Sainte Xénia, épouse, à Saint-Pétersbourg au début du XIXe s., à la cour de l'empereur Alexandre III, un libertin notoire, entre au couvent à la mort de son mari afin de prier pour le repos de son âme.
- Caractère : **sensibilité, force de caractère, esthétisme, rigueur.**

XYTILISE

Ce prénom est une forme rare dérivée d'Élisabeth.

- **Origine hébraïque,** signifie « Dieu est plénitude ».
- Chiffre 6 – couleur orange.
- Fête le 17 novembre.
- Sainte Élisabeth est, dans la Bible, l'épouse de Zacharie et la cousine de Marie. Elle déplore sa stérilité et, lorsque la naissance prochaine d'un fils lui est annoncée malgré son grand âge, elle rend grâce à Dieu. Jean le Baptiste naît quelques mois plus tard.
- Caractère : **élégance, sensibibité, ténacité, courage.**

YAËL

Ce prénom est mixte, à forte tendance féminine.

- **Origine hébraïque,** signifie « antilope ».
- Chiffre 6 – couleur jaune.
- Caractère : **sociabilité, curiosité, travail, rigueur.**
- Autre orthographe : *Yaëlle.*

YASMINA

- **Origine arabe,** signifie « jasmin ».
- Chiffre 5 – couleur blanche.
- Fête le 5 octobre.
- Sainte Fleur, religieuse dans le Quercy au XIVe s., est sa patronne.
- Caractère : **sensibilité, créativité, imagination, épicurisme.**
- Variantes : *Jasmine, Yasmine.*

YOLANDE

Ce prénom médiéval a toujours été rare.

- **Origine latine,** signifie « violette ».
- Chiffre 4 – couleur jaune.
- Fête le 11 juin.
- Sainte Yolande, fille du roi de Hongrie, femme du roi Boleslas le Pieux, se retire au couvent chez les clarisses avec la plus jeune de ses filles, à Poznan, au XIIIe s.
- Caractère : **discrétion, rigueur, émotivité, perfectionnisme.**
  - Espagnol : *Yola, Yolanda.*

YONA

Mixte à l'origine dans la Bible, ce prénom est dorénavant exclusivement féminin.

- **Origine hébraïque,** signifie « colombe ».
- Chiffre 1 – couleur rouge.
- Caractère : **indépendance, réflexion, volonté, étude.**

YOUNA

Ce prénom est une forme dérivée d'Yves.

- **Origine celtique,** signifie « if ».
- Chiffre 4 – couleur verte.
- Fête le 19 mai.
- Saint Yves, prêtre et avocat du XIIIe s., est l'un des saints protecteurs de la Bretagne.
- Caractère : **travail, rigueur, sens de l'organisation, stabilité.**
- Variante : *Younen.*

YSEULT

Ce prénom médiéval fait partie de la légende de Tristan et Yseult.

- **Origine celtique,** signifie « belle ».
- Chiffre 5 – couleur bleue.
- Fête le 22 février.
- Sainte Isabelle, sœur de Saint Louis, moniale à Longchamp, est sa patronne.
- Caractère : **communication, charme, altruisme, exigence.**
- Autres orthographes : *Iseult, Iseut, Yseut.*
- Variantes : *Isolde, Zolda.*

YVETTE

Ce prénom est une forme féminine d'Yves, un peu désuète aujourd'hui.

- **Origine celtique,** signifie « if ».
- Chiffre 7 – couleur bleue.
- Fête le 13 janvier.
- Sainte Yvette, veuve à dix-huit ans, consacre sa vie à soigner les lépreux.
- Caractère : **activité, dynamisme, perfectionnisme, charme.**
- Breton : *Erwana, Erwane, Youna.*

YVONNE

Ce prénom est la forme féminine d'Yvon.

- **Origine celtique,** signifie « if ».
- Chiffre 5 – couleur bleue.
- Fête le 19 mai.
- Saint Yves Hilory, avocat du XIIIe s., est son patron.
- Caractère : **indépendance, dynamisme, curiosité, vivacité.**

Z

- Sainte Zita est sa patronne.
- Caractère : **énergie, travail, négociation, sociabilité.**

ZAHRA

- **Origine arabe,** signifie « blanche ».
- Chiffre 9 – couleur rouge.
- Caractère : **spiritualité, altruisme, rêverie, générosité.**

ZAÏDE

- **Origine arabe,** signifie « grâce ».
- Chiffre 9 – couleur rouge.
- Fête le 21 août.
- Sainte Zaïda, fille de l'émir de Valence, en Espagne, au XIIe s., se convertit en cachette de son père et prend le nom de Grace. Dénoncée, elle est arrêtée. Comme elle refuse d'abjurer, elle est décapitée.
- Caractère : **énergie, volonté, charisme, autorité.**
- Espagnol : *Zaïda.*

ZELDA

Ce prénom est un diminutif de Griselda.

- **Origine grecque,** de la sixième lettre de l'alphabet grec.
- Chiffre 3 – couleur bleue.
- Fête le 27 avril.

ZÉLIE

Ce prénom est une variante de Solène.

- **Origine latine,** signifie « annuelle ».
- Chiffre 3 – couleur verte.
- Fête le 25 septembre.
- Saint Solène est évêque de Chartres au Ve s. et conseiller de Clovis.
- Caractère : **secret, esprit d'analyse, réflexion, sérieux.**
- Variante : *Zéline.*

ZÉNAÏDE

Ce prénom est le féminin de Zénas.

- **Origine grecque,** signifie « cadeau de Zeus ».
- Chiffre 1 – couleur verte.
- Fête le 11 octobre.
- Sainte Zénaïde, convertie par saint Paul en Asie Mineure au Ier s., se retire du monde et consacre sa vie à soigner les malades.
- Caractère : **intuition, rapidité, détermination, finesse.**
- Espagnol : *Zenaïda.*

ZÉNOBIE

- **Origine grecque,** signifie « pouvoir de Zeus ».
- Chiffre 4 – couleur verte.
- Fête le 10 novembre.
- Sainte Nymphe, martyre du IIe s. à Nicée, est sa patronne.
- Caractère : **travail, détermination, rigueur, volonté.**

ZILPA

Dans la Bible, Zilpa est la mère de deux fils de Jacob, Gad et Asher, à l'origine de deux tribus d'Israël.

- **Origine hébraïque,** signifie « qui coule ».
- Chiffre 1 – couleur verte.
- Caractère : **énergie, autorité, indépendance, charisme.**

ZITA

- **Origine grecque,** de la sixième lettre de l'alphabet grec.
- Chiffre 2 – couleur jaune.
- Fête le 27 avril.
- Sainte Zita, employée de maison chez un tisseur de laine au XIIIe s., travaille très dur et fait l'aumône ; devenue gouvernante des enfants de la maison, elle consacre plus de temps aux pauvres, aux malades et aux prisonniers.
- Caractère : **sensibilité, écoute, indépendance, altruisme.**

ZOÉ

- **Origine grecque,** signifie « vie ».
- Chiffre 1 – couleur bleue.
- Fête le 2 mai.
- Sainte Zoé, esclave chez un citoyen romain, en Turquie, au IIe s., avec son mari et ses deux fils, est brûlée vive avec sa famille parce qu'elle refuse d'abjurer.
- Caractère : **indépendance, ambition, affectivité, rigueur.**

ZOLDA

Ce prénom est un dérivé d'Isabelle.

- **Origine hébraïque,** signifie « Dieu est plénitude ».
- Chiffre 4 – couleur jaune.
- Fête le 22 février.
- Sainte Isabelle, sœur de Saint Louis, refuse d'épouser le fils de l'empereur Frédéric II, et fonde un monastère de clarisses à Longchamp, près de Paris.
- Caractère : **féminité, sensibilité, générosité, idéalisme.**

ZOUBIDA

Ce prénom fut porté par une reine d'Arabie au VIIIe s.

- Ce prénom est une variante de Zbeïda.
- Orgine arabe, signifie « cadeau ».
- Chiffre 6 – couleur rouge.
- Caractère : **émotivité, activité, indépendance, harmonie.**

Index

A

B

C

D

E

F

G

H

I

J

K

L

M

N

O

P

Q

R

S

T

U

V

W

X

Y

Z

Imprimé en Espagne par Unigraf
pour le compte des Éditions Hachette Livre (Marabout)
43, quai de Grenelle – 75905 Paris Cedex 15
Achevé d'imprimé en janvier 2013
Dépôt légal : février 2013
ISBN : 978-2-501-08429-1
41 2673 6
Édition 01